让我们
甲骨文
一起追寻

The Teutonic Knights: A Military History
By William Urban

William Urban
〔美〕威廉·厄本 | 著
陆大鹏 刘晓晖 | 译
条顿骑士团
一部军事史
THE
TEUTONIC
KNIGHTS
A Military History
社会科学文献出版社
SOCIAL SCIENCES ACADEMIC PRESS (CHINA)
SSAP

波兰、立陶宛与匈牙利诸邦

说明：未特别说明的年份为生卒，☆为君主，K为国王，D为公爵，HRR为神圣罗马皇帝。

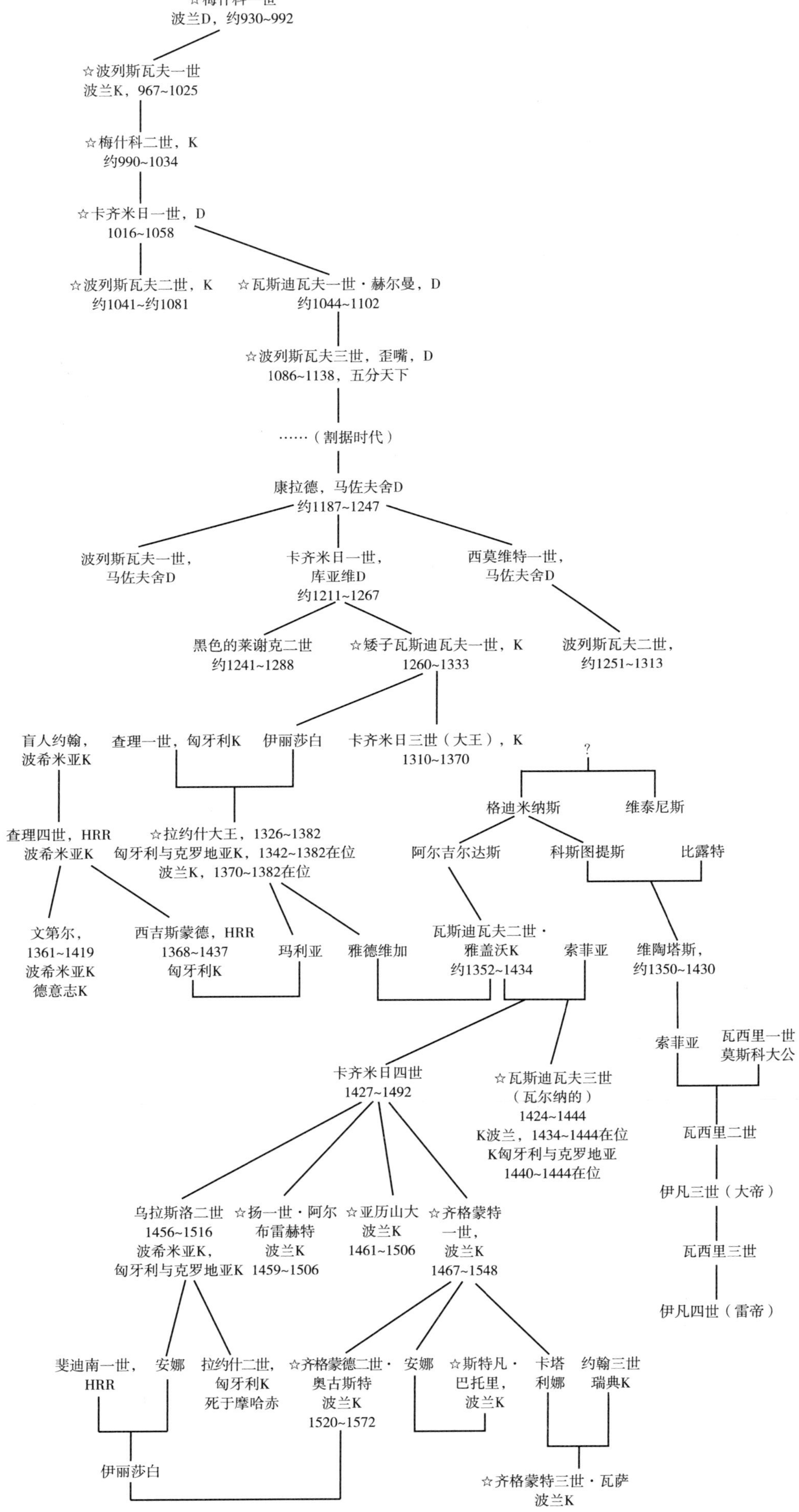

目 录

图　目

一　军事修会

传教士与武装传教

对于在世俗社会履行自己的各项使命时可否动用武力，中世纪的罗马天主教会往往犹豫不决。首先，教义要求宽恕罪人，但同时不能忘了保护受害者。所以，宽恕悔罪的强盗是一回事，对强盗行为置之不理是另一回事。类似地，教会反对教士拿起武器，鼓励信徒通过和平方式解决私人争端；但与此同时，教会必须支持世俗君主，因为君主负责保护教士及其信众，抵御外敌攻击和国内暴力的侵害。

中世纪社会绝不是太平安宁的社会，宗教虔诚与爱好和平也不是一回事。但男女修道院为人们逃避日常政治的动荡提供了道德慰藉和安全的避难所。绝大多数赞同用武力保卫国家、逮捕罪犯的罗马天主教徒也知道，《新约》反对杀人，反对暴力。这与斯堪的纳维亚原始异教形成了鲜明对比，因为后者的核心就是对武力与狡诈的赤裸裸崇拜。维京人的萨迦传奇歌颂英雄业绩的方式是西方史诗无法比拟的。不过，即便最骁勇的维京海盗也渐渐通过《尼亚尔萨迦》[①] 之类的故事明白了，异教不能为一个成熟的社会提供根基；除了适者生存、强者为先之外，政府还必须有别的思想支柱。

---

① 《尼亚尔萨迦》是13世纪冰岛的萨迦传奇之一，也是最长和发展最完善的一部萨迦，讲述两个家族之间的世代血仇。

在大多数情况下，基督教传教士说服了斯堪的纳维亚的各个区域性铁腕统治者，让他们相信为了他们的人民和他们自己的生存，必须结束以掳掠和战争为基础的旧的生活方式。也就是说，他们首先要成为基督徒。这些新受洗的统治者成为挪威、丹麦和瑞典的国王之后，就有教士为其出谋划策，建议他们如何征税，如何将其他强大的领主招募到自己麾下，如何强制执行自己的敕令，如何建立全国政府的基础。于是，维京海盗在北欧的恐怖统治便以令人意外的速度宣告结束。

西欧人对北欧海盗袭掠的军事回应，也在一定程度上促进了北欧海盗皈依基督教。不过程度有多高，取决于不同观察者的视角。封建制度的发展在西北欧创建了骑士阶层，他们比维京人更训练有素，装备更精良。农民为骑士提供资源，让骑士有能力购买武器和马匹、建造城堡和供养驻军。同时，一些维京领袖在占领西欧土地后，也要保卫自己的新财产，抵御他们那些仍然将法兰西、英格兰、苏格兰和爱尔兰的农民视为天然猎物的维京亲戚。

很多基督教传教士在没有武装护卫的情况下踏上异教徒的土地。他们一心求死，渴望成为殉道烈士。有些教士和僧侣的确欢迎为信仰而死的机会，渴望在天堂赢得显赫的位置。但当时受过训练的教士相对较少，西欧统治者更需要他们在国内服务，而不是到海外当烈士。所以，很多年前爱尔兰教士开始到异教徒德意志人那里传教的时候，法兰克统治者会派武装卫兵保护这些教士。就这样，派遣武艺娴熟的武士保护传教士的传统开始了，这最终导致了立窝尼亚[①]十字军东征。卫兵没能从

---

① 立窝尼亚是一个历史地区，在波罗的海东岸，大致在今天的拉脱维亚和爱沙尼亚。（本书除了标明“作者注”之外，所有脚注均为译者注。）

弗里斯兰[①]刺客手中挽救圣博尼法斯[②]的生命。但对其他传教士来说，只要不像圣博尼法斯那样坚持要砍伐异教徒的圣树来建造基督教堂，身边的武装卫兵就足以警告异教徒，让后者明白他们不会容忍公开的抵抗。

基督教传教的策略是让传教士哪怕冒着生命危险也要传教，鼓励非基督徒统治者效仿成功的基督徒君主，并威胁动武。但这些策略对穆斯林没用。尽管我们对伊斯兰教徒入侵欧洲那段历史的记忆不多（这段历史不像北欧海盗入侵西欧那样令人刻骨铭心，并且穆斯林入侵者的船只是标准的地中海桨帆船，是基督徒熟悉的船型），但穆斯林实际上曾攻入西班牙北部，洗劫了很多意大利城市，在阿尔卑斯山安营扎寨，并对法兰西南部虎视眈眈。

法兰克[③]志愿者到西班牙参加抵抗摩尔人[④]的战争，以及来自北非的伊斯兰战士到欧洲参战，这都发生在十字军东征之前。同样，虽然乌尔班二世教宗在 1095 年末呼吁法兰克人从

---

① 弗里斯兰是一个历史地区，在北海南岸，今天大部分在荷兰境内，小部分在德国境内。

② 圣博尼法斯（约 675 ~ 754）出生于英格兰的韦塞克斯王国，是向德意志人传播基督教的主要人物之一，曾任美因茨大主教。他还改革法兰克帝国的教会，并帮助教廷与加洛林王朝结盟。他的一项著名事迹是在今天德国的黑森砍伐了德意志人信仰的雷神的橡树，却没有遭到雷击，从而促使当地人皈依基督教。他还在橡树林的原址建造了基督教堂。后来他在弗里斯兰传教时被武装土匪杀害。

③ 中世纪所说的“法兰克人”指的是法兰西人，或泛指信仰罗马天主教的西欧人。

④ 在中世纪，北非、伊比利亚半岛、西西里岛和马耳他岛等地的穆斯林被欧洲基督徒称为“摩尔人”，他们并不一定是来自摩洛哥的穆斯林。摩尔人并非单一民族，而是包括阿拉伯人、柏柏尔人和皈依伊斯兰教的欧洲人等。“摩尔人”也被用来泛指穆斯林。

基督教之敌手中收复圣地（这些基督教之敌正在圣地压迫基督徒，并阻止基督教朝圣者到耶路撒冷及其周边的圣地参拜），但在这之前就有一些西欧雇佣兵为拜占庭帝国效力，与突厥人作战。

仔细聆听教宗演讲的人们意识到，如果本地的地痞流氓能把精力和本领都投入到与基督教世界之敌的战争，而不是互相斗殴或为害乡里，这将是一件好事。教宗暗示，如果能把桀骜不驯的贵族及其追随者弄出国一段时间，国内就能太平了。人们经常忘记兵役还有这个方面的作用，但其实直到不久以前，西欧的司法机关在决定如何处置放浪不羁的年轻男子时，还会给他们两个选择，要么坐牢，要么当兵。司法机关希望，纪律、人生的目标感和成长，能让少年犯变成有用的公民。

修道会的作用之一就是找到一个让人们能更好地服务社会的地方。但一辈子守贞、斋戒、读书和种地，对受过军事训练的年轻人来说没有吸引力。他们觉得骏马和利剑比用拉丁语作漫长的祈祷和唱赞美诗更有意思。但教会圣师[①]下令组建的正是军事修会，甚至在没有十字军远征整装待发的年份里，军事修会仍在招募人员。

军事修会里的基督教骑士的职责不是传播福音，而是保护那些受过训练、以传播福音为使命的传教士。基督教骑士没有

---

① 教会圣师，或称教会博士，是基督教会给予在神学或教义发展上有卓越成就的学者及圣人的一种头衔。天主教会有四大圣师：教宗格列高利一世、圣安波罗修、圣奥古斯丁和圣哲罗姆。东正教会有三大圣师：金口约翰、格列高利·纳齐安和恺撒利亚的巴西略。到 2015 年，天主教共有三十六位获得圣师头衔的圣人，其中有四位是女性。

受过很好的教育（不过也远远不是人们一般认为的无知蠢类），但他们通常相当虔诚，并且特别愿意为了基督教的事业拿自己的生命去冒险，也愿意把自己的金钱交给陌生人照管，以立下并不能给自己带来多少实际利益的功绩。也许有人会说从东方能获得珍贵的商品，但比萨人用船运回欧洲的巴勒斯坦泥土（来自他们位于近东的墓地）里究竟有多少财富，是现代人的思维无法理解的。这也许是最重要的一点：中世纪十字军战士的思维，不是我们这些后工业现代社会主流的人能理解的。当然我们能理解到一定程度，但这也必须是按照古人的方式来理解。

早期十字军东征的教训

第一次十字军东征（1095～1099）期间，法兰克人占领了耶路撒冷，这彰显了以下各方面因素联合起来的强大力量：11 世纪末西欧的宗教热情、军事技术与专业知识、人口增长与经济繁荣，以及世俗与教会精英新近获得的自信。大批武士从西欧出发时有如潮涌，但因为疾病、逃兵和死亡，抵达圣地时只剩涓涓细流。但即便这些少量幸存者仍然足以战胜那些新建不久且羸弱的突厥国家。这些突厥国家统治着心怀不满的阿拉伯人，其中有些还是基督徒。但接下来，有点出人意料的是，在十字军战士攻克耶路撒冷的使命完成后，大多数骑士和教士都想回家。留下的武士太少，不足以巩固征服的战果；后来从西欧赶来的援兵也太少，不足以守成。去耶路撒冷朝圣的大批农民在距离君士坦丁堡不远的地方惨遭屠戮，而起初因为东方市场开发而欢呼雀跃的意大利商人很快就为了争夺商业利益而互相争吵。十字军国家似乎摇摇欲坠，注定能够苟延残喘，直到突厥人找到一位英明领袖来组织当地资源，并为其追随者注入一种可以与西方人相比的宗教热忱。

随后几十年里，每当有突厥人领袖敢于攻击十字军王国，西方的反应都颇为迟缓，笨拙的大军抵达圣地时总是太晚，因此无法发挥应有的作用。大家都清楚地感到了建立一种新型军事组织的必要性，它应当能为孤立的、处境危险的城堡提供经验丰富的骑士作为驻军；应当能在欧洲搜寻给养和财富并将其运输到圣地，从而为驻军提供给养和装备；应当熟悉当地情况，并能为新到的十字军战士提供讲解；并且不会被卷入圣地各个豪门世家野心勃勃的内讧之中。西欧人发现，最符合上述需求的组织就是军事修会。

第一个军事修会是圣殿骑士团，它的创始时间可能是1118年，由一群到访圣地的法兰西骑士创立。他们对宗教充满热忱，想要脱离尘世，以祈祷和为教会服务为生。在严格意义上，最早的圣殿骑士团可能更接近俗世的兄弟会而不是修道会，它和在今天的罗马天主教世界里还能找到的一些组织类似，其宗旨是为社区提供一些有价值的服务。耶路撒冷国王鲍德温二世将自己位于原先的圆顶清真寺的宫殿提供给圣殿骑士团作为住所。十字军战士相信这里就是所罗门圣殿的所在地，于是这个新组织被称为圣殿骑士团。

圣殿骑士团原本可能只是众多默默无闻且短命的贵族兄弟会之一，但耶路撒冷宗主教请求他们发挥自己的军事才能，护送朝圣者通过从沿海到圣城这一段危险的路途。很多年里，圣殿骑士团的这项使命无人知晓，而且取得的成绩也一般，但他们对此颇感自豪。为了纪念骑士团早期的贫困，后来的圣殿骑士团大团长使用的印章上的图案就是两名骑士同乘一匹马（意思是他们买不起第二匹马）。渐渐地，他们的才干和对圣地的知识赢得了认可，他们对保卫圣地的贡献不仅没有被低估，反而在宣传中被夸大了。这有助于骑士团招募新的、更富裕的志愿者。到 12 世纪 30 年代，圣殿骑士团已经踏上了名望与繁荣之路。新成员纷至沓来，他们通常会把土地与金钱捐赠给骑士团。这些资源对供养在圣地的圣殿骑士至关重要。

圣约翰骑士团更有名的名字是医院骑士团，他们是第二个军事修会。但医院骑士团的建立比圣殿骑士团更早，可以追溯到约 1080 年，并且教廷对它的认可也更早，约为 1113 年。但他们直到 12 世纪 30 年代才开始具备军事职能。从他们的名字就可以看出，他们原本的职能是为朝圣者和十字军战士提供医疗服务。

传统的教士对于可否允许教士参战抱有很大疑虑。军事修会的骑士仅仅是修道士而不是神父，但他们宣过誓，所以属于教士。基督教世界最古老的传统之一是在邪恶面前的不抵抗方针。每一位基督徒都很容易想到，彼得曾在基督行将被捕并被送上十字架时准备拔剑保护他，但基督责备了彼得。而在另一方面，自古以来就有主教和修道院院长统领军队的先例，多位教宗也曾祝福与信仰之敌作战的军队。克莱尔沃的圣伯纳德（1090～1153）是当时最卓越的人物之一，他在一本题为《赞美新的骑士团》（*De Laude Novae Militiae*）的论著中为军事修会的终极存在理由作了辩护。他首先主张，圣地对冥思与启迪具有重要作用。他写道，圣地对朝圣者的救赎具有至关重要的意义；朝圣者长途跋涉、经历千难万险去基督和圣徒生平重要的地点祈祷，为的就是求得救赎。圣伯纳德认为，圣墓（即基督之墓）具有特别显著的意义。所有朝圣者都渴望到那里祈祷。然后他指出，十字军战士保卫通往圣地之路的工作显然非常重要，因为突厥统治者当时就已经在阻挠基督徒朝圣者前往圣地了。当然，耶路撒冷王国内部的政治动荡对局势也有负面影响。耶路撒冷宗主教没有资源维持一支由骑士或雇佣兵组成的正规军队来保卫朝圣路线。就连圣伯纳德也没办法说服世俗统治者在第二次十字军东征（1147～1149）期间联合起来。军事修会显然是完成圣伯纳德眼中的十字军战士使命——保卫海陆两路的朝圣路线的最好工具。

军事修会满足了实践、宗教和心理的需求，并且非常适合在几次大规模十字军远征活动之间漫长、沉闷而危险的时期为圣地的各座城堡提供驻防。埃里克·克里斯琴森在他那本特别值得赞美的佳作《北方十字军》的“武装僧侣：意识形态与效率”一章中总结了上述情况。[①] 统治者了解到，军事修会愿意在世俗骑士不能够或不愿意去的地方服役。军事修会也满足了人们深切感受到的一种需求，弥合了精神斗争和尘世间战争之间的矛盾。现在，基督徒面对大奸大恶时不必消极被动，也不必等待舆论转变或者出现一位伟大领袖来组建军队搭救他们。军事修会让十字军成为持续不断的行动，永不停歇，永不中止。

军事修会的武器装备始终大体遵循当时西欧和中欧流行的风格，只是在不同世代之间有微小的变革。总的来讲，每位武士都身穿链甲和胫甲，戴头盔，手持长矛和盾牌，擅长使用重剑，

---

① Eric Christensen, *The Northern Crusades* (Penguin, London and New York, 1998). 克里斯琴森不仅是扎实的学者，而且他的精练评论往往十分风趣。（作者注）

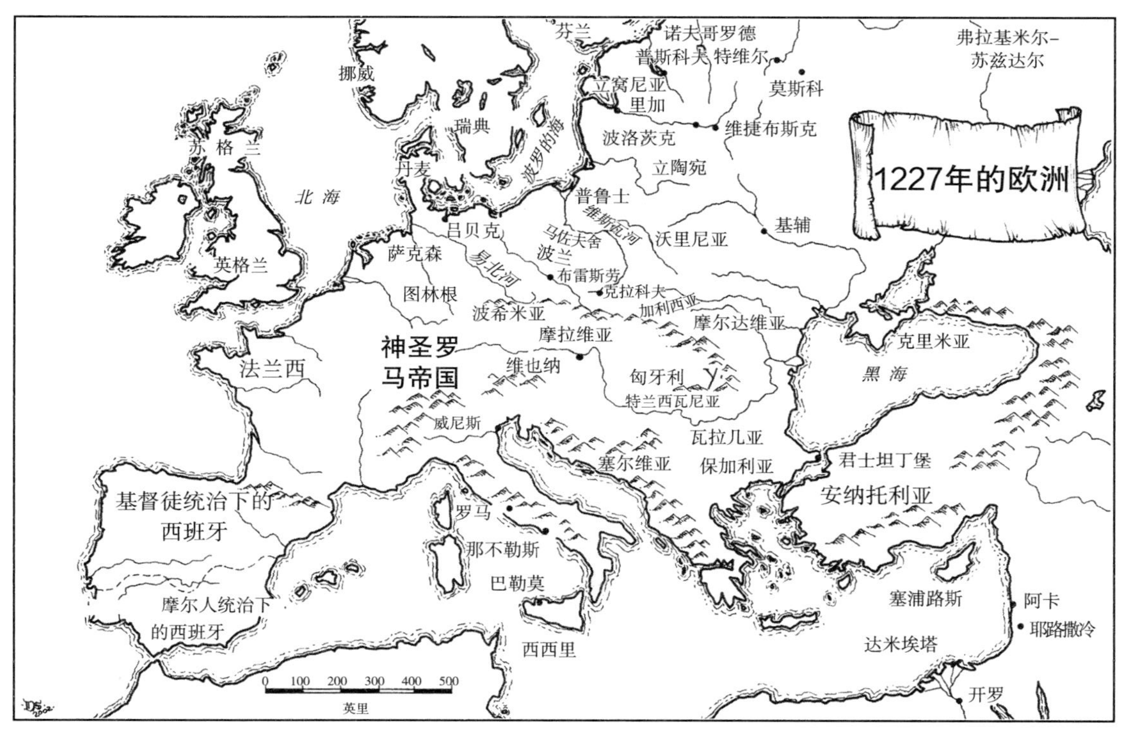
1227年的欧洲
芬兰
诺夫哥罗德
普斯科夫
特维尔
莫斯科
弗拉基米尔-
苏兹达尔
挪威
立窝尼亚
里加
瑞典
波洛茨克
维捷布斯克
苏格兰
波罗的海
立陶宛
丹麦
北海
普鲁士
吕贝克
维斯瓦河
马佐夫舍
基辅
沃里尼亚
萨克森
波兰
易北河
英格兰
布雷斯劳
图林根
克拉科夫
加利西亚
波希米亚
摩尔达维亚
摩拉维亚
克里米亚
神圣罗
马帝国
法兰西
维也纳
匈牙利
黑海
特兰西瓦尼亚
威尼斯
瓦拉几亚
塞尔维亚
保加利亚
君士坦丁堡
基督徒统治下的
西班牙
安纳托利亚
罗马
那不勒斯
巴勒莫
塞浦路斯
阿卡
摩尔人统治下
的西班牙
耶路撒冷
达米埃塔
西西里
0 100 200 300 400 500
英里
开罗

并骑乘受过训练，能向敌方步骑兵发起冲锋的高头大马。唯一为了适应气候做的改变，是在链甲之外披一件轻质罩衣，以免链甲被晒得过热；并且避免在炎热时间旅行。当然，圣地的严酷气候对来自北欧的访客简直是晴天霹雳，他们往往很快就会因为暑热和染病而倒下。所以军事修会的存在特别重要，他们可以为新来者提供建议和示范。如果新来的十字军战士虚心接受并认真学习，就能变成战斗力可观的武士，而不是病人或者轻易成为突厥式战术的牺牲品。

从学术研究的角度看，西方骑士的蛮力与突厥和阿拉伯武士轻装急进、迅捷敏锐的高超战术之间的对比让十字军东征显得特别有趣。这段历史里从来没有过双方军队正面对垒、兵力更强的一方获胜的例子。实际发生的是战略与战术的复杂互动，双方各有所长，各有所短，指挥官在投入作战之前都要思前想后、精心算计。当然斟酌算计只能是尽人事听天命，因为大家都知道战争的特点就是人算不如天算。没有一位将军，没有一支军队始终有能力向战场的混乱强加秩序。气候、地理、兵力、装备和给养在决定胜负时都会发生作用，但说到底个人和集体的意志也很重要。并且，基督徒和穆斯林都承认，兵家胜负取决于神的意志。

其他的十字军运动

到 11 世纪中叶，人们普遍认识到，圣地之外同样存在基督教之敌。西班牙人和葡萄牙人很容易把他们与穆斯林敌人的长期斗争比拟为十字军运动，并且很快就说服教会，向在西班牙与葡萄牙作战的基督徒志愿者提供与保卫耶路撒冷的十字军类似的精神福利。德意志人和丹麦人在克莱尔沃的圣伯纳德的启发下攻击了易北河以东的宿敌。1147 年的文德十字军东征[①]摧毁了斯拉夫异教徒与海盗活动的一处堡垒，打开了向东迁徙和扩张的道路。

波兰人很快认识到，他们在向东方和北方扩张时也可以运用十字军远征的精神。但异教徒普鲁士人比文德人难对付多了，而且普鲁士人的领袖不像波罗的海南岸的梅克伦堡、波美拉尼亚和波美雷利亚[②]公爵们那样，相信皈依基督教对他们有好处。波兰人对普鲁士人的攻击在 13 世纪初取得了一些胜利，尤其在维斯瓦河拐弯处的库尔姆[③]。但在普鲁士异教徒的反攻之下，波兰驻军仓皇逃跑。

严格地讲，波兰人对普鲁士的入侵不算十字军圣战，因为这些军事行动没有得到教宗授权，也没有在全欧洲得到教士的宣传鼓动。条顿骑士团将在后来纠正这个技术错误。13 世纪

---

① 文德人不是单一民族，而是日耳曼民族（斯堪的纳维亚人、德意志人等）对居住在他们附近的斯拉夫人的泛指，所以文德人包括多个民族和部落群体。对斯堪的纳维亚人来说，文德人是波罗的海南岸的斯拉夫人。对中世纪神圣罗马帝国的居民来说，文德人是奥得河以西的斯拉夫人。文德人不断与他们的邻居德意志人、丹麦人和波兰人发生冲突。1147 年的文德十字军东征是北方十字军东征的一部分，有强迫异教徒文德人皈依基督教的因素，也有经济掠夺和攫取土地的因素。著名的萨克森公爵狮子亨利和第一代勃兰登堡边疆伯爵“大熊”阿尔布雷希特一世参加了此次东征。12 ~ 14 世纪，德意志人不断向文德人的土地移民和扩张。大部分文德人被德意志人消灭或同化，今天只剩下一支文德人，即生活在德国东部的索布人。今天德国的一些地名和姓氏起源于文德人的语言，莱比锡和柏林这两个地名很可能源自文德人的语言。

② 波美雷利亚，也称东波美拉尼亚或格但斯克波美拉尼亚，是波兰北部的一个历史地区，在波罗的海南岸、维斯瓦河以西，最大城市是格但斯克(但泽)。10 世纪，波美雷利亚被波兰人征服。

③ 库尔姆是德语名字，今在波兰境内，波兰语名字是海乌姆诺。

20 年代末，马佐夫舍[①]公爵康拉德及其亲戚邀请条顿骑士团的大团长赫尔曼·冯·萨尔察出兵协助防卫波兰土地，抵御普鲁士异教徒。当然，防卫只是说说而已。波兰人早就计划征服整个普鲁士。他们只需要一点点帮助。他们觉得请条顿骑士团帮忙只是短期的权宜之计。

① 马佐夫舍是一个历史地区，在今天波兰的东北部，主要城市有华沙和普沃茨克。

二　条顿骑士团的建立

第三次十字军东征

德意志人对第三次十字军东征（1189～1192）寄予厚望，希望基督教力量能够取得最辉煌的胜利。霍亨施陶芬皇朝不屈不挠的红胡子皇帝弗里德里希一世·巴巴罗萨率领大军安然穿越巴尔干半岛和小亚细亚，歼灭了阻断从君士坦丁堡往西去的陆路一个世纪之久的突厥军队，翻越艰险的奇里乞亚[①]山区隘道，进入叙利亚，从那里就可以轻松地进入圣地。按计划，他将在那里领导神圣罗马帝国、法兰西和英格兰的联军，收复地中海沿岸之前丧失的港口，打通贸易与增援的海路，随后率领基督教大军解放耶路撒冷。然而，皇帝出师未捷身先死，在一条山区小河里溺亡。他的封臣一哄而散，有的匆匆赶回德意志，因为他们需要参加弗里德里希一世的继承者、他的儿子亨利六世的加冕；也有人估计德意志国内会爆发内战，他们如果不回去就可能失去自己的土地。只有少数大贵族和高级教士信守诺言，继续前往阿卡城。此时法兰西和英格兰十字军正在攻打这座城市。

新到的德意志十字军因为阿卡的酷热和疫病流行而损失惨重，而他们在心理上受到的创伤至少与身体的痛苦等量齐观。

---

① 奇里乞亚在今天土耳其的东南部沿海地区。

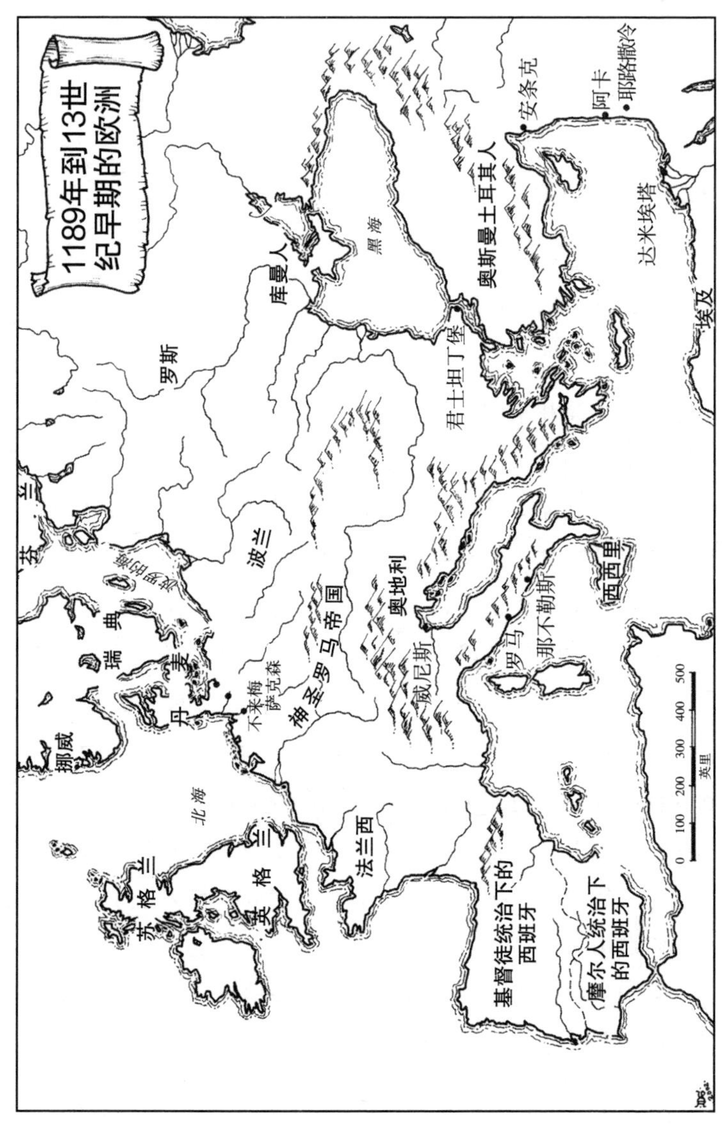
1189年到13世纪早期的欧洲
罗斯
库曼人
黑海
奥斯曼土耳其人
安条克
阿卡
•耶路撒冷
达米埃塔
埃及
君士坦丁堡
芬兰
瑞典
波罗的海
波兰
挪威
丹麦
不来梅
萨克森
神圣罗马帝国
奥地利
威尼斯
罗马
那不勒斯
西西里
北海
苏格兰
英格兰
法兰西
基督徒统治下的西班牙
摩尔人统治下的西班牙
0 100 200 300 400 500
英里

狮心王理查（1189～1199年在位）此时正凭借英勇作战的功绩而赢得不朽的声誉。他憎恨霍亨施陶芬皇朝的封臣，因为几年前霍亨施陶芬皇朝流放了他的姐夫，韦尔夫家族的狮子亨利。所以狮心王理查抓住一切机会羞辱他的德意志盟友。最终他攻克了阿卡，但除此之外没有取得多少成绩。法兰西国王腓力二世·奥古斯都（1180～1223年在位）也多次遭到狮心王理查的侮辱，愤然回国。大多数德意志人也走了，决心伺机报复狮心王理查。后来，奥地利公爵果然替德意志人报了仇，他俘获了狮心王理查，并将理查交给霍亨施陶芬皇朝的新皇帝换取赎金。

所有德意志贵族和高级教士回想起这次十字军东征，都满怀愤恨与失望。再想想当初出征时的踌躇满志，他们觉得自己遭到了所有人的背叛。英格兰人、拜占庭人、韦尔夫家族都背叛了德意志十字军，而且各国十字军之间互相背叛。第三次十字军东征期间，德意志人吃尽苦头，但只有一项拿得出手的成绩（或者说，他们后来是这么认为的）：建立了条顿骑士团。

草创之年，1190～1198

建立条顿骑士团其实是绝望之下的无奈之举。这种无奈不是因为缺少战斗人员，而是因为缺少有效的医疗措施。1190年攻打阿卡的十字军因为疾病而损失惨重。来自北欧的士兵不适应当地的酷热，水土不服，饮食不习惯，卫生条件也极差。他们没办法正常地安葬死者，于是将尸体和瓦砾一起投入“诅咒之塔”对面的壕沟。他们就是用瓦砾填平这道障碍的。军营中弥漫死尸的臭气。一旦染上热病，士兵就纷纷倒毙，围绕着病人或尸体嗡嗡叫的不计其数的苍蝇更让人不堪忍受。常规的医务单位疲于奔命，无法应付这么多病人。医院骑士团则优先收治自己的同胞法兰西人和英格兰人（当时很少有人能区分这两个民族，因为狮心王理查自己就拥有法兰西的一半领土，还对剩下的一半垂涎三尺），患病的德意志人常常得不到救治。

这种情况令人无法忍受，并且似乎要无限期持续下去，因为围城战没有很快结束的迹象，也没有一位德意志君主亲临东方，要求既有的医院治疗他的臣民。于是，一些来自不来梅和吕贝克的中流阶级出身的十字军战士决定组建自己的医院修会，专门照料德意志病人。前线最显赫的德意志贵族，霍亨施陶芬家族的弗里德里希公爵[①]热烈响应这个计划。他写信给自己的兄长亨利六世，并得到了耶路撒冷宗主教、医院骑士团和圣殿骑士团的支持。他们请求教宗塞莱斯廷三世批准这个新的修会，后者很快同意了。这个修会的成员将和医院骑士团一样从事医疗工作，并遵守圣殿骑士团的规章制度。新修会的名字是“耶路撒冷圣玛利亚医院德意志兄弟骑士团”。它的简称更为人熟悉，即德意志骑士团。这种简称暗示它与一个更古老的、当时实际上已经废止的医疗机构有联系。后来骑士团成员避免提起这种潜在的联系，免得他们落入医院骑士团的管辖范围，因为医院骑士团对最早的那家德意志人医院有监督权。不过，如果有访客和十字军战士相信条顿骑士团与那家更古老的机构有联系，新修会的成员似乎也不会反驳。所有人都珍视悠久

---

① 施瓦本公爵弗里德里希六世（1167～1191），弗里德里希一世·巴巴罗萨皇帝的第三子，在皇帝死后率领德意志十字军的余部继续赶往阿卡，后在那里病逝。

的历史和传统。很多宗教机构会假装拥有比实际情况更显赫的起源，所以这个新的医院修会这么做也情有可原。

1197 年，下一批德意志十字军抵达圣地时，医院已经欣欣向荣，为同胞提供价值不可估量的服务。修会成员不仅照料病员，还为新来者提供住宿，为手头拮据或遭过抢劫或在战斗中损失了全部财产的人提供金钱和食物。这批新十字军中有不少人来自不来梅，这是北海之滨一座繁荣发展的港口城市，后来是汉萨同盟的创始成员之一。这些市民慷慨解囊，为这家他们帮助创建的医院捐钱捐物。访客发现修会成员中有相当多的人受过骑士训练但在十字军东征期间过上了宗教生活，于是他们提出这个医院修会可以像圣殿骑士团和医院骑士团一样承担军事职责。

圣地的十字军王国位于沿海的狭窄地带，由一系列城堡拱卫，但这些城堡的驻军力量很薄弱，所以基督徒领袖担心如果突厥人发动突然袭击，这些城堡在欧洲的援兵抵达之前就会陷落。当地拥有采邑的骑士太少，不足以组织有效的防御，而负责在海路巡逻以抵抗穆斯林海盗或封锁舰队的意大利商人（圣地唯一一群支持西方教会且人数较多的中产阶级居民）也无暇抽身，顶多能帮忙驻防海港。于是，王国的防务主要依赖圣殿骑士团和医院骑士团，他们拥有残酷无情的武士和令人胆寒的声望，但在 1187 年战败（并导致耶路撒冷被穆斯林占领）[①] 之后已不足以承担如此艰巨的任务。而且，这两个骑士团经常互相争斗。1197 年来到阿卡的德意志人决定，他们的医院修会可以为一些前线城堡提供驻防，于是请求教宗塞莱斯廷三世批准

① 即哈丁之战。1187 年 7 月 4 日，阿拉伯人的著名统帅萨拉丁在此大破基督教军队，耶路撒冷国王和圣殿骑士团团长被俘。基督教军队作战时向来携带的圣物真十字架落入穆斯林手中。

将其改为军事修会。他同意了，并于 1198 年颁布了新的特许状。英语世界后来把这个德意志骑士团称为条顿骑士团。①

严格来说，这个新的军事修会的骑士是修士而不是僧侣。也就是说，他们在俗人当中生活，而不是在修道院里与世隔绝。这只是个技术细节，在那个时代很重要，但对今人来说意义不大。重要的是，他们的组织是罗马天主教会的一个得到承认并受到尊重的部分，得到教宗的保护，很容易直接与教廷沟通。教廷在教宗监督下任命官员，主持涉及教会成员的一切争端的听证会，并指定特使去一线调查重要的危机。当然实际上教宗和教廷都十分繁忙，不可能非常细致地研究各个宗教修会的日常运作。虽然一旦某修会行为不合规矩的消息传到教宗和教廷耳边，他们可以迅速做出反应，但他们一般只是要求各个修会拟定自己的规章制度，并定期检查落实情况。

法规与习俗

条顿骑士团的特点反映在它的条令、制度、法规和被称为"习俗"的一整套法律当中，所以我们有必要详细研究一下这些文档。这些文档是用德语写的，以便让每一位成员都能轻松地理解，其行文也简洁明了，易于记忆。每一位成员都要宣誓坚守清贫、贞洁和服从的信条。骑士从以修道士的身份进入骑

---

① 为什么这样称呼，原因不明，不过可能和传统上英格兰岛民顽固地分不清 Deutsch（德意志）与 Dutch（荷兰）有关。更有可能是因为现代知识分子的势利，因为"条顿"听起来比"德意志"高雅。在英格兰人的想象中，德意志人都是些肥胖的老头，坐在昏暗的客栈里抽长烟斗、喝啤酒。（作者注）

士团的那一刻起，就不再拥有私人财产；所有财产都是共有的。理论上，骑士应当照料病人，这是条顿骑士团最早的存在理由。这在一定程度上与他们的军事职责和宗教活动相符合，但在有些时候，医务工作被交给骑士团的一个完全由非贵族成员组成的特殊分支。骑士不分白天黑夜，按时参加宗教礼拜。他们须穿“教士色彩”的服装，并披戴有黑十字纹样的白披风，所以有人给他们取了一个额外的绰号“十字骑士”。

虽然骑士团的成员中有神父、医院勤务人员和女护士，但耶路撒冷圣玛利亚医院德意志兄弟骑士团主要是一个军事修会，所以大多数成员仍是骑士，他们需要马匹、武器和军事装备。这些装备都由个人负责维护，以便让甲胄合身、剑的重量和长度合适、战马和骑手互相熟悉。为防止成员因为这些装备而骄傲，骑士团的规章特意禁止使用金银饰物或鲜艳的色彩。

每位条顿骑士都必须有自己的支援人员，通常一名骑士搭配十名披甲战士。这些披甲战士都是平民，往往是骑士团的较低级成员。他们被称为“半兄弟”或“灰披风”（因为他们的罩衣是灰色的），可以选择在骑士团服役较长的一段时间或终身服役。他们担任骑士侍从或军士，骑士侍从负责为战斗期间有需求的骑士提供备用马匹或新装备，军士则与骑士并肩作战。①

---

① 作战时，十名骑马的武士组成一个单位，由一名骑士指挥。遵照传统，同一个单位的武士会追随骑士的旗帜，所以这个单位被称为“旗队”。有时武士身穿重甲，骑训练有素的战马，但在侦察和袭掠时，轻型装备更合适（也更便宜）。在圣地，这些轻装武士被称为土科波（字面意思：突厥人之子），穿适合炎热气候的服装，携带轻型武器，铠甲较少，使用的马也较快，就像他们的阿拉伯和突厥敌人一样。后来条顿骑士团的武士通常是德意志人，但与骑士不同，武士可能出生于普鲁士或立窝尼亚。武士晋升为骑士的例子极其罕见。武士在自己的兵营用餐和睡觉，但日常的宗教礼拜与骑士和教士相同。（作者注）

条顿骑士必须维持良好的身体状态，随时应战。如果深居简出，就会影响战斗力。他们可以外出打猎，这是教廷专门授予他们的不寻常的特权。骑马打猎是传统的训练骑士的方法，并且还能帮助骑士熟悉当地的地形地貌。禁止狩猎是不切实际的，也会遭到德意志骑士的怨恨，因为他们从小生长在广袤森林里，那里仍然到处是危险的野兽和大量猎物。条顿骑士被允许猎杀狼、熊、野猪，也可以用猎犬来猎狮子（如果确实有必要，而不仅仅是为了消遣或娱乐的话），还可以不带猎犬去猎杀其他野兽。

法规要求条顿骑士与女性保持距离。如果大家生活在修道院，这倒不甚困难，但在旅行或作战时往往就很难严格执行。有时骑士不得不住在公共的旅馆或者接受别人的热情款待，如果拒绝女性奉上的啤酒或蜂蜜酒，便有失礼之虞。此外，在招募新人或者从事外交活动时，骑士常常住在东道主的城堡或别墅，因为专门到附近的修道院去住宿不切实际，而很多大事都是在非正式场合处理的。骑士的职责决定了他们不可能完全与世隔绝，所以法规仅仅警告他们要避开婚礼、游戏等世俗娱乐，因为在这些场合往往男女混杂，饮酒作乐的诱惑太大。法规还专门警告骑士不得单独与女性说话，尤其是不要单独和年轻女性说话。亲吻的礼节贵族阶层常用，而骑士被禁止哪怕与自己的母亲和姐妹亲吻。只有在专门采取措施防止了一切丑闻的可能之后，女护士才会被允许进入医院。

违反规章的骑士团成员受到的惩罚的严厉程度不一。受罚一年的人就只能和仆人睡在一个房间，穿没有任何标识的衣服，每周有三天只能吃面包和水，并且被剥夺与骑士兄弟团契[1]的特权。这算是很轻的惩罚。错误如果更严重，就要戴上手铐脚镣，被投入地牢。惩罚结束后，罪人有可能回到原岗位（但不得在骑士团担任官职）或者被开除。只有三种罪行是绝对不可能得到饶恕的：临阵脱逃、叛教和鸡奸。犯有前两种罪行的人会被开除，最后一种罪行的人会被终身监禁或处决。最常见的罪行都是轻微的，惩罚手段是鞭笞和剥夺饮食。

官员制度

中世纪的组织机构，甚至国家，都没有庞大的官僚系统。条顿骑士团也不例外。主要的长官最初被称为团长（Meister），但在骑士团需要为德意志、普鲁士和立窝尼亚这三个地区分别设立长官的时候，就将这三位地区长官称为团长，而将比他们更高的长官称为大团长（Hochmeister）。其他军事修会的领导人一般也用这个头衔。这意味着条顿骑士团的大团长与圣殿骑士团和医院骑士团的领导人平起平坐。此外，这也强调了条顿骑士团的主要职责是保卫圣地，这一职责凌驾于三个地区团长对骑士团资源的主张权之上。

条顿骑士团大团长由代表大会选举产生，终身任职，除非自己辞职。选举过程很正式也很复杂：前一任大团长去世后，他的副手设定一个时间地点，让附近所有能暂时搁置自己其他职责的骑士赶来开会，并传唤较遥远地区的骑士代表。高级官员和代表聚齐后，前任大团长的副手推荐一名骑士担任第一选举人。如果大家都同意这个人选，那么第一选举人再提名第二

① 团契为基督教术语，这里指基督徒之间的亲密关系或聚会、交流等。

选举人。大家要么同意这个人选，要么请第一选举人提名其他人，直到最后达成一致。第一和第二选举人再提名第三人，大家同意或者反对，直到最后确定一个由八名骑士、一名神父和四名下级成员代表组成的十三人选举团。选举团随后宣誓自己将不偏不倚、认真履行职责，选出最优秀的人填补大团长的空缺。接下来，选举团举行闭门会议，由第一选举人先提名。如果被提名人没有赢得多数票，那么其他选举人轮流提名，直到最后出现为选举团多数成员所接受的人为止。选举团向代表大会宣布自己的决定后，神父唱起《感恩赞》，并护送当选的新大团长到祭坛前宣誓就职。

大团长的身份主要是外交官和监督者。即便他出身较低，他的地位在当选之后也会大大提升。他和骑士团活动的地区的重要贵族与教士会晤，并与更遥远地区的权贵与高级教士（包括皇帝和教宗）通信。大团长还要访问各地，视察骑士团下属的各家修道院，检查成员的纪律，并确保骑士团的资源得到妥善管理。

大团长任命若干官员，组成自己的内层议事会。骑士团金库的巨大钱箱有三把钥匙，分别由大团长、在圣地的武装力量总司令和总财务官掌控。这种分权表明骑士团对任何个人的授权都是有限的，不管他的官职多高。重要的决策都是集体做出的，决策者往往是大团长和他的几名重要下属官员，也常常包括代表大会的成员。

总财务官（Ordenstressler）负责财务。条顿骑士宣誓守贫，但若没有粮草、服装、兵器、骏马，以及工匠、马车夫和船长的服务（这些服务往往需要用钱购买），条顿骑士团当然无法生存。理论上只有主要官员有权知道骑士团的财政状况，但代表大会的成员也会得到充足的信息，这样他们才能拟定合适的计划去建造城堡、教堂和医院，并筹备军事行动。他们也会把这些信息传递给其他骑士与教士。

总司令（Großkomtur）负责监督所有不是与战争直接相关的日常活动。他指挥各种下级职能官员，监督总财务官的收支，管理通信和档案。他的职责显然和大团长大致相同，只不过规模较小。另外，如果大团长不在，总司令还负责指挥在圣地的武装部队。在神圣罗马帝国境内（奥地利、弗兰肯等地）还有区域性司令以及各地的城堡司令，他们负责管理许多修道院与医院。

总军务官（Ordensmarschall）负责军事行动的筹备。他的头衔的本意是马厩总管，这表明骑兵的装备和训练对军事胜利是多么重要。他的各项职责中也以骑兵工作最为重要，耗费的时间最多。理论上，袍服总管（Ordenstrappier）和医院总管（Großspittler）是总军务官的下属，但实际上都是独立自主的官职。这些头衔其实更多是荣誉性的，而不是现代官僚机构里相应的部门主管。上述官员组成了一个经验丰富的内层议事会，大团长可以仰仗他们的建议与辅佐。

与骑士团的臣民、贸易伙伴和其他统治者打交道的工作，在类似帝王宫廷的气氛里进行。大团长聆听请求，听取大家的辩论，在决策之后给出回应。决策都得到认真记录和存档。骑士团档案最终包括了数十万份文档。最重要的文档由大团长的书记员保管，以便于查找；其他档案保存在各地修道院里。

骑士团成员大多没有理由对行政管理的细节产生兴趣。神父有自己的职责。军士（或披甲战士）只有威望很低的下级职责，比如管理小庄园和维护装备。很少有骑士足够聪明或者足够有经验，可以担任要职，也很少有骑士的出身能高贵到无须事先证明自己就可以承担重要职责。贵族出身差不多是晋升的核心条件。人们认为贵族有遗传的能力与才干，就像战马遗传了力量和勇气一样。而且贵族在宫廷有重要的亲戚，也有宫廷生活的经验，可以借此为骑士团赢得很多利益，这都是只凭个人才干与虔诚所无法达到的。贵族的“高贵”程度并不相同，普通骑士当中很少有真正的贵族。德意志骑士往往是市民、士绅或所谓“家臣”（ministeriales）的后代。骑士越来越重要，但他们在遥远过去的卑微出身还没有被遗忘。出自真正显赫之家族的骑士团成员始终很少，而且其中有些人之所以投身修道院，完全是因为他们没有在修道院之外生存的能耐。

不过，出身家臣乃至市民家庭的羞耻，在加入骑士团的仪式中大体上就烟消云散了。加入骑士团需要做很大的牺牲，成员不仅要宣誓守贫和守贞，还要缴纳30到60马克的“嫁妆”，往往以土地的形式支付。这不是个小数目，但新成员的亲戚无疑愿意帮忙出钱，因为家族里有人加入条顿骑士团不仅会提升家族的威望，还很有可能带来经济和政治上的好处。另外，如果某人财政破产的话，只要加入条顿骑士团，他的债务就一笔勾销了。

骑士的日常活动都经过一丝不苟的计划，大致的方式与今天的绝大多数军队类似：让军人保持忙碌，免得他们惹麻烦。条顿骑士和现代军人的最大区别不在于武器装备，而在于条顿骑士全然服从双重的使命。一个条顿骑士既是修士，也是战士，不仅要在规定时间参加用时虽短但规律性很强的宗教仪式，还要忍受严苛的纪律。这种纪律是现代军人难以承受的，因为它是毕生的责任。这些有血有肉的人要做出真正的牺牲：清贫、贞洁和服从。

宗教生活

当一位骑士申请加入条顿骑士团的时候，骑士团就会向他强调，必须全身心投入宗教和军事生活。骑士通过初步考核之后，会被带到骑士会议前。有人会问他：

> 骑士团的兄弟们听说你申请加入，所以想知道，你是不是下面这些情况。首先，你有没有对其他修会宣过誓，有没有与女人订过婚，你是不是别人的农奴，你是否负债或者是否承担了可能会影响骑士团的义务，你是否身体健康。如果你有上述情况中的任何一种，并且你现在不承认，那么将来如果我们知道了，就有可能将你开除。

然后新人宣誓："我承诺坚守贞洁、清贫，服从上帝、圣母玛利亚和您，条顿骑士团的大团长，及您的继任者。我承诺遵守骑士团的规章制度，至死不渝。"

有的历史学家说条顿骑士团是一个政治组织，没有宗教意义或很淡薄。这是错误的。我们必须记住，条顿骑士团和其他很多不要求成员隐遁而要求他们努力帮助改良社会的宗教修会没有多少差别。如果说条顿骑士团是没有宗教意义的政治组织，那么教廷也只是一个单纯的政治组织。（尽管这一时期某些教宗的行为会让人如此联想，但这种想法是错误的。）条顿骑士团在宗教与世俗两方面的思想和利益水乳交融，很难分割，只取其一端必然是对条顿骑士团的一种脸谱化。条顿骑士团的《法规》虽然撰写时间稍晚，但里面的集体祷文能比一篇冗长的论文更好地表现这两种思想的交融：

兄弟们，恳求我主上帝，求他以他的恩典、他的太平慰藉神圣的基督教，并保护其不受一切邪恶的侵袭。为了我们的精神之父教宗，为了帝国和我们的所有世俗领袖和所有教会高级教士，向我主上帝祷告，请上帝允许他们侍奉他。为了所有教会和世俗法官祷告，让他们给神圣的基督教带来和平和公正，让上帝的审判不要降临到他们头上。

为了我们的骑士团祷告。上帝把我们聚集到骑士团里。求上帝赐我们恩典、纯洁、属灵的生活，求他除去我们和其他修会身上不值得赞扬的，以及违背他的《十诫》的东西。

为我们的大团长和所有地区指挥官祷告。他们治理我们的土地和人民。为我们骑士团内所有行使职权的兄弟祷告，让他们行使职权时履行上帝的公义。

为没有官职的兄弟祷告，让他们不要虚度光阴，让他们热忱地礼拜上帝。让那些有官职的和没官职的，都与人为善，都内心虔敬。

为那些犯了弥天大罪的人祷告，愿上帝佑助他们重回他的恩典，让他们逃离永恒的惩罚。

为毗邻异教徒的土地祷告，求上帝以他的智慧和力量救援它们，让对上帝的信仰与爱传播到那里，让它们抵御所有的敌人。

为骑士团的朋友和盟友祷告，也为那些行善事的人或想要行善事的人祷告，让上帝奖赏他们。

为那些给我们留下遗产或馈赠的人祷告，让他们无论生死都与上帝同行。尤其为施瓦本的弗里德里希公爵和他的兄长亨利六世皇帝祷告，为吕贝克和不来梅的光荣市民祷告，是他们创建了我们的骑士团。还要铭记奥地利的利奥波德公爵、马佐夫舍的康拉德公爵、波美雷利亚的桑博尔公爵①……还要铭记我们死去的兄弟姐妹……让每个人铭记他的父亲、母亲、兄弟姐妹的灵魂。为所有信徒祷告，求上帝给他们永恒的安宁。愿他们安息。阿门。

要理解条顿骑士团履行使命的方式，就必须理解它的宗教理想主义。对所有军事修会，宗教理想主义都很重要，如同激进新教之于克伦威尔的圆颅党②或圣餐之于捷克胡斯派的两个派系③。叙述性的史料没有强调这种宗教情怀，这不足为奇，

① 波美雷利亚公爵桑博尔二世（约1211/1212～1277/1278），他与自己的兄弟波美雷利亚公爵希维托佩尔克二世斗争，与条顿骑士团结盟，后来将自己的大部分土地都留给骑士团。于是骑士团得以在维斯瓦河左岸站稳脚跟。桑博尔二世的这个举动受到他的亲戚们的争议。他的女儿嫁给了丹麦国王克里斯托弗一世。

② 圆颅党是1642～1651年英国内战期间支持议会的派系，与支持君主专制的保王党（或者叫骑士党）对立。圆颅党主张议会完全控制行政机关，其中温和派主张君主立宪，以奥利弗·克伦威尔为代表的激进派后来则废除了君主制。圆颅党得名自身为清教徒的议员将头发理短，由于没有长卷发或假发，头颅相较之下显得很圆，外貌与当时的权贵不同。

③ 胡斯派是宗教改革之前的一场教会改革运动，得名自捷克改革家扬·胡斯。胡斯派主要在波希米亚、摩拉维亚、西里西亚和斯洛伐克传播。1415年的康斯坦茨会议宣布胡斯派为异端，教廷后来敦促神圣罗马皇帝出兵镇压捷克胡斯派，即1419～1434年的胡斯战争。在捷克民族英雄扬·杰式卡的卓越领导以及波希米亚当地先进的兵器制造业支援下，胡斯派屡次击败帝国军。后来，胡斯派分裂为圣杯派和塔博尔派，也称温和派和激进派。前者主要为上层人士，后与天主教会合作，镇压了主要代表社会下层的塔博尔派。此后两个世纪，波希米亚和摩拉维亚由圣杯派占主流，直到三十年战争初期神圣罗马皇帝重新在这些地区推行天主教。

因为没有一位作者能把无穷无尽的祈祷、冥思和集体崇拜仪式编织成有趣的作品。但骑士团的编年史家经常提到个人与修道院的虔诚，他们为了描写这种虔诚甚至扰乱了自己的叙述。我们不要忘记，中世纪历史学家也知道精彩的故事应当是什么样的，他们知道戏剧性的故事更能吸引听众。他们更喜欢《旧约》而不是《新约》，这也许就是军事修会的宗教思想的关键所在。

个人完全沉浸于宗教生活的现象在今天已经不常见了，很多现代人难以理解古人居然真的视其为正常行为。所以有的现代人觉得极端虔诚的中世纪人是骗子或者伪君子。颇为讽刺的是，我们很容易接受自己行为的矛盾之处，却要求中世纪人的行为始终如一，认为他们要么是圣人要么是凶残的骗子。但1180～1500年出生的条顿骑士和神父既不是圣人，也不是骗子。他们有着复杂的个性，进入宗教生活的理由五花八门，但几乎所有人都肯定认为自己是一个神圣计划的组成部分。这个计划给混沌赋予秩序，给他们的人生赋予理由。他们在尘世做的事情，与每个人注定在死去之后面对的漫长永恒相比，都意义不大。在他们看来，宗教之外的行为，尤其是任何忽视人的永恒灵魂之命运的行为，都是愚蠢和危险的。

条顿骑士坚信自己选择了正确的道路，于是遵循这条道路，确信命运没有给他们别的选择。成败荣辱都是偶然事件，在上帝的掌握之中。他们知道，如果自己因取得的成绩而骄傲，那么上帝的惩罚很快就会以战败的形式降临。但这丝毫不会对神圣的计划构成阻碍。条顿骑士的职责是接受和服从，而对他们来说幸运的是，神圣声音告诉他们的，一般也就是他们想听的。

武装僧侣

虽然如上所述，条顿骑士团有着强烈的宗教情怀，但修道院里的生活并非沉闷无聊。当然，北欧的冬季漫长而昏暗，如同圣地的夏季漫长而酷热，但他们要做的事情总是很多。如伏尔泰在《老实人》结尾所说，治疗贫穷、恶习和无聊的良药是劳动。伏尔泰是自然神论者，但条顿骑士团那些笃信天主教的神父和军官一定会同意他对人生的分析。

在骑士团下属的修道院里，骑士有自己的职责。各修道院领导人的头衔可以译为城堡总管或指挥官，他负责监督修道院内的其他所有军官。有些军官肩负要职，如总财务官，他自己可能未必懂财务工作，但他会负责监管出身市民阶层的懂财务的人。大多数官职都很低微，如负责监管田地和马匹的职务，但每个官职都能检验哪些骑士有责任心、易于合作，哪些骑士的判断力好，哪些人不适合升职。

骑士团成员每天都会喝很多酒，在瞻礼日和有客人时喝的就更多了。条顿骑士喜欢喝啤酒和葡萄酒，尤其是自己家乡出产的品种。另外，教会的斋戒日很多，而骑士团写信给教宗请求允许患病或年老的军官不必严守斋戒，这表明骑士团对斋戒的规矩是认真遵守的。

狩猎是贵族阶层的一大爱好，条顿骑士也不例外。后来，随着条顿骑士团在森林或荒野的边缘地带拥有了为数不少的城堡，他们也愿意与敌人达成条约，让猎人可以放心打猎，不必担心遭到埋伏或袭击。为了追逐鹿和野牛，他们豢养了成群的猎犬，并雇佣原住民武士在打仗时担任向导。因为一年中打仗的天数毕竟有限，这些向导大部分时间都作为猎人为骑士团服务。

条顿骑士学会了当地语言。他们的外语水平可能比不上现代学者，但在立陶宛边疆服役的骑士完全可以理解从敌人手中逃跑的波兰女人的求救。与原住民民兵一起工作的骑士最好能用原住民语言发布基本的命令，尽管原住民应当也懂相应的德语词。旅行的骑士最好也要知道客栈、食物和啤酒用外语怎么说。那些生活在波罗的海原住民当中并操练其军队的骑士团军官[1]也特别需要掌握流利的外语。

大多数骑士在进入骑士团时都很年轻。他们通常是家中的次子或幼子，觉得在军事修会服役是一种有价值的、体面的生涯。即便没有赢得声望或高位，他们知道自己在负伤时或年迈以后会得到很好的照顾。最重要的是，他们相信自己最终会得到圣母玛利亚和她的儿子，亦即他们的主基督的奖赏。在一些年里自我牺牲，就可以换来永恒的生命。就连那些没有严格遵守清贫、贞洁与服从誓言的人如果成为殉道烈士，也能获得永生。

并非所有骑士都是圣人，远非如此：有些条顿骑士甚至是洗心革面的罪犯。在中世纪社会，处置罪犯的方法要么是宽恕他们，要么处决他们，此外没有多少选择。对下层阶级的罪犯可以鞭笞，还可以将罪犯丢进井底，让他们挖掘土石，直到挖出地下水来，或者直到他们的刑期服满。但总的来讲，监禁囚犯是不切实际的。更好的办法是把悔过的罪犯送到修道院，让他们在祈祷、劳动和睡眠中了却残生。这样他们在做对社会有益的工作的同时，也许还能挽救自己的灵魂。接受罪犯服务的

---

① 即所谓“地方长官”，德文为 Vogt。

修会有很多，条顿骑士团只是其中一个。这些曾经的社会弃儿在骑士团不能获得很高的地位，也不能担任官职，但他们愿意在遥远而危险的边境作战，这就抹去了他们家族姓氏蒙受的污点。

条顿骑士团有点像现代的职业体育运动队。他们执着于良好的身体状态，献身于自己的使命，对自己的成就感到自豪，有朴实的幽默感，在搞庆祝活动时喜欢放纵：这一切都把他们与普通人分隔开。总结来看，条顿骑士不是圣人，但也不是恶魔的化身。他们反映了他们所在时代的贵族社会的特点。我们对他们研究越多，就越不会对他们脸谱化，越不会觉得他们特别傲慢或对土地贪得无厌，更不会觉得他们是邪恶的。

三　圣地的战争

圣地

我们对条顿骑士团早期的几十年知之甚少。最重要的事件是 1200 年的一次土地交易，耶路撒冷国王埃莫里把阿卡以北的一小片土地卖给了骑士团。除了这片领土和在阿卡城内的医院，他们在雅法、亚实基伦和加沙沿海还有一些零散土地，在塞浦路斯岛也有几处庄园。直到后来，在得到了若斯兰[①]的遗产之后，条顿骑士团在圣地才有比较可观的领土。但为了若斯兰的遗产，骑士团打了二十四年官司。人们对已经根基稳固的军事修会的猜疑和嫉妒，再加上这些修会的威望与权力，让新的组织很难在巴勒斯坦站稳脚跟。

条顿骑士团起初的领地很小，他们在最初岁月里的军事成就也微不足道，以至于我们对最早三任大团长的了解仅限于他们的名字。他们在十字军战士当中一定赢得了不错的声誉，结交了一些有价值的朋友，因为赫尔曼·冯·萨尔察于 1210 年当选大团长之后，骑士团就得以迅速扩张。他是个才华横溢的

---

① 埃德萨伯爵若斯兰三世（1159～晚于 1190 年）是耶路撒冷王国的一位领主，他的姐姐艾格尼丝是耶路撒冷国王阿马尔里克一世的第一任妻子，是后来的麻风国王鲍德温四世和女王西比拉的母亲。若斯兰三世后来担任过西比拉的儿子鲍德温五世的监护人。若斯兰三世参加过 1187 年著名的哈丁战役（十字军惨败于萨拉丁）和第三次十字军东征期间的阿卡攻防战。1220 年，条顿骑士团获得了若斯兰三世的领地。

人，但假如他的前任没有打下坚实的基础，他也没法取得什么成就。最早的三任大团长留下了高效而颇受尊重的组织、严明的纪律和大量骑士，其兵力超过了保卫阿卡周围骑士团领地的需求。

赫尔曼·冯·萨尔察

赫尔曼·冯·萨尔察是一位开拓伟业的雄主，很像亨利·福特或约翰·D. 洛克菲勒：他能在别人只看见难处的地方发现机遇。他懂得如何在现存体制内工作，从而建造一种新类型的帝国，并利用别人的才干与资本去达成别人想都不敢想的目标。因为他的伟大成就，条顿骑士团的真正历史不是从第三次十字军东征开始，而是从1210年赫尔曼当选大团长开始的。

赫尔曼出身于图林根的一个家臣家族，也就是说，这家人算是骑士，但还不算严格意义上的贵族。好几代以前，他的一位平民祖先凭借勇气、才干与忠诚提升了自己的阶级，但他们家族的贵族气息还不够。在这个时代，俗世间的成功取决于有利的婚姻，或者有亲戚在教会担任要职，而赫尔曼的父母既不富裕也不高贵，所以如果追随父亲的脚步，继续当世俗骑士的话，他的人生前景并不广阔。对家臣来说，最美好的前景也就是再谋个一官半职，缔结一桩略微好一点的婚姻；或者选择宗教生活，成为小修道院的院长，也许还能当上较低级的主教或大修道院院长；或者移民到东欧，此时波兰公爵们正在欢迎能干的武士和行政管理者。赫尔曼把这几条道路结合在一起，为他的骑士团开辟了荣耀之路。他加入了条顿骑士团，于是将军事和宗教事业结合在一起，后来还把他的军事修会发展到中东欧。

赫尔曼选择加入一家较小的军事修会，这对他来说很幸运，因为在更古老和威望更高的修会里他不可能攀升到那么高的位置。虽然他和蔼可亲的个性和外交才干在任何地方都能让人肃然起敬，但光靠这些还不足以摆脱家臣出身的羁绊。在规模较小的条顿骑士团，他的才干很容易显得鹤立鸡群。他在相当年轻、可能只有三十几岁的时候就当选为大团长。他有一种让人们迅速信任他的人品与才干的本领。他若没有正派的品格与才华，也不可能成为教宗与皇帝的密友，更不可能在貌似不共戴天的敌人之间斡旋调停了。

在赫尔曼的生涯早期，很少有迹象能预示他未来的飞黄腾达。他可能于 1215 年参加了第四次拉特兰会议[①]，但肯定没有公开发言。他于 1216 年 12 月陪同年轻的皇帝弗里德里希二世去了纽伦堡。他安排派遣一小队骑士去协助防御匈牙利王国的边境，抵挡库曼游牧部落[②]的袭掠。在第五次十字军东征期间，默默无闻的赫尔曼一举成名。

赫尔曼参加了 1217 年从塞浦路斯岛远征达米埃塔的十字军东征。达米埃塔是埃及的港口城市，保护着肥沃的尼罗河三角洲和通往开罗的道路。大家期待此次十字军东征成为多年以来

---

① 第四次拉特兰会议于 1215 年在教宗英诺森三世领导下在罗马拉特兰宫召开，主要决议包括接受圣餐礼的“化质说”为正统。化质说认为，圣餐的饼与酒经过祝圣确实变成基督的血与肉。会议还决定准备第五次十字军东征（1217～1221），由教宗亲领出征。

② 库曼人是一个突厥游牧民族，主要活跃于 10～13 世纪，居住在黑海以北，是草原上凶悍的战士，后迁居黑海以西，对基辅罗斯、匈牙利、金帐汗国、高加索和拜占庭等国家与地区有很大冲击。库曼人一度与钦察人联合起来结成游牧邦联。

十字军战士苦求而不得的决定性胜利。这部分是因为攻击目标埃及很脆弱，部分是因为参加远征的很多骑士来自各个军事修会。所以起初十字军能够就战略和战术达成共识，而在之前的几次东征中，十字军战士们很少能像这样团结一致，尤其是在命途多舛的第四次十字军东征期间，他们甚至改变了攻击目标，将兵锋转向君士坦丁堡，给基督教世界造成了永久的损害和羞耻。即便如此，本次东征仍然缺乏一个拥有主宰地位的领导者，这是十字军的主要弱点。赫尔曼在几个军事修会的大团长当中地位突出，不是因为他的才干超出别人，也不是因为他直接指挥的骑士最多，而是因为德意志人为此次东征提供了最大份额的军费，而且很多人都期待得到赫尔曼的建议和领导。赫尔曼睿智地利用这个机会，为他的骑士团赢得了一些特权和捐赠。

赫尔曼亲自参加了在达米埃塔的作战。基督徒和穆斯林这两个世界在整整两年间拼死鏖战，双方都从越来越远的地方调来援兵，以至于最后似乎再也找不到援兵了。最终十字军攻破了达米埃塔要塞，沿着尼罗河南下进逼开罗，然而这次攻势以失败告终。所有人都期待皇帝来援救他们，但弗里德里希二世找借口推迟了自己的行程。敌对双方的谈判越拖越久，十字军战士陆续回国。虽然基督徒领袖完全可以用达米埃塔换取去耶路撒冷的通行权，但教宗特使固执地拒绝妥协，一定要达成完全的胜利。特使发现了关于神秘的大卫王与祭司王约翰的预言，再加上远方传来有一位伟大帝王在威胁穆斯林后方（可能是成吉思汗，他的大军正在占领蒙古周边的几个邻国）的消息，承诺十字军一定能轻松打败一盘散沙的埃及人，并以此说服圣殿骑士团、医院骑士团和条顿骑士团的大团长于1221年发动一场最后的总攻。然而十字军被困在尼罗河三角洲的水道，遭遇惨败，几乎全军覆灭，达米埃塔城也被穆斯林夺回。赫尔曼也在此期间被俘。没过多久他就被赎回，但他有理由相信，条顿骑士团的未来不只在于圣地。

很多人将此次灾难归罪于弗里德里希二世，因为他违背诺言没有率军赶到埃及。但赫尔曼·冯·萨尔察不会责怪皇帝。他是霍亨施陶芬皇朝的忠实追随者，至少在他对教会的职责所要求的范围内，他忠于皇帝。1223 年和 1224 年，他为了帝国事务在德意志奔波，为了释放丹麦国王瓦尔德马二世[①]而进行谈判。当时什未林伯爵海因里希绑架了瓦尔德马二世，此事将北欧的所有国家都拖向内战。[②] 赫尔曼无疑在第五次十字军东征期间就认识什未林伯爵，于是他帮助谈妥了国王的赎金。在最终达成的复杂协议中，丹麦国王被迫承诺将参加弗里德里希二世即将展开的作战。虽然在教宗恳求皇帝援救十字军的时候

① 瓦尔德马二世（1170～1241）号称胜利者瓦尔德马或征服者瓦尔德马，1202～1241 年为丹麦国王。他长期在北德作战，一度占据大片领土，不过后来又失去了这些土地。什未林伯爵海因里希绑架他的目的就是迫使他归还占领的德意志土地。瓦尔德马二世参加了对爱沙尼亚异教徒的十字军东征，建造了一座要塞，后来塔林城（今天爱沙尼亚的首都）就围绕它发展起来。塔林在爱沙尼亚语中有“丹麦人之城”的意思。瓦尔德马二世在丹麦创建封建制度，提升贵族的权力，削弱自由农民。他还是重要的立法者，他主持汇编的《日德兰法典》作为丹麦的法律一直被使用到 17 世纪。瓦尔德马二世驾崩后，丹麦陷入内乱，所以他在丹麦历史上享有极高声誉，常被认为是一个黄金时代的最后一位君主。

② 什未林伯爵海因里希的土地被瓦尔德马二世强占，海因里希绑架了国王，后来又和盟友一起打败了丹麦军队，最终迫使瓦尔德马二世缴纳 45000 银马克的赎金、放弃他占领的绝大部分德意志土地、发誓不会报复，并交出三个儿子做人质。瓦尔德马二世获释后撕毁协议，企图夺回在德意志的土地，又被打败，最终放弃了在德意志的野心。海因里希去世后，他的遗孀仍然控制着三个丹麦王子为人质，索要了 7000 银马克才将他们释放。

他没有率军去达米埃塔，但现在弗里德里希二世正在招募志愿者以准备一次远征，为之前的所有失败报仇雪恨。赫尔曼作为皇帝的显赫发言人，让公众都相信条顿骑士团是德意志十字军运动的主导力量。尽管此前他派遣了一些骑士前往通向匈牙利的喀尔巴阡山脉隘口抵御游牧民族的袭击，但他还不想被那里的阴谋诡计转移注意力，暂时也不想理睬马佐夫舍公爵康拉德（1187～1247）充满诱惑力的提议，即请赫尔曼派兵保护波兰北部边境，抵御普鲁士异教徒的攻击。

此时赫尔曼·冯·萨尔察心里的头等大事是全身心地、毫不犹豫地支持在圣地的十字军东征。第五次十字军对埃及的远征失败了。他明白，如果弗里德里希二世皇帝在这个关键时刻去圣地，而把意大利留给他的众多敌人，这并不符合帝国的利益。现在西西里已经平定，而更重要的是，皇帝已经做了安排，要迎娶耶路撒冷王国的女继承人。只有他亲自去圣地，才能获得新娘的土地。皇帝宣布自己将于1226年或1227年履行参加十字军东征的诺言。条顿骑士团意识到，如果他们为皇帝的此次东征提供大量骑士，一定会得到弗里德里希二世的感激。* 在十字军东征的问题上，没有人比赫尔曼·冯·萨尔察更懂皇帝的心，因为他是皇帝的朋友和谋臣。他知道，弗里德里希二世慷慨大方，不仅会奖赏别人在过去对他的忠诚服务，还会奖励未来的贡献。于是赫尔曼向皇帝明确表示，条顿骑士团会全力配合他的东征。骑士团成员也在期待分享基督教世界战胜伊斯兰敌人的荣光，所以不愿意把重要的资源投向东欧。

---

* 作为友谊的象征，皇帝于1226年发布了《里米尼金玺诏书》，规定如果条顿骑士团选择接受马佐夫舍公爵康拉德的出兵邀请，就把普鲁士的大量土地和特权授予条顿骑士团。（作者注）

圣地

1227 年，神圣罗马帝国舰队从布林迪西起航，但没过多久就被迫返航，因为舰队里暴发瘟疫，图林根方伯[①]路德维希四世病死，另有其他许多十字军战士病倒。皇帝没有加紧赶往圣地，格列高利九世教宗为此对其施加绝罚，但弗里德里希二世也没有赶赴罗马寻求与教宗和解。因为他对年迈的教宗很熟悉，知道除非自己付出惨重代价，否则教宗不会收回成命。皇帝等士兵恢复健康之后立刻重新起航，尽管他知道既然教宗绝罚了他，那么圣地那些敌视皇帝的人就有借口拒绝为他提供支援。皇帝对此不以为意，但他这次还是失算了。因为没有解决与教宗的争端，弗里德里希二世的十字军东征很快遭到失败。不管走到哪里，他都遭到冷遇，圣地的几乎所有贵族和教士都拒绝参加由被绝罚者领导的军事行动。在这种情况下，弗里德里希二世与条顿骑士团的关系更加紧密了，因为赫尔曼·冯·萨尔察的骑士团继续忠于皇帝并竭尽全力帮助他。在后来通过和约收复耶路撒冷之后，皇帝给予条顿骑士团特殊待遇，并将阿卡的关卡税收入交给他们。

皇帝只要带着军队待在圣地就可以自行其是，但他不能在圣地停留太久。赫尔曼大团长认识到这点，所以避免与当地贵族或其他军事修会发生矛盾。因此，弗里德里希二世于 1229 年离开阿卡时遭到很多人投掷腐烂水果蔬菜，而条顿骑士团没有

---

① 方伯（Landgraf）为德意志的一个贵族头衔，比伯爵（Graf）高，大致与公爵（Herzog）平级。

遭到报复。并且，尽管条顿骑士团因为支持弗里德里希二世的十字军东征而被绝罚，赫尔曼很快便设法让教宗回心转意。但圣地的局势仍不稳定——皇帝在某地的驻军如果兵力不强或者孤立无援，就会遭到基督徒贵族和高级教士的攻击。这些当地豪强对弗里德里希二世满腹怨气，因为他在过去没有帮助他们，他在西西里的政策也不合他们的心愿，他与教宗的争执更让他们感到愤怒。他们觉得皇帝只不过是个追名逐利的无神论者。

赫尔曼·冯·萨尔察陪同不幸的皇帝返回意大利，并帮助他与格列高利九世教宗和解。赫尔曼已经放弃了让他的骑士团永久待在圣地且仅仅待在圣地的希望。他很快派遣第一批骑士前往普鲁士。他对圣地局势的估计是正确的：到 1231 年，大部分帝国驻军被驱逐，仅仅十三年后，耶路撒冷就被穆斯林夺回。此后，圣地的基督徒转入守势，等待不可避免的最后攻击，那时基督徒将会丧失在圣地的最后立足点。

条顿骑士团并没有中断对地中海的兴趣。为了保卫阿卡，圣地比以往更需要他们的骑士。但阿卡是一座港口城市，炎热、潮湿、拥挤，不适合长期生活。条顿骑士在乡村过得比较舒适，那里的气候更健康，也有机会骑马打猎，有田野和草料供马匹之用。另外，骑士们也需要当地有可靠的粮食与葡萄酒供应。1220 年，他们从亨内贝格家族手中买下了加利利的一座破败城堡，并用阿卡关卡税收入将其修复。他们将这座庞大要塞取名为孟福尔，它的名字和建筑风格可能都源自骑士团在特兰西瓦尼亚建造的一座城堡。它的德语名字是施塔肯贝格（字面意思：强山），选址巧妙，易守难攻。但与其他十字军城堡相比，孟福尔不算固若金汤的防御阵地，它的主要价值可能是那里漂亮的招待所和旖旎的风光（一侧可以俯瞰山林，一侧是阿卡平原），而不是对圣地防务的贡献。孟福尔周边的土地是加利利北部最肥沃的地带。骑士团于 1234 年和 1249 年收购了更多土地，但城堡距离田地太远，无法保护农民不受袭掠。1227 年，十字军战士帮助扩建了防御工事，弗里德里希二世也在 1228 年为其注资。骑士团又在孟福尔以南三英里处建造了第二座城堡，该城雄踞于崎岖山岭之上。这两座城堡的建筑风格都是德意志式的，受周围其他城堡的影响很小：雄伟的主楼占据显要位置，坚固的幕墙将若干塔楼连接起来。

圣地的十字军城堡的真正弱点在于，它们无法保护周边为其提供粮食和劳动力的乡村。一旦穆斯林军队掳走或者杀掉当地居民并烧毁其房屋，城堡就成了荒原上的孤岛。没有草料或牧场，骑士们无法维持他们的战马，而没有战马，他们就丧失了大部分战斗力。

尽管条顿骑士团于 1271 年失去了孟福尔，他们仍在阿卡保有相当强大的兵力，直到 1291 年所有军事修会的联军被驱逐出了最后的要塞。条顿骑士团大团长撤往威尼斯，在那里继续指挥针对穆斯林的十字军东征。直到 1309 年，他才赶往普鲁士，彻底放弃了在东方的作战。

条顿骑士团内部的一个长期争议话题是，应当将骑士团的资源集中用来保卫圣地还是投入波罗的海地区，抑或休养生息，以便在神圣罗马帝国服务。在整个 13 世纪，在圣地的骑士拼命捍卫自己的显赫地位，谴责某些大团长在“海外”（指圣地之外）待的时间太久或者对效忠霍亨施陶芬皇朝的事业有动摇。没过多久，德意志团长、普鲁士团长和立窝尼亚团长就开始雄辩地为自己所在地区的利益摇旗呐喊。一位又一位大团长努力平衡不同地区的权力集团的不同要求，并避免分裂的丑闻，他们为此不得不忍受批评和挫折。脸皮薄或者性子急躁的人是当不了大团长的。

所以，条顿骑士团将注意力和资源从圣地转向波罗的海的新十字军东征的过程非常缓慢。在很长时间里，耶路撒冷是他们主要的事业，他们为之投入了大量精力与财力。直到1291年阿卡陷落，他们终于不情愿地、缓慢地放弃了收复圣城的全部希望。条顿骑士团的目标比土地或权力都更重要，但人们很难把不同的动机分得一清二楚。宗教理想主义、迷信、野心和责任感联合起来，以非常复杂的方式，让条顿骑士团在很长一段时间里没有清楚地认识到，在东北欧对抗异教徒更有助于他们履行义务。

四　特兰西瓦尼亚的试验

保卫匈牙利，抵挡异教徒的攻击

正如偶然性会在人生中发挥很大作用一样，条顿骑士团之所以开始考虑改变自己的使命，最初也是出于偶然。一位熟人介绍赫尔曼·冯·萨尔察认识了匈牙利国王。没过多久，大团长就将骑士团投入他们在东欧的第一场大冒险。此次行动的核心人物是图林根方伯赫尔曼一世，他是萨尔察家族的宗主。萨尔察家族是图林根方伯的忠实附庸，他们之所以给赫尔曼·冯·萨尔察取这个名字，可能就是为了纪念他们的强大恩主。图林根方伯赫尔曼一世的辉煌宫廷闻名遐迩，他特别鼓励诗歌创作与骑士精神。方伯的祖先是著名的十字军战士，他的父亲参加过第三次十字军东征，他本人还见证了条顿骑士团从医院修会改为军事修会的过程。赫尔曼·冯·萨尔察很可能就是在与方伯一起参加十字军东征期间加入了条顿骑士团。赫尔曼方伯肯定饶有兴致地关注了赫尔曼·冯·萨尔察的生涯。赫尔曼·冯·萨尔察当选为条顿骑士团大团长的消息传到图林根宫廷时，赫尔曼方伯正在与匈牙利国王安德拉什二世（1205～1235 年在位）谈判，希望将四岁的匈牙利公主伊丽莎白许配给他的儿子路德维希[①]。

---

① 就是前文讲到的在弗里德里希二世皇帝的军中病死的路德维希四世。伊丽莎白（1207～1231）十四岁结婚，二十岁守寡，随后用自己的嫁妆从事慈善事业，修建医院，亲自服侍病人，后英年早逝，1235 年被天主教会封圣。

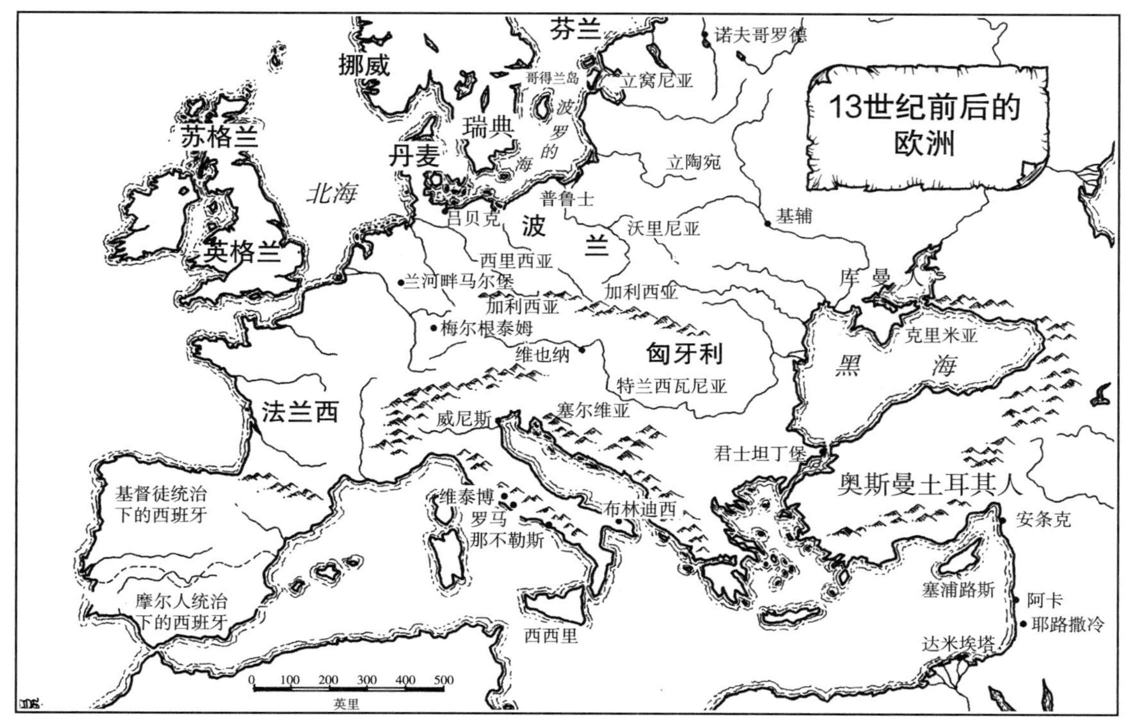
13世纪前后的欧洲
芬兰
诺夫哥罗德
挪威
哥得兰岛
立窝尼亚
苏格兰
瑞典
波罗的海
丹麦
立陶宛
北海
普鲁士
吕贝克
波兰
沃里尼亚
基辅
英格兰
西里西亚
兰河畔马尔堡
库曼
加利西亚
加利西亚
梅尔根泰姆
克里米亚
维也纳
匈牙利
黑海
特兰西瓦尼亚
法兰西
塞尔维亚
威尼斯
君士坦丁堡
奥斯曼土耳其人
基督徒统治下的西班牙
维泰博
罗马
那不勒斯
布林迪西
安条克
摩尔人统治下的西班牙
塞浦路斯
阿卡
耶路撒冷
西西里
达米埃塔
0 100 200 300 400 500
英里

匈牙利国王早就考虑去圣地参加十字军东征，他和赫尔曼方伯一样对这个话题感兴趣，但他自己的王国正遭到异教徒库曼人越来越猛烈的攻击，所以他不能离开匈牙利。

匈牙利王国的疆域包括喀尔巴阡山脉以南的广袤平原，并越过多瑙河，延伸到塞尔维亚王国边境的山区。在匈牙利王国的东南部，险峻的群山变得略微平坦，演化成一片延绵不绝、林木繁茂的丘陵地带，即特兰西瓦尼亚（德语名为Siebenbürgen，意思是“七座城堡”）。匈牙利人还没有彻底平定这片蛮荒之地。他们自己是游牧民族的后代，所以更喜欢平原。特兰西瓦尼亚人口不多且分布零散，当地居民主要是古罗马达契亚行省定居者的后代。那里的山口隘道与其说是商路，更像是把库曼人从沿海平原引向匈牙利的通道。安德拉什二世国王曾试图在该地区安插一些封臣来遏制库曼人的入侵，但这些封臣要么缺乏足够多的武士来稳固地控制这片土地，要么更愿意在内地过安逸轻松的生活。安德拉什二世向赫尔曼方伯或其使者提到这个问题时，对方很可能告诉国王，条顿骑士团这样的军事修会有能力保护这片遇险的边疆，从而解除国王的后顾之忧，让他安心参加十字军东征。安德拉什二世也可能从其他途径听说了赫尔曼·冯·萨尔察和他的骑士团，比如他的王后来自蒂罗尔，而骑士团有一处早期基地就在那里，但国王在与图林根方伯赫尔曼一世签订婚约不久之后就邀请条顿骑士团去特兰西瓦尼亚，应当不是巧合。

国王承诺，这片危险地带的一些土地可以交给骑士团，他们的税负也可被免除；这意味着骑士团可以带定居者到特兰西瓦尼亚，并用这些定居者的地租和劳动力来维持骑士团的生计，而无需将早期辛苦得来的收入与国王分享。安德拉什二世给他们的土地是特兰西瓦尼亚的一部分，叫作布尔岑兰。他保留了铸币权和当地可能发现的金银矿的一半收益，但放弃了赋税和关卡税，也放弃了在当地建立市场和司法的权力。这个提议貌似慷慨大方，而骑士团的军官对这种事情几乎没有经验，所以赫尔曼·冯·萨尔察相信国王会持续对骑士团抱有善意，于是接受了提议。

没过多久，一队条顿骑士以及他们招募的德意志农民志愿者来到这片动荡的土地，建造了一系列土木要塞。随后农民建立了自己的农场和村庄，用税金和劳动力来支持那些军事前沿阵地。宗教修会建立这样的定居点，在当时是司空见惯的事情。贵族和教士只要能从中获益，就不会对农民属于什么民族感到关心。农民很快获得丰收，这样就更容易吸引更多德意志农民移居到这里。直到这些工作完成，骑士团才意识到，国王开出的条件极为暧昧且含糊。但这时他们已无法为此做些什么，因为国王已经去参加第五次十字军东征了。

安德拉什二世于1217年率领一支大军乘船来到圣地，赫尔曼·冯·萨尔察和条顿骑士团的一支部队也和他一道去了。国王和赫尔曼·冯·萨尔察发现十字军战士在塞浦路斯岛无所事事，且没有希望向耶路撒冷发动进攻，于是召集所有十字军领袖开会，提议攻打埃及。开罗的防备似乎很弱，如果他们能拿下开罗，就能拿它交换耶路撒冷及其周边的要塞。但要攻克开罗，就得先攻打达米埃塔。如前文所述，攻城战没有像他们期望的那样迅速取胜，于是安德拉什二世国王走陆路回国了，并在途中与小亚细亚的突厥人达成停战协议，让他安全返回匈牙利。

与此同时，在特兰西瓦尼亚的条顿骑士并不满足于消极被动地防御边疆、老老实实地当封臣。他们雄心勃勃，磨刀霍霍，主动出击去攻打库曼人，因为那些游牧民没有固定的定居点以充作抵抗中心，骑士们很轻松地占领了一些新领土。到1220年，条顿骑士团已经建造了五座城堡（其中一些是石制的）并给它们取了名字，这些名字后来也被用于普鲁士的城堡。玛利亚堡①、施瓦岑堡、罗瑟瑙②和克罗伊茨堡③位于喀琅施塔特④周围，彼此间隔20英里。这些城堡成为扩张的前进基地，让骑士团向实际上无人居住的库曼人土地发起进攻。他们的扩张如此迅速，以至于此前对这些地区没兴趣的匈牙利贵族和教士开始心生嫉妒和猜疑。

如果再给条顿骑士团十年时间，他们说不定能沿着多瑙河流域继续推进，占领直到黑海岸边的全部土地。这就能减轻长期以来库曼游牧民族对匈牙利和君士坦丁堡的拉丁帝国⑤造成

---

① 今天罗马尼亚的费尔迪瓦拉。

② 今天罗马尼亚的勒什诺夫。

③ 今天罗马尼亚的皮亚特拉－尼亚姆茨。

④ 今天罗马尼亚的布拉索夫。

⑤ 1204年第四次十字军东征，拜占庭帝国灭亡。西欧的十字军瓜分拜占庭领土，建立起多个国家。拜占庭的八分之三被分给威尼斯，剩余的则是所谓“君士坦丁堡的拉丁帝国”（1204～1261）。十字军领袖之一，佛兰德伯爵鲍德温九世被立为拉丁帝国的皇帝，称鲍德温一世，希望能够作为罗马帝国的继承者统治东方。他的帝国控制希腊，分为若干个封建领地：萨洛尼卡王国、阿开亚亲王国、雅典和底比斯公国、群岛公国等。原拜占庭的很大一部分领土被三个拜占庭人的国家控制：尼西亚帝国、特拉布宗帝国和伊庇鲁斯专制君主国。它们都致力于赶走西欧人，恢复拜占庭，但有时也与拉丁帝国合作。拉丁帝国无法控制在原拜占庭领土上建立起来的其他势力，尤其无法对付威尼斯，因此在初期的一些军事胜利之后就持续衰败。1261年，尼西亚军队攻入君士坦丁堡，拉丁帝国宣告灭亡。尼西亚统治者米海尔八世宣布恢复拜占庭帝国。他建立的帕里奥洛格斯皇朝是拜占庭的最后一个皇朝。

的压力。骑士团随后可以在多瑙河下游盆地的城堡驻防，重新打通去君士坦丁堡的陆路。最近几十年里，这条路对十字军战士来说很不安全。但条顿骑士团的成功来得过于迅猛，令匈牙利贵族开始感到库曼人或许已不再是危险的敌人。他们记得这些狂野的骑手曾打败拜占庭和君士坦丁堡的拉丁皇帝，甚至入侵匈牙利，但那都是过去的事情了。现在，似乎只需一小群外国骑士就能赶走库曼人。匈牙利贵族不明白的是，条顿骑士团的胜利是因为它有特殊的组织和执着的精神，而这些都是匈牙利人没有的。然而，条顿骑士团无视当地主教的权利，并拒绝与一些曾对骑士团新征服的土地拥有主张权的匈牙利大贵族分享战果。

条顿骑士团的胜利果实是他们辛辛苦苦挣来的，花费的也是他们自己的金钱。此时他们需要每一块土地和每一处村庄，从而获得粮食、税金和步兵，为将来进军黑海做准备。所以，他们不愿意与匈牙利人分享新征服的土地也情有可原。而且，他们的指挥官没有赫尔曼・冯・萨尔察那样的外交才华。赫尔曼懂得如何交朋友并缓和潜在敌人的猜忌，但他此时远在圣地和埃及，没有办法向在特兰西瓦尼亚的条顿骑士提供建议。所以，在特兰西瓦尼亚的条顿骑士的行动有相当大的自主权，而他们也在当地四面树敌。

最终，野心和嫉妒诱发了冲突。在匈牙利贵族看来，安德拉什二世国王错误地邀请来一群外人，他们在匈牙利的边疆领地上扎根下来，而且很快就连国王本人也无力控制他们了。匈牙利贵族指控骑士团僭越了保卫边疆的职责，企图裂土分疆。

就算赫尔曼・冯・萨尔察此时不在达米埃塔，可能也无济于事。如果教宗都没有办法劝说互相争吵的远方领主们团结起来支持十字军运动，那么仅掌管着一个小军事修会的小贵族能起什么作用呢？

安德拉什二世回国后，发现自己的王国因为他的十字军东征造成的损失和开销而愤恨不平。他的声誉遭到沉重打击，国家也因为缺少坚定的领导而蒙受严重损失。1222 年，匈牙利贵族强迫他签署了一份名为《金玺诏书》的文件，这很像几年前英格兰诸侯强迫他们那位倒霉国王签订的《大宪章》。不过，当贵族要求安德拉什二世撤销对条顿骑士团的授权时，他拒绝了。他研究了贵族对条顿骑士团的怨言，认为骑士团确实僭越了自己的本分。他同意，必须修改对条顿骑士团的授权。但他给出的新授权范围比之前更为广泛。他允许条顿骑士团建造石制城堡；虽然禁止骑士团招募匈牙利或罗马尼亚定居者，但国王默许他们招募德意志农民。赫尔曼·冯·萨尔察无疑运用了自己对教宗霍诺里乌斯三世（1216～1227 年在位）和图林根方伯路德维希四世（国王的女婿）的影响力，让国王加强了在此事上的决心，但赫尔曼没有办法影响匈牙利贵族的立场，也无法赢得站在贵族一边的王储贝拉的支持。他们继续对条顿骑士团大发怨言，并支持当地主教，怂恿他强迫骑士团服从于自己的权威。

赫尔曼·冯·萨尔察推断，只要安德拉什二世国王还在世，骑士团就不会有麻烦，然而一旦贝拉王子登基，骑士团就会遇到很大的困难。但如果骑士团与匈牙利王室的关系不是那么紧密，也许麻烦就能得到避免。赫尔曼在返回意大利之后与霍诺里乌斯三世谈到了这个问题，教宗随后将骑士团位于特兰西瓦尼亚的土地置于教廷保护之下。于是，布尔岑兰成了教廷的采邑。

这是个致命的错误。赫尔曼·冯·萨尔察不是在将来会遇到麻烦，而是马上就陷入了窘境。安德拉什二世命令条顿骑士团立刻离开匈牙利，毕竟就算他也不愿意看到自己的一个宝贵省份被别人利用法律上的强词夺理夺走。教宗尽力干预，而赫尔曼·冯·萨尔察试图辩解说国王没有正确理解他的意图，但这一切徒劳无益。现在国王站到了匈牙利贵族那边，而条顿骑士团拒绝在没有召开听证会的情况下就离开，这又是另一个错误。贝拉王子奉命率领一支军队去讨伐骑士团，于是骑士团蒙受奇耻大辱，被从自己的土地和整个匈牙利王国驱逐出去。只有农民留了下来，他们形成了一个重要的德意志人定居点，直到 1945 年他们的后代被罗马尼亚政府驱逐。

匈牙利人没有用充足的驻军取代条顿骑士团，也没有跟进他们的战绩继续攻击库曼人，于是这些草原武士得以恢复元气和自信。很快，库曼人将再次对匈牙利王国构成威胁。

在匈牙利的惨败严重撼动了条顿骑士团的自信。很多人为匈牙利的事业献出了自己的生命，而且骑士团费了很大力气才筹集到资金去建造那些保卫新定居点的防御工事，可如今这些努力都付之东流了。骑士团的声誉也受到了损害。不久前，皇帝和君主们曾给予骑士团许多馈赠，比如在巴里、巴勒莫和布拉格的庄园。具体有多少捐赠者在听到条顿骑士团受辱的故事之后决定把善心发到别处，如今已无从得知，不过，蒂罗尔的朗慕斯伯爵的例子振奋人心。他在匈牙利争议期间加入了骑士团，还献上了自己的全部土地。这位骑士在阿尔卑斯高地长大，德意志骑士精神和诗歌在那个距离富裕繁荣的意大利诸城市不远的地区广为人知。但他也是条顿骑士团面临的问题的一个活生生例证。骑士团能在德意志地区顺利发展，从充满理想主义的贵族和市民那里获得新兵和捐赠，但它没有理由在德意志活动。条顿骑士团存在的理由是与异教徒作战，而只有非德意志国家的边疆才有异教徒。不幸的是，那些国家的贵族与人民通常与条顿骑士团成员毫无共同之处。所以，一旦危险消失，他们对十字军战士的天然态度就是敌意，而不是同情。

东方刮来的蒙古风暴

在将条顿骑士团从喀尔巴阡山脉的城堡驱逐出去的时候，匈牙利国王一定已经知晓了1223年罗斯*东南部迦勒迦河畔战役①的消息。但要再等十五年过去，国王的错误才会显得格外严重。蒙古人打赢迦勒迦河畔战役之后便回国了，但在1237～1239年，他们显然打算在罗斯长期待下去。** 与此同时，波兰

* 罗斯是西方历史学家对中世纪俄罗斯的称呼，它的中心在基辅，但权力非常分散。早期罗斯大公们的后代分享权力。我们用“罗斯”这个说法，是为了将其与16世纪兴起的以莫斯科为中心的俄罗斯区分。（作者注）

① 蒙古军队在名将哲别和速不台指挥下，从高加索向西进攻，打败库曼人，库曼可汗向其女婿加利奇的王公大胆的姆斯季斯拉夫求援，后者则联合了其他几位罗斯王公（包括基辅大公）和库曼人一起抵抗蒙古军。蒙古军佯败，吸引罗斯人深入，最后于1223年5月31日在迦勒迦河畔（在今天乌克兰东部的顿涅茨克州境内）大败罗斯人，随后蒙古军返回亚洲，与成吉思汗会合。

** 学者说的“蒙古人”一般指的是大汗的帝国，中心在今天的蒙古。蒙古帝国以那里为基地，展开了对中国、波斯和近东的战争。（转下页注）

和匈牙利的国王在向加利西亚[①]和沃里尼亚[②]扩张，它们是最西边的两个罗斯国家。蒙古人将向波兰和匈牙利发动进攻的消息传播极快，部分是基于鞑靼人发出的警告，部分是因为大家推测大汗[③]决心统治整个罗斯和每一个草原部落。不管这消息多么不准确或者具有误导性，它都表明权力平衡即将发生重大变化。匈牙利国王贝拉四世（1235～1270 年在位）[④] 曾希望趁乱为自己捞得油水，但他的收获转瞬即逝。

大汗强迫库曼人纳贡并为蒙古军队提供兵员。在这一压力下，库曼人撤入匈牙利，并在 13 世纪的剩余时间里一直对匈牙利构成严重的困扰。库曼人是信仰异教的游牧民族，与多瑙河盆地的基督徒贵族和农民没有什么共同点。但他们很像蒙古人，所以蒙古人觉得他们是潜在竞争者，可能会与蒙古人争夺罗斯南部地区。于是大汗命令拔都（成吉思汗的孙子）消灭库曼人。但这并不容易，因为拔都需要先粉碎加利西亚罗斯人的抵抗，并且他估计在那里还可能遭遇波兰与匈牙利军队；然后他还要打通喀尔巴阡山脉那些设防的隘道。足智多谋的拔都汗设计了一项大胆的战略，把另外一支军队送到守卫隘道的匈牙利军队背后：他将派遣一支行动迅捷的骑兵横穿加利西亚和

（接上页注 **）“鞑靼”指的是生活在西方，从突厥斯坦到喀山的那些较小的汗国。“金帐汗国”指的是生活在最西端的鞑靼人，他们的中心在伏尔加河下游的萨莱。有些鞑靼人生活在远至克里米亚半岛的西方。不过，上述几个名字常常混用。（作者注）

① 加利西亚是中欧的一个历史地区，一度属于奥地利帝国，现在分属乌克兰和波兰。主要城市有克拉科夫、利沃夫等。

② 历史上的沃里尼亚（或称沃伦）地区在今天波兰东南部、白俄罗斯西南部和乌克兰西部。

③ 此时的蒙古大汗是窝阔台（1229～1241 年在位）。

④ 即前文讲到的贝拉王子，安德拉什二世的儿子。

波兰，然后在克拉科夫以西的喀尔巴阡山脉缺口处通过，闪电般穿过摩拉维亚、斯洛伐克和奥地利，以逆时针方向沿着喀尔巴阡山脚横扫，然后从西面攻入匈牙利。后来事实证明，这种佯攻并无必要，因为贝拉四世国王无法说服贵族听从他的命令，所以匈牙利人在高山隘道的防备力量并不充足。鞑靼人于1241年夏季大败匈牙利国王军，把国王一直追赶到亚得里亚海之滨。*

我们无法从史料中确知贝拉四世有没有为了之前将条顿骑士团逐出喀尔巴阡山脉隘道而悔恨，但他很可能没有。贝拉四世无比自信，对自己的才干很少有疑虑，他一般会把自己的失败怪罪到别人头上。这一次他大可以怪罪波兰人没有好好守住加利西亚，不过这么想也不是完全没有道理。

蒙古人于这年春季首次入侵加利西亚的时候，马佐夫舍公爵康拉德率领波兰军队东进，在桑多梅日附近打了一场胜仗。虽然他的军队杀死了这支蒙古军队的统帅，但此次胜利并不是决定性的。波兰军队伤亡惨重，灰心丧气，没有继续追杀残敌，而是把成千上万的敌人放跑了。康拉德的部分军队甚至被鞑靼人击溃。波兰人肯定不愿意这么快就再度与蒙古入侵者交战，况且战士们这个季节的兵役期已经服满了。蒙古人的第二波入侵很可能由一支新的蒙古－突厥军队充当先锋，结果他们把马佐夫舍和沃里尼亚的公爵们打得措手不及。波兰人没办法在加利西亚与入侵者交战，甚至无力在边

---

* Nora Berend, *At the Gate of Christendom*: *Jews*, *Muslims and* '*Pagans*' *in Medieval Hungary*, *c. 1000 – c. 1300* (Cambridge University Press, 2001); Norman Davies, *God's Playground*: *A History of Poland* (Columbia, New York, 1982).

境拦截他们。每一位皮雅斯特[1]公爵都集中力量保卫自己祖传的土地，于是蒙古人得以继续进军克拉科夫，然后冲进西里西亚。在列格尼卡附近，鞑靼骑兵击溃了西里西亚公爵的军队（后者可能得到了条顿骑士团的支援）。随后鞑靼人转过身来，穿过摩拉维亚进入匈牙利，与打垮了贝拉四世军队的友军会师。

蒙古人对中东欧的影响

鞑靼人在中东欧没有待多久。1243 年，拔都汗得知大汗驾崩，于是从匈牙利撤离，因为在新大汗选举中他需要每一位武士

---

① 皮雅斯特王朝（960～1370）是波兰的第一个王朝，得名自传说中的波兰部族领袖车轮匠皮雅斯特。皮雅斯特王朝的第一位统治者是公爵梅什科一世，他接受洗礼，从此波兰成为天主教国家。他的儿子波列斯瓦夫一世获得教宗加冕，成为第一位波兰国王。后来由于王权衰落、贵族割据以及王朝向神圣罗马帝国称臣，国王称号被取消。皮雅斯特王朝的成员以公爵、大公或国王的名义，断断续续地统治着波兰，直至 1370 年卡齐米日三世（大王）驾崩之后王朝绝嗣。1370 年之后，皮雅斯特家族不再是国王，但仍然是马佐夫舍公爵、西里西亚公爵等，一直到 1675 年最后一位皮雅斯特家族的西里西亚公爵去世并绝嗣，该家族在东欧的统治才结束。

1138 年，波列斯瓦夫三世（歪嘴）驾崩，在遗嘱里将国土分封给诸子。从此开始的将近两百年里，波兰处于封建割据状态，皮雅斯特王朝的诸多公爵互相厮杀和争夺王位。波列斯瓦夫三世将波兰分成五个公国（克拉科夫、马佐夫舍、小波兰－桑多梅日、西里西亚和大波兰），其中地位最高的是克拉科夫公国，由皮雅斯特王族的最年长成员担任克拉科夫大公（或称波兰大公）。理论上克拉科夫大公（非世袭）是皮雅斯特诸多公爵的宗主，负责边境防御，有权在其他公爵的领地驻军，掌管外交政策、对教会的管理权和铸币权，但实际上克拉科夫大公的控制力往往很弱。并且五个公国发生了更多的分裂。封建割据的局面从 1138 年一直持续到 1320 年瓦迪斯瓦夫一世（矮子）登基为王，恢复了波兰的统一。克拉科夫公国从此成为王室领地。

都支持自己。当中东欧的基督徒走出自己的藏身之地或者结束流亡时，他们发现自己的家园被夷为平地，却看不到敌人的身影。蒙古人如同《圣经》中的瘟疫一般，滚滚而来，又迅速消失，也许将来还会出人意料地再次出现，惩罚基督徒的罪孽。基督徒很少意识到，他们的主要罪孽是政治上的四分五裂，而即便是认识到这一点的智者，也找不到切实可行的办法来纠正这个错误。

罗斯一蹶不振。只有一个罗斯国家诺夫哥罗德仍然独立，但它也前途未卜。熟悉谢尔盖·爱森斯坦精彩的默片《亚历山大·涅夫斯基》（普罗科菲耶夫[①]为其配乐）的人也许还记得在电影的开头，蒙古可汗访问诺夫哥罗德，收缴贡金和奴隶。在电影中，亚历山大·涅夫斯基在危险的亚洲访客面前骄傲地挺身而出，而在真实历史中，他为鞑靼军队效力，并最终被可汗谋杀。[②]

---

① 谢尔盖·谢尔盖耶维奇·普罗科菲耶夫（1891～1953）是俄国和苏联作曲家、钢琴家和指挥家，著名作品有芭蕾舞剧《罗密欧与朱丽叶》《灰姑娘》、交响童话《彼得与狼》、歌剧《三橘爱》《火天使》《战争与和平》等。

② 亚历山大·雅罗斯拉维奇·涅夫斯基（1221～1263），诺夫哥罗德公爵、基辅大公和弗拉基米尔大公，是基辅罗斯历史上的关键人物，后来被东正教会封圣。他是弗拉基米尔大公的次子，原本没有希望继承这个位置，后来诺夫哥罗德人民选举他为公爵，请他领导他们抵抗瑞典人和德意志人的侵略。1240 年，他在涅瓦河口打败瑞典人，因此获得“涅夫斯基”的绰号（意即“涅瓦河的”）。但不久之后，因为与诺夫哥罗德贵族的矛盾，他被迫离开诺夫哥罗德。后来面对德意志人和爱沙尼亚人的入侵，诺夫哥罗德人民又请他回来。1242 年 4 月 5 日，他打赢了著名的冰湖战役。但面对蒙古人金帐汗国对罗斯人的侵犯，亚历山大·涅夫斯基选择与蒙古人合作（历史学家对此的解释众说纷纭），扮演金帐汗国与罗斯各公国之间的调解人的角色，并借用蒙古代理人的身份镇压各地贵族与平民。1246 年，金帐汗国封他为基辅大公；1252 年，封他为弗拉基米尔大公，取代了他的兄长安德烈·雅罗斯拉维奇。1263 年，亚历山大·涅夫斯基在从金帐汗国返回诺夫哥罗德途中去世。

波兰土地惨遭蹂躏。此后很多年里，波兰国王的权力微不足道。曾经强大的皮雅斯特公爵们没有一个能承担起领导国家的使命。这既令波兰几乎完全无力防御加利西亚、抵抗游牧民族的袭掠，也让马佐夫舍难以继续对普鲁士异教徒的讨伐。没过多久，异教徒就转为攻势，开始掳掠波兰人到东方的奴隶市场卖掉。

蒙古入侵对匈牙利的影响甚至更为深远。匈牙利农民大批死亡，以至于多个地区十室九空，只能靠吸引周边地区的移民来充实人口。虽然起初这些农民的民族身份并不重要，但大量罗马尼亚人、塞尔维亚人、斯洛伐克人和德意志人定居到匈牙利平原，最终对匈牙利民族认同的形成造成了严重障碍。

这种局势的最重要受益者是条顿骑士团。只有军事修会能够得到援兵、补给、可靠的农民与商人移民来源、志愿兵，以及信徒为抵抗基督教世界之敌做出的捐赠。另外，条顿骑士团可以牵制普鲁士人和立陶宛人，让他们不得不保卫自己的土地，以令匈牙利和波兰免遭他们的毁灭性袭掠。所以，在之后的很多年里，德意志十字军在普鲁士的存在都受到基督徒的欢迎。

教宗与皇帝的冲突

弗里德里希二世与教宗的冲突越来越严重，直到皇帝于1250年驾崩。这场冲突的主要受害者是神圣罗马帝国，帝国最终因此四分五裂，在半个世纪里帝位空缺，并且受到了无可挽回的削弱。在这些拼死搏斗的岁月里，条顿骑士团内部也存在对立，有人主张效忠皇帝，有人要求效忠教宗。但最终骑士团避免了永久性地支持其中任何一方。在这个世纪余下的时间里，大团长们都是教宗的密友和同盟者；在下一个世纪里，他们倾向于支持皇帝，但那时的皇帝与教宗都已不再强势。教会的权力和声望逐渐衰败，而神圣罗马帝国则在查理四世统治下有所恢复。

条顿骑士团的自我定位也反映了这些更大范围的趋势：在13 世纪，骑士团的主要目标是保卫圣地；而到了 14 世纪，骑士团的宗旨就是在普鲁士作战。

与此同时，德意志和波希米亚的一些家族成为条顿骑士团的重要支持者，为其奉献了一代又一代子弟和金钱。条顿骑士团得以建造许多医院、教堂和庄园，它们不仅带来了可观的收入，还让很多骑士、教士与士兵加入骑士团，并为十字军东征事业招募志愿者。

五　在普鲁士反对异教的战争

异教徒统治下的普鲁士

普鲁士从来不是波兰王国的一部分，更不是它的一个省。不过最靠近波兰的普鲁士部落，也就是那些向西进入库尔姆的部落，在一定程度上受到了波兰文化的影响。也许只有丹麦人有权声称自己是一部分普鲁士人的合法宗主，但丹麦人的主张权也很弱。不过在13世纪初，瓦尔德马二世国王曾远征桑比亚和其他沿海地区，企图落实自己的主张权——桑比亚就是淡水潟湖（今称维斯瓦潟湖）和库尔兰潟湖之间那座突出的半岛。[①] 瓦尔德马二世于1223年被什未林伯爵海因里希绑架，于是丹麦人对普鲁士的宏图大略戛然而止。

马佐夫舍公爵康拉德对普鲁士南部的边境地带有主张权，因为除了波美雷利亚公爵希维托佩尔克二世[②]（1212～1266年在位，领土在维斯瓦河西岸）之外，他是距离普鲁士最近的天主教领主。所以，康拉德和希维托佩尔克二世是复兴12世纪中叶波兰十字军远征的最合适人选，那几次军事行动未能征

① 桑比亚半岛今天属于俄罗斯加里宁格勒州，位于波罗的海东南沿岸。

② 希维托佩尔克二世（1190或1200～1266），波美雷利亚公爵，前文提到的波美雷利亚公爵桑博尔二世的哥哥。他利用皮雅斯特王朝的衰弱和分裂，扩张自己的势力。他与两个弟弟（桑博尔二世和拉契波尔）发生冲突，两个弟弟与条顿骑士团结盟，于是希维托佩尔克二世与异教徒普鲁士人结盟，在普鲁士人的第一次叛乱中发挥了重要作用，但后来在教廷调解下议和，不再支持普鲁士异教徒。

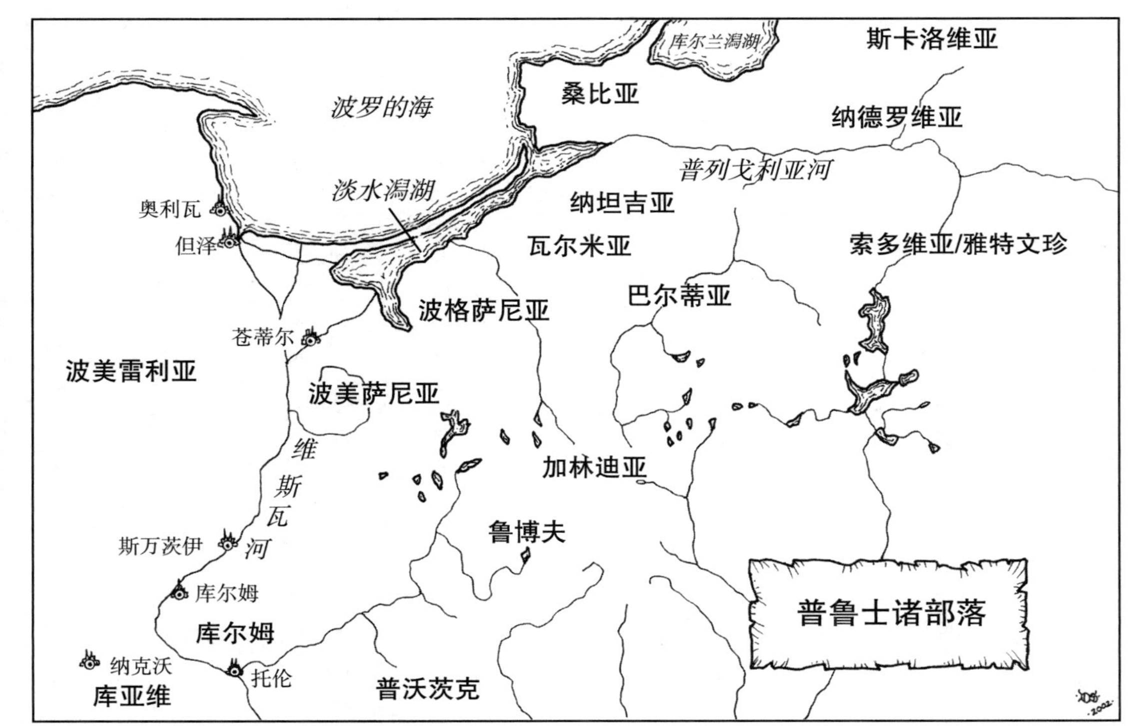
库尔兰潟湖
斯卡洛维亚
桑比亚
波罗的海
纳德罗维亚
普列戈利亚河
淡水潟湖
纳坦吉亚
奥利瓦
但泽
瓦尔米亚
索多维亚/雅特文珍
巴尔蒂亚
波格萨尼亚
苍蒂尔
波美雷利亚
波美萨尼亚
维斯瓦河
加林迪亚
鲁博夫
斯万茨伊
库尔姆
普鲁士诸部落
库尔姆
纳克沃
托伦
库亚维
普沃茨克

服普鲁士并让那里的异教徒皈依。尽管康拉德公爵试图沿着维斯瓦河东岸前进，但他顶多只能短暂占领库尔姆。库尔姆和他在上游的几个省份（普沃茨克和多布任）一样征战频仍，以至于有些地区荒无人烟。

普鲁士人的种族和语言都与波兰人、斯堪的纳维亚人和罗斯人不同。普鲁士人既不是德意志人，也不是斯拉夫人。和他们东面的邻居立陶宛人与立窝尼亚的部分部落一样，普鲁士人属于波罗的海民族，是那些在民族大迁徙期间没有迁徙、语言与风俗数百年来变化甚微的印欧民族的后代。

普鲁士语和立陶宛语、拉脱维亚语以及好几个较小的民族（如雅特文珍人和斯米伽利亚人①）的语言同属一个语族。这个语族的分布范围一度从莫斯科延伸到波罗的海，但自有文字记载的历史时期以来，新来的斯拉夫人的压力使得波罗的语族的分布范围急剧缩小。现代学者对波罗的语族做了研究，集中挖掘它保留的本土成分。尽管许多个世纪以来波罗的语族不断受到更大的语族的侵犯和影响，但还是保留了很多古老成分，从中可以看出这个语族的人在基督教以前的文化是什么样的。与三种重要的经济活动——蜜蜂、马匹和大车相关联的词语表明，波罗的海文化远非原始（不过毫无疑问的是，因为人口少，普鲁士人创造财富的能力有限，挖掘相关潜力的程度也有限）。但对其他领域的研究表明，普鲁士社会在经济和政府发展方面落后于其邻居。普鲁士社会几乎完全没有与封建制度类似的机构，所以普鲁士人无法联合起来保卫自己的土地，也很

① 斯米伽利亚是拉脱维亚的一个历史地区，在拉脱维亚南部，有时也包括今天立陶宛的一部分。斯米伽利亚地区的最大城市是叶尔加瓦。

难促进农业和商业发展，更难以分享更广泛地域内的欧洲文化。

普鲁士土地沿着波罗的海海岸线，从东北方的涅曼河（德语名字是梅梅尔河）延伸到西南方的维斯瓦河，与立陶宛、罗斯人的沃里尼亚、马佐夫舍和波美雷利亚毗邻。也就是说，普鲁士人的邻居说四种不同的语言。普鲁士分成十一个大区，各自代表一个主要部落：库尔姆、波美萨尼亚、波格萨尼亚、瓦尔米亚、纳坦吉亚、桑比亚、纳德罗维亚、斯卡洛维亚、索多维亚、加林迪亚和巴尔蒂亚。根据 14 世纪编年史家彼得·冯·杜斯堡[①]（条顿骑士团最渊博的作家之一）的记载，其中最强大的部落是桑比亚人，拥有 4000 骑兵和 4 万步兵；索多维亚的势力也很强大，有 6000 骑兵和“几乎不计其数的其他武士”。他估计其他部落平均每部有约 2000 骑兵和相应数量的步兵，但库尔姆和加林迪亚基本上无人居住，尤其是加林迪亚，那是个内陆地区，通常被人描述为一片荒野。加林迪亚地形崎岖，林木繁茂，分布着许多湖泊与河流，所有军队都避免经过此地。现代学者估计普鲁士人的总人口约 17 万，这比彼得·冯·杜斯堡的数字少很多。普鲁士人的人口虽然不如邻居立陶宛人或立窝尼亚人[②]，但分布更稠密，社会组织也更有序。他们有很多要塞，供人们在战时避难。这

---

① 彼得·冯·杜斯堡（？～晚于 1326）是条顿骑士团的神父和编年史家，他的拉丁文作品《普鲁士编年史》描述了 13 世纪和 14 世纪初条顿骑士团和普鲁士人的活动。1331～1335 年，编年史家尼古拉斯·冯·叶罗欣受大团长委托，将《普鲁士编年史》翻译为中古高地德语。

② 立窝尼亚人是一个芬兰－乌戈尔语系的民族，曾生活在今天的拉脱维亚北部和爱沙尼亚西南部，是当地的原住民。他们自己的语言立窝尼亚语于 2013 年灭绝。2011 年，只有约 250 人自称是立窝尼亚人。

些要塞虽然不能与一流的西方城堡相比，但是也能有效地达成目的。

彼得·冯·杜斯堡如此描述普鲁士的宗教：

> 普鲁士人对上帝一无所知。他们很原始，所以无法通过理智来理解上帝。他们没有文字，所以无法通过阅读经文来学习。他们似乎极其蒙昧，对人能通过书写来表达思想也感到大惊小怪。他们不知道上帝的存在，所以错误地把所有的造物都当成神，比如太阳、月亮和星辰、雷电、鸟儿、动物，甚至蛤蟆。他们有森林、田地和神圣水域，任何人都不能在这些神圣的地方伐木、耕作或捕鱼。在这个桀骜不驯的民族当中，在纳德罗维亚的一个叫洛姆瓦的地方（它的名字源自"罗马"一词），住着一个叫克列维的人。他们尊崇他，如同尊崇教宗。正如教宗统治着教会的所有信徒，克列维不仅统治这个民族，还统治立陶宛人与立窝尼亚的许多民族。他的权威遮天蔽日，不仅他自己和他的血亲，就连他的信使，只要拿着手杖或其他信物，在跨过这些异教徒民族的边界时也受到君王、贵族和平民的顶礼膜拜。根据古老的记载，克列维守卫着永恒圣火。普鲁士人相信死后的世界，但他们的观念是错的。他们相信，如果一个人在这辈子里高贵或低贱、富裕或贫穷、强大或弱小，那么他复活到来世之后还是原先的样子。所以贵族死后需要把武器、马匹、男女仆人、衣服、猎犬和猎鹰，以及一切属于武士的东西都带到冥界。地位较低的人死后，人们要烧掉与他们的劳作有关的东西。他们相信，这些烧掉的东西会在冥界供死者之用。一旦有人死

> 去，就要上演这样的魔鬼把戏：死者的亲戚来找教宗克列维，问他在某天或某夜是否看见有人经过他的房子；克列维立刻毫不犹豫地描述死者的外貌、服装、武器、马匹和侍从，并预言死者在自己家中用长矛或其他工具留下了什么样的印迹。每次打了胜仗，他们就给他们的诸神献祭，并把战利品的三分之一交给克列维。他则把这些战利品烧掉。*

彼得·冯·杜斯堡对异教教宗这种概念兴趣盎然，但从其他史料看，普鲁士宗教绝非基督教的翻版，也绝不是对黑暗之主撒旦及其同类的魔鬼崇拜。普鲁士宗教其实是从印欧人的自然崇拜中发展出来的一种产物，希腊、罗马、凯尔特和日耳曼神话里都有类似的自然崇拜，我们对此已经很熟悉了。普鲁士宗教里有来自斯堪的纳维亚宗教思想的强烈影响，这可能是维京人对这些地区实行松散统治的年代产生的；普鲁士宗教中也有一些基督教元素，是近期从东正教的罗斯和罗马天主教的欧洲传来的。10 世纪就有西方传教士造访普鲁士，不过他们没能让很多人皈依。

---

* 关于波罗的海原始宗教的学术著作汗牛充栋。比较新的著作有 Marija Gimbutas, *The Balts*（Thames & Hudson, London, 1963）和 Algirdas Greimas, *Of Gods and Men: Studies in Lithuanian Mythology*（Indiana University Press, 1992）。这两位作者认为波罗的海原始宗教有一系列神祇和精灵。Endre Bojtár, *Foreword to the Past: A Cultural History of the Baltic People*（Central European University Press, Budapest, 2000）则认为这些神祇和大多数波罗的海民间传说是 19 世纪的发明，也许可以和现在时髦的新异教和女神崇拜相比拟。对波罗的海原始宗教崇拜的最古老描述，都是原语言，见 Wilhelm Mannhardt, *Letto-Prussische Götterlehre*（Lettisch-Literärische Gesellschaft, Riga, 1863）。（作者注）

普鲁士人的风俗与他们的波罗的海邻居——立窝尼亚与立陶宛诸部落相似。普鲁士人的主宰阶层是武士贵族，他们以劫掠、狩猎和驱使奴隶劳作为生。自由人靠狩猎和农业谋生，所以他们对使用武器有经验，也有部落领土意识。普鲁士人当中有少量神职人员，一些手工匠人和商人，以及农奴，各氏族组织自己的社会生活、组建军队并主持司法。所以人在社会中的地位主要取决于出身。

普鲁士人向来以热情好客闻名，但在近些年里，斯堪的纳维亚人和波兰人对他们的攻击使得他们的好客风俗发生变化。类似地，过去简单的自然崇拜经历了演化，开始突出强大的人格化神祇（从这点看类似基督教），例如有一些武士之神特征的佩尔库纳斯。

与库尔兰人和爱沙尼亚人不同的是，普鲁士人似乎没有参与海盗活动。尽管他们缓慢地向西扩张、进军维斯瓦河流域，那个地区可能在他们抵达之前就因为维京人掳掠奴隶的袭击而大体上无人居住了。立窝尼亚人和立陶宛人经常袭击邻居，掳掠牛群和奴隶，但我们几乎找不到普鲁士人也这么做的证据。但话又说回来，对这些年月里普鲁士人的政治和战争活动，原本就几乎没有什么记载。* 索多维亚人肯定侵略成性，但他们的土地与立陶宛人毗邻，而立陶宛人甚至更为好战，所以索多

---

* 虽说不能无中生有，但形形色色的民族主义者往往按照自己的心愿搭建空中楼阁。除了懂得该地区那些小语种的专家，谁能知道那些民族主义者的叙述究竟有多可靠？后来的几个世纪留下了大量文字资料，因为那时波兰人、德意志人和教宗使节写了大量书信、报告和论著，编年史家也编写了质量高得惊人的作品。在 19 世纪，训练有素的历史学家开始撰写这个时代的通史，并整理出版原始史料。但遗憾的是，有些政治史著作只不过是论战作品。但在 20 世纪末，学界开始克服那些最明显的政治偏见，至少能承认对历史事件的不同讲述。（作者注）

维亚人学习军事技艺可能纯粹是为了自卫。这意味着索多维亚人的军事形势与普鲁士人的其他部落迥然不同。类似地，库尔姆和波格萨尼亚部落之所以好战，可能只是在应对来自波兰人和波美雷利亚人的压力。

不团结的普鲁士人

以氏族为基础的政府粗糙简陋，但足以正常运转，而对于希望获得“公道”的人来说，在纠纷中胜出的关键在于他们的地位和权力，而不是在理与否。在这方面，普鲁士人可能并不比波兰人和德意志人落后，因为这两个民族的司法体制仍然依赖个人权力和亲戚与下属的支持。氏族通过威胁报复敌人来保护自己的成员，让他们免受伤害。如果一个氏族成员死于斗殴，那么他的亲戚会杀死凶手，或者更可能发生的情况是，杀死凶手的一名亲戚。对于较轻的犯罪，受害者会要求赔偿。部落会议负责解决争端，而部落会议由氏族的长老组成，所以他们的决定一般能得到尊重。部落会议定期召开，讨论司法和集体行动，并庆祝宗教节日。部落会议有一定的权威去惩戒不服管教的氏族，但他们显然很少这么做。

普鲁士人的道德观念对描写它的基督徒来说非常怪异，正如基督徒的风俗习惯在普鲁士人眼里一定也很荒诞。对普鲁士人来说，酗酒是全民的消遣方式，他们的斯拉夫邻居以及斯堪的纳维亚人和德意志人亦是如此。普鲁士人每逢婚礼、葬礼、出生和宗教节日都要举行聚会，在欢迎访客时也要宴饮。东道主将盛满酒的碗在客人、女人和自己的子女，甚至仆人当中传递，直到所有人都酩酊大醉为止。这种行为体现了大家互相之间的信任和友谊。他们的酒只有蜂蜜酒和马奶酒或牛奶酒。因为有杀死新生女婴的习惯，普鲁士人当中女人不多，父亲在安排女儿出嫁时可以讨要很高昂的彩礼。但他们施行一夫多妻制，显赫的贵族可以拥有多名妻妾。所以他们需要袭击邻居的土地，掳掠妇女。用金钱买新娘和掳掠女人的习俗可能使得普鲁士社会里女性的地位很低。而在另一方面，这也可能提升了本族妻子的地位。有证据表明，普鲁士女性有时在社会的各层级都发挥重要作用，只是不会把自己的重要性表现得很明显。

普鲁士人的地方集市算不上商业中心，也算不上乡村集镇。但普鲁士人并非完全与商业世界隔绝。他们有一种重要的自然资源：琥珀。琥珀在古罗马、巴比伦和古埃及都以光泽和光滑的质感著称，自上古时代便为外国商人所追求。不管外表粗糙还是光滑，这种化石化的树浆都可作为漂亮的首饰，而被困在闪闪发光的树浆里的木片或昆虫让它比普通首饰更为有趣。另外，全世界只有少数几个地方有天然琥珀，而波罗的海琥珀的质量最佳。所以，普鲁士琥珀以其稀有性、神秘性和高昂的价格极具吸引力。

关于普鲁士人的生活有大量趣闻轶事。普鲁士贵族定期在类似桑拿房的小屋里洗澡，但平民从不这么做。有些人相信白马不吉利，有人认为黑马不吉利。普鲁士人没有历法，他们想要开会的时候，就把一根木棍传递出去，木棍上的割痕表明距离开会还有多少天。德意志人注意到，普鲁士人的菜肴里不用香料，他们也没有软床。普鲁士人的房屋分散在树林里，周围是田地，距离木制要塞总是不远。这些要塞是他们的避难所。这是一种原始的文明，但他们绝不是所谓“高贵的野蛮人”。普鲁士人的个性原始而好战，再加上他们的森林和沼泽难以通行，所以在他们的波兰和罗斯邻居早已接受基督教并发展成伟大王国的时候，普鲁士人还维持着独立地位，坚守自己的独特风俗。

普鲁士人的领土单位是部落，部落的大小受制于以氏族为基础的政府为其成员提供保护的能力。主要塞是部落活动的中心，也是危急时刻的安全避难所。各个氏族的较小要塞足以庇护人民躲过小规模袭击，但除非迅速得到增援，肯定会被强敌攻陷。所以在高度危险的时候，他们会放弃这些小要塞，逃到森林里躲避。当然，抛下自己的房屋、庄稼和牲口是下下之策。如果某氏族的要塞距离其他氏族太远，得不到及时支援，该氏族就可能投降或者转移到更安全的地点。如果氏族的人口足够多，可以自给自足，就会发展成新的部落。氏族似乎不要求成员一定要在本族群内或族群外结婚。氏族除了宗教和军事之外似乎也没有其他功能。贵族和长老似乎并不受到氏族职责的很大约束。

普鲁士军事传统

普鲁士人惯于独来独往。早期旅行者易卜拉欣·伊本·雅各布[①]注意到，在打仗时，普鲁士武士不等朋友来帮忙，就自己冲进战场，他们挥剑鏖战，直到被敌人打倒。这种狂暴的勇气显然仅仅出现在贵族身上，因为一般的证据表明，普鲁士的

---

① 易卜拉欣·伊本·雅各布（活跃于961～962）是来自阿拉伯人统治下的西班牙的犹太人（可能是穆斯林）旅行家，可能是商人，也可能是外交官或间谍。他旅行到西欧和中欧，在罗马拜见过神圣罗马皇帝奥托一世。他的回忆录和其他作品没有完整保存下来，我们只能通过后世的摘录了解。不过他的作品是对波兰最早的可靠描述。他还提到了维京人和北德的一些城堡。另外，他是第一个在文字中提及布拉格及其犹太人社区的作家。

普通士兵在遇到强敌时会溜进树林，丢下伙伴，但这样就能保证自己生存下来，将来再战。这符合基本的人性。

普通武士的武器装备极差，简直可以说是赤手空拳。普通民兵只有木棒和石块，这在伏击战或者保卫要塞时还算有用，但他没有信心与拥有战马、盔甲和利剑的强大敌人正面交锋。那是贵族的职责，他们是装备剑、矛、头盔和链甲的轻骑兵，这一套装备不如西方骑士，但很适合普鲁士本地的地形地貌。那里有很多沼泽、生长树木的洼地和崎岖不平、林木茂盛的丘陵，普鲁士贵族即便能够更容易地获取西方武器，恐怕也不会采用。

普鲁士贵族在很多方面都和其他地方的贵族很像。他们以狩猎、战争和驱使奴隶劳动为生。他们掳掠妇女儿童充当自己的仆人和小妾，但也经常把他们当作商品，送到地区性的奴隶市场出售。有证据表明存在一条从普鲁士向南穿过波兰的贸易路线。很多战俘被卖到罗斯的大河流域也不足为奇，因为那是传统的通往突厥土地和拜占庭的奴隶贸易路线。尽管向东的贸易已经处于衰落期，并且经常被游牧民族向罗斯南部的侵袭打断，但这种贸易仍然有利可图。男性奴隶若不能迅速转手就没什么价值，因为他们在狭小的林间空地上务农时很容易逃跑。儿童的价值更低，因为把儿童养大成人的花费很大。对原始农业来说，女性奴隶更合适，她们既能耕作，也可以在树林里搜集食物。

普鲁士贵族不从事劳动，他们的传统将他们与平民区分开来。德意志和波兰的贵族也不从事劳动，但他们不会榨取奴隶的劳动成果，也不会把战俘卖为奴隶牟利。掳掠奴隶的传统以及普鲁士社会与宗教制度背后的荣誉法则，恰恰是波兰和波美雷利亚的基督徒向普鲁士异教徒开战的主要理由。现代观察者也许会说，基督徒统治者扩张领土的贪欲或许比上述理由更重要，但不管怎么说，宗教本身并非维斯瓦河沿岸基督徒与异教徒之间战争的最重要原因。当然，后来，对各方来说，宗教都变得非常重要。普鲁士人受到挑衅之后，就不再满足于待在家乡安安静静地从事自己的宗教崇拜，而是在他们不断演化的习俗的驱使下，在已经报仇雪恨之后，仍然继续袭击他们的基督徒邻居。显然，正是普鲁士人这种越来越咄咄逼人的活动（不管最初是因为纯粹的嗜血好战，还是对波兰人入侵的回应）最终导致不仅波兰人和波美雷利亚人，还有来自遥远的神圣罗马帝国的德意志人赶来与普鲁士人作战。

向普鲁士传播基督教的努力

人们经常谈论的普鲁士独立性和所谓普鲁士人的自由，对 13 世纪的普鲁士武士和 19 世纪赞美他们抵抗外国侵略者的自由主义者来说，意义大不相同。在中世纪，这些都是伪命题，因为基督徒在普鲁士人面前别无选择，只能自卫；他们不可能与如此野蛮的制度共存。另外，现代的民族主义概念也不能套用在中世纪的种族认同之上。不过，这个问题还是经常在帝国主义和新帝国主义的语境下被人提起，而西方国家总是被指责为恶人。* 13 世纪有些哲学

* 现代历史学家试图将条顿骑士团定性为中世纪“东进运动”（德意志人向东欧扩张）的先锋，或者德意志帝国扩张政策的先驱，或者纳粹的前身。在冷战时期，有人说整个西方都敌视所有斯拉夫人。事实上，中世纪这轮迁徙更多是德意志骑士与农民受到邀请，在东方土地和平定居（如哈默尔恩的花衣魔笛手的传奇所示）的过程。在欧洲各地，地主和教士都开放森林与沼泽，将其变为农业和畜牧用地。波兰农民和士绅向东迁徙；犹太人和德意志手工匠人与商人建立了一些新城镇。（作者注）

家也探讨过今天让我们烦恼的那些问题。无疑，在传教士试图让普鲁士部落族民皈依基督教的时候，普鲁士氏族的长老和祭司与训练有素的基督教辩证学家之间一定有过非正式的辩论。在关于是否皈依基督教问题的辩论中，一方赞扬传统价值观和自由选择，赞扬武德和不必纳税的自由；另一方则谴责可恶的迷信、无知和野蛮的习俗。尊重思想与精神自由的基督教传教士竭力让朴实但精明的乡下人相信，基督教的文明和救赎值得让他们牺牲古老的好战的生活方式。然而传教士失败了。他们需要克服太多障碍：他们自己的思维不像他们认为的那样开放；他们带来的一些概念对农奴制有利；他们推行封建政府，这疏远了当地贵族；他们似乎是外国统治者的前驱；而且他们没有熟练掌握普鲁士语。但普鲁士原始宗教之所以能够生存，不仅仅是因为基督教传教士的失败。它的根源是一种繁盛的军事文化。

普鲁士人的军事胜利养成了一个残暴而野心勃勃的贵族群体，他们袭击基督徒土地并掳掠奴隶，获利甚巨。虽然和平的传教士努力劝阻他们，但他们拒不停止袭击基督徒土地，有时还会杀掉那些勇敢而拒绝妥协的传教士。在普鲁士贵族接受基督教之前，似乎有必要让他们认识到胜利之神青睐另一边；在那之后，传教士才能慢慢促成变革，打破支撑异教哲学的那些传统。

普鲁士人并非始终享有完全的独立。每一代普鲁士人都必须保卫自己的自由和生活方式。维京人是最成功的外来侵略者，曾征服了普鲁士的部分地区，但维京人来得快走得也快，并且令普鲁士人把所有陌生人都视为敌人。最早到普鲁士的传教士——布拉格的圣道博[①]（卒于997年）和库埃尔富尔特的布伦[②]（卒于1009年）都成了殉道者；普鲁士人出于对基督徒的敌意发动的袭击也促使波兰大公波列斯瓦夫四世（1146～1173）对其发动了十字军远征。格涅兹诺[③]大主教推行对圣道博的崇拜，在格涅兹诺大教堂的青铜大门上刻画了他被普鲁士人杀死的壮烈殉道像。所以，邻近的梅克伦堡和波美拉尼亚在文德十字军之后接受了基督教，只有普鲁士人和生活在他们东面与东北面的人群仍然固守旧宗教。即便在那些地区，基督徒也施加了很大影响：1194～1206年，库尔姆的很多居民皈依基督教，有的是被劝服，有的出自私利，有的是被强迫。波兰人越来越强大，也越来越逼近异教徒，一些普鲁士异教徒肯定知道，他们的时间不多了。

1206年，波兰温克诺的熙笃会修道院院长前往普鲁士之地谈判，要求当地人释放在近期的袭击中掳掠的俘虏。让他意外的是，普鲁士人对他以礼相待，让他觉得如果自己长期待在那里，就能让不计其数的异教徒皈依。他写信给教宗英诺森三世，请求允许他在波兰其他熙笃会修道院的支持下在普鲁士传教。教宗回信道：

① 布拉格的圣道博（约956～997年），捷克语名字是沃伊捷赫，是波希米亚传教士和基督教圣徒。他担任过布拉格主教，并向匈牙利人、波兰人和普鲁士人传教。他可能还是已知最早的捷克语赞美诗和最早的波兰语赞美诗的作者。他被誉为“第一位普鲁士使徒”，在普鲁士被异教徒杀害。传说波兰的波列斯瓦夫一世（皮雅斯特王朝的第二位公爵、第一位国王）用同等重量的黄金换回了他的遗体。

② 库埃尔富尔特的布伦（约974～1009）出生于今天德国的库埃尔富尔特，受到布拉格的圣道博的激励和启发，参加传教工作。他写过圣道博的传记。后来布伦在基辅罗斯和立陶宛边境附近传教时被杀。他被誉为“第二位普鲁士使徒”。

③ 格涅兹诺在今天波兰的中西部。

> 我赞扬你的虔诚请求，允许你去向他们传播福音，担当基督的使者，呼吁上帝让他们皈依基督。而因为收获肯定会很大，一个人承担不了这样的重任。所以，我凭借使徒的权威允许你带领熙笃会修会的其他兄弟以及其他希望加入传教工作的人，一同去宣讲福音，并洗礼那些愿意接受上帝真言的人……

让修道院院长更加振奋的是，有僧侣带回了立窝尼亚的消息。这些僧侣曾与在那里成功传教的熙笃会僧人狄奥多里克谈话，那轮传教是里加主教组织的。如果狄奥多里克及其僧侣伙伴能够让立窝尼亚和爱沙尼亚的异教徒皈依，那他为什么不能在普鲁士取得同样的成绩呢？

但波兰国王和公爵们经常性的扩张领土的企图给和平传教增加了变数。尽管波兰人的东扩运动往往取得成功，但这种扩张在普鲁士只是扰乱了传教工作并招致异教徒的报复而已。但基督徒统治者不会承认自己过去的错误。皮雅斯特公爵们，尤其是马佐夫舍公爵康拉德以及他的主教和修道院院长们，不能眼睁睁看着自己的臣民被普鲁士人掳走，然后被当作奴隶卖给伊斯兰世界和东正教世界的奴隶贩子，他们必须采取行动。他们自己无力保卫边疆，于是向各个军事修会求助。条顿骑士团是其中一个愿意来谈条件的修会。*

* 康拉德创建了自己的军事修会：多布任骑士团。他希望能完全控制它。后来多布任骑士团在沃里尼亚作战时被全歼。圣殿骑士团和医院骑士团接收了波美雷利亚和波兰的一些地产，但他们对后来东欧的军事远征的贡献微不足道。（作者注）

条顿骑士团来到普鲁士

第一批抵达普鲁士的条顿骑士团小部队由康拉德·冯·兰茨贝格指挥。他出身于离这里不远的迈森，对波兰地理和风俗习惯耳熟能详。他这支小部队此行的目的是在马佐夫舍公爵康拉德与克里斯蒂安主教[①]承诺给他们的土地上建立一个立足点。大团长赫尔曼·冯·萨尔察为参加弗里德里希二世的十字军东征需要每一名骑士和武士的力量，但他明白自己也必须对康拉德公爵的邀请做出回应。他还清楚，自己的竞争对手——多布任骑士团、圣殿骑士团和医院骑士团也可能向这个方向扩张；并且公爵可能会改变主意。中世纪的统治者和今天的统治者一样，他们的注意力很容易被转移，常常出人意料、心血来潮地改变主意。

康拉德·冯·兰茨贝格很可能从德意志中部的若干修道院集合了一小批骑士，他们可能都是新人，也许还有一些不能与大团长一道启航前往圣地的伤病员。康拉德的队伍里只有 7 名骑士、70 到 100 名侍从与军士，还有负责烤面包、造啤酒、洗衣和维护马匹与装备的仆人。因为骑士团部分是修道会，也

---

① 即奥利瓦的克里斯蒂安，或者叫普鲁士的克里斯蒂安（约 1180～1245），普鲁士的第一位基督教主教。他出生于波美拉尼亚，受教宗委托向普鲁士异教徒传教，以维斯瓦河以西的奥利瓦修道院为基地，并在第四次拉特兰会议上被任命为第一任普鲁士主教。他与马佐夫舍公爵康拉德配合，向普鲁士人发动十字军东征，但失败了，所以向条顿骑士团求助。克里斯蒂安还创建了多布任骑士团，以帮助康拉德公爵保卫马佐夫舍、抵抗普鲁士人。多布任骑士团最初由 15 名德意志骑士组成，规则类似立窝尼亚骑士团和圣殿骑士团。多布任骑士团战绩不佳，而且规模很小（最多时仅 35 名骑士），在 1235 年大部分人加入了条顿骑士团。

是医院修会，所以队伍里也有神父和医生。队伍全部为男性，每天要做八次宗教礼拜，这就要花不少时间。他们装备精良，训练有素，但他们不是超人。从表面上看他们是普通的骑士；可在内心里，他们是虔诚的僧侣。

康拉德·冯·兰茨贝格不敢直接进入库尔姆（位于维斯瓦河的拐弯处，具有战略意义），而是停留在维斯瓦河南岸的马佐夫舍。康拉德公爵在那里的一座山上建造了一座小城堡，就在后来的托伦对面。德意志十字军给这座城堡取了个颇具黑色幽默意味的名字“鸟鸣堡”。编年史家尼古拉斯·冯·叶罗欣[①]解释道：“很多伤员在那里歌唱，不是夜莺那种歌唱，而是天鹅死前的那种悲歌。”

条顿骑士团的这支小部队抵挡不住普鲁士人的大军，但拜波兰人在过去的入侵所赐，这一地区的一部分已经无人居住，而且有些原住民是基督徒，与康拉德公爵和克里斯蒂安主教有联系。所以库尔姆的异教徒不多，他们也没有理由觉得这些新来的武士对他们构成了严重威胁。但他们想错了。康拉德·冯·兰茨贝格在建成了他的城堡兼修道院之后，就派遣骑士渡过维斯瓦河，消灭最近的异教徒武士，烧毁他们的农田和村庄，摧毁他们的庄稼。直到对方愿意皈依基督教，他才肯与其讲和。

摩德纳的古列尔莫

此时，教宗特使、摩德纳主教古列尔莫正在普鲁士。这位

① 尼古拉斯·冯·叶罗欣（约 1290 ~ 1341）是条顿骑士团的神父和编年史家，将一部拉丁文的布拉格的圣道博传记翻译成中古高地德语，还翻译和扩写了彼得·冯·杜斯堡的《普鲁士编年史》。

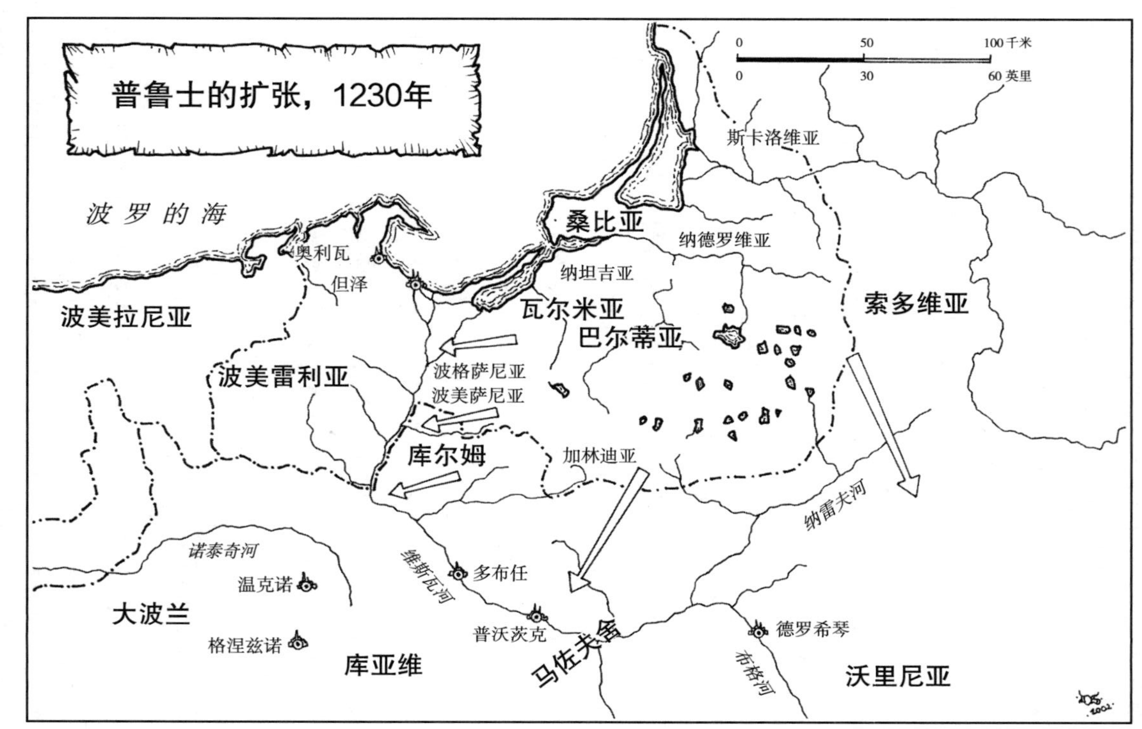
普鲁士的扩张，1230年
0 50 100千米
0 30 60英里
波罗的海
奥利瓦
但泽
波美拉尼亚
桑比亚
斯卡洛维亚
纳德罗维亚
纳坦吉亚
瓦尔米亚
巴尔蒂亚
索多维亚
波美雷利亚
波格萨尼亚
波美萨尼亚
库尔姆
加林迪亚
纳雷夫河
诺泰奇河
温克诺
维斯瓦河
多布任
大波兰
格涅兹诺
库亚维
普沃茨克
马佐夫舍
德罗希琴
布格河
沃里尼亚

意大利高级教士对波罗的海事务很熟悉，他此前曾在立窝尼亚和爱沙尼亚工作。他刚从丹麦来，当时他与瓦尔德马二世国王谈到了立窝尼亚十字军东征的紊乱状况。随后他从丹麦乘船到了普鲁士，从 1228 年秋末（或 1229 年初春）一直待到 1230 年 1 月之前不久。他可能在意大利与赫尔曼·冯·萨尔察商议过。

关于教宗特使的活动，史料记载不多。他把一本语法书翻译成了普鲁士语，以帮助原住民学习阅读。他还帮助少量普鲁士人皈依基督教，他们主要是来自库尔姆以北的波美萨尼亚人和波格萨尼亚人。1231 年和 1232 年的一些教廷文件中提到的新皈依者（这些文件警告条顿骑士团不要骚扰他们）指的可能就是上述的普鲁士基督徒，而不是如某些现代历史学家推测的那样指立窝尼亚的十字军。摩德纳的古列尔莫始终高度关注新皈依者的福祉。他担心如果这些新皈依者受到虐待，他们就会相信所有基督徒都是伪善的暴君。而实际上，基督教除了提供精神慰藉和永恒生命之外，还能给人带来和平、正义和公平，这都是普鲁士此前没有的。

摩德纳的古列尔莫还决心把该地区的几支十字军力量协调起来，免得他们在展开圣战时互相拆台和妨碍，从而浪费时间与精力。就在这时，1230 年 1 月，条顿骑士团从康拉德公爵和克里斯蒂安主教那里获得了（或者说重建或伪造了）文件，这让后人很难搞清楚康拉德公爵和克里斯蒂安主教对条顿骑士团的承诺究竟是什么，以及在何时做出了承诺。后人当然不可能从死去的古人那里得到真相，于是在做判断时只能依赖自己的本能，他们参考的更多是自己时代的政治利益，而不是追寻真相的决心。

不管摩德纳的古列尔莫取得了多少成功，这都没能阻止条顿骑士团继续攻击库尔姆的定居点。在此之前，条顿骑士团曾渡过大河袭击敌人，但没有试图在河对岸建立据点。这是武装侦察的时期，他们借此熟悉地形和当地人民。这一小批骑士与军士在学习对手的语言、风俗和战术，为增援部队赶到的那一天做准备。

赫尔曼·巴尔克

1230 年，增援部队在赫尔曼·巴尔克团长指挥下抵达鸟鸣堡。巴尔克是一位精明强干的武士，他将在之后多年里领导对普鲁士和立窝尼亚的十字军征服。他通情达理，在所有方面都倾向于和解，除了在与异教徒打交道的时候。他对异教徒没有一丝一毫的宽容、忍耐或仁慈。在各种各样的基督徒当中，无论德意志人、波兰人还是普鲁士人，他似乎都得到尊重和信任。他建立的传统在 13 世纪余下的时间里得到维护，包括他设计的团长印章图案：神圣家族逃往埃及[①]。也许是为了象征巴尔克的突出地位，其他团长的印章都是匿名的。

赫尔曼·冯·萨尔察能够派遣第二批骑士去普鲁士，是因为他终于摆脱了在圣地的特殊职责。虽然在皇帝的十字军东征之后他在圣地的职责更重，但因为圣地达成了停战协定，所以他暂时不需要在圣地维持那么多兵力。如果每年获取的新兵数量维持在现在的高水平，那么他就可以每年派遣更多部队去普鲁士而不至于削弱阿卡周围的驻防力量。另外，条顿骑士团仍有希望返回匈牙利，那样的话他们在普鲁士的活动就会受到限

① 根据《马太福音》，天使告诉约瑟，希律王要杀死当地所有婴儿，于是约瑟带着玛利亚和婴儿耶稣逃往埃及。这个故事是很多文学艺术作品的题材。

制。格列高利九世教宗写信给贝拉四世国王，请他归还之前没收条顿骑士团的土地。但赫尔曼·冯·萨尔察是个务实的人。他不指望能收回特兰西瓦尼亚的土地，但他知道上帝的行事方式神秘莫测：国王可能会改主意，可能会陷入意想不到的麻烦当中，还有可能死去。赫尔曼·冯·萨尔察要做好准备，如果上帝给他机会，他就会返回匈牙利。

而普鲁士就是另一回事了。它的潜力激动人心，但继续开拓的困难极大。在指望取得成绩之前，骑士团要做大量准备工作，他们需要辛勤耕耘、耐心等待。在于当地建立充足的补给线以供养军队，并建造更多城堡以保护和容纳军队之前，大团长只能向普鲁士派遣少量部队。赫尔曼·冯·萨尔察在很多地方同时开展行动，比如圣地、亚美尼亚、意大利、德意志，而普鲁士是他的很多项目中重要性最低的一个；因为资源有限，他必须精心计算，巧妙运作，只在恰当的时间向普鲁士输送适当数量的人员，从而最大限度地运用他的资源。

赫尔曼·巴尔克首先处置的是那个困扰了骑士团领导层两年的难题：康拉德公爵授予他们土地以维持他们生计的文件。库尔姆仍然在敌人的控制之下，所以普鲁士团长巴尔克必须自己想办法为征服异教徒的军事行动筹措军费。这是可以理解的。但他不能接受的是，占领库尔姆之后，它仍然属于克里斯蒂安主教和康拉德公爵。条顿骑士团占领库尔姆之后想必还要在那里驻防以抵御其他普鲁士人，那么条顿骑士团能捞到什么好处呢？于是巴尔克去找公爵和主教，他显然拿骑士团在匈牙利失败的例子与他们当面对质。赫尔曼·巴尔克带来了一支军队，愿意用它保护公爵和主教、他们的土地与臣民，但公爵和主教必须给骑士团提供酬劳。他（想必礼貌而坚定地）要求他们授予骑士团在新征服土地上的主权，这一条件与公爵和主教提出的条件相比更接近于皇帝在 1226 年《里米尼金玺诏书》中授予的条件。巴尔克从这次谈判中收获的成果为何一向是后世德意志与波兰历史学家争论的焦点，但不管这份文件的具体条款是什么，巴尔克、大团长和开会讨论此事的代表大会都对其感到满意。

没过多久，德意志人、波兰人、波美雷利亚人和原住民民兵组成的十字军就战胜了普鲁士西部的诸部落。1233 年夏季有多达 1 万人参加了此次十字军远征（他们的动机之一可能是亲眼看看真十字架的一个碎片），并在波美萨尼亚中部，位于维斯瓦河一条支流岸边的马林韦尔德①建造了要塞，位置约在托伦和大海间的中点。这年冬季，波美雷利亚公爵希维托佩尔克二世公爵和桑博尔二世与留在马林韦尔德的十字军战士会合，准备一起入侵波格萨尼亚。在冰封的杰日贡河上，异教徒组成方阵迎战十字军，波美雷利亚骑兵突然出现在异教徒方阵背后，于是他们阵脚大乱，抱头鼠窜，惨遭屠戮。

迈森伯爵在 1236～1237 年的大攻势中发挥了重要作用。他建造了许多大型帆船，先击沉了前来挑战他的异教徒小船，然后将他的军队运到下游，从敌人背后发起攻击。波格萨尼亚原住民民兵出来迎战，但他们在听见迈森伯爵吹响号角（可能在异教徒背后）后就逃窜了。普鲁士人显然不敢正面迎战十字军的重骑兵、弩弓齐射和训练有素的步兵。西方的作战方式让普鲁士人在平坦的战场上毫无还手之力。在夏季，十字军战士很难在树林和沼泽里找到异教徒，但在冬季（十

---

① 今天在波兰北部的滨海省，波兰语名字是克维曾。

字军擅长冬季作战）他们便很容易追踪异教徒，找到他们的巢穴。

每年都有小批十字军来到普鲁士，并收获同样的战果：骑士团的地盘继续扩张。十字军的很多志愿者是波兰人，所有参加这一波十字军东征的人都明白，如果没有皮雅斯特和波美雷利亚公爵们的坚定支持，来自德意志的志愿者除了为已经竣工的城堡提供驻防，也发挥不了什么作用。既然很大一部分作战是波兰人承担的，那么条顿骑士团为什么还那么重要呢？

答案是，波兰和波美雷利亚的十字军在战斗结束后就回家了，或者一直待在家乡。起初，他们仅仅在从秋季恶劣天气开始到短暂夏季开始（这期间白天较长）的时间里作战，但后来他们就不再积极参加作战了，因为康拉德公爵在其他边疆地带也遇到麻烦，而希维托佩尔克二世公爵则与他的兄弟们争执不断。最终波兰的所有皮雅斯特诸侯都陷入了厮杀。这些封建领主和他们的主教都没有资源维持一支长期的占领军，于是条顿骑士团承担起这个职责，就像他们在圣地时一样。宣誓守贫和服从的单身骑士愿意在潮湿季节和漫长而寒冷的冬夜坚持服役。世俗骑士则更喜欢热酒和女人的温暖怀抱（或者暖酒和女人的炽热怀抱），他们可不愿在森林里黑暗的小径巡逻，或者在孤寂的城墙上方的瞭望塔里忍受刺骨寒风。

为了协助控制新征服的领土，条顿骑士团把一些世俗骑士安置到库尔姆无人居住的土地，这些世俗骑士大多是从波兰招募来的。在这些早期岁月，骑士团还吸引了一些德意志市民来普鲁士，他们每年建造一座新城镇，并以《库尔姆宪章》（1233 年）保障这些市民的权利。这些移民起初人数不多，不过到13世纪末就相当多了，到14世纪更多。但骑士团武装力量的很大一部分是由普鲁士民兵和贵族组成的，前者是步兵，后者是骑兵并经常被称为“原住民骑士”，尽管这个说法不太准确。*

当有十字军参战的时候，已经对当地地形地貌和原住民风俗了如指掌的条顿骑士团就带领德意志和波兰骑士以及与他们结盟的普鲁士骑兵和民兵沿维斯瓦河和海岸线推进，夺取一座又一座要塞。不过也有其他方面的事务转移骑士团的注意力。1237年，条顿骑士团吸纳了当地的一个军事修会宝剑骑士团（见下章），于是在立窝尼亚有了额外职责，需要向北方调遣人员和物资。后来格列高利九世教宗绝罚了弗里德里希二世皇帝，引发了一场漫长而代价高昂的斗争并分裂了德意志；蒙古人于1241～1242年的袭击对加利西亚－沃里尼亚、匈牙利和波兰造成了严重破坏，使得这几个强国暂时无力为十字军提供军事援助。13世纪40年代，波美雷利亚公爵希维托佩尔克二世与叛乱的普鲁士人联手，企图驱逐条顿骑士团并将其土地攫为己有。这次冲突即所谓第一次普鲁士叛乱，以骑士团险胜告终。最后希维托佩尔克二世被迫议和，并在后来再次被迫投降。此后，普鲁士诸部落以保留了高度的日常生活自主权为条件，向骑士团投降。

---

* 原住民贵族很少有充足的收入能让他们当全职军人和行政管理者。条顿骑士团也不想建立一个世俗骑士的阶级，因为那样会分散骑士团潜在的收入。大团长很少分封土地给别人，即便分封出去的土地面积也很小，那些封地主要在库尔姆，属于波兰骑士。大团长指派条顿骑士团成员训练和领导原住民部队。这些骑士团成员被称为地方长官，和原住民部队生活在一起，所以通常能讲流利的普鲁士语，也很熟悉普鲁士人的习俗。（作者注）

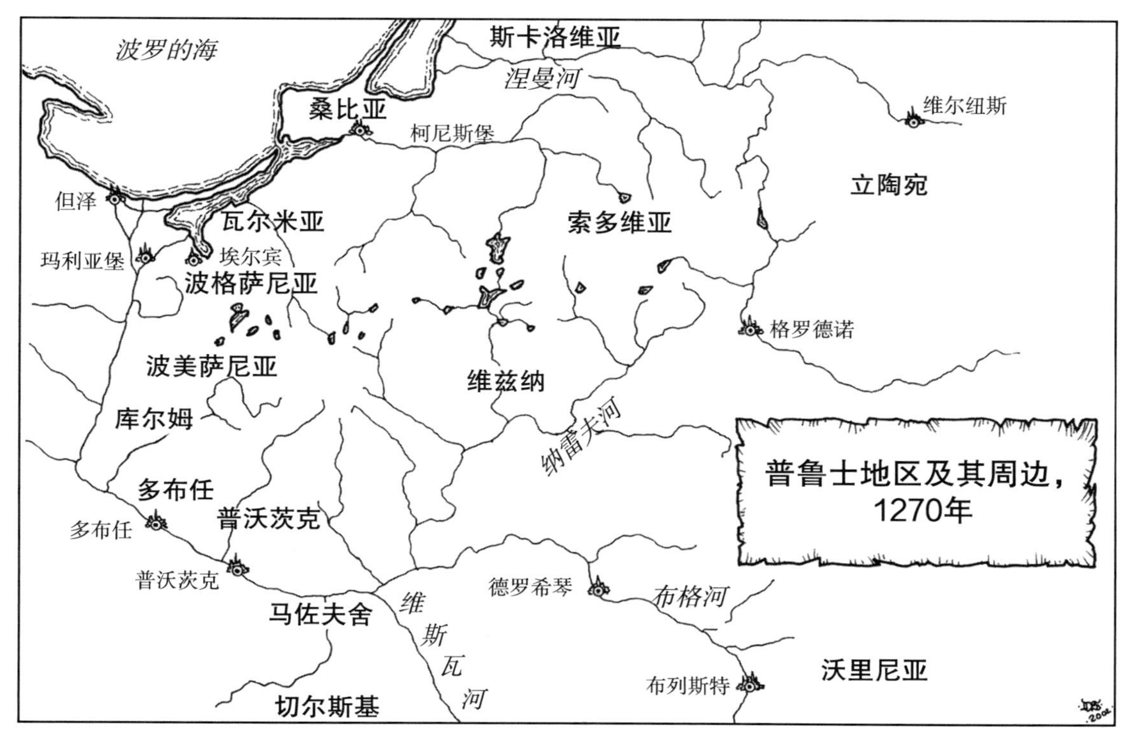
普鲁士地区及其周边，
1270年
波罗的海
斯卡洛维亚
涅曼河
桑比亚
柯尼斯堡
维尔纽斯
立陶宛
但泽
瓦尔米亚
索多维亚
玛利亚堡
埃尔宾
波格萨尼亚
格罗德诺
波美萨尼亚
维兹纳
库尔姆
纳雷夫河
多布任
普沃茨克
多布任
普沃茨克
德罗希琴
布格河
马佐夫舍
维斯瓦河
沃里尼亚
布列斯特
切尔斯基

与此同时，条顿骑士团的立窝尼亚分支从里加向南推进，也取得了进展。1250 年，骑士团处在一场大捷的边缘，这时立陶宛的酋长之一明道加斯接受基督教，于是骑士团失去了攻击他领土的理由。有些批评者说条顿骑士团只是一群对土地欲壑难填的强盗，但这一次，骑士团放弃了攫取更多领土的机会，而是选择将基督教世界最危险的敌人之一化为自己的强大盟友。* 不久之后，普鲁士人的抵抗也开始瓦解。1254 年，神圣罗马帝国内部最强大的一位统治者——波希米亚国王奥托卡二世率领一支大军来到桑比亚，让原住民很快意识到抵抗是徒劳的。不久之后的 1257 年，萨莫吉希亚①人请求停战两年，以考虑下一步怎么办。十字军同意停战，相信他们的敌人出于自己的利益考虑也一定会正式接受真正的信仰。一时间，基督教世界似乎在波罗的海地区取得了全面胜利。

有些人用民族主义和种族主义这些现代的意识形态去理解中世纪的人，或者相信德意志人在普鲁士的目的是消灭当地人口并引入德意志移民，但十字军对和平传教的热情足以驳斥上述观点。但条顿骑士团的表态和行为并非始终一致，因为他们和绝大多数人类组织一样，会在不同时间采取不同的行为。如果我们总是把十字军往最坏的方向想，而尽量美化他们的敌人，那么我们就会说十字军是邪恶的。很多历史学家，尤其是那些把过去理解为 20 世纪之一部分的人，就是这样描述这些德意志战士的。

---

* 明道加斯承诺把萨莫吉希亚给立窝尼亚团长，但他这么做其实很轻松，因为萨莫吉希亚人并不承认明道加斯是他们的统治者。（作者注）

① 萨莫吉希亚（字面意思：低地）是立陶宛五大历史地区之一，位于立陶宛西北部，最大城市为希奥利艾。该地区有漫长且独立的文化史。

1259年，十字军东征的大好局面开始瓦解，因为此时萨莫吉希亚人决定为他们的异教信仰和传统习俗（包括袭击基督徒定居点）而战。他们重创了站在基督徒那边的普鲁士和立窝尼亚军队，强迫明道加斯叛离基督教，并说服北方和西方的原住民部族起兵反抗他们的德意志主子。很快，立陶宛军队深入立窝尼亚、普鲁士、沃里尼亚和波兰。异教徒的胜利似乎证明了他们的宗教是正确的。现在，东北欧的圣战真正变成了两种信仰的较量，而不仅仅是统治者之间的争霸。

这一次条顿骑士团多少可以说是孤立无援。前来参战的德意志和波兰十字军战士都不多，波希米亚君主和高级教士也没有参与进来。另外，圣地又一次成为十字军运动的中心，条顿骑士团也和其他的军事与宗教修会一样，把资源优先投入圣地。普鲁士的战争演变成了一系列的边境袭掠、要塞攻防和奇袭，骑士团需要在荒野巡哨，以防止东方的普鲁士人和立陶宛人穿过加林迪亚荒无人烟的森林和沼泽攻击孤立的定居点。波兰人和德意志人联手封堵缺口，最终沃里尼亚人也来支援，他们一同讨伐共同的敌人。

异教和东正教敌人

第二次普鲁士叛乱（1260～1275）是一段为时十五年的艰难岁月，如彼得·冯·杜斯堡所说：

> 很少有面包够吃的时候。他们多次被迫骑马作战，驱赶敌人。当年犹太人在受到威胁的时候重建耶路撒冷圣城，而骑士团就像那些犹太人一样，一半人劳作，另一半

人负责警戒，从黎明到黄昏。他们一手劳作，一手持剑。

到 1273 年，此次叛乱最糟糕的岁月已经结束。这一年，奥尔米茨（捷克语名为奥洛穆茨）主教，一位对波兰、加利西亚和匈牙利情况非常了解的捷克高级教士，给教宗格列高利十世写了一份备忘录，提醒他整个东欧仍然受到异教徒、异端分子和教会分裂者（东正教会成员）的威胁：

> 这个地区有四个国度：匈牙利、罗斯、立陶宛和普鲁士。匈牙利王国的基督徒受到迫在眉睫的威胁。首先因为库曼人袭击匈牙利，他们杀死幼儿和老人，掳走青年男女，教匈牙利人邪恶的仪式，且繁育极快。匈牙利及其周边土地都受到库曼人的严重威胁。匈牙利境内还有从其他土地逃来的异端分子和教会分裂者。匈牙利王后就是库曼人，她的父母曾经是、且现在还是异教徒。匈牙利国王的两个女儿嫁给了教会分裂者罗斯人……罗斯人是教会分裂者，是蒙古人的奴仆。立陶宛人和普鲁士人是异教徒，他们蹂躏了波兰的多个主教区。这些是距离我们最近的敌人。

在并不遥远的地方同样危机四伏。纳坦吉亚人、瓦尔米亚人和巴尔蒂亚人的投降使得条顿骑士团必须承担保护这些新皈依者的责任；而要完成这个任务，就必须更加深入剩余的异教徒（索多维亚人及其立陶宛盟友）的土地。另外，条顿骑士团不得不独自战斗。波希米亚国王奥托卡二世正在与哈布斯堡的鲁道夫作战，争夺奥地利和皇帝之位。在 1278 年的决定性战役之前，奥托卡二世需要支持者提供尽可能多的军事援助。

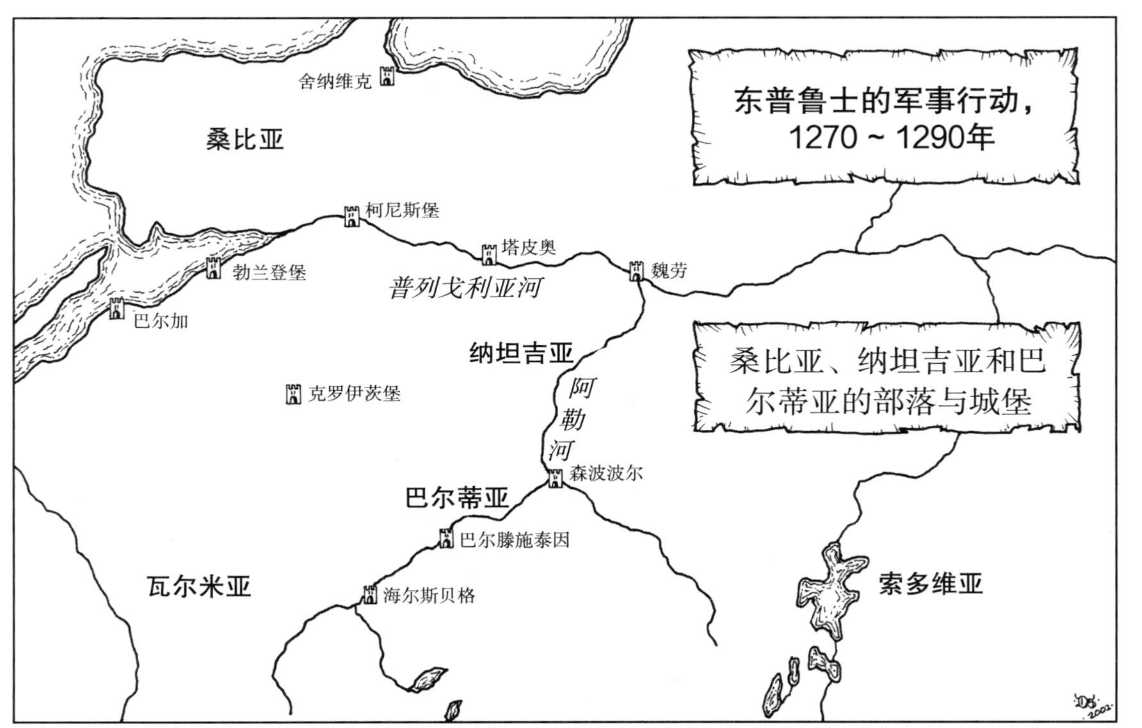
东普鲁士的军事行动，
1270～1290年
桑比亚、纳坦吉亚和巴
尔蒂亚的部落与城堡
舍纳维克
桑比亚
柯尼斯堡
塔皮奥
魏劳
勃兰登堡
普列戈利亚河
巴尔加
纳坦吉亚
克罗伊茨堡
阿勒河
森波波尔
巴尔蒂亚
巴尔滕施泰因
瓦尔米亚
海尔斯贝格
索多维亚

勃兰登堡、巴伐利亚、克拉科夫、西里西亚、图林根和迈森都派遣骑士去了波希米亚。这些统治者都是条顿骑士团的传统盟友，甚至亲身参加过十字军远征，但如今他们都深陷于帝国内部的争斗之中，无力在骑士团万分危急的关头向普鲁士增兵。

边境战争

对十字军来说，索多维亚人是很难对付的劲敌。首先，索多维亚人是优秀的战士，且人数极多；其次，他们的土地在遥远的东方，位于几乎完全无法通行的沼泽与森林当中。搜索藏在树林里的索多维亚人比寻找原牛（此时在欧洲已经濒临灭绝）还要困难得多。索多维亚人的袭掠队伍在攻击孤立的基督徒定居点和驻军时也是神出鬼没。

在纳坦吉亚人和巴尔蒂亚人投降的同时，索多维亚人发动了第一轮进攻。索多维亚人袭击了正在重建巴尔滕施泰因①（在巴尔蒂亚中部，是阿勒河②畔的一个战略要地）的建筑工人，在把他们屠杀殆尽之后烧毁了未完工的建筑。这对条顿骑士团来说是沉重的打击，他们原打算把巴尔滕施泰因当作面向荒野的防线上的一个重要据点，而在这场袭击之后，索多维亚人在一位名叫斯克芒塔斯的勇敢领袖指挥下，得以恣意袭扰不久前还是他们盟友的若干凌乱而缺乏防备的部落。

但是，索多维亚人对纳坦吉亚人和巴尔蒂亚人的恐怖镇压促使这些部落投入条顿骑士团的怀抱，不论是否出于真心。这

---

① 在今天波兰的东北部，波兰语名字是巴尔托希采。

② 波兰语名字是维纳河，流经波兰和俄罗斯的加里宁格勒州。

些部落民或许对索多维亚人心怀同情，但他们也不愿意看到自己的亲人死在斯克芒塔斯令人胆寒的袭击中。条顿骑士团在那里没有城堡作为基地，也无法帮助他们，因此原住民必须设法自卫。起初，在反叛中幸存的武士缺乏自信和领导，他们在1274年之前大多只是在自己的要塞里躲藏。随后，一位坚强的母亲（前一次普鲁士人反叛中最著名的领袖赫尔库斯·蒙特[①]的亲戚）开始训斥自己的儿子们，她指责他们无力自卫，也保护不了族民。在这严厉批评的刺激下，他们从好几个要塞集结了一群武士，与索多维亚人针锋相对，杀死了2000名袭掠者。于是，边境上的大部分恶棍都被肃清了，条顿骑士团得以重建巴尔滕施泰因。在普鲁士原住民出于自身利益开始用自己强悍的军事技能为条顿骑士团效力之后，战局就变得对基督徒有利起来。这也证明，纳坦吉亚人并没有被灭绝，人口也没有锐减。

现在骑士团有了新的领导者，他们也为骑士团带来了新的战略战术。大团长安诺·冯·桑格斯豪森于1266年从普鲁士去了圣地，在那里一直待到1272年与苏丹拜巴尔[②]议和为止。随后桑格斯豪森返回德意志，从图林根和迈森招募更多十字军

① 赫尔库斯·蒙特是普鲁士人反抗条顿骑士团和北方十字军东征的最著名领袖。他幼年时被条顿骑士团劫持为人质，送到德意志受教育，所以熟悉德意志人的军事。1260年他发动反叛，坚持到1274年，取得很多胜利，但最后被俘获并绞死。后来苏联统治下的立陶宛人把蒙特奉为自己的英雄和自由斗士。

② 拜巴尔（1223/1228～1277）是埃及马穆鲁克王朝的伟大统治者和重要军事家。他原本是库曼突厥人出身的奴隶，后成为埃及的重要将领和苏丹。1249年，法国国王路易九世率领的第七次十字军入侵埃及。1250年，拜巴尔领导马穆鲁克军队打败并俘获路易九世。1260年，拜巴尔又在阿音札鲁特战役中打败西征的蒙古军队，终结了蒙古人在中东的扩张。他巩固了马穆鲁克王朝，并为彻底消灭中东的十字军国家铺平了道路。他的名字在突厥语中的意思是豹子。

战士，就是这些战士结束了纳坦吉亚的战争。桑格斯豪森从普鲁士返回德意志不久之后去世了。代表大会于 1273 年 7 月开会，选举哈特曼·冯·黑尔德隆根为新任大团长。他已经上了年纪，在年轻时曾认识大团长图林根方伯康拉德[①]。康拉德大团长见证了条顿骑士团与宝剑骑士团的合并，并于 1255 年访问普鲁士。大团长哈特曼遵循传统，先去了意大利并从那里乘船前往圣地。此时，在普鲁士和立窝尼亚的条顿骑士仍然认为他们的主要职责在圣地，他们需要保卫阿卡，以等待新的十字军再度解放耶路撒冷。但哈特曼很快就返回了德意志。阿卡的骑士团修道院里没有足够的房间，无法容纳全部可以执勤的军官和骑士，所以其中一些人必须返回欧洲，但仍然随时可能被召回圣地。

这次代表大会还确认康拉德·冯·提尔贝格为普鲁士团长。康拉德是弗兰肯人，在普鲁士的大部分时间担任苍蒂尔和基督堡[②]的长官。这两座要塞位于普鲁士西北部。从 1269 年开始，他多次代理团长之职。现在他正式成为普鲁士团长，并指派自己的弟弟担任总军务官。因为他俩的姓名相同，大家称他们为大康拉德和小康拉德。

代表大会指示康拉德团长从柯尼斯堡顺着普列戈利亚河逆流而上，向东进攻，在索多维亚人和纳德罗维亚人之间打入一个楔子。骑士们希望这样能促成对纳德罗维亚人的征服，然后以他们的土地为基地，利用涅曼河打击萨莫吉希亚人的南翼。

---

① 图林根方伯康拉德（约 1206～1240）是条顿骑士团的第五任大团长，也是第一位加入该骑士团的重要贵族。他是前文说到的图林根方伯赫尔曼一世的儿子、路德维希四世的弟弟。

② 在今天的波兰北部，波兰语名字是杰日贡。

另外，普列戈利亚河上的新城堡可以从水路轻松地获得补给，并保护通往阿勒河的交通线。并且，与不久前的情况相反，代表大会这次派遣了足够多的骑士和武士，志在必得。

康拉德团长在此役的第一个行动是派遣桑比亚的地方长官狄奥多里克和他的原住民民兵攻打普列戈利亚河上的两座大型木制要塞。桑比亚人占领了这两座要塞，缴获了大量马匹、牛和其他战利品，以至于他们几乎无法把战利品全部运走，也没法把牲口都带回家。随后团长派遣狄奥多里克带领一队条顿骑士、150 名军士和大量原住民步兵乘船去攻打另一座较远的城堡。地方长官狄奥多里克将弓箭手部署就位后，立刻指挥原住民民兵攀爬云梯进攻。纳德罗维亚人企图投降但已经太晚了，狄奥多里克的进攻已经取得很大进展，无法召回部队，于是城堡内的大部分武士都被屠杀。少量异教徒成功地表达了投降的意愿，被饶了一命，和妇孺一起被带走并安置到其他地方。但这样的人不多。随后胜利者烧毁要塞并离开了。

肃清了边境上的敌人要塞之后，康拉德团长率军进入纳德罗维亚腹地。他劫掠了附近的地区，然后对由 200 名全副武装的守军把守的主要塞发起进攻。他这次进攻与其他针对原住民的土木要塞的攻势差不多，结果也类似：激战之后，康拉德团长的部队攻克了要塞，杀死了大部分守军。不久之后，纳德罗维亚人投降了。骑士团的一位编年史家如此概括这次胜仗：

> 在针对纳德罗维亚人的战斗中有许多光荣壮举，本书都没有记载，因为对其逐个描写就显得沉闷无趣了。但纳德罗维亚人当时拥有一支庞大的劲旅和很多城堡。不过他们还是放下了恨意，向骑士团投降，只有少数

人逃到了立陶宛。纳德罗维亚的这个部分至今仍是一片荒野。

根据多年前制订的计划，条顿骑士团继续向东北进军。他们以纳德罗维亚为基地，进攻涅曼河下游的斯卡洛维亚，更远方就是萨莫吉希亚。十字军东征的领袖早就渴望粉碎萨莫吉希亚人顽固而勇敢的抵抗，因为萨莫吉希亚人对库尔兰的攻击阻碍了十字军与立窝尼亚的联络。现在普鲁士团长只能通过海路安全地输送信息、人员和给养，但海路只有夏天可以通行。他们的战略很清晰。正如普鲁士团长在攻入斯卡洛维亚之前必须消灭他侧翼的所有威胁，现在他也要消除当下自己的侧翼受到的危险，以最终控制库尔兰和立窝尼亚的边疆地区。正如纳德罗维亚人已经化敌为友，成为十字军的辅助人员一样，斯卡洛维亚人很快也会协助十字军攻击萨莫吉希亚人。如果一切按计划顺利发展，萨莫吉希亚人最终也会成为十字军的盟友，帮助他们攻击立陶宛人。

立陶宛人很清楚这一点，所以他们竭尽全力帮助边疆地带受到十字军威胁的部落。但尴尬的是，立陶宛人只有在普通武士不需要参与农活的时候才能提供增援，而所有武士都不喜欢沉闷无趣的防御工作。所以最符合逻辑的办法是用这些增援部队攻击立窝尼亚和普鲁士，牵制那里的基督徒军队，让他们不得不留在原地保卫自己难以防御的边境。不足为奇的是，条顿骑士团选择以同样的方式牵制异教徒军队。他们威胁在全年任何时间不加预警地入侵立陶宛高地，并尽可能多地杀伤敌人。

为了削弱立陶宛人支援萨莫吉希亚人的能力，骑士团的立

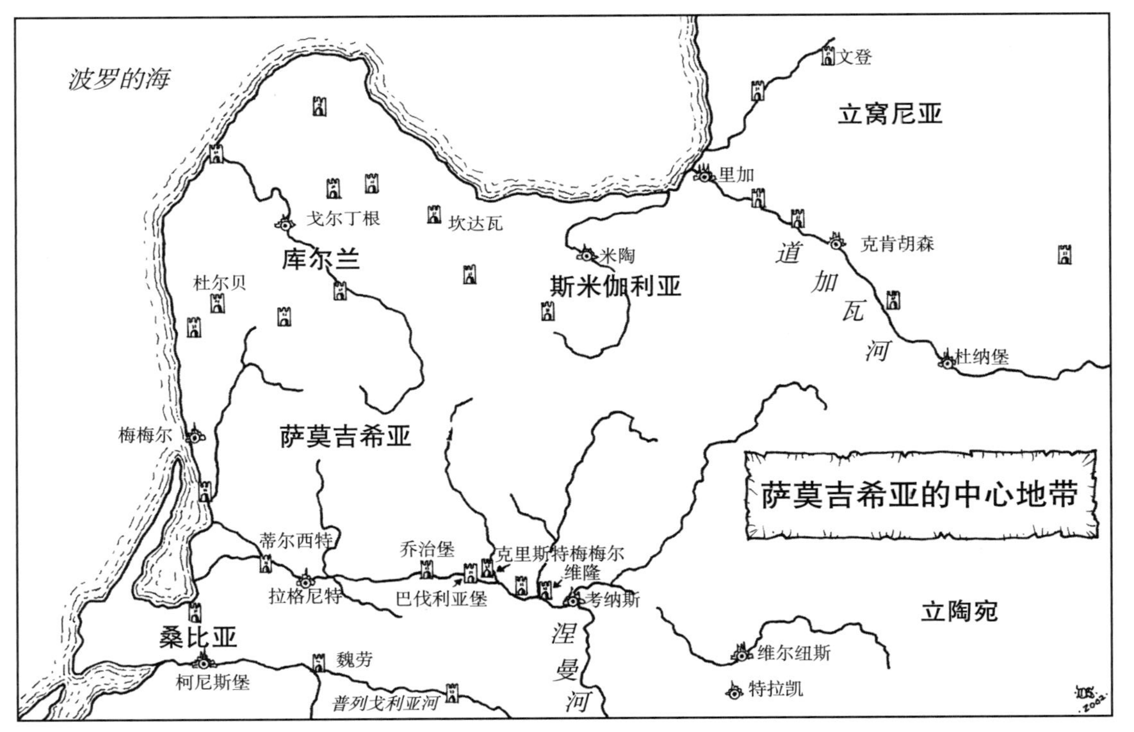
萨莫吉希亚的中心地带
波罗的海
文登
立窝尼亚
里加
戈尔丁根
坎达瓦
克肯胡森
米陶
道加瓦河
库尔兰
杜尔贝
斯米伽利亚
杜纳堡
梅梅尔
萨莫吉希亚
蒂尔西特
乔治堡
克里斯特梅梅尔
维隆
拉格尼特
巴伐利亚堡
考纳斯
立陶宛
桑比亚
涅曼河
魏劳
维尔纽斯
柯尼斯堡
普列戈利亚河
特拉凯

窝尼亚分支于 1274 年在杜纳堡[①]建造了一座大型城堡，有效地切断了从那里通往普斯科夫和诺夫哥罗德的最直接道路。据说，立陶宛大公特莱德尼斯[②]曾表示，杜纳堡的城堡“建在了他的心脏上”。他攻打这座土木城堡长达四周之久，投入了他能调动的全部兵力和武器，却无法将其攻克，也无法阻挡那里的驻军发动的毁灭性袭击。没过多久，杜纳堡和高地之间就出现了一片庞大的无人区。

这第一轮攻势打通了一条通往梅梅尔（克莱佩达）的安全的沿海路线。梅梅尔是库尔兰湾入海口处的十字军城堡，1252 年在来自吕贝克的十字军帮助下建成。骑士团因此得以轻松地沿着海岸线骑马去库尔兰，或者从这个狭窄而多沙的半岛南下去普鲁士。为了拓宽这条沿海走廊并为直接袭击萨莫吉希亚中部做准备，康拉德团长没有选择从梅梅尔向东直接强攻，而是沿着涅曼河向北实施侧翼包抄。于是西方人得以利用他们在运输和攻城装备方面的技术优势，回避了在内陆大森林和沼泽地作战的难题。

第一个目标是位于拉格尼特[③]的斯卡洛维亚人要塞，它屹立于一座高山之上，俯瞰大河。这座要塞相当坚固，在几十年

① 杜纳堡就是今天拉脱维亚的第二大城市陶格夫匹尔斯，与白俄罗斯和立陶宛接壤。

② 特莱德尼斯（？～1281 或 1282）是 13 世纪立陶宛重要性仅次于明道加斯的一位大公。明道加斯于 1263 年遇刺身亡后立陶宛陷入混乱，是特莱德尼斯巩固了立陶宛，让它作为异教徒国家又维持了一百年。特莱德尼斯是坚定的反德人士，多次打败立窝尼亚骑士团，杀死了三位立窝尼亚团长。他还是第一位自然死亡的立陶宛大公，他之前的立陶宛统治者都是遇刺或战死的。

③ 拉格尼特是德语名字，它在今天的俄罗斯加里宁格勒州，位于涅曼河畔，与立陶宛隔河相望，俄语名字是涅曼。

来成功抵挡住了多次进攻，包括一支罗斯劲旅的攻击。它的土木工事很难被强攻下来，而且城墙之内有池塘，在要塞被围的情况下也能为守军提供饮水和鱼。原住民认为这座要塞无懈可击。

1275 年，康拉德团长派桑比亚的狄奥多里克率领 1000 人乘船前往拉格尼特。狄奥多里克带领部队和装备登陆，然后上山。各就各位之后，他命令部队发起进攻。守军集中在城墙沿线阻挠进攻者用云梯爬城，这让他们成了十字军弓箭手眼中的活靶子。猛烈的箭雨迫使守军离开城墙顶端，这时十字军架设云梯，如潮水般涌上城头，开始了惯常的屠戮。胜利者纵火破坏要塞，将其彻底拆除。随后，狄奥多里克只多花了一天时间便又夺取了河对岸的罗米格要塞。

为了报复，斯卡洛维亚人乘船来到柯尼斯堡以北海湾处的拉比奥①，在一天凌晨时分趁哨兵睡觉的时候发动进攻，屠杀了城堡内的人并烧毁了城堡。康拉德团长感到必须以牙还牙，于是他召集自己的骑士和原住民部队袭击了最近的斯卡洛维亚土地。尼古拉斯·冯·叶罗欣写道：

> 他们杀死了大批异教徒，让他们溺亡在自己的鲜血里。他们俘虏了躲藏起来的男女，将其带回。他们在那里打算撤退的时候，斯卡洛维亚人酋长“石神”集结大批属民，追击骑士团的军队。团长得知此事后，派遣一支强大部队到道路一侧埋伏。斯卡洛维亚人赶来攻击团长的时候，埋伏的部队就一拥而出，杀死大批敌人，将剩余的敌人驱散。

---

① 拉比奥是德语名字，它今天在俄罗斯加里宁格勒州中部，位于加里宁格勒湾以南，俄语名字是波列斯克。

此时，斯卡洛维亚贵族已经派使者去找条顿骑士团商谈投降的条件。即便对熟悉边境战争并懂得普鲁士语言和风俗的骑士团军官来说，他们也很难判断敌人的哪些提议是真诚的，又有哪些是用来诱骗和消灭小股十字军战士的诱饵。邻近的库尔兰人多次请求骑士团派兵驻防他们的边境城堡，然后伏击骑士团派出的士兵。现在斯卡洛维亚贵族提出了同样的请求，条顿骑士团的回应非常谨慎。

在这期间发生了很多小规模战斗，就连骑士团的编年史家也觉得太千篇一律了，但对斯卡洛维亚用兵的结果和在纳德罗维亚一样：大多数斯卡洛维亚人投降了，少数人背井离乡逃往立陶宛。在一些地方，尤其是因为战乱而没有人烟的边境沿线，逐渐出现了大范围的荒野。但异教徒在斯克芒塔斯的索多维亚人领导下凶悍地反击，一直袭掠到库尔姆。他们甚至在1273 年攻打了申塞主教的城堡。这样的进攻促使条顿骑士团把年久失修的木制要塞更换为有石墙的城堡。

有些普鲁士人逃去投奔特莱德尼斯，他提议将他们安顿到沃里尼亚边境，可能是在格罗德诺[①]。这引起了加利西亚 - 沃里尼亚公爵的注意，他命令在卡梅涅茨河也就是布格河的一条支流岸边建造一个新的边境定居点，以保卫自己的土地不受来自格罗德诺的袭击，并巩固对贸易路线（在普里皮亚季沼泽以北，从平斯克到布列斯特再到德罗希琴）的控制。

无疑，只要条件允许，康拉德团长随后就会进攻萨莫吉希亚。这片异教徒势力强劲的土地就在他的北面，他还可以与骑

---

① 格罗德诺今天在白俄罗斯境内，位于涅曼河畔，邻近波兰和立陶宛，是白俄罗斯历史最悠久的城市之一。

士团的立窝尼亚分支配合，联手发动袭击。但康拉德团长此时无法北上。他必须将注意力转向波格萨尼亚，因为第三次普鲁士叛乱开始了。

第三次普鲁士叛乱，1275～1283

这次叛乱似乎是斯克芒塔斯煽动的，他近期的袭掠造成了严重破坏，以至于骑士团在波格萨尼亚的主要城堡长官于1276年被免职，并被一位更勇敢的军官所取代。斯克芒塔斯的几支小规模袭击队伍在这一年遭受失败，这可能让他恼羞成怒，于是他向立陶宛人求援并得到了后者的同意。1277年，斯克芒塔斯率领立陶宛援军和他自己的4000部落族民穿过蛮荒之地，进入库尔姆，占领了奥萨河①上的一座小城堡，然后取道雷登、马林韦尔德、苍蒂尔和基督堡，烧毁了沿途所有村庄和小要塞。彼得·冯·杜斯堡描绘的景象十分凄惨，波兰编年史家德乌戈什②证实了他的说法：

> 他们带着不计其数的战利品和基督徒俘虏回家，这些俘虏注定要永远为奴。愿上帝怜悯他们！异教徒分配俘虏，可耻地对待他们。友人和亲人被迫分离，幼儿被从母亲怀中抢走，女儿被从母亲身边拉走。哀哭震天，这多么

---

① 今天叫奥索布拉哈河，流经捷克和波兰境内。

② 扬·德乌戈什（1415～1480）是波兰的神父、编年史家、外交官和军人，被誉为波兰的第一位历史学家，著有《波兰史》。他在克拉科夫大学受教育，曾受波兰国王委托出使罗马教廷、神圣罗马帝国、匈牙利等国，并在十三年战争（1454～1466）期间参与波兰国王与条顿骑士团的谈判。他还担任过王太子的教师。

> 悲惨！哦，多么恐怖！他们的朋友看见他们的时候，是多么吓人的场面！任何人看了他们的惨状，都要落泪。

与此同时，立陶宛军队沿着荒野上的路线从格罗德诺南下到纳雷夫河，在进入马佐夫舍之后继续向西洗劫波兰村庄，并渡过维斯瓦河进入库亚维①。皮雅斯特公爵们无力保卫波兰的北部边疆，而恰恰就是这种局面让条顿骑士团来到了普鲁士。这次异教徒入侵的可怕之处还不只在于残暴的劫掠（很多异教徒可能本来就是因受条顿骑士近来的进军所害不得不迁往更安全地带的人），等待着被俘虏的波兰人的命运据说更是悲惨。

尽管基督徒的袭击在起初也非常恐怖，但基督徒和异教徒对待俘虏的态度有所不同。基督徒会把大多数俘虏安置到其他地方，让他们充当农场劳工，常常是作为农奴；简而言之，很多俘虏过的生活和他们自由的时候差不多。基督徒会允许一些俘虏被赎回，并与敌人交换一些俘虏，但极少将俘虏卖到国际奴隶市场。异教徒的经济水平更落后，他们需要的农奴没有那么多，所以经常把俘虏卖到国外，或用俘虏作人祭，或将女性当作小妾和家奴。据十字军战士说，被野蛮人抓去的俘虏不再被当作人，而是牲口。我们知道，基督徒俘虏曾发起暴动。成群结队的俘虏在看押下缓缓前进时，条顿骑士团和民兵追击而来，异教徒不得不停止前进并前去迎战，此时手无寸铁的俘虏便趁机扑向敌人。情急之下，困兽犹斗。

双方可能都意识到他们的一些俘虏之前就被抓过，并承认这些俘虏是不情愿地落入敌手的，于是允许这些可怜人回到自

---

① 库亚维地区在今天波兰的中北部，位于维斯瓦河左岸。

己那边。在骑士团于战斗之前开会讨论战术和战利品分配的时候，效忠骑士团的原住民坚持要求，如果他们歼灭了异教徒的袭掠队伍，获释的俘虏不能算在他们那一份战利品里。

双方肯定都努力救援了袭掠行动的受害者，但即便条顿骑士团和主教们也没有足够的资源为每一户丧失财产的人家提供新的居所和土地；他们同样没有相应的官僚机构来维持详细记录，以帮助失散的家人团聚，也没有办法建立身份、服役履历之类的档案。这些工作都只能依赖个人的知识和记忆，其中肯定会有很大缺陷。条顿骑士团经常把俘虏安置到村落里，允许他们的传统领导人继续领导村民，并且可以保留武器。这种政策经常成功地赢得许多原住民的支持，在战局对十字军有利的时候尤为有效。但如果十字军受挫，情况就大不相同了。这些部落民仍有能力组织起来作战。而且既然贵族和平民都有理由起来反叛，他们只需要些微的鼓励和胜算就会揭竿而起。当斯克芒塔斯证明条顿骑士团甚至无力保护他们那些比较巩固的省份时，就连波格萨尼亚人也造反了。他们的土地在库尔姆以北，早已被十字军所平定，所以他们的反叛让普鲁士团长格外吃惊和恼火。

叛军出人意料地在当地迅速取得胜利。在一名巴尔蒂亚酋长指挥下，他们可能通过计谋俘获了埃尔宾①和基督堡的城堡长官。这个巴尔蒂亚酋长以远超其他叛军领袖的残忍闻名，他为恫吓俘虏绞死了一名神父并杀死一名骑士侍从。若不是一名忠诚的原住民解救了披枷带锁的被俘军官并帮助他们逃跑，巴尔蒂亚酋长可能还会杀死这些军官。

① 埃尔宾是德语名字，今天在波兰北部，波兰语名字是埃尔布隆格。

此次反叛未能星火燎原，部分是因为原住民对十字军的仇恨受到谨慎之心的约束，部分是因为桑比亚的地方长官狄奥多里克的努力。他在得知消息后迅速从德意志赶回。杜斯堡的记述可能有偏见，他这样写道：

> 桑比亚人热爱他，他把他们团结起来，对所有人讲话，让他们悬崖勒马，停止邪恶的错误。是恶魔的怂恿让他们有了反心。纳坦吉亚人和瓦尔米亚人得知此事后，就放弃了他们最初的恶行，庄严宣誓忠于骑士团。

只有一人被处决，这是个重婚的男人，他的妻子们举证反对他。条顿骑士团此时风声鹤唳，只要看到任何异教风俗，比如一夫多妻或者火葬死者，都觉得这是叛乱阴谋，所以当时一定有原住民公报私仇，检举自己的敌人为叛徒。但据我们所知，骑士团没有实施大规模迫害。也许他们在此刻的政策就是姑息原住民的罪孽。那个重婚者被处死，说明骑士团不会纵容公开的违逆行为，但团长也不会刻意去调查隐秘的罪孽（比如私下里养小妾或在发誓皈依之后仍然遵循异教风俗）。如果骑士团残酷镇压原住民，就可能令其他原住民贵族起来反叛，而团长肯定不希望看到其他部落加入波格萨尼亚人的叛乱。马基雅维利一定会赞同团长的政策。但另一方面，那些已经拿起武器的波格萨尼亚人让普鲁士团长不得不用武力加以镇压。康拉德·冯·提尔贝格于1277年夏季率军讨伐波格萨尼亚人并在秋季班师，他杀死、俘虏和强制迁移了大批波格萨尼亚人，以至于大片土地此后荒无人烟。很多波格萨尼亚人抛弃了家园并穿过加林迪亚和索多维亚逃亡，最后被立陶宛大公安置到格罗德诺附近，他们在那里继续抵抗条顿骑士团。大公把十字军的敌人安置到那个危险的战略要地，表明他也是一个精明的政治家。

康拉德团长可能将波格萨尼亚俘虏安置到了他的新城堡玛利亚堡①周边，以在那里更密切地监视他们。他建造这座城堡是为了让其取代维斯瓦河口的那座过时的旧要塞苍蒂尔，成为骑士团新的区域中心。随后一个世纪里，玛利亚堡成为大团长的官邸和世界上最宏伟也最美丽的城堡之一。但此时，它还只是一座普通要塞，与埃尔宾和基督堡构成一个三角，让骑士团能够更密切地监视从前的反叛者。与当时和后来建造的其他城堡一样，玛利亚堡也是砖砌而成。普鲁士沿海几乎找不到石料，而进口石料又太贵，顶多只能少量进口以用来制作建筑的过梁和柱头。在普鲁士发展出自己的烧砖行业之后，所有重要建筑，如城堡、教堂、仓库或宫殿，都用这种坚固耐用的材料建造。

第三次普鲁士叛乱之后，条顿骑士团更加重视索多维亚人的问题。虽然这个部落遭受条顿骑士团、沃里尼亚人、波兰人，近些年甚至还有纳坦吉亚人的重创，但索多维亚人显然还颇具威胁性，仍有能力深入骑士团领土。立陶宛人来支援索多维亚人之后，索多维亚人就显得更强悍了，但他们只有在进攻时才是这样，因为立陶宛太遥远，除非事先知道骑士团将于什么日子进攻，否则他们无法帮助索多维亚人进行防御——毕竟任何人都不能让自己的军队无所事事地坐等入侵者露面。但只靠索多维亚人自己是不足以打退德意志、罗斯和波兰军队的袭击的。

---

① 今天波兰语的名字是马尔堡，在波兰北部。

在针对索多维亚人的第一次大规模袭掠中，十字军取得了惊人的战果，获得大批马匹、牛和俘虏。他们在撤退时设下埋伏，等待3000名愤怒的索多维亚人追击而来。基督徒以六人战死的轻微代价杀死了大批笨拙地闯入陷阱的异教徒武士，并将其余敌人击溃。

十字军有过胜利也有过失败，不过有些失败可以算是一种道德上的胜利。一位波兰编年史家在1279年写道：

> 这一年，条顿骑士团与立陶宛人交战。两名骑士被立陶宛人俘虏。其中一人被吊在一株大树上，他的战马被拴在他下方。立陶宛人点燃大火，企图将人和马都烧死。但在马被烧死的时候，天堂敞开大门，明亮的光束从天而降，落到这名十字军战士身上，扑灭了大火。然后光束带着十字军战士升上天堂，他没有留下任何踪迹。在周围观看的立陶宛人看见一名美少女升上天堂。他们相信这是魔法，不是女神的救援，于是将另一名十字军战士吊起来。这一次他们用木柴点燃熊熊大火。但上帝不会抛下他的骑士不管：天堂立刻敞开大门，一只巨大的白鸟飞到火焰当中，将骑士背起来飞向天堂。在周围观看的异教徒喊道："基督徒的神真是强大，他就是这样保护自己的信徒。"

波兰和波美雷利亚的问题

在上述这些冲突中，波兰人为条顿骑士团提供了一些间接帮助，但因为波兰人内部并不团结，他们提供的帮助相对有限。皮雅斯特公爵们对神圣罗马帝国的风云变幻十分关注。在帝国境内，哈布斯堡的鲁道夫一世于1278年在战争中杀死波希米亚国王奥托卡二世。随后，哈布斯堡皇帝[①]又与勃兰登堡边疆伯爵奥托五世争夺在波希米亚和西里西亚的影响力。皮雅斯特公爵们还互相嫉妒。许多年来，他们把波兰王国分割成许多越来越小的公国，分给他们的许多继承人。但在近期，波兰突然出现了一系列团结的迹象。好几位公爵去世时没有留下直系继承人，他们的亲戚为了遗产而陷入争执。库亚维被五兄弟分割，但其中三位到此时还没有子女，于是这个家族很快团结起来一致对外。西里西亚被分割为四个部分，每个部分都被外国人主宰，所以四个西里西亚公爵在自己的袖珍领地之外都没有影响力。在大波兰[②]的公爵虔诚的波列斯瓦夫（1226～1279）去世后，大家为了争夺他的公国展开了激烈斗争，库亚维公爵卡齐米日一世（1211～1267）[③]的长子“黑色”的莱谢克二世[④]（1240～1288）最终取得了胜利。

与此同时，立陶宛人和索多维亚人在1277年和1278年发动攻势，蹂躏了沃里尼亚的大片地区，直到1279年的可怕饥荒迫使异教徒向沃里尼亚乞求赈济。这批救援粮食在布格河上向南输送以及在纳雷夫河上向北输送的时候被马佐夫舍－切尔斯基的领主康拉德（以华沙为基地）设伏抢走，他还摧毁了

---

① 严格来讲，鲁道夫一世是德意志国王，未被加冕为帝，所以不是神圣罗马皇帝。

② 大波兰是位于今天波兰中西部的历史地区，首府为波兹南。它是中世纪早期波兰的核心，通常称为“波兰的摇篮”。与之相对的“小波兰”地区在今日波兰的东南部，主要城市为克拉科夫和利沃夫。

③ 他是邀请条顿骑士团到普鲁士的那位马佐夫舍公爵康拉德的次子。

④ 他的绰号“黑色”可能是指他的头发颜色。

运粮的船只。

莱谢克二世公爵十分看重自己保卫波兰东部边境的职责。虽然他没有做过像1273年入侵索多维亚、迫使诸部落纳贡那样戏剧性的大事，但他在1280年打败了蒙古人派往桑多梅日的一支罗斯和立陶宛军队，并亲临前线，抵挡索多维亚人和立陶宛人对马佐夫舍的袭击。有一次，他追击普鲁士人穿过了纳雷夫河沼泽地，从犬吠中判断出了敌人的藏身之地（那些狗认出了自己的主人），于是不损一兵一卒便解救了那里的俘虏。但其他皮雅斯特公爵在互相监视对方有没有野心或患病的迹象之外就无所事事了。他们不肯离开自己的领地去对抗异教徒，因为他们担心自己不在家期间领地会遭到攻击。"黑色"的莱谢克二世尽其所能地保卫自己的领地抵抗来自东方的袭击，但他在波兰西部几乎没有任何权威，而波兰的大部分人口和财富都集中在西部。

这种局势在波兰煽动了反德情绪。波兰爱国者觉得自己国家面对的重重困难应当归咎于外国人而不是他们自己。反德情绪主要针对波希米亚和勃兰登堡的统治者，因为他们企图利用波兰的困境来扩张，但皮雅斯特公爵们和他们的贵族与骑士对所有外国人都充满猜疑。他们固然不会觉得条顿骑士团是最危险的邻居，但也没有把它从危险邻居的名单中排除。紧张的政治局势造成了一种对一切外国事物都不信任的气氛，最终波兰人觉得自己四面受敌。一个强大的国家和一种自信的文化不会如此惧外和仇外，但此时的波兰虚弱不堪，且除了东部精力充沛的莱谢克二世之外，波兰没有一个像样的领导人。

在皮雅斯特王朝似乎逐渐走向灭绝的同时，波美雷利亚公爵的家系也奄奄一息。桑博尔二世公爵（1204～1278）和拉契波尔公爵（？ ~1275/1276）没有儿子，而且他们非常讨厌侄子梅斯特温二世[①]（1266~1294 年担任公爵），想尽办法要剥夺他的继承权。拉契波尔公爵和桑博尔二世公爵都在遗嘱中将自己的大部分土地留给条顿骑士团和其他宗教团体。梅斯特温二世公爵攫取了拉契波尔的土地并保卫它，抵制勃兰登堡边疆伯爵的主张权，从而废止了拉契波尔的遗嘱。但桑博尔二世把格涅夫（维斯瓦河附近的一处战略要地）赠给了条顿骑士团，让他们得以在大河左岸扎下根来。这个地方比普鲁士安全，适合移民定居。后来格涅夫发展成一片很有价值的说德语的领地。

梅斯特温二世没有一个活到成年的儿子，并且宣誓守贞，于是波美雷利亚家族到他为止就绝嗣了。他能接受这个前景，但他还是想阻止波美雷利亚公国乃至格涅夫落入他的死敌条顿骑士团之手；他宁愿把波美雷利亚公国分给所有的皮雅斯特亲戚。他在 1282 年的遗嘱中就是这么规定的。

当条顿骑士们围坐在桌边用餐，互相商议并与很多访客交谈的时候，他们一定考虑过上述情况。但除了商谈之外，他们显然什么都没做。只有商谈和外交。他们的职责是十字军圣战，不是获取基督徒的土地。当然，如果有了更多资源，十字军圣战就能更顺利，但如果他们索要拉契波尔在遗嘱留给他们的土地，就有可能与波兰爆发战争。十字军不应当与基督徒交战（尽管圣地十字军的例子表明他们做得出来），但更重要的是，普鲁士团长不能与自己背后的势力交恶。他们暂时对波美雷利亚没有办法。条顿骑士团必须把力量倾注于东方的战争。

① 即希维托佩尔克二世的儿子。

对索多维亚的战争主要是小股力量的交锋。1279 年之后条顿骑士团缺乏兵力，不能开展大规模攻势，因为在立窝尼亚的一次大败迫使团长将预备队送往危机四伏的立窝尼亚前线。立窝尼亚团长阵亡了，康拉德·冯·提尔贝格也于同年晚些时候自然死亡，于是大团长哈特曼·冯·黑尔德隆根和代表大会在马尔堡开会，觉得可以趁机将普鲁士和立窝尼亚这两个战区合并，以便更好地协调对叛乱的斯米伽利亚和尚未征服的萨莫吉希亚的进攻。这些作战将再度获得最高的优先权，这意味着此后骑士团只对索多维亚人发动骚扰性袭击。新任普鲁士团长康拉德·冯·福伊希特万格匆匆赶到波罗的海地区，在圣地的经验让他坚信，骑士团的未来是与东北欧的异教徒作战，而不是对抗穆斯林。而且他清楚地看到，就连这种未来也受到了威胁。他的任务并不轻松：敌人似乎无处不在，行踪难测。只要找得到敌人，他就能将其消灭，但找到敌人并不容易。

普鲁士人在攻击埃尔宾的一座被当地人用于避难的磨坊时表现得毫无信义，于是此后基督徒都不肯投降。福伊希特万格团长率领一支军队来到瓦尔米亚，占领了一座要塞，那里就是后来海尔斯贝格[①]的所在地。普鲁士人在库尔姆发起反击并夺取了一些城堡，烧毁了若干村庄。广大区域成了无人区，双方暂时都没有力量占领这些荒地并在上面定居。

另一方面，波兰人也帮不上什么忙，过去他们曾通过在沃里尼亚作战为骑士团提供了很大帮助，但沃里尼亚此时已陷入近乎完全无序的状态。立陶宛人开始觉得罗斯南部土地已经属于他们了，并在这场卷入了多方势力的争霸战争中投入了大量

① 海尔斯贝格是德语名字，即今天波兰的瓦尔米亚地区利兹巴克。

资源，所以没有派出多少人员去帮助索多维亚人。从 1280 年的战事中可以看出这场绝望的边境战争的复杂性：加利西亚的列夫一世[①]与鞑靼可汗达成协议，借草原武士之力进攻克拉科夫。波兰南部的皮雅斯特公爵们迎战入侵者，而莱谢克二世公爵和马佐夫舍公爵卡齐米日攻击了列夫一世的后方，率军进入沃里尼亚。此战的教训就是，波兰人必须先管好自己东南方的草原边境，才能将注意力转向东北边境。

当然，这条教训对波兰人和立陶宛人同样适用。他们最大的战利品在罗斯而不是在普鲁士的森林里。立陶宛野心勃勃想要占领沃里尼亚，导致最后一群独立的普鲁士异教徒（索多维亚人）处境脆弱，很容易遭到为条顿骑士团效力的普鲁士人的小规模袭击。这些年里十字军的攻击都规模不大，算不上大型攻势，但这些袭击把异教徒拖垮了。

游击战

康拉德·冯·福伊希特万格此前从来没有到过波罗的海地区，且在来了之后也不喜欢这个地方，更不喜欢这里的气候。不过他还是兢兢业业地履行职责，他深思熟虑形成的用以打破军事僵局的计划赢得了所有人的尊敬。他从德意志带来的大批援兵也让骑士们感到满意，不过他没有让这些援兵立刻参战，

---

① 加利西亚的列夫一世（约 1228～约 1301）是基辅大公和加利西亚－沃里尼亚国王。他的外祖父是前文讲到的大胆的姆斯季斯拉夫（在迦勒迦河畔战役败给蒙古人）。列夫一世的妻子是匈牙利国王贝拉四世的女儿。列夫一世的父亲亲西方，但他与蒙古人合作，入侵波兰，夺得一些领土。他死时，加利西亚－沃里尼亚国家达到巅峰状态。

这让骑士们感到困惑。他审时度势，请大家提意见，免得自己因为对当地情况无知而犯下大错。随后他在埃尔宾召开会议。在所有城堡长官到齐后，他解释了自己奉命执行的新战略：先结束立窝尼亚的叛乱，然后处置普鲁士人的问题。军官们起初对此表示怀疑，但最后他们也得出结论，普鲁士面临的危险并不严重。大会代表随后批准从陆路增援立窝尼亚。在更多部队抵达之前，康拉德团长将普鲁士的作战局限为游击战性质。

在与索多维亚人进行的边境战争中有一位重要人物是马丁·冯·葛林。就连基督徒编年史家也说他是“强盗”，尽管这个词一般只用来形容异教徒。但也有人说他是“好汉”和“大胆的强贼”。此时他年纪已经不小了：

> 这个马丁带着四个德意志人和十一个普鲁士人攻击了索多维亚的某个村庄，杀死或俘获那里的村民。在漫长归途中，他来到一个地方，与朋友坐下来吃饭休息，这时敌人向他们猛扑过来。他们杀死了他的四个德意志战友，其他人则逃跑了，丢下了全部武器和食物。索多维亚人为此感到很高兴。与此同时，马丁愤怒地在树林里搜寻，召回了他幸存的战友。因为他们丢光了武器，他趁敌人睡觉的时候溜过去，偷走了他们的剑、盾牌和长矛。然后他去找藏起来的战友，静悄悄地杀死了能找到的所有敌人。只有一名敌人企图逃跑，被马丁杀死。然后他们收回了原本的战利品和武器以及异教徒带来的东西回家了。

总军务官小康拉德指挥了几次大规模袭击，其中在1280年冬天的一次袭击特别成功，他们在冰原上深入基督徒军队从没有到过的地方。此时普鲁士有了一位新团长曼戈尔德·冯·施特恩贝格。1280年初，康拉德·冯·福伊希特万格得出结论，把立窝尼亚和普鲁士两个战区合二为一并不是一个好主意，至少在他领导下不行。他恳求辞去这些职务，但被拒绝了，然后他把普鲁士的工作交给曼戈尔德团长，自己带领三十名骑士乘船去了立窝尼亚。在那里，他在斯米伽利亚指挥了一段时间的作战，然后以不适应北方生活为由再次请求辞职。这一次骑士团高层批准了他的辞呈，立窝尼亚的指挥权也暂时交给曼戈尔德团长。

起初，曼戈尔德和他的前任一样，在索多维亚战线也没有取得什么进展。立陶宛人和索多维亚人大举入侵桑比亚，一连十天恣意劫掠，烧毁了城墙之外的所有定居点和农舍。即便如此，十字军还是取得了相当不错的战绩，尤其是在索多维亚境内的游击战中，他们令当地的原住民贵族接二连三地投降。曼戈尔德团长命令这些人及其家属接受洗礼，然后授予他们特许状，保障他们占有土地与农奴的权利和免税权。原住民普鲁士骑士也享有这些权利。

骑士团的战略显然渐渐把索多维亚人拖垮了。1281年2月，曼戈尔德深入斯克芒塔斯居住的要塞，杀死了150人，男女都有。这次行动不算完全成功，因为斯克芒塔斯伏击了一群落单的骑士团士兵并杀死了塔皮奥[①]的指挥官，这是骑士团中近乎传奇的一位武士。但局势依旧十分明了，条顿骑士团只要下决心投入资源，就没有他们拿不下的要塞，而普鲁士人只能控制森林。无论斯克芒塔斯在游击战中多么有勇有谋，他也无

① 这是德语名字，即今天俄罗斯加里宁格勒州的近卫军城。

法在这样的状况下取得胜利。

我们对斯克芒塔斯的了解比对其他普鲁士酋长多，因为他曾俘虏了一名年轻骑士，此人后来幸存并讲述了自己的冒险经历。这是索多维亚人生活的少数目击者叙述之一。彼得·冯·杜斯堡转述了这个故事：

> 这位骑士名叫路易斯·冯·莱本蔡勒，出身贵族家庭，自幼习武……他被俘后，被五花大绑地押到斯克芒塔斯面前。斯克芒塔斯说自己已经选择路易斯与一位武艺与他差不多的对手对战。这是一场娱乐性质的对决，斯克芒塔斯事后把路易斯留在了自己身边。一天，斯克芒塔斯饮酒作乐，索多维亚贵族照例都聚集在那里。斯克芒塔斯把路易斯带在身边，尽管后者是俘虏，斯克芒塔斯却对他颇为友好。在喝酒的时候，人们吵了起来，一名强大的索多维亚贵族出言不逊，激怒了路易斯。于是路易斯对斯克芒塔斯说："你带我来，就是为了让他这样辱骂我、威胁我吗?"斯克芒塔斯说："对于他这样烦扰你，我很抱歉。如果你有勇气为自己报仇，不管怎么样我都会站在你这边。"路易斯听到这话，就愤怒地拔剑，当着大家的面砍死了那个索多维亚人。后来斯克芒塔斯扈从中的一个年轻人偷偷放走了路易斯，带他回到骑士团。

不久之后，"黑色"的莱谢克二世率大军进入索多维亚和立陶宛。几周之内，他就将两支异教徒军队打得落花流水，以至于之后好几年里都无人敢威胁波兰边境。同一年，即 1282 年，斯克芒塔斯及其追随者放弃了祖先的家园，撤往立陶宛人占领下的罗斯，他们可能去了附近的黑罗斯①，但也有可能远行至平斯克或明斯克。

斯克芒塔斯撤离之后，索多维亚的战争就接近尾声了。可能就在这个时候，骑士团在普鲁士的指挥权交到了小康拉德·冯·提尔贝格手中。他在之前的漫长斗争期间担任总军务官。代表大会在阿卡召开，以选出哈特曼·冯·黑尔德隆根的继任者。他是主宰条顿骑士团的图林根“王朝”的最后一人。曼戈尔德团长乘船去圣地投票，但在返回途中死在海上。新任大团长是瑞士人布尔夏德·冯·施万登，他此前从未到过波罗的海地区，因此希望找一个有经验的人在普鲁士指挥，并询问大家的意见。由于大家对小康拉德·冯·提尔贝格的评价都不错，于是施万登向代表大会提名小康拉德，并得到了批准。

普鲁士十字军的终结

1283 年夏季，普鲁士十字军落下大幕。小康拉德团长率领大军来到敌人腹地，只有少数索多维亚人进行了抵抗。路易斯·冯·莱本蔡勒安排来自曾对他友好的氏族的 1600 人向骑士团和平投降，此后这些“新皈依者”带着他们的财产被送往西方，获得了新的土地。次日，康拉德团长攻打了最后一座重要的要塞，迫使其守军投降。

康拉德团长知道自己没有足够的资源去保护如此广袤的地

① 黑罗斯，或称黑罗塞尼亚，是东欧的一个历史地区，大致在今天白俄罗斯的西部。

域，并抵挡立陶宛人或罗斯人的进攻，而且他很快要投入兵力去攻打萨莫吉希亚人，于是他把剩余的索多维亚人从其家园转移到普鲁士的其他地方，有的去了波格萨尼亚，有的去了桑比亚。就连斯克芒塔斯也投降了。他现在年事已高，精疲力竭。他得到宽恕，在巴尔加[①]附近获得了一片土地。根据基督徒的见证，他几年之后以虔诚基督徒的身份死去。斯克芒塔斯在同时代人心目中是个了不起的大人物，同时为基督徒和异教徒所仰慕。斯克芒塔斯的英勇事迹主要通过条顿骑士团神父撰写的编年史才得以流传。历史固然由胜利者书写，但也并非总是片面的。

索多维亚从此被荒弃，无人居住。这个部族从历史中销声匿迹，再也不是一个有组织的实体。这片地区成了林木繁茂的荒原，成为将普鲁士、马佐夫舍、沃里尼亚北部和立陶宛分隔开的大荒原的一部分。这片荒原之前就存在，但四面八方的统治者在它的边缘修建木制要塞作为侦察兵和袭击队伍的基地，他们很快消灭了森林里曾有过的定居点，并侵蚀别人的城堡周边的定居地区。“大荒原”（Grosse Wildnis）变成了令人生畏的障碍。

条顿骑士团的资源不足以支持他们跨过这片荒原发动一场有效的圣战，而波兰和波美雷利亚的乱局也威胁到了骑士团通往德意志的生命线，有可能让十字军无法在这条路线上安全通行。康拉德团长认为，保障后方比继续东进更重要。后来在

---

① 巴尔加是条顿骑士团的一座城堡，位于今天的俄罗斯加里宁格勒州境内，1239 年开始建造。城堡所在的山曾是古普鲁士人一座山地要塞的原址，后成为条顿骑士团的重要据点。第二次世界大战末期这里沦为战场，城堡受到严重破坏。

1308 年，当骑士团有机会占领但泽和波美雷利亚的时候，普鲁士团长就抓住了这个机会。结果，骑士团与波兰发生了长达数十年的冲突，在这期间立陶宛大公巩固了对附近几个罗斯国家的控制，并向加利西亚 - 沃里尼亚提出主张权。等到骑士团再有机会发动大规模军事行动讨伐异教徒的时候，双方都变得比以往更强大，也更自信。

六　立窝尼亚的十字军东征

异教与东正教

条顿骑士团最初抵达普鲁士之时，十字军运动已经在他们北方的波罗的海东岸进行了三十年。渐渐地，这场“立窝尼亚十字军”的重点从对抗异教变成了针对东正教的攻防战。这场冲突，或者说这一系列冲突，很好地体现了人类思维的复杂性：个人和群体能够同时为多个目标奋斗，并不时地将其中一个目标置于更优先的地位，或者抛弃旧政策，为新的目标腾出空间。

1200 年之前第一批入侵立窝尼亚的十字军当中有很多是来自哥得兰岛[①]的商人，他们希望消灭当地的海盗和强盗巢穴。但他们应当都没想到，这些小规模战事会将东正教势力卷入进来。不久前爱沙尼亚和库尔兰海盗对今天瑞典南部的袭掠，以及海盗对取道芬兰湾去诺夫哥罗德的商船的袭击，让哥得兰岛商人愤怒不已。一个世纪之后，这些商人仍然在为海路和陆路商贸的安全而担忧，不过此时海盗和强盗往往已经得到罗斯诸邦的保护，而这些国家又对西方商人的安全通行权做出了保证。到 1300 年，其中一些罗斯国家已经由立陶宛王公统治，他们对十字军的敌视在当地各城市的居民当中赢得了相当多的支持。

在德意志人和斯堪的纳维亚人来到立窝尼亚之前，亦即不

① 哥得兰岛是瑞典及波罗的海最大的岛屿，主要城市为维斯比。

到公元1200年的时候，东正教王公对那里的异教徒部落享有松散的主权，其中对沿海立窝尼亚人的主权尤其松散，因为他们太遥远，难以掌控；而对更遥远的库尔兰人和航海的爱沙尼亚人，东正教王公几乎没有任何控制权。与之相比，东正教王公可以轻松地派兵向道加瓦河沿岸的拉脱维亚人、最靠近普斯科夫的爱沙尼亚人和芬兰湾东岸的楚德人[①]收缴贡税。但在收完税之后，东正教军队就迅速打道回府，没有在当地留下总督和教士来代表他们的权威，直到下一次来收税。东正教王公也很少试图向异教徒传教。显然，与基辅罗斯以北异教徒和草原异教徒打交道的惨痛经历让东正教统治者和教士都认为，强行传教不会有什么好结果。而且，他们似乎认为，即便和平传教，结果也不过是出现一种异化变质的基督教，这就会对罗斯本土的真正信徒构成威胁。

罗斯人觉得异教徒很坏，但罗马天主教徒更坏。他们相信教宗作为教会之首的教义是非常危险的异端思想，北方城市的罗斯王公和商人因此对西方教士的迫近感到惊恐。由于北方罗斯诸邦有世俗和神学的理由反对德意志人征服立窝尼亚的企图，他们不时致力于驱逐十字军。诺夫哥罗德、普斯科夫和波洛茨克[②]有时派遣军队，有时鼓励反叛者并为他们提供武装，但

① 楚德人是俄国早期史书中提及的若干生活在今天爱沙尼亚、卡累利阿和俄罗斯西北部的芬兰语系民族。他们最早出现在约1100年僧侣聂斯托尔的著作《往年纪事》中，根据记录，1030年智者雅罗斯拉夫入侵楚德人的国家，并建立尤里耶夫城（今天爱沙尼亚的塔尔图）。

② 波洛茨克是今天白俄罗斯境内的一座城市，位于道加瓦河畔。它是东斯拉夫人最古老的城市之一，始建于9世纪。10至12世纪，波洛茨克公国是今天白俄罗斯范围内的主要国家。14世纪初，波洛茨克被立陶宛大公国吞并。1773年波兰－立陶宛联邦第一次被瓜分，波洛茨克被俄国吞并，后来一度是耶稣会的重要据点。

大多数情况下，他们在制定政策时主要考虑的还是与德意志商人通商的实际需求。德意志人和罗斯人的关系既不是始终敌对，也不总是融洽友好。

立窝尼亚异教徒的主要目标是保持独立。为了达到这个目的，他们利用不同势力之间的矛盾，有时利用得十分巧妙——异教徒的部落长老绝不是那种坐视大难临头的角色。异教徒的第二个目标是运用大国的力量消灭或者重创自己的传统竞争对手。这很难做到，因为盟友很容易变成主宰者。所以，弱小群体与十字军结盟，目的主要是报复对手和方便自己扩张；而传统的强大部落敌对十字军则是为了维持现状。原住民部落在为古老的宿怨而厮杀的时候，遵循的是特别残暴的规则。

传教士与十字军

12 世纪，除了在圣地、西班牙和葡萄牙开展的十字军圣战以及西方不时与拜占庭发生的争执之外，罗马天主教世界还通过其他很多方式得到了扩张。天主教社会通常会向异教徒土地派遣传教士，如果传教士失败，就对其施加经济压力和武力。在大多数情况下，如果发生战争，神学分歧只排到第四位的理由，位列王朝争霸的野心、个人的贪婪和消灭异教徒海盗与强盗巢穴的需求之后。因此，在神圣罗马帝国和斯堪的纳维亚，民众对圣战的支持程度取决于潜在志愿者和捐赠者对圣战目标的认识。封臣在受到领主召唤的时候必须为其效力。亲戚一般会帮助希望参加十字军的人，为其提供装备和路费，尤其是当总开销还算合理的时候；雇佣兵总是期盼工作，只要其内容看上去不会过于危险。另外，更愿意在圣地履行自己的圣战誓言的人会计算自己的健康和生命受到的风险有多大，要花费多少时间和金钱，以及当时有没有其他的大规模军事行动正在进行。所以人们往往更愿意参加波罗的海地区的十字军。最后，有些德意志贵族参加十字军是为了避开不时爆发的内战；所以，神圣罗马帝国的内乱有时不利于十字军的招募工作，有时却反而有利。

简而言之，参加十字军远征的动机五花八门，世俗的动机往往与理想主义和宗教热忱混合在一起。中世纪的公众和那些没有从十字军运动中捞到好处的贵族与教士像某些现代人一样，很擅长捕捉十字军的虚伪：即便在中世纪，人们也倾向于相信自己愿意相信的东西。相比之下，传教活动得到了更广泛的热烈支持。虽然支持传教的教士可能会被怀疑有追名逐利和扩张自己教区的企图，但传教得来的好处能为更广泛的人群所分享，风险也更小。捐钱给传教事业的人会得到尊崇，也许死后灵魂能得救，而那些去异教徒当中传教的人要么能获得名望和荣耀，要么能成为光荣的殉道者。

通常的观点认为，波罗的海地区的传教活动是由德意志人开展的，但当时也有瑞典和丹麦的传教士。实际上，斯堪的纳维亚教士在波罗的海的传教进展一直领先于德意志僧侣，直到12世纪末哥得兰岛上维斯比的商人社区开放了道加瓦河口的立窝尼亚市场。德意志商人在来到道加瓦河的时候也带了他们的教士随行。1180年，其中一位教士，奥斯定会修士迈因哈德留在了当地的立窝尼亚人（立窝尼亚地区因他们得名）部落中传教。

中世纪最优秀的编年史家之一立窝尼亚的海因里希[①]记载

① 立窝尼亚的海因里希（1188之前～1259之后），也称拉脱维亚的海因里希，是出生于马格德堡的德意志神父、传教士和历史学家。他的作品记载了基督教在立窝尼亚的传播。

了迈因哈德的故事和随后五十年的传教历史。他的史书扣人心弦地讲述了传教士和十字军战胜异教徒的怀疑与抵抗的英雄故事。读者若是仔细看字里行间，会发现这位编年史家还批评了基督徒作为个人和群体的许多缺陷。*

迈因哈德取得了相当大的成功，以至于教宗任命他为于克斯屈尔主教。于克斯屈尔是他的小教堂所在的岛屿。他的成功引起了异教祭司的愤怒，他们担心外国军队会紧跟着传教士而来，于是大肆阻挠迈因哈德的活动。祭司的担心不是完全没有依据的。立窝尼亚人及其在上游的邻居拉脱维亚人已经遇到了前来收税的罗斯官员，而且立窝尼亚人和拉脱维亚人的民间传说里无疑有关于维京劫掠者和旅行者的故事。原始社会与陌生人打交道的方式往往迥异，他们有时既对外邦人热情好客，同时也怀疑外国人全都不怀好意。

迈因哈德建造了两座要塞以保护他的一小群信徒抵抗立窝尼亚人的袭击，并用雇佣兵在这些要塞驻防。德意志人之所以没有早点派志愿者来保护这个小小的传教团体，主要是因为韦尔夫家族和霍亨施陶芬家族争夺帝位的冲突。1198 年亨利六世皇帝驾崩后，这种冲突愈演愈烈。正是在这种喧嚣混乱的局面中，立窝尼亚的传教活动演变成十字军冒险。许多骑士和教士后来到立窝尼亚参加十字军，部分原因就是为了躲避德意志国内的混战，因为身为十字军战士，他们享有人身和财产免被

---

* *The Chronicle of Henry of Livonia*（trans. James A. Brundage, University of Wisconsin Press, Madison, 1961）. 这部生动而睿智的史书记载了 1180 ~ 1227 年的历史，是中世纪编年史当中较好的一部。这部书显然是写给 1225 年到里加的教宗特使摩德纳的古列尔莫看的，它比当时绝大多数著作都更细致，也更具思想性。（作者注）

侵占的豁免权，不管当时主宰德意志的是哪一派。

于是，在来自德意志本土的有限帮助下，迈因哈德得到原住民缴纳什一税和纳贡的承诺，并建造了两座小型石制城堡。但在需要给工人和雇佣兵付钱的时候，很多原住民拒绝兑现承诺，并嘲笑囊中羞涩的主教竟然如此容易上当。迈因哈德似乎以基督徒的坚毅接受了这种局面，但他不久之后就去世了，所以我们无法知道他对此做何打算。但他的继任者就没有那么耐心和愿意宽恕了。

1197 年，汉堡 - 不来梅大主教启程去圣地参加十字军东征之前，任命洛库姆①的熙笃会修道院院长贝特霍尔德为于克斯屈尔主教。贝特霍尔德是在易北河沿岸沼泽地殖民的一个家臣家族的幼子，对萨克森的很多贵族家族及当地错综复杂的政治局势都很熟悉。

起初，贝特霍尔德努力与当地部落酋长结交，款待他们并向他们馈赠礼物，但一次为墓地祝圣的不愉快经历让他改变了策略。异教徒纵火焚烧他的教堂，并企图在他逃上船的时候杀死他，然后又在河上对他穷追不舍。贝特霍尔德逃到哥得兰岛，然后去了萨克森，写了一封详细的信给教宗，请求后者允许他率领一支军队去讨伐异教徒。教宗同意了他“为所有拿起武器讨伐奸诈的立窝尼亚人的战士赦免罪孽”的请求，于是贝特霍尔德在德意志北部的乡村来回穿梭，鼓动十字军圣战。

贝特霍尔德于 1198 年 7 月率领一支由萨克森人和哥得兰岛商人组成的军队返回立窝尼亚。立窝尼亚人集中力量对抗基

---

① 洛库姆是德国汉诺威以北的一个村庄。1163 年熙笃会在这里建立修道院。

督徒，他们虽然不愿意集体接受洗礼，但允许贝特霍尔德留下并强迫他的教民保持忠诚，不过他们只允许他说服别人信基督，而不准他用武力强迫别人接受新信仰。这对贝特霍尔德来说还不够。原住民拒绝按他的要求交出人质，还杀死了好几个出来搜粮的德意志人，于是贝特霍尔德命令进攻。他的军队规模不大，但装备精良，不仅有重骑兵（他们的高头大马可以轻易地撞开拦路的波罗的海本地矮种马），还有装备弩弓、长枪、钩刀和戟，身穿铁甲和皮甲的步兵。而与十字军骑士相比，立窝尼亚民兵简直手无寸铁，他们的人数也不是很多，还拥有发现形势不对便扭头就跑的军事传统。如西方人的谚语所说，审慎算得上勇气的一大半。

很讽刺的是，基督徒那边差不多唯一一个丢掉性命的人就是贝特霍尔德自己。尽管他的萨克森骑士迅速击溃了异教徒，贝特霍尔德的坐骑却受到惊吓，带着他闯进了沙丘之间的敌群。救援者还没来得及赶过去，他便已被杀死。为报复贝特霍尔德之死，十字军战士大肆杀戮，在城堡留下了小股驻军，然后乘船回家了。但是十字军留下的驻军实在太少，于是异教徒故意当着他们的面在道加瓦河象征性地洗掉基督教洗礼留下的痕迹，然后围攻城堡，令僧侣无法下地干活。立窝尼亚人发出警告，扬言杀死所有在复活节后还留在当地的基督教教士，于是教士们胆战心惊地逃回了萨克森。

第三位主教阿尔伯特·冯·布克斯赫夫登从萨克森带来了一支大军，强迫立窝尼亚人成为基督徒，并在道加瓦河畔的里加建立了一座城市。几年后，他组织的十字军战胜了拉脱维亚人，深入北方和东方的爱沙尼亚土地，并占领了道加瓦河以南人烟稀少的地带和沿着海岸线往南的地区。

尽管几乎每年夏季都有数量充足的十字军战士前来保卫基督徒前哨，甚至发动攻势，但这些兵力显然还不足以征服腹地的异教徒。而在漫长的冬季里，这些十字军也不能留下来参与防御。阿尔伯特主教的第一个想法是把最显赫的原住民长老培养成一个骑士阶层。他在这方面只取得了部分成功，因为原住民长老当中很少有人拥有足够的收入来筹措适当的装备。考波[①]和另外几位长老在立窝尼亚很有地位，考波甚至去罗马拜见了教宗，“库尔兰诸王”在当地也长年占据显要地位。阿尔伯特的第二个计划是向自己的亲戚朋友分配税金。他允许这一小群德意志骑士分享主教区的收入，而不是指望他们依赖自己土地的产出。[*] 有些德意志人娶了原住民贵族女子。渐渐地，一些原住民被德意志人吸纳。但德意志骑士的数量很少，主教也不能把自己的更多税金分发出去，因为那样就会危及他自己和他的教士们的微薄收入。他的第三个计划是组建一个新的军事修会，即宝剑骑士团。宝剑骑士团提供驻防力量，在漫长冬季里守住之前征服的成果，他们的专业军事技能也提高了仅在夏天前来的十字军的战斗力。

---

① 图雷达的考波（？～1217）是立窝尼亚人的一位领袖，有时被称为“立窝尼亚之王”。他是第一个接受基督教洗礼的立窝尼亚重要人物，是里加主教阿尔伯特·冯·布克斯赫夫登的朋友，与他一起去过罗马，拜见了教宗英诺森三世。考波的臣民反叛阿尔伯特主教，于是考波帮助基督徒攻克并摧毁了他自己的城堡图雷达，后来又重建了一座城堡，保存至今。考波后来在针对仍然信异教的爱沙尼亚人的十字军远征中阵亡。在现代爱沙尼亚人、拉脱维亚人和现存的少数立窝尼亚人心目中，考波是一个争议性的人物。有人认为他是卖国贼和通敌者，有些人认为他是有远见的领袖。

* 在这些早期岁月，立窝尼亚没有农奴但有一些奴隶，他们都是袭击异教徒土地时抓获的俘虏。直到 15 世纪，农奴制才在立窝尼亚普及。（作者注）

所以，13 世纪在立窝尼亚开展十字军圣战的军队由多股力量组成：宝剑骑士团、主教们的封臣、里加和其他城镇的民兵、原住民民兵，以及到访的十字军。原住民部队有时被组织成穿制服的步兵，在他们自己的旗帜下作战。这些原住民部队在边境城堡轮流守卫，警戒敌人的侵袭。在战斗中，他们通常在两翼作战，不同部落被分隔得很远，免得他们误以为对方是敌人，或者在激战正酣时突然决定向传统的竞争对手报复。在胜算很大的时候，原住民部队打得不错，而一旦战局不利，他们就匆匆逃走，把身披重甲的德意志人抛弃在战场上。原住民骑兵执行侦察和袭掠任务；他们受到的监管较少，比行动迟缓的骑士和步兵有更多机会烧杀抢掠。夏季从德意志来的很多志愿者属于市民阶级，他们有钱买装备，能够骑马作战。总的来讲，立窝尼亚十字军和圣地的十字军差别很大，甚至与普鲁士的十字军也不大一样。

在阿尔伯特主教将自己的教会迁往里加后，这座城市便成为重要的商业中心。罗斯商人顺道加瓦河而下，到里加出售蜂蜡和毛皮，德意志人则溯流而上直到波洛茨克出售布匹和铁器。这给阿尔伯特的政策增加了更多变数。东正教会在罗斯北部人烟稀少的森林占据主宰地位，那些罗斯王公的实际财富虽远不及他们的头衔那样显赫，但他们的土地广袤，田地和森林富饶，几条大河沿岸的商业城市繁荣昌盛，而且他们骄傲地认为，正是他们的与世隔绝使他们避开了罗马天主教世界的诱惑和腐败。普斯科夫、诺夫哥罗德和波洛茨克的罗斯大公们各自都曾试图以援助自己臣民的名义将阿尔伯特主教逐出立窝尼亚，在这些危机期间只有宝剑骑士团能挽救主教，他们还曾在企图成为整个波罗的海沿岸地区之主的丹麦国王面前保住了主教的户地*。但宝剑骑士团自称直接效忠于教宗和皇帝，拒绝当主教的封臣。

后来阿尔伯特主教把新征服土地的三分之一给了宝剑骑士团，但他对此很不情愿，并曾多次试图掌控他们。当主教与宝剑骑士团的激烈争执开始威胁到十字军事业的时候，教宗派特使摩德纳的古列尔莫来解决纠纷。最后，主教不得不承认宝剑骑士团的独立性，把自己剩余土地的很大一部分封给了四名臣属于他的高级教士、两名修道院院长和其他教士们。等他向自己的亲戚都赠送了土地之后，他手头上剩余的资源便不足以维持一支成规模的主教军队了。阿尔伯特主教也不能完全依赖原住民民兵，尽管后者很愿意攻击他们的传统竞争对手。他需要地方长官，即懂得原住民语言和风俗的经验丰富的武士，以向民兵传授西方战术并领导他们作战，但只有宝剑骑士团拥有愿意在原住民当中生活的骑士，也只有宝剑骑士团愿意接受较低廉的酬劳来执行这项任务（对野心勃勃的世俗骑士来说，清贫、贞洁和服从几乎毫无吸引力）。于是宝剑骑士团成了立窝尼亚十字军的领导者，因为十字军不在场的时候他们的军队不可或缺，而且他们的骑士有办法把原住民军队组织起来。

宝剑骑士团有长处，也有短处。他们最大的短处在于，骑士团需要在德意志拥有更多修道院。他们在德意志缺少可作为据点的修道院，所以很难长时间地维持招募新人的行动，也很难从信徒那里获得捐赠。修道院及其土地也有助于缓解他们长期的财政危机。其次，宝剑骑士团在立窝尼亚获得的税金和他

---

* 户地（hide）指供一户家庭生活所需的土地。这一单位在不同地区的大小从 60 到 240 英亩不等；最常见的大小是 120 英亩。

们自己土地的收入不足以招募足够的雇佣兵来增强他们由骑士与披甲战士组成的武装力量。长期的财政困难迫使宝剑骑士团扩张领土，冀此获得更多“新皈依者”，并让他们缴纳贡金以为骑士团提供所需的资源，从而维持能与敌人匹敌的军力。但这导致他们与丹麦国王为争夺爱沙尼亚发生了冲突。与此同时，他们还和南方最重要的异教徒立陶宛人，以及罗斯人尤其是诺夫哥罗德的罗斯人起了冲突。

宝剑骑士团的末日

宝剑骑士团于1236年遭受的军事灾难是始料未及的。近几年来，他们认识到自己的人力不足以完成使命。他们不敢给原住民增加负担，因为原住民在征服战争期间已经损失了大量人口、牲畜和财产。所以，宝剑骑士团的军官相信，增加收入从而供养骑士、雇佣兵和神父的最好办法是在德意志获取地产，但他们当然没办法立刻在神圣罗马帝国境内获得庄园和医院，并且为实现这一点他们肯定需要强大恩主的庇护。1231年，团长福尔克温①寻求将宝剑骑士团与条顿骑士团合并，从而解决面前的经济和政治难题。他希望掌握丰富资源的条顿骑士团能提供保卫立窝尼亚所需的人力和金钱，而条顿骑士团的纪律性也能复兴宝剑骑士团的修道院，至于条顿骑士团与教宗格列高利九世的良好关系还能帮助解决宝剑骑士团与里加主教的冲突。更重要的是，福尔克温与摩德纳的古列尔莫派来代理

① 福尔克温·冯·瑙姆堡·祖·温特施泰滕（？～1236）于1209～1236年担任宝剑骑士团的最后一任团长。

他的教会官员发生了严重矛盾，因为后者相信只要得到这个代理职位，他就能在教会飞黄腾达。

条顿骑士团的代表大会在马尔堡召开，他们决定暂不回应宝剑骑士团的合并提议，但合并的想法并非不切实际。条顿骑士团在教廷和皇帝宫廷经常与宝剑骑士团交流经验和想法，他们从中可能学到的比他们能教给对方的要多。宝剑骑士团在波罗的海地区的经验更丰富，因为他们在那里的活动比条顿骑士团首次派遣部队常驻该地区要早大约二十五年。

赫尔曼·冯·萨尔察派遣两名城堡长官从德意志去立窝尼亚实地考察。他们在那里度过了 1235～1236 年的冬天，并在年度例会上报告了自己的发现。这次例会的时间一定是在弗里德里希二世与大团长参加在马尔堡为伊丽莎白[①]封圣的仪式不久之后。这份报告的结论非常负面，以至于例会没有对其进行后续讨论。除了上文讲到的政治问题外，宝剑骑士团的修道院生活远远达不到条顿骑士团的标准，而且宝剑骑士团要求在合并之后的新骑士团里拥有自主权，所以条顿骑士团无法改革他们的修道院。

不久之后，宝剑骑士团的末日就降临了。有人在教宗面前指控他们贪婪且残酷，令教宗切断了他们生存所需的金钱和十字军战士来源。为了摆脱困局，福尔克温团长绝望地率军进入南方的异教徒地区。摩德纳的古列尔莫安排他与教宗和解，但为时已晚。

如果福尔克温团长避免进行不必要的冒险，宝剑骑士团或

---

① 即前文讲到的匈牙利公主伊丽莎白，安德拉什二世之女，她嫁给了图林根方伯路德维希四世，但后者英年早逝。

许还可以熬过财政危机。但对他来说不幸的是，一群来自荷尔斯泰因的十字军战士于1236年夏季姗姗来迟，他们的人数不足以保证胜利，却还是要求参战。福尔克温团长不想让客人失望，于是勉强发动了对萨莫吉希亚的袭击。萨莫吉希亚是立陶宛的一部分，在立窝尼亚和普鲁士之间。也许他之前进入立陶宛的几次远征同样风险很大，但这一次厄运终于降临。福尔克温率领十字军渡过苏勒河（立陶宛语名字是希奥利艾河），攻击萨莫吉希亚人定居点。对方的抵抗很轻微，因为原住民武士选择放弃家园，并在十字军北上返回途中渡过苏勒河的时候伏击他们。当十字军在撤退过程中抵达渡口时，他们发现一小群斗志坚决的异教徒武士封锁了渡口。福尔克温命令十字军战士下马，蹚水过河。他警示道，若不赶紧过河，等异教徒得到增援的时候再一边战斗一边过河就会更加困难。但荷尔斯泰因骑士拒绝徒步作战。福尔克温没办法强制这些客人，于是十字军就地安营扎寨过夜。次日，十字军蹚水过河的时候，发现高地立陶宛人的主要酋长明道加斯亲自带领或者派遣了一大群武士前来增援萨莫吉希亚人。在随后的战斗中，福尔克温和宝剑骑士团的半数成员阵亡，大多数十字军也战死了。为骑士团效力的原住民民兵在战斗初期就作鸟兽散。他们没有沉重盔甲的拖累，大多渡过了河，趁着立陶宛人忙于屠戮宝剑骑士团的时候向北逃跑。

立陶宛

从事后回顾可以看出，占领毗邻立陶宛的边境地带的前景对宝剑骑士团的诱惑实在太大了。立陶宛人看上去和其他原住民民族大同小异，十字军战士可能没想到他们居然有能力团结起来组织抵抗。立陶宛人和普鲁士人一样有单独的语言和文化，分成可能多达二十个群体，由氏族长老领导。但把立陶宛人和普鲁士人相提并论很有误导性，原因如下。首先，立陶宛人实际上只有两个主要群体，高地人（奥克施泰提亚人）和涅曼河以北的低地人（萨莫吉希亚人）。其次，有一个家族，即明道加斯家族，已经在立陶宛高地取得了主宰地位，而他们获得这一地位的时间大约与战胜福尔克温同时。他很快开始采用令人垂涎的大公头衔。再次，立陶宛人经常联手向其邻人发动恐怖的袭击，这一传统可谓历史悠久。任何军阀都能把这种传统发扬光大，而明道加斯不是普通的军阀。他尽管很残忍，却是个才华横溢的暴发户。他懂得如何踩着其他垮台国家的废墟增强自身实力。

十字军和蒙古人给了立陶宛人一个教训：为了独立，民族必须团结。这是一个容易理解的概念，但只有明道加斯懂得从这里可以得出的推论是什么：只有通过“现代化”的专制统治，才能实现民族团结。没过多久，他就镇压了国内的反对派，并率领曾属于他对手的军队穿过立窝尼亚、罗斯、沃里尼亚和普沃茨克熊熊燃烧的村庄。我们可以说：“在一起祈祷的家庭，就能团结在一起。”

除了立陶宛人的军国主义倾向（不是只有异教才有这种思想）之外，立陶宛对东正教的罗斯和罗马天主教的波兰骑士都不构成威胁。立陶宛的异教祭司不主动传教，他们的信仰体系也很难说比同时代罗马天主教世界的基层社会更迷信。十字军战士也经常相信占星术、魔法和巫术。西方的一些宗教崇拜形式其实基于基督教之前欧洲各地的原始宗教的元素，还有一些则得到了最睿智、受过最高水平教育的哲学家和教士的认可。（弗里德里希二世作为统治者，思想高度世俗化，以至于他的敌人斥责他是敌基督的工具，甚至是魔鬼。他喜欢和赞助占星术。）异教徒很少执行人祭，不过他们偶尔会把自己很重视的敌人俘虏活活烧死。一夫多妻在此时已经很罕见了。他们在战斗中的凶残表现和基督徒也没什么两样，只不过他们更喜欢打了就跑的快速突袭，而不是在战场上正面对垒；各方都认为平民是正当的攻击目标。简而言之，立陶宛的王公和波雅尔[①]如果皈依基督教的话，他们的生活方式其实不需要做很多改变，所以传教士有理由相信，只要价钱合适，异教徒领袖也会愿意成为基督徒。

此刻，十字军在制订计划时几乎不用考虑立陶宛人。位于高地的原始立陶宛国家距离十字军很远，组织也很不完备，更何况等十字军再次接近立陶宛边境的时候，他们的国家说不定早已经瓦解了。但明道加斯将会证明，基督徒的这些算计是错误的。他会利用罗斯的政治危机，让自己的追随者攻击虚弱的罗斯国家从而发财致富。只要让武士阶层发财，他就配得上大公这个头衔了。几年之后，立陶宛就会成为得到公认的正式国家。

条顿骑士团从宝剑骑士团那里吸取的教训十分明确。教廷的权力很大，而且即便教廷犯了错误，人们也不能去挑战它。宝剑骑士团曾依赖皇帝的帮助，但皇帝辜负了他们。在后来的岁月里，教宗和皇帝会再次发生争执，而在立窝尼亚继承了宝剑骑士团事业的条顿骑士团觉得，有必要在每一次教宗与皇帝

---

① 波雅尔是10世纪至17世纪时保加利亚、基辅罗斯、莫斯科大公国、塞尔维亚、瓦拉几亚等国的贵族阶层。

发生纠纷的时候都重新分析和评估局势。这在条顿骑士团内部也引发了激烈的争论，但是最后他们选择在教宗与皇帝之间尽量保持中立，对骑士团的恩主和领主都至少维持表面上的友好关系。

第二个教训是条顿骑士团从文德十字军东征（1147 年）之后的漫长战争中吸取到的：向异教徒民族传教的最好办法是借助原住民领主的帮助；如果找不到合适的原住民领主，就扶植一个能干且愿意合作的人，帮助他成为封建领主，让他在外国军事力量和顾问建设的支持下统治新近成为基督徒的人民。原住民领主如果足够精明，就能运用基督教会来对付贪婪的邻居，让自己相对独立和强大。大多数基督徒都能接受这一方案，因为他们知道联姻能让人以比战争更稳妥、更廉价、更不具风险的方式得到土地。条顿骑士也完全可以接受这种解决方案，只要这不会让他们失去自己花费大量鲜血和金钱征服的土地。

条顿骑士团吸取到的第三个教训，至少在这一代人当中不会被遗忘：宝剑骑士团若不觊觎爱沙尼亚，就不会麻烦缠身。条顿骑士团尽可能避免与强大的基督徒邻居发生领土争端。这不是说当某位公爵向他们索要领土或者要求征收新税的时候他们会轻易妥协，但他们会请中立的第三方、特别是教宗特使来仲裁，并接受仲裁的结果，无论其对骑士团是否有利。他们就是这样避免了与基督徒之间的许多潜在的武装冲突。

条顿骑士团

当大团长赫尔曼·冯·萨尔察得知宝剑骑士团战败的噩耗时，他正在维也纳与皇帝在一起。但他有公务在身，必须南下去意大利，而不是北上去德意志的马尔堡，骑士团正在那里召开一次特别会议，讨论如何回应宝剑骑士团的紧急求救。萨尔察让两名宝剑骑士团使者去找条顿骑士团的代表大会，后者正在讨论，但没能做出决策。最后，骑士团会议请求赫尔曼·冯·萨尔察在维也纳召开的下一次会议上裁决此事。这次会议一定很壮观，赫尔曼·冯·萨尔察和赫尔曼·巴尔克都在场，皇帝弗里德里希二世也在城里。代表大会此次仍然没有做出决议，于是他们派遣代表团去见格列高利九世。格列高利九世此时正在位于罗马北面山区的教宗疗养地维泰博，在那里，赫尔曼·冯·萨尔察和宝剑骑士团的使者向教宗呈送请愿书，请求允许将宝剑骑士团及其全部土地纳入条顿骑士团。教宗与大团长进行了密谈，随后召唤了两名宝剑骑士团使者和几名见证人。他命令两名宝剑骑士团使者跪下，解除了他们之前的所有誓言，简要解释了条顿骑士团的规矩，问他们是否愿意遵守。他们回答愿意，教宗的仆人帮他们脱掉了旧披风，给他们换上了白底黑十字的新披风。现在他们和他们的所有兄弟都隶属于条顿骑士团了。

两名使者对仪式之神速都感到震惊，赶紧向大团长询问宝剑骑士团与条顿骑士团合并的条件是什么。大团长说合并是无条件的，爱沙尼亚必须归还丹麦。两名使者对此颇为愤恨。虽然他们很失望，但他们还是遵守了服从的誓言。宣布两个骑士团合并的教廷诏书于 1237 年 5 月 12 日颁布：

> 因为我们最看重的是传播天主教信仰，我们希望宝剑骑士团团长及其兄弟的虔诚请求能够达成预期的效果，上帝能让条顿骑士团的兄弟在立窝尼亚找寻到勇敢的人……所以我们决定，宝剑骑士团团长及其兄弟以及他们的全部

财产，从此与条顿骑士团合并。

次日，格列高利九世写信给他在波罗的海的特使摩德纳的古列尔莫，让他开启瓦尔德马二世国王与条顿骑士团之间的谈判，以解决关于爱沙尼亚的争端。6 月，骑士团在马尔堡召开会议，与会代表投票决定派遣 60 名骑士（加上相应的军士等就是约 650 人）立刻前往立窝尼亚，并让赫尔曼·巴尔克负责该地区。赫尔曼从德意志北部的若干修道院集合了所需的骑士，他们都懂宝剑骑士团和立窝尼亚的大多数世俗骑士与市民说的低地德语。他用皇帝提供的 500 马克为部下提供装备，然后抢在冬季海路中断之前带领他们乘船从吕贝克航向里加。

这批援军挽救了立窝尼亚十字军。赫尔曼·巴尔克将骑士分配到各处城堡，让他们了解当地乡村、原住民和敌人的情况。1238 年，在斯坦斯比[①]，他将爱沙尼亚还给瓦尔德马二世国王，于是国王成为条顿骑士团的盟友。

宝剑骑士团最重要的战果就这样被轻易拱手让出，这让宝剑骑士团幸存的骑士最害怕的噩梦成了现实，他们离开了立窝尼亚南部按照条顿骑士团规矩开展改革的修道院，来到罗斯边境的修道院。这给赫尔曼·巴尔克制造了很大麻烦。他乘船前往丹麦，然后匆匆赶往意大利，向赫尔曼·冯·萨尔察和格列高利九世报告了宝剑骑士不服从他管教的问题，但几乎未受理睬，因为此时皇帝与教宗的关系已极其恶劣，他们都没时间关心遥远而无足轻重的边疆的问题。不久之后，赫尔曼·冯·萨尔察在萨莱诺去世。这对教会和国家的温和派而言都是沉重的

---

① 斯坦斯比是丹麦南部西兰岛上的一个教区。

打击，他们仍心存侥幸，希望立窝尼亚的问题即便不能和平解决，至少也应尽可能搁置下去，不致公开冲突，那样也许有时间等待上帝创造奇迹，而赫尔曼·冯·萨尔察原本是少数在上帝启示下有机会创造奇迹的人之一。

与诺夫哥罗德的冲突

在赫尔曼·巴尔克抵达立窝尼亚之前，那里的十字军运动发生了一个意想不到的转折：一连串事件似乎使得整个东正教世界都有可能皈依天主教。

自 11 世纪后期突厥人突然入侵小亚细亚并击溃拜占庭军队以来，东正教就处于守势。之所以有第一次十字军东征，就是因为拜占庭帝国濒临崩溃。尽管十字军重创了突厥军队，缓解了君士坦丁堡受到的直接压力，但他们随后就继续前往耶路撒冷，而不是留下来彻底消灭距离君士坦丁堡最近的穆斯林的威胁。突厥人后来恢复元气，甚至比之前更强大，而在同一时期，拜占庭人和西方人之间则猜忌日甚。这种互相之间的畏惧和怨恨最终又和拜占庭国家的内乱掺和在一起，导致第四次十字军没有前往埃及，而是攻下了君士坦丁堡。从 1205 年到 1261 年，君士坦丁堡被罗马天主教徒统治，拜占庭的好几个最重要的岛屿则被意大利诸城邦控制。

罗斯是下一个遭到东方游牧民冲击的东正教国家，这一次威胁来自成吉思汗派来的蒙古人。虽然他们的主要目标是突厥斯坦，但蒙古军的其中一部攻击了基辅罗斯以南的草原诸民族。1223 年，罗斯王公们率领他们的乘骑步兵部队来到草原，被新敌人出乎意料的新战术打得落花流水：蒙古人善于突然冲锋和突然撤退、施放箭雨，最后进行毁灭性的围歼。对幸存的王公们来说幸运的是，蒙古军队最终像来的时候那样神不知鬼不觉地撤回了东方。成吉思汗于 1227 年驾崩，这让有些罗斯王公觉得危险已经过去了，但他们对蒙古事务的消息并不灵通。新的大汗野心勃勃，蒙古人于 1237 年卷土重来，这一次他们在作战季节结束后没有回家；到 1240 年，他们已经征服除了诺夫哥罗德之外的所有罗斯国家，令东正教遭受重创。罗斯人向他们西面的邻国波兰和匈牙利、向教宗、甚至向立陶宛的异教徒求救，只有立陶宛的明道加斯向他们伸出援手，并且附带了严格的条件：只要罗斯商人和波雅尔们给他丰厚的酬劳，他就会尊重东正教。他们支付了这一代价，立陶宛的大扩张就这样开始了，立陶宛大公国最终将成为欧洲最广大的国家之一。

就在此时，立窝尼亚的十字军向诺夫哥罗德发动进攻。这座城镇十分富裕，权势极大，以至于被称为“伟大的诺夫哥罗德”。与拜占庭和穆斯林世界的城市相比，诺夫哥罗德的繁荣被夸大了。对了解君士坦丁堡、撒马尔罕或甚至威尼斯的人来说，北方的所有城市都既小又穷，但在那些只见过吕贝克或基辅的人眼里，诺夫哥罗德已经非常了不起了。虽然爱森斯坦的精彩电影《亚历山大·涅夫斯基》把条顿骑士团置于此次攻势的中心位置，但实际上条顿骑士团与后来所谓的“冰湖战役”关系很小。进攻诺夫哥罗德的军队是由许多五花八门的势力组成的一支松散联军，其组织者是教宗特使摩德纳的古列尔莫。战斗打响之前，古列尔莫就返回西方了。他似乎相信，对诺夫哥罗德的十字军远征如果能成功，就能消灭东正教的最后一座罗斯堡垒，从而重新统一基督教世界；如果进攻失败，他也能除掉该地区一些心怀不满的分子。

所谓心怀不满的分子主要是德意志骑士，其中一些曾是宝剑骑士团成员，他们还不肯屈服于教宗为他们规定的命运；另一些是在之前另一位教宗特使邀请下来到爱沙尼亚定居的世俗骑士，还有一些既害怕瓦尔德马二世国王没收他们的产业，同时又觊觎更多土地的宝剑骑士团成员。瑞典国王埃里克十一世（1222～1250 年在位）也参加了这场十字军远征，他的军队沿着芬兰湾北岸东进，征服了当地诸部落，企图将瑞典国王的权威扩张到这一地区全境（这里是欧洲最高档毛皮的出产地）。最后，还有一些十字军战士。他们中的一些人很可能来自德意志北部城市，是了解诺夫哥罗德的市民阶级，他们希望对诺夫哥罗德施加更有利于德意志商人的贸易条件。

起初，这场攻势一切顺利。1240 年初，瑞典人占领了涅瓦河河口。涅瓦河是一条从拉多加湖①流出的水道，船只可以从河口逆流而上，取道沃尔霍夫河到达诺夫哥罗德。与此同时，来自立窝尼亚的十字军渡过了纳尔瓦河；其他人则攻击普斯科夫。卡尔·比耶②和芬兰高级教士托马斯主教③率领的瑞典军队威胁要阻止罗斯人购买西方的粮食（只要罗斯南部还在蒙古人手中，诺夫哥罗德就得依赖西方的粮食供应）。吕贝克和维斯比的商人不肯为瑞典国王的利益主动牺牲自己的贸易，所以瑞典人封锁罗斯的唯一办法就是控制各条河流的入海

---

① 拉多加湖是位于俄罗斯西北部卡累利阿共和国和列宁格勒州的淡水湖，也是欧洲最大的湖泊和世界第 15 大湖泊。

② 卡尔·比耶（约 1210～1266）是瑞典历史上重要的奠基人物，他领导了第二次瑞典十字军，确立了瑞典在芬兰的统治；传说他还建立了斯德哥尔摩城。他的头衔是瑞典公爵。

③ 托马斯是有历史记载的第一位芬兰主教。

口。诺夫哥罗德商人明白自己受到了严重威胁，于是召回了前不久离开这座争吵不休的城市的年轻公爵亚历山大，请求他赶走瑞典人，保卫连接诺夫哥罗德与西方的生命线。亚历山大压制住怒气，带领他那些技艺娴熟的弓箭手返回了诺夫哥罗德。诺夫哥罗德的一位罗斯编年史家记述了随后的事件：

> 瑞典人在他们的统治者和主教领导下来了，他们停在伊热拉的涅瓦河河口，企图占领拉多加湖，或者说占领诺夫哥罗德以及整个诺夫哥罗德省份。但最仁慈最善心的上帝，爱世人的上帝，又一次挽救和保护我们。外国人没有上帝的佑助，再怎么样都是徒劳。消息传到诺夫哥罗德，说瑞典人要去拉多加湖，亚历山大公爵率领诺夫哥罗德和拉多加湖的人们没有耽搁，立刻迎战，并凭借圣索菲亚的力量、圣母和童贞玛利亚的祈祷，于1240年7月15日战胜了瑞典人……杀死了许多瑞典人。*

涅瓦河上的这次战役让诺夫哥罗德躲过了瑞典的经济封锁。诺夫哥罗德公爵亚历山大因此次胜利获得了一个绰号：亚历山大·涅夫斯基。

托马斯主教于1245年辞职。他确信自己向芬兰人和卡累利阿人①传教的毕生使命已经失败。但他过于悲观了。四年

* *Chronicle of Novgorod, 1016 – 1471* (trans. Robert Michell and Nevil Forbes, Camden Society 3rd series XV, London, 1914). 这本书不容易读，但生动地展现了东正教信仰的风格。（作者注）

① 卡累利阿人是一个芬兰 – 乌戈尔语族的民族，生活在卡累利阿地区（今天分属俄罗斯和芬兰）。生活在两国的卡累利阿人在历史、文化、宗教与语言上有很大差别。

后，卡尔·比耶率领瑞典人向今天的赫尔辛基周边地区发动了所谓“第二次瑞典十字军”。在随后的岁月里，瑞典向这片“新土地”输送的移民达到了相当的规模，永久性地改变了该地区的民族构成。后来还有一些瑞典渔民穿过芬兰湾来到爱沙尼亚，在沿海的一些小村庄扎下根来。

冰湖战役

对诺夫哥罗德来说，立窝尼亚人的威胁比瑞典人更严重。由形形色色的势力组成的联军从西方攻入诺夫哥罗德领土。这些势力包括：曾经的宝剑骑士团成员、来自爱沙尼亚的小骑士、两位丹麦王子卡努特和艾贝尔[①]率领的丹麦人、多尔帕特[②]主教赫尔曼·冯·布克斯赫夫登（阿尔伯特主教的兄弟）领导下的德意志人和雅罗斯拉夫公爵（从普斯科夫流亡）领导下的罗斯人。1240 年 9 月，联军占领了伊兹博斯克[③]，并击溃了一支从普斯科夫来的敌方援军。在围攻普斯科夫一周之后，联军迫使守军有条件投降。十字军显然依赖了城内的盟友（可能是雅罗斯拉夫公爵的朋友，他们交出自己的孩子作为人质），因为他们只把两名骑士及其扈从作为驻军留在城堡内，总人数可能只有 30 到 50 人。十字军领导人在这年冬天一定梦

---

① 卡努特（1207 ~ 1260）是丹麦国王瓦尔德马二世的私生子。艾贝尔（1218 ~ 1252）是瓦尔德马二世与第二任妻子所生的儿子，1250 ~ 1252 年为丹麦国王。艾贝尔与其兄长埃里克四世冲突，卡努特支持艾贝尔。埃里克四世被谋杀，艾贝尔可能就是幕后指使。

② 多尔帕特，即今天的爱沙尼亚第二大城市塔尔图。

③ 伊兹博斯克位于今天的俄罗斯普斯科夫州，在俄罗斯和爱沙尼亚边境附近。

想着在下一次作战时切断诺夫哥罗德的贸易路线，尤其是当他们听说亚历山大公爵在和主张与德意志人议和（可能因为他们相信与西方的贸易对诺夫哥罗德的生存至关重要）的诺夫哥罗德市民发生争执之后撤往远方由其父雅罗斯拉夫二世统治佩列亚斯拉夫[①]时。

丹麦国王瓦尔德马二世于这年3月驾崩，他的儿子们留在了丹麦国内，以防内战爆发。曾经属于宝剑骑士团的人觉得丹麦的继承危机不是让他们失去了一个盟友，而是给了他们一个夺回爱沙尼亚的机会。他们已经开始与爱沙尼亚境内愿意违反1238年的《斯坦斯比条约》并尝试征服诺夫哥罗德的丹麦封臣展开密谋。因为史料匮乏，我们不知道前宝剑骑士团在此次攻击诺夫哥罗德的行动（他们没有得到官方许可，没有得到条顿骑士团的金钱和增援）中发挥了什么作用，是否提供了领导者和兵员，但过去那场强迫福尔克温团长占领爱沙尼亚的政变的其中一名主使，似乎就是这次入侵的主要领导者之一。

1241年4月之前，由条顿骑士团、前宝剑骑士团成员、丹麦封臣和原住民爱沙尼亚人组成的军队占领了纳尔瓦以东卡累利阿人的土地。他们在科博尔建造了城堡，并以其为基地向东南方发动大胆的袭击，又一次打到了距离诺夫哥罗德不到20英里的地方。他们还掳走了大量马匹，导致诺夫哥罗德农民在来年无法犁地。

这些胜利让联军自信满满，于是他们派遣厄泽尔－维克[②]

---

① 佩列亚斯拉夫在今天乌克兰中部，位于基辅以南95公里处，今天的名字是佩列亚斯拉夫－赫梅利尼茨基。

② 厄泽尔就是今天爱沙尼亚的第一大岛萨雷马岛，维克就是今天爱沙尼亚的莱内县。

主教海因里希赶往罗马，请求格列高利九世教宗任命他为即将征服的地区的主教。他们的想法可能是为罗斯人提供西方军事援助以抵抗蒙古人，借此换取东正教会在罗马的领导下与天主教会合并。普斯科夫和其他城市的一些罗斯人肯定表示愿意接受这些条件，正如加利西亚的罗斯王公们此刻做的那样（此时蒙古人正在席卷他们的土地）。显然也正是普斯科夫的军事支持让西方人对诺夫哥罗德的攻击如此凌厉，因为西方人单凭自己的力量不可能有足够数量的武士来震慑诺夫哥罗德人。教宗同意了海因里希的请求，命令隆德[①]大主教及其下属主教召唤他们的人民，“如同摩西，佩上利剑……披挂上帝的铠甲”，去保护爱沙尼亚的新皈依者。

我们不知道 1241 年 2 月至 1242 年 2 月时，教宗特使摩德纳的古列尔莫究竟在哪里。1239 年和 1240 年，他去了普鲁士、吕贝克和丹麦，试图促使各方达成和解，以免对十字军造成干扰。如果知道了 1241 年 2 月至 1242 年 2 月他身在何处，我们就能回答一个关键问题：古列尔莫是在爱沙尼亚组织针对诺夫哥罗德的攻势，还是在德意志、波希米亚和波兰致力于协调共同的防御策略，抵抗即将杀到的蒙古人？

我们也不能确定立窝尼亚团长迪特里希·冯·格吕宁根的去向。他是 1234 年与图林根方伯康拉德一同加入条顿骑士团的骑士之一，早在 1237 年就被提名为立窝尼亚团长，但领导层认为他还需要更多历练。他在随后几年里积累了丰富经验。1238 年，他接替了赫尔曼·巴尔克，但在 1241 年制订进攻诺夫哥罗德计划的关键月份里，他并不在现场。他在 1242 年的

① 隆德是瑞典南部城市，一度是北欧基督教的重要中心。

某个时刻返回，可能是在夏季海路畅通之后。1245～1246 年他留在立窝尼亚临时代理德意志团长之职，后来又被任命为普鲁士团长。迪特里希不在的期间，由安德烈亚斯·冯·菲尔本代理他的职务。菲尔本后来攀升到了很高的位置，所以我们估计他在 1241～1242 年的表现不错，所以他的名字不大可能与在罗斯的失败有关联。

在普鲁士的条顿骑士肯定很担心蒙古人的威胁。尽管这则关于普鲁士团长博波的传说已经被反复证明是假的，但很多通俗历史学家还是认为他在列格尼卡战役中死于鞑靼人的箭雨。这个神话里有一点是真实的，即条顿骑士团的职责是保卫基督教世界，抵抗它的所有武装敌人。博波可能参加过列格尼卡战役并负了伤，但我们没有直接证据。博波确实死在列格尼卡并被安葬在那里，不过那已是很多年以后了，当时他正在访问他妻子的修道院。

不管怎么说，在这个关键时刻，安德烈亚斯不能拿立窝尼亚的骑士冒险，因为其他地方可能需要他们。安德烈亚斯还很清楚，最渴望进攻诺夫哥罗德的骑士是曾属于宝剑骑士团的反叛者，他们决心废除《斯坦斯比条约》，把条顿骑士团卷入与丹麦的战争。或许，因为安德烈亚斯仅仅是代理团长，他没有大胆决策的自信。不管出于什么原因，安德烈亚斯在 1241 年春季之后似乎并不愿意加入针对诺夫哥罗德的十字军远征。

更重要的是，与帮助十字军攻击诺夫哥罗德相比，安德烈亚斯·冯·菲尔本还有更紧急的问题要处置：他需要镇压厄泽尔的叛乱。这年冬天，他率军越过冰原，吓退了叛军。双方在这之后签署的和约保存至今，让我们能够深入了解十字军对其臣民的要求。第一，任何执行异教仪式的人将被罚款和鞭笞。

第二，农民必须用船将税金送到里加或主教那里。第三，杀婴者将被罚款，杀婴的母亲应在连续九个星期日里被带到墓地，被剥光衣服鞭笞。第四，每年收税的时节，地方长官将在长老们的辅佐下主持司法。第五，杀害陌生人或同胞的凶手需缴付10马克的赔偿金，这是一笔巨款，需要得到氏族同胞的帮助才付得出来。简而言之，条约涉及方方面面，包括宗教、财政和社会问题，且有可能并未被之前的条约所涉及。条约还表明厄泽尔的爱沙尼亚人绝不是无助的农奴。“爱沙尼亚的主要水手和其他许多人”（*Seniores de Estonibus Maritimae et alci quam plures*）肯定都是有头有脸的人物，否则团长签署的正式条约不会要求神父、修士、封臣、总军务官、大批骑士和“很多信众，有德意志人，有爱沙尼亚人”（*multorum aliorum fidelium, Thewtonicorum et Estonum*）出席。

与此同时，亚历山大公爵应邀返回诺夫哥罗德。低眉顺眼的市民确信仅凭自己无法与德意志和普斯科夫军队对抗，他们显然在之前的争议所涉及的所有问题上都妥协了。1241年末，亚历山大打败了纳尔瓦以东的德意志－丹麦驻军。很重要的一点是，他饶恕了西方人，允许他们赎回自己，但把爱沙尼亚人当作叛徒绞死了。这样一来他便表达了自己的有限目标：控制至关重要的边境地带，而不是把十字军赶下海；他的注意力主要放在蒙古人称王称霸的南方，而不是西方，他的意图仅仅是确保自己与鞑靼人交战的时候不会腹背受敌。一位德意志编年史家这样描写他于1242年3月5日进攻普斯科夫的西方驻军的情形：

> 他率领大队兵马进军普斯科夫。他带领由很多罗斯人

> 组成的强大军队抵达那里，解放普斯科夫人，这些人欢欣鼓舞。他看到德意志人，没有犹豫很长时间。他们赶走了那两兄弟，将他们从自己的辖区赶走，击溃了他们的仆人。德意志人逃跑了……如果能守住普斯科夫，就能对基督教大有裨益，一直到世界末日。征服了一片富饶土地却不能好好守住它，是个错误……随后诺夫哥罗德国王班师回朝。*

《诺夫哥罗德编年史》相应的记述很简略："亚历山大公爵占领了直到普斯科夫的所有道路，俘获了那里的德意志人和楚德人，把他们披枷带锁地囚禁在诺夫哥罗德。"

亚历山大率领一支相对较小的军队来到多尔帕特主教区，但赫尔曼主教的人马在一座桥梁处击溃了他的侦察兵，于是亚历山大撤退了。可能有一小队条顿骑士加入了对亚历山大军队的追击，这就让骑士团在此役中的贡献有所增加。东正教和天主教军队随后在楚德湖①遭遇，这就是著名的冰湖战役。双方兵力都不多。西方人可能有 2000 人，罗斯人可能有 6000 人，但十字军的武器装备更好。

此役后来闻名遐迩，但其实配不上这样的名气。20 世纪的政治考量通过谢尔盖·爱森斯坦 1938 年的电影《亚历山大·涅夫斯基》和谢尔盖·普罗科菲耶夫扣人心弦的音乐赋

---

* *The Livonian Rhymed Chronicle* (trans. Jerry C. Smith and William Urban, new and expanded second edition, Lithuanian Research and Studies Center, Chicago, 2001). 这部编年史天真活泼，而且提供了很多信息。（作者注）

① 楚德湖在今天俄罗斯和爱沙尼亚的边境上，爱沙尼亚语名字是佩普西湖。

予了这场战斗以其本不应有的重大意义。这部电影对战斗的某些方面的描绘相对准确，尤其是服装和战术，并让我们体会到中世纪战场的戏剧性，但电影的其他方面就纯粹是政治宣传了。今天爱沙尼亚人和拉脱维亚人的祖先肯定不像电影说的那样都是侏儒，也不是农奴。安德烈亚斯团长其实身在里加，所以不可能被亚历山大俘虏并用肥皂作为赎金赎回。罗斯军队主要由职业军人组成，德意志人也不是原始版本的纳粹，不是把婴儿活活烧死的金发巨人，因此这一战并不是前列宁时代原始共产主义工农兵与德国装甲部队之前身间的对决。简而言之，《亚历山大·涅夫斯基》的很多场景其实更多地描绘了希特勒入侵不久前的苏联，而不是中世纪的历史。不过，十字军可能确实拥有一台便携式管风琴。立窝尼亚的海因里希提及在之前的一次战斗中有人演奏乐器，使得两军都暂时停止了厮杀，出神地倾听。而在本世纪末的记载里也曾提到，立陶宛异教徒摧毁的基督教器物当中包括管风琴。楚德湖深处内陆，即便在寒冷季节的最后日子里，岸边水面上的冰层也有可能足够坚实，可以支撑骑兵的重量。

4 月 5 日，春天还未降临。十字军穿过冰湖，或者更有可能的是沿着湖边，迎战紧紧聚成一团的罗斯军队。可能有人在冰面上厮杀，但不大可能有大群骑兵冲到冰面上。身着重武装的西方骑士构成了攻击纵队的前锋，随后是冲向罗斯步兵阵列的轻骑兵和步兵。《立窝尼亚韵文编年史》简洁地概括了这场战役：

> 罗斯人拥有很多弓箭手，战斗打响，他们勇敢地攻击丹麦国王的部队。骑士团的旗帜很快在弓箭手当中升起，

> 可以听得见利剑劈碎头盔的声音。双方都有很多人倒在草地上死去。随后骑士团的军队被团团围住，因为罗斯人兵力极多，能用六十个人包围一个德意志骑士。条顿骑士打得非常出色，但他们还是被一个接一个地砍倒。来自多尔帕特的一些人逃离了战场，捡回了一条命。共有二十名骑士团成员阵亡，六人被俘。*

诚然，此役在立窝尼亚和罗斯边境地带之外也引起了震动：库尔兰和普鲁士爆发了叛乱，条顿骑士团四面受敌，分身乏术。但亚历山大·涅夫斯基对消灭立窝尼亚的十字军国家并无兴趣。首先，曾经的宝剑骑士团和条顿骑士团在此役中损失的骑士数量只有苏勒河之战阵亡人数的一半。团长可以迅速用预备队来补充兵力，所以条顿骑士团仍然是一股令人生畏的力量。并且，假如亚历山大·涅夫斯基进攻十字军国家，十字军会在坚固的木制要塞里开展防御，而亚历山大没有攻城器械。另外，蒙古人对亚历山大的威胁迫在眉睫，他必须尽快应对。所以他向罗马天主教徒提出了慷慨的条件，十字军也立刻接受了：诺夫哥罗德人从普斯科夫和其他边境领土撤军，亚历山大释放战俘，德意志人释放人质。三年后，立陶宛人企图利用诺夫哥罗德的虚弱状态进犯，但被亚历山大打败。但最终，和其他罗斯王公一样，亚历山大也服从于金帐汗国的权威，为蒙古可汗效力。在随后的二十年里，罗斯人和德意志人和平相处。

西方人对诺夫哥罗德的进攻是诺夫哥罗德的一个危险时

---

* Quoted in David Nicolle, *Lake Peipus 1242: The Battle on the Ice* (Osprey, London, 1996).

刻，但其危险程度可能没有某些人想的那么高。如果诺夫哥罗德被西方人占领，这个罗斯国家可能像第四次十字军东征之后的拜占庭一样在短时间内被外国人主宰，并可能在政治和经济上受到重创，以至于无力抵抗从东方来的更危险的敌人，但我们很难想象十字军能永久性地压制罗斯文化、东正教会和罗斯贵族。如果金帐汗国都做不到这些，那么实力比蒙古人弱很多的西方人能做得到吗？冰湖战役的意义太容易被夸大了。从短期来看，此役对十字军的意义更大，因为他们向东方的武装传教结束了。从长期来看，罗斯人的记忆里有了一场战胜强敌的光荣胜利，这次胜利之所以特别突出，是因为胜利对他们来说实在太过稀罕。

如果此役是西方人获胜，那么立窝尼亚和爱沙尼亚的局势会变得更加紧张。那些曾属于宝剑骑士团并全心全意支持这次进攻的条顿骑士可能会为自己招揽来新的责任，而条顿骑士团作为一个整体，就不得不加以接受。尽管宝剑骑士团的幸存成员继续抱怨他们没有得到恰当的支持（“主教……带来的人太少，骑士团的军队也太小”），但他们别无选择，只能服从迪特里希·冯·格吕宁根团长。这些宝剑骑士当中只有一人后来出现在了立窝尼亚文献中，并且是在很多年后。至少一名宝剑骑士被送到圣地。1245 年，有一些人在圣地脱离了条顿骑士团，转投圣殿骑士团门下，这些人就是曾属于宝剑骑士团的那些人吗？我们不知道。就连安德烈亚斯·冯·菲尔本也暂时离开了立窝尼亚，于 1243 年被调到了他的家乡尼德兰。战败似乎给了迪特里希团长一个机会来清理门户。他对此事处置得很好，并在 1246 年当选为普鲁士团长，又在八年后成为德意志团长。

多尔帕特和诺夫哥罗德

总的来说，13 世纪 40 年代和 50 年代是十字军在波罗的海地区节节胜利的时期。最重要的是，十字军劝服了立陶宛的明道加斯，让他相信基督教的神比异教的神在军事上更强大。1253 年，一位德意志主教在立窝尼亚团长的见证下将明道加斯加冕为立陶宛国王。尽管此后明道加斯的生活方式没有丝毫改变，而且他似乎不允许传教士在乡村传教，但西方人没有在这些问题上催促他。我们可以这样理解：条顿骑士团是现实政治的冷酷实践者，他们更喜欢攫取土地和人民，而不是推行洗礼和移风易俗。但我们也可以这样理解：条顿骑士团懂得在当前条件下应当谨慎行事，不允许宗教狂热分子扰乱原住民生活的传统节奏。1257 年，来自立窝尼亚和普鲁士的十字军甚至强迫萨莫吉希亚人同意停战两年，以让传教士和商人在这期间可以到他们的领土活动。

尽管新任里加大主教阿尔伯特·聚尔比尔抓住一切机会骚扰他的敌人，条顿骑士团仍取得了上述的成绩。聚尔比尔的野心世人皆知，他相信十字军东征应当由教会来领导，而他是教会在当地的最合适代表。

和平传教的年代于 1259 年终止，萨莫吉希亚人的祭司在这一年说服其人民再次拿起武器发难。异教徒军队连续两次（并且间隔很短）歼灭了来自普鲁士和立窝尼亚的十字军部队。随后立窝尼亚和普鲁士燃起叛乱，萨莫吉希亚军队入侵这两个地区以帮助叛军。接下来萨莫吉希亚人要求明道加斯加入他们，否则将对他兵戎相见。始终务实且精明的明道加斯于是宣布自己是异教战神的信徒，率军进入立窝尼亚。随后罗斯军队也入侵了爱沙尼亚，这是明道加斯的大战略的一部分。但对他来说不幸的是，通讯联络的困难让他没有办法协调两支相距甚远的军队：这两支军队都没有找到对方，于是相继快速撤退。条顿骑士团和主教们就这样熬过了他们短暂历史中最危险的时刻。

如果明道加斯能活更长时间，十字军可能仍然难以维持自己的地位，但他于1263年在一次私人纠纷中被杀。他的儿子从修道院出来索要王位，令立陶宛陷入内战。密谋者之一道曼塔斯（俄语名字是多夫蒙特）逃往普斯科夫并自立为公爵，在1266～1267年两次进攻波洛茨克。[①] 这座罗斯城市位于从诺夫哥罗德到立陶宛和从里加到罗斯内陆的贸易路线上。每当道曼塔斯非常接近成功的时候，十字军就开始担心基督教在立陶宛能不能生存下去（不久之后立陶宛的基督教力量果然消亡了）。另外，道曼塔斯还袭击了爱沙尼亚。为了保护这个危险地带，立窝尼亚骑士团在爱沙尼亚的魏森施泰因[②]建造了一座大型城堡以作为耶尔瓦省的防务中心，并召唤十字军战士对普斯科夫发动攻击，以求彻底消除敌人的威胁。最终，奥托团长[③]为应对即将于1267年发生的入侵做好了准备。虽然入侵

---

① 道曼塔斯（约1240？～1299）原为立陶宛一个公国的统治者，是明道加斯的盟友，他们的妻子是姐妹。但道曼塔斯后来背叛了明道加斯，与他的侄子勾结，刺杀了他和他的两个儿子。随后道曼塔斯逃往普斯科夫，接受东正教，娶了亚历山大·涅夫斯基的一个孙女。道曼塔斯率领普斯科夫人多次打败立陶宛人，被选举为普斯科夫公爵。他受到普斯科夫人民的爱戴，后来被封圣。著名武士格罗德诺的大卫据说就是他的儿子。

② 魏森施泰因即今天爱沙尼亚的派德，是耶尔瓦省的首府。

③ 奥托·冯·劳特贝格，1267～1270年任立窝尼亚团长。

者一方的指挥官之间爆发了争执，几乎让他们的军队在漫无目的地瞎转悠了很长时间之后才短暂而徒劳地试图攻打魏森贝格（即拉克韦雷，丹麦人在1252年建造的要塞，用于控制具有战略意义的道路交叉口），但罗斯人显然还会卷土重来。而立窝尼亚团长没有想到的是，里加大主教阿尔伯特·聚尔比尔居然阴谋趁自己忙着防御边境的时候夺权。

1267年乘船去立窝尼亚的十字军当中有什未林伯爵贡策林三世，他是个老奸巨猾的危险分子，不过算不上强大的领主。他曾在自己的地区活跃地参与私战，但都没有成功。二十年里，他与邻居们纠纷不休，每一次结果都是自己吃亏。不过他的失败不是因为缺乏勇气或才干，而是因为缺少金钱和军事资源。他参加过13世纪50年代的丹麦战争，卷入了一起与梅克伦堡继承问题有关的私战，还曾在60年代初的私战中站在韦尔夫家族那边。他忙活了这么半天，收获却很少。他的妻子是梅克伦堡家族的成员，帕尔希姆①的约翰公爵死后的混乱局面曾对他有利，但他最终被年轻的对手海因里希公爵打败。就在这时，贡策林三世来到立窝尼亚参加十字军远征，也许是因为冒险和宗教的吸引力，也有可能是为了遵循家族的传统；但这还有可能是应了海因里希公爵的要求。十字军是海因里希公爵家族传统的一部分（他的一个兄弟博波就是前任普鲁士团长），但此时他有很多潜在敌人，所以他自己不愿意动身。

贡策林三世可能曾打算在东欧定居，毕竟什未林不是个历史悠久的邦国。在一个世纪多一点之前，基督教世界和异教世界还在进行漫长的边境冲突的时候，什未林尚属于异教地区。

---

① 帕尔希姆在今天德国东北部的梅克伦堡－前波美拉尼亚州境内。

而如今德意志人和斯拉夫人相安无事地在什未林杂居，贡策林三世自己的家族也与曾经主宰什未林的几个斯拉夫大家族交织起来，你中有我。所以他应当不会害怕生活在陌生民族当中，也不惧怕新的挑战。很多年来，贡策林三世伯爵一直在与各个修道会交换地产（一种中世纪的“农作物保险”）从而在立窝尼亚积攒土地，所以他对东欧的情况无疑很熟悉。另外，此刻他的土地被勃兰登堡边疆伯爵占据了，而他还需要为好几个孩子准备遗产。简而言之，他在什未林看不到什么希望。

十字军可能于1267年夏季或秋季在立窝尼亚登陆，准备于冬季在诺夫哥罗德附近作战。奥托团长虽然忙于应对立陶宛人沿着道加瓦河的攻击，但他还是命令三十四名骑士从魏森施泰因、利胡拉①和菲林②前去支援主教在多尔帕特的军队。此外，他还可以调遣大批原住民民兵，那些丹麦封臣也愿意在这里作战，而不是在晚些时候为保卫自己的土地孤立作战。人数众多的十字军之中包括梅克伦堡伯爵海因里希和他的德意志与斯拉夫部队，但贡策林三世显然没有在爱沙尼亚待很久。

贡策林三世直接乘船到了里加，在那里见到了阿尔伯特·聚尔比尔。大主教曾在德意志北部待过很长时间，所以他俩可能之前就见过面。但这一次，他们发现彼此之间可以互相帮助。阿尔伯特怨恨条顿骑士团独立自主并没收了他的一些土地，甚至在他的教士当中制造了麻烦。而贡策林三世囊中羞涩，野心勃勃且好斗。他肯定记得他的祖父曾大胆地绑架丹麦国王瓦尔德马二世，从而搞垮了丹麦的霸业。我们不知道两人

---

① 利胡拉在今天爱沙尼亚西部。

② 菲林即今天爱沙尼亚中部的城市维尔扬迪。

当中是谁提出攻击条顿骑士团并瓜分其领地，但在 1267 年 12 月 21 日，贡策林三世和阿尔伯特签署了这样的协议。大主教任命伯爵为他所有土地的长官，负责重组他的产业并保护它免遭敌人侵害。大主教给了贡策林三世与大主教领地相关的所有权力、收入和职责。两人的协议是，如果伯爵成功地从条顿骑士团或异教徒部落那里夺取土地，那么大主教将慷慨地分封土地给他；但如果他失败被俘，大主教不会付钱赎他，也就是否认贡策林三世的行动与大主教有关。这对伯爵来说风险很大，但历代什未林伯爵从来不会被风险吓倒。

贡策林三世希望在斯米伽利亚、塞罗尼亚[①]和立陶宛边境地带的纳尔森北部成为大地主。他可能觉得这些位于道加瓦河以南的土地很容易得手，因为那里人口原本就不多，也未得到一位经验丰富且兵强马壮的领主的保护。贡策林三世在大主教的领地上进行了备战工作，他可能去拜访了大主教的封臣，视察了各城堡，并估算了他能召集多少原住民部队。在计算了需要多少雇佣兵才能完成自己的使命之后，他就去哥得兰岛招募雇佣兵。与此同时，聚尔比尔大主教与条顿骑士团的所有潜在敌人取得了联系。如果他能在国外找到足够多的支持者，他在立窝尼亚推翻条顿骑士团的阴谋就很有可能得逞。

在贡策林三世推动这些计划的同时，一支罗斯大军在佩列亚斯拉夫公爵德米特里（亚历山大·涅夫斯基的儿子）的率领下入侵了爱沙尼亚，但对于应首先通过波洛茨克入侵立陶宛，还是渡过纳尔瓦河去维鲁然后进军烈韦里[②]，或者是穿过

---

① 塞罗尼亚是拉脱维亚的一个文化区域，也称“拉脱维亚高地”，相当于斯米伽利亚的东部。

② 烈韦里即今天的爱沙尼亚首都塔林。

沼泽地去多尔帕特，罗斯人并未拿定主意。西方军队兵力也很强（编年史家估计有 3 万人），他们集结在多尔帕特。1268 年 1 月 23 日，两军在马霍尔姆[①]附近正面对阵，后又于 2 月 28 日在更东方的凯格拉河沿岸交锋。《立窝尼亚韵文编年史》概括道：

> 理应追随骑士团的人们抵达后，命令传来，将原住民部署在左翼。战斗期间他们负责守住这一翼。一支由德意志出身的王室封臣组成的大军来到这里，负责右翼。然后他们光荣地发动冲锋。骑士团成员和他们的部下一起攻击。亚历山大主教阵亡。两队罗斯人向他们冲来，但被击溃了。在战场各处，罗斯军队不得不撤退……骑士团为自己长期以来在罗斯人手底下吃的苦头复仇。战场宽阔，纵深很大，罗斯人一败涂地……每个德意志人不得不抵挡六十个罗斯人……德米特里公爵是条好汉，带领五千罗斯精兵杀入战场。他的其他部队逃走了。现在听听发生了什么吧。骑士团的旗手们在一条很糟糕的溪流处，面对德米特里。他看到骑士团的军队在那里，有很多人马。那里骑士团有 160 人，他们必须面对德米特里的五千人。还有步兵，站在桥前，英勇厮杀。他们表现极佳，大约有 80 人。他们履行了自己对骑士团的职责，打退了罗斯人，让他们灰心丧气……战斗结束后，很多罗斯女人扑在自己丈夫的尸体上哭泣。罗斯人因为此战至今仍然仇恨骑士团。这种感情维持了很多年。

① 马霍尔姆是德语名字，即今天爱沙尼亚北部的维鲁 - 尼古拉。

《诺夫哥罗德编年史》对此役的记述更为连贯：

> 他们抵达凯格拉河的时候看见一支德意志军队已经严阵以待，如同森林。仿佛全体德意志人都集合在那里。但诺夫哥罗德的人马没有耽搁，立刻渡河迎敌，开始排兵布阵。普斯科夫的人在右翼，德米特里和斯维亚托斯拉夫也在右翼；左翼是米哈伊尔。诺夫哥罗德的人面对敌人的铁甲部队，就在大楔子对面；他们就这样互相冲杀。两军短兵相接之时发出一声恐怖的战斗呐喊，父辈和祖辈都不曾见过这样的阵势……既然已经开始交锋，好多优秀的男人为了圣索菲亚而抛头颅洒热血，仁慈的上帝很快送来他的怜悯，不希望罪人全都死光；上帝惩罚了我们，又宽恕我们。他不再把怒火朝向我们，而是怜悯地注视我们；借助光荣十字架的力量，通过贞洁的圣母玛利亚的祷告和所有圣徒的祷告，上帝佑助德米特里公爵和诺夫哥罗德的人们……他们追击敌人，边走边战，一直打到城镇那里，在三条路上追击了好久。路上堆满死尸，就连骑马都无法通过。于是他们从城镇转身，看到另一支大军组成庞大的楔子阵型，冲进了诺夫哥罗德人的辎重队伍。诺夫哥罗德的人们希望去攻击他们，但其他人说："天快黑了；我们如果乱了阵脚，自己挨打怎么办。"于是两军对峙，等待天亮。敌人，那些十字架的背叛者，没有一直等下去，逃走了。

这是两支大军之间的混战。显然，在战场的不同地段，双方各自取得了胜利。此后德意志人后撤，以保卫另一个渡口。双方都精疲力竭，于是罗斯军队撤回了自己的土地。

最终的胜利者是蒙古人，他们懂得对敌人分而治之，从而渔翁得利。1275 年，蒙古人向所有罗斯土地征收第二批灶火税①，这一次他们没有遇到抵抗。这就是马可·波罗笔下的蒙古帝国，它从罗斯延伸到巴格达、北京和河内。马可·波罗在 1268 年初次造访东方，并在帝国境内游历多年。

在此后许多年里，罗马天主教和东正教之间的矛盾不再重要。双方都明白，防守一方总是占上风，他们不仅有很多坚固要塞和致力于死守到底的守军，后勤的困难也让长期围城作战显得不切实际。在条顿骑士团服役的德意志人以及教士、世俗骑士和市民都决心为自己的财产而战，但原住民诸民族同样顽强抵抗罗斯人和立陶宛人的入侵，他们正是过去历次袭击的主要受害者。他们的格言似乎是“在两个魔鬼之间，我们宁愿选择比较熟悉的那一个”。

13 世纪末的原住民生活

条顿骑士团在立窝尼亚与普鲁士的行动受到很多指责，其核心就是他们阻碍了传教。一方面，有一种源自 13 世纪末的观念（这一观念在 19 世纪末得到加强，并在 20 世纪末得到普遍接受）将西方人对原住民习俗的任何干涉都谴责为西方殖民主义和文化帝国主义。另一方面，与此同时，持有这种观念的人却谴责骑士团没有更广泛地在波罗的海诸民族当中传播基督教和教育，从而将他们提升到与德意志人一样的层次，仿佛传教和教育就不会严重影响原住民的传统习俗似的。骑士团的

① 以灶台的数量，也就是以家庭为单位征收的赋税。

一些敌人相信，用低调手段借助原住民王公的力量传教会对原住民造成更大的影响，因为这样能更好地运用原住民的语言，而且会比让那些二流的外国人传教更符合道德。这种想法也许是正确的，但骑士团没有办法选择这种道路。宗教教育和聘用神父是大主教和主教的职责，不是骑士团团长和他的官员管得了的。如果骑士团的修士和骑士试图向原住民传授宗教知识，就会遭到教宗的严厉训斥。另外，劝说主教及其教士加入条顿骑士团的努力只遭到了愤怒的抗议。

很显然，在波罗的海诸民族当中传教的努力都没有取得很好的效果。另外，就连同时代的人也清楚地看到了传教失败的原因：教会犹豫不决，不肯信任异教祭司的儿子们，担心他们会对基督教做出异端诠释，危及信众的灵魂；守贞不是原住民的习惯，而附近地区的东正教神父可以结婚，这对原住民而言是一个危险的榜样；另外，从外国来的高级教士及其下属不懂爱沙尼亚语或拉脱维亚语，所以不能确定原住民神父在说什么、做什么。教会的资金不足以在乡村维持神职人员的存在，而教会从德意志聘请的神父往往在乡村待不了多久便回到城市，教会对此无力阻挡，因为在城里他们可以找到工作，或者至少能找别人和他们交谈；而在原住民乡村，他们只能和偶尔过路的商人、当地贵族和地方长官交谈，但他们和这些人没什么共同点，话不投机。最后，接受了基督教的原住民很快就会把当地神话和古老习俗融入他们对新信仰的理解中。我们今天不会担心爱尔兰精灵和克罗地亚灵怪有害于基督教信仰；但中世纪教会对此非常介意，所以教会抵制将波罗的海异教信仰的元素（最重要的是与葬礼和缅怀死者有关的元素）纳入基督教每日礼拜和宗教节日的做法。

在立窝尼亚各地，原住民诸民族成功抵制了基督教的葬礼仪式。不过，我们拥有反映抵制葬礼的史料，却没有反映其他形式的抵制的史料，可能只是因为原住民的葬仪是比较容易被教会观察到的。相比之下，要调查原住民有没有违反斋戒规矩、有没有秘密执行异教仪式、是否还有与德意志人不同的迷信就困难多了。在原住民当中，女性比男性更为固执地抵抗变革，也许因为女性的生活不像男性那样容易受到新政权的影响。而且，条顿骑士和神父都不能与女性待在一起。

新皈依者对新宗教的理解似乎仅限于某些需要反复念诵的祷告、尊崇圣徒以及在他们原本就五花八门的信仰体系里增添一些新的迷信。基督教是一神教，却有三位一体之说，当时的人可能和今人一样很难理解这一概念，而且“基督徒”的道德准则有时似乎与普通德意志人的生活方式没什么关联。统治者可能不知道乡村的实际状况，军事修会的骑士对实情的了解可能最少，因为他们按照规矩应当待在修道院里祈祷而不是和原住民交往（与男性一起喝酒是可以接受的，但骑士不能参加有女性在场的娱乐活动）。原住民想要保存的东西都以音乐的形式在外国人听不懂的歌谣中保存下来。唱歌的传统在漫长岁月里得以延续，一直保存到我们的时代，不过那些古老歌曲已经消失在历史长河中了。当波罗的海国家在 1988 ~ 1991 年再次获得独立的时候，他们达成目的的方式不是通过恐怖主义或暴力，而是通过“歌唱革命”①。

---

① 歌唱革命是 1987 至 1991 年的一系列事件，最终导致爱沙尼亚、拉脱维亚和立陶宛从苏联获得独立。1988 年 6 月 10 ~ 11 日，爱沙尼亚群众自发性地发动示威，并在塔林歌曲节上唱歌。此后发生了许多群众抗议和示威活动，包括集体演唱爱国歌曲和基督教赞美诗。

条顿骑士团的间接传教手段在普鲁士取得的成绩更为理想，那里有大量德意志和波兰农民，加快了文化融合与普鲁士最终德意志化的过程。即便如此，数百年来人们一直在讨论原住民的皈依究竟有多真诚。传教士的宣讲都是徒劳，因为他们人数太少，并且对原住民语言所知无几，不足以打动立窝尼亚人的心。直到宗教改革和反宗教改革波及波罗的海地区，基督教才真正深入原住民社会。

与普遍的观点相反，新近被征服的诸民族并没有立刻成为农奴和奴隶。他们要交税和服劳役，要奉行一夫一妻制，还要正式承认对基督教的信奉，但在绝大多数方面，他们得以维持自己的传统习俗。长老们继续管理地方性事务；武士阶层渴望战争的机会以赢得战利品和威望；农民每年在领主（往往身在远方）土地上服劳役的天数可能不超过三天。世俗领主和教会领主无疑都努力扩张自己的地产，滥用司法特权，而且在收税时也贪得无厌。有些德意志封臣坚决捍卫自己的上述权利，认为这是他们从自己的爱沙尼亚或立窝尼亚人母亲或外祖母（在征服战争中死去的原住民贵族的寡妇或女儿）那里继承来的，此外也有冯·罗普家族那样与显赫的罗斯家族通婚的情况。

立窝尼亚的行政被分割为好几个部分，所以不同社区的体验可能大不相同。在骑士团领地定居的德意志人相对较少，在大主教领地定居的德意志人也只是略多一点。主要城堡或滨海城镇周围簇拥着一些小规模的德意志人社区，除此之外德意志人的影响微乎其微。但在爱沙尼亚，多尔帕特主教和厄泽尔－维克主教借助地主封臣来统治；在丹麦国王的土地上，德意志骑士、商人和手工匠人更多一些。

遗憾的是，只有这些为数不多的行政官员和商人撰写的档案和书信，这些就是今天我们了解该时期的最重要史料。我们读到《立窝尼亚韵文编年史》的最后几行时意识到作者就此搁笔，这让我们怅然若失，十分难过，在读到《立窝尼亚的海因里希编年史》末尾时也会有这种感觉。波罗的海十字军的世纪就这样结束了，在这之后爆发了一场大争端，而我们对只能通过律师的状词和条顿骑士团的敌人在教宗特使主持的听证会上的声明了解它。但条顿骑士团抵制这些听证会，所以我们永远无法知道故事的另一面。里加人不敢放弃与立陶宛异教徒的盟约，因为那就意味着他们必须向立窝尼亚团长投降。在三十年时间里，里加人继续为了自由而拼死奋战，但最后却还是落空。13 世纪的十字军运动以内战的形式告终，这场内战会持续几十年，并将在 15 世纪末再次浮现。

七　与波兰争夺领土

波美雷利亚和但泽

波美雷利亚（西普鲁士）[1] 的战略意义首先在于，它位于波罗的海南岸，在从吕贝克到普鲁士的最后一段海路沿线，所以波美雷利亚统治者能按照自己的心愿促成或阻挠海上贸易活动。其次，波美雷利亚为从神圣罗马帝国来的十字军提供了另一条陆路走廊。有些十字军走海路来，尤其是从英格兰和苏格兰来的十字军。乘船是最舒适的旅行方式，尽管比较昂贵，但要抵达立窝尼亚，十字军和商人就非走海路不可。而来到普鲁士的大部分十字军战士来自迈森、图林根和上萨克森。对他们来讲，去托伦、库尔姆和玛利亚堡的最直接路径要穿过大波兰，如果波兰国王封锁了这条道路，十字军就只能取道勃兰登堡、诺伊马克[2]和波美雷利亚去普鲁士。

对波兰而言，如果获得了波美雷利亚，就能确保通往波罗的海的道路畅通。通过维斯瓦河运到国际市场上的粮食越来越多，所以出海口对波兰非常重要。另外，如果获得了波美雷利亚，波兰国王还可以在东普鲁士的条顿骑士团领地的背后驻扎

---

① 严格来讲，波美雷利亚（以但泽为中心）只是后来的所谓西普鲁士的一部分。

② 诺伊马克（德语的字面意思是“新边疆区”）在中世纪曾属于波兰，称为莱布斯领地，后成为德意志人的勃兰登堡边疆伯爵领地的一部分，在奥得河以东，今天大部分在波兰境内。

军队，那里距离重要的骑士团城堡，如玛利亚堡和埃尔宾很近，可以随时发起打击。

相比之下，但泽城对双方的经济意义就不是那么明显了。条顿骑士团还可通过别的途径出口粮食和森林物产，而且但泽始终不肯驯顺地臣服于骑士团。之前但泽曾反叛骑士团，这导致其市民遭到屠杀，不过波兰国王大肆宣扬的死亡人数 1 万人是夸大其词了，因为这比但泽的总人口还多。但泽是汉萨城市，富裕而自信的城市权贵主宰着这里的政坛，后来骑士团的军官不得不和这些权贵谈判，在镇压海盗时也得依赖但泽的战舰。波兰的皮雅斯特君主很珍惜自己在理论上对但泽的主权，尽管他们从但泽拿不到多少直接的军事或财政利益。波兰国王说但泽那些说德语的市民其实是波兰人，这是很有效的宣传且貌似有理，因为当时语言还不是政治归属的明确标志。

真正的问题当然是权力。如果条顿骑士团占据了波美雷利亚和但泽，就不必受制于波兰国王的心血来潮，他们可以安全地向普鲁士输送十字军战士，还可以在波美雷利亚招兵买马和收税，从而支持在东方边境的作战；如果波兰国王控制了波美雷利亚，就能迫使普鲁士臣服。条顿骑士团认为占据波美雷利亚对自己的生存至关重要，所以大团长们优先考虑此事。但对波兰国王来说，占据波美雷利亚的好处不多，那里的骑士和纳税人对他的权力与财富的贡献非常有限，这么做主要的好处就是迫使条顿骑士团屈服。所以他对这事并不着急。

如果在 13 世纪 40 年代没有被蒙古人打得奄奄一息，波兰王国可能早就占领波美雷利亚了，这不只是通过继承（条顿骑士因为宣誓守贞，所以无法借助联姻来获取领土），也是因为这样一来皮雅斯特公爵们就有足够的实力强迫条顿骑士团从一开始就分享圣战的果实，而不用等条顿骑士团在东普鲁士站稳脚跟。至少马佐夫舍公爵们会占领库尔姆，并安排对波兰友好的高级教士担任普鲁士四个主教区的主教；各国野心勃勃的大家族也会蠢蠢欲动，试图控制骑士团的其他土地。因为康拉德公爵及其继承人控制着马佐夫舍境内通往立陶宛和沃里尼亚的水道，他们致力于保卫这些土地抵抗异教徒的攻击。另外，如果马佐夫舍公爵们更早地干预普鲁士，波兰就可能在未来更深度地卷入与立陶宛的冲突。

但这不是波兰的命运。因为波兰王国屡战屡败，波兰人唯一能做的就是哀叹付诸东流的机遇。波兰爱国者能做的就是等待有一天王国觉醒，国王、重要贵族、教士、骑士和士绅能再度为了王国的利益和基督教世界的福祉团结起来。13 世纪中叶，这种美好前景似乎还很遥远，但到世纪末时，这一未来似乎已经近在咫尺。

波兰统一

波兰王国的统一非一日之功，也来之不易。实际上波兰的统一几乎可以说是一个偶然结果，因为分布广泛的皮雅斯特王朝各个分支都逐渐绝嗣了。拥有克拉科夫公国和国王之位的分支于 1279 年随着虔诚的波列斯瓦夫去世而灭亡，马佐夫舍公爵康拉德的孙子“黑色”的莱谢克二世成为国王。莱谢克二世打败了罗斯人，又在 1282 年击溃了索多维亚的普鲁士人，最后于 1285 年利用匈牙利和库曼武士之力夺取克拉科夫，证明了自己是一名有才干的领袖。他从 1287 年蒙古人的毁灭性入侵中幸存，但于次年驾崩，没有留下子嗣。复兴波兰力量与威望的愿景随着他一起破灭了。

西里西亚公爵亨里克四世迅速对克拉科夫提出主张权。虽然他的亲戚支持马佐夫舍公爵波列斯瓦夫二世[①]，但亨里克四世的军力更强且距离克拉科夫更近，所以他轻松地控制了王国的南部。但亨里克四世的统治不得人心。从文化上看，他不是波兰人，更接近德意志。他早年失去父母，为免受西里西亚亲戚的侵害请求波希米亚国王奥托卡二世担任他的监护人。他在波希米亚宫廷长大，1278 年奥托卡二世国王与哈布斯堡的鲁道夫一世决战时，捷克军队中有三分之一是亨里克四世的人马。最终，奥托卡二世在此役中丧生，亨里克四世毫不犹豫地投奔此役的胜利者，向他宣誓效忠。返回西里西亚之后，他带来了更多德意志定居者，他的宫廷受到的德意志影响也比以往更强了。很多波兰人对此不满，担心在亨里克四世统治下波兰会变成神圣罗马帝国的附庸。从亨里克四世的遗嘱来看，这种担忧似乎有些夸张。1290 年亨里克四世在与教宗就他的加冕进行谈判的时候突然去世，他在遗嘱中将克拉科夫给了大波兰的公爵普热梅斯瓦夫二世，把西里西亚给了他的亲戚亨里克[②]，希望西里西亚有朝一日回到波兰王室手中。但不幸的是，并非所有人都同意他的安排。库亚维公爵“矮子”瓦迪斯瓦夫（1261～1333）[③] 发出抗议。波希米亚国王瓦茨拉夫二世[④]也感

① 他是马佐夫舍公爵康拉德的孙子，“黑色”的莱谢克二世的堂兄弟。

② 指的是格沃古夫公爵亨里克三世（1251/1260～1309）。

③ 他是“黑色”的莱谢克二世的异母弟。

④ 波希米亚国王瓦茨拉夫二世（1271～1305）是奥托卡二世的独生子。波兰的克拉科夫大公普热梅斯瓦夫二世于 1291 年将克拉科夫公国割让给瓦茨拉夫二世，而克拉科夫公国一般与波兰的宗主地位联系在一起。1295 年，瓦茨拉夫二世加冕成为波兰国王。他还娶了普热梅斯瓦夫二世的女儿，他们的儿子后来获得匈牙利王位，与安茹的查理·罗贝尔争夺匈牙利统治权。瓦茨拉夫二世是历史上最重要的捷克国王之一，他统治下的波希米亚王国是从波罗的海延伸到多瑙河的大国，拥有富饶的银矿。但他死后，波希米亚王国就开始衰败。

到不满，他开始争夺波兰王位。这场斗争断断续续地进行了差不多二十年。

捷克国王的实力比其对手强得多。到 1292 年，瓦茨拉夫二世已经占领了整个波兰南部。波兰北部处在普热梅斯瓦夫二世的控制之下，他是波美雷利亚公爵梅斯特温二世的继承人，也是大波兰的公爵们的继承人。普热梅斯瓦夫二世于 1295 年让格涅兹诺大主教加冕他为国王，但他的统治很短暂，不到一年后他就被刺杀了：凶手可能原本打算绑架他，但失败了。此事的幕后主使始终未被查出，但很多人怀疑是意在占领波美雷利亚的勃兰登堡边疆伯爵。混乱稍微平息之后，矮子瓦迪斯瓦夫占据了已故普热梅斯瓦夫二世国王的土地，并继承了他的主张权。与此同时，波美雷利亚的封臣们成了当地事实上的统治者，其中最强大的是但泽和斯武普斯克①的施维尔查与他的儿子彼得。

此时大家都清楚地认识到，波兰王国的统一指日可待，普鲁士团长们必须考虑这将对他们意味着什么。他们与皮雅斯特公爵们的关系时好时坏，但总的来讲是友好互助的。而且，从很多角度看，对于波兰王国目前出现的有利变化，条顿骑士团是有功劳的。条顿骑士团保护了波兰边境，抵挡住了异教徒的进攻，这帮助稳定了波兰国内局势，让公爵们能集中精力开展急需的国内改革。条顿骑士团把源源不断的十字军战士带过西里西亚和大波兰，有助于刺激当地经济；这帮助中产阶级的发展壮大，而这个阶级提供的税金与服务又鼓励了波兰国内贸易

---

① 斯武普斯克在今天波兰的北部，距离波罗的海不远，中世纪一度是汉萨同盟的盟友城市，1648 年起属于勃兰登堡 - 普鲁士，二战后归属波兰。

和制造业的发展。道路和桥梁得到改善，波兰各地的交通变得更便利、更可靠。

皮雅斯特公爵们效仿那些安排德意志人往西里西亚、波美雷利亚和普鲁士定居的教士，开始自行调动波兰农民和德意志农民进行内部移民。更重要的是，他们放松了限制农民人身自由的法律。新近获得自由的农民比农奴更勤劳，产出也更多，这改善了经济，从而增加了公爵们的收入，也让数量众多的波兰骑士从中获益。但随着波兰骑士的自我感觉越来越好，他们的自信和野心越来越膨胀，并开始表露为非理性的爱国主义，包括强烈的反德意识。这当然让条顿骑士团的领导人感到担忧，因为这样强烈的反德情绪肯定会影响骑士团与皮雅斯特公爵们的关系。

波兰有很多股力量都在向民族复苏的方向发展，任何幸运且有才能的人都能以多种方式利用这些力量，把国家统一起来，并自立为王。条顿骑士团不会乐见一个强大的德意志诸侯作邻居，但一个难以揣测、好斗的皮雅斯特家族成员登上波兰王位的可能性让骑士团尤感不安，尤其是假如“矮子”瓦迪斯瓦夫成为波兰国王的话。骑士团和瓦迪斯瓦夫彼此之间知根知底，双方互不信任，但都不想开始长期的争斗。

瓦迪斯瓦夫的个性反复无常，但政策一以贯之。他的粗暴性格往往对实现自己的目标不利，但他的坚忍不拔和好斗性格赢得了很多波兰骑士与士绅的爱戴。在很多年里，这对普鲁士团长不算大事，因为瓦迪斯瓦夫的野心让他把注意力转向南方而不是北方。他在多年里参与了很多阴谋诡计，在很长时期里与条顿骑士团没有打过交道。所以在普鲁士十字军远征的结果悬而未决的几十年里，他很少试图去阻挠。普鲁士团长考虑到这一点，并且考虑到瓦迪斯瓦夫的野心未必能实现，所以也克制自己不去掺和波兰事务，尽管条顿骑士团原本可以给瓦迪斯瓦夫的诸多敌人提供很多帮助。

瓦迪斯瓦夫实际上依赖普鲁士团长保护他那些最脆弱的领地。立陶宛人在看到瓦迪斯瓦夫把大波兰的骑士都调去西里西亚作战之后，就攻击了卡卢什①。这个地方位于波兰腹地，因此立陶宛人的袭击非常大胆。除非瓦迪斯瓦夫放弃对王位的觊觎，他将不得不依赖条顿骑士团阻挡下一次危险的入侵。类似地，瓦迪斯瓦夫也利用条顿骑士团来抵挡他的勃兰登堡敌人。

任人攫取的波美雷利亚

当“矮子”瓦迪斯瓦夫和西里西亚公爵亨里克四世在波兰南部争夺王位的时候，勃兰登堡边疆伯爵再次进入波美雷利亚，企图占据这片土地。13 世纪 60 年代末，梅斯特温二世公爵曾向勃兰登堡边疆伯爵求助以对抗他的兄弟和条顿骑士团，条件是梅斯特温二世成为野心勃勃的勃兰登堡边疆伯爵的封臣。但这段封建关系的双方很少能相安无事。1272 年，勃兰登堡边疆伯爵在一场与梅斯特温二世的纠纷中占领了波美雷利亚公国除但泽以外的大部分地区，最终以重新确认对梅斯特温二世之宗主权的条件与对方达成了和解。后来，梅斯特温二世在遗嘱里把自己的土地留给他的皮雅斯特亲戚，勃兰登堡边疆伯爵也没有足够的力量去占领这些土地。1295 年，普热梅斯瓦夫二世曾短暂访问波美雷利亚，但梅斯特温二世与主教、修

① 卡卢什在今天的乌克兰西部。

道院院长和封臣之间矛盾重重，留下许多敌意，普热梅斯瓦夫二世也只能解决其中的部分矛盾。普热梅斯瓦夫二世于次年去世，导致北方再次陷入混乱。他的女儿继承了对他的土地的主张权，后来嫁给了瓦茨拉夫二世。于是波希米亚国王成为波兰王位的有力竞争者，瓦茨拉夫二世立刻出兵占领了克拉科夫。与此同时，“黑色”的莱谢克二世和“矮子”瓦迪斯瓦夫各自对波美雷利亚提出主张，西里西亚公爵亨里克四世则试图夺取大波兰。就是在这一令人头晕目眩的状况下，施维尔查家族[①]崛起了。不足为奇的是，他们承认瓦茨拉夫二世为波兰国王，并与他的勃兰登堡支持者密切合作，正如他们后来在瓦茨拉夫三世短暂统治波兰期间（1305～1306）所做的那样。

施维尔查家族绝对没想到“矮子”瓦迪斯瓦夫会在1306年成为波兰国王[②]，也预料不到他在这一年对波美雷利亚的短暂访问对施维尔查家族而言竟是一场灾难。瓦迪斯瓦夫一世想要惩罚施维尔查家族的不忠（可能还想没收他们的土地以支付他自己的开销），下令以叛国罪将他们逮捕。心惊胆战的贵族们向勃兰登堡求助，年迈的勃兰登堡边疆伯爵很快占领了除但泽之外的整个波美雷利亚，而但泽也只剩城堡还在坚守。但泽城和城里的很多德意志商人未做抵抗就投降了。

勃兰登堡军队继续围攻但泽的城堡，忠于波兰王室的守军指挥官两次请求瓦迪斯瓦夫一世支援他，但瓦迪斯瓦夫一世表

---

① 施维尔查家族是13和14世纪在波美拉尼亚和波美雷利亚活动的一个著名的贵族家族，得名自施维尔查及其弟弟洛伦茨，他们原本是家臣（小贵族）和官僚，后来成为一方领主，在1295至1309年的波美雷利亚继承危机中发挥了重要作用。

② 以下称他为（矮子）瓦迪斯瓦夫一世。

示自己爱莫能助，让他向条顿骑士团求援，于是指挥官向条顿骑士团求助。这次请求事关重大，它标志着普鲁士十字军第一个伟大时代的结束。在这个时代，异教的所有敌人一般都会合作。似乎没有人想到普鲁士团长和波兰国王的矛盾会延续那么久，但从后人的视角看来，这很符合逻辑，所以有些历史学家把这之后的事件理解为条顿骑士团有预谋的侵略。

骑士团领导层的变更也让人更加产生这种怀疑。康拉德·萨克于 1306 年初因健康不佳辞职，他的最后一次军事行动是冬季攻击格罗德诺，此战中他的部下在暴风雪掩护下爬上敌人的城墙，战胜了睡眼惺忪的守军，但没能夺取城堡的主楼。他的继任者、出身高贵的库尔姆的城堡长官西格哈德·冯·施瓦茨堡任职仅几个月就辞职了，随后大家选举海因里希·冯·普勒茨克。他是一位有名的武士，几个月前才奉大团长之命来到普鲁士。

西格哈德团长派遣一支部队去增援但泽城内遭受围攻的波美雷利亚人（他们支持波兰国王）。这件事情本身没有什么特殊之处。当时的编年史家对这次行动及其后续的小规模作战都不以为意，以至于彼得·冯·杜斯堡和尼古拉斯·冯·叶罗欣都没有中断自己的叙述来提起此事。但这是很重要的一步。从那以后，条顿骑士团就深深卷入了波美雷利亚和波兰事务。此后，海因里希·冯·普勒茨克对瓦迪斯瓦夫一世关于波美雷利亚的计划了解越多，就越不愿意把这个省份交给他。

条顿骑士团占领但泽和波美雷利亚

在瓦迪斯瓦夫一世的请求下，海因里希·冯·普勒茨克于

1308 年 9 月将勃兰登堡军队逐出了但泽。市民起初似乎欢迎新的占领军，但骑士团没有把但泽归还波兰王室的意思，于是市民变得十分焦躁。11 月，但泽市民发起暴动并惨遭镇压，死了不少人。死者大多是德意志商人和手工匠人，就是他们在这座城市定居，并把这里变成比埃尔宾或托伦更重要的商业中心。

条顿骑士团在镇压此次暴动之后面临一个棘手的选择：到底是撤出这座对他们充满敌意的城市，并放弃为了之前的行动拿到酬劳的希望，还是继续占领下去，从而在将来与瓦迪斯瓦夫一世谈判时占据更有利的地位。海因里希选择了第二条路线。他占领了迪尔绍[①]和勃兰登堡人控制下的每一座要塞。不久之后，他向波兰王室开出了 1 万马克的要价。瓦迪斯瓦夫一世身材矮小，囊中羞涩且不懂策略，于是他拒绝付钱，并且似乎还期待骑士团随时听候他的调遣。瓦迪斯瓦夫一世拒绝付账的决定是个错误，这不但把波兰的统一推迟了好多年，还在波兰与条顿骑士团之间引发了命运攸关的对抗，这种对抗对他和他的继任者都意味着很大的麻烦。

也许是出于骄傲的缘故，瓦迪斯瓦夫一世显然没有吸取自 1298 年以来与条顿骑士团交战的里加的教训。瓦迪斯瓦夫一世可能无法想象骑士团竟然把他当作与里加大主教平级的人来对待，或许和许多成功人士一样，他也变得过于依赖自己的好运气和逃脱险境的本领。他走到今天这一步可不是因为对强大的对手俯首称臣或者温顺地接受现状，与所有成功的皮雅斯特家族成员一样，瓦迪斯瓦夫一世的成就有赖于劝诱、个性、恫

---

① 迪尔绍是德语名字，即今天波兰北部维斯瓦河畔的的特切夫。

吓，最终还有武力。只要有一个阶段没有出现他希望的结果，他就对敌人施加更大的压力。

海因里希团长宣布将在问题解决之前继续控制波美雷利亚，* 他的外交官则与勃兰登堡边疆伯爵取得了联系。勃兰登堡边疆伯爵于1309年将自己对波美雷利亚的主张权卖给了条顿骑士团，价格是1万马克。这种主张权和绝大多数统治者对自己土地的主张权一样有效，毕竟当时绝大多数国家都没有"民族认同"，人民臣服于统治者，而统治者对自己的纳税人或附庸说什么语言、是什么民族漠不关心。当时的人们当然理解什么是民族身份，但阶级地位更重要。1307～1310年的危机促使条顿骑士团决心永久占据波美雷利亚。

面对统一的波兰王国对骑士团的威胁，普鲁士团长就是这样回应的。海因里希不允许瓦迪斯瓦夫一世滥用条顿骑士与他们的友谊，更不允许瓦迪斯瓦夫一世声称自己对骑士团拥有主权。骑士团要利用西普鲁士（英语世界一般这样称呼波美雷利亚）的资源和与勃兰登堡的盟约来对抗瓦迪斯瓦夫一世。在获取了西普鲁士的税金与兵员，并保障通往德意志的补给线畅通之后，条顿骑士团相信自己可以打败任何一支前来挑战的波兰军队。这在好几十年里确实如此。

条顿骑士团的做法是错误的，而且他们错得很严重，但只有后人才看得清这一点。在当时以及之后的几十年里，条顿骑士团相信自己的处置很妥当，简直是天才之举。海因里希团长自认问心无愧，能够当着骑士团成员和最客观中立的欧洲贵族

* 后来的历史证明，只有第二次世界大战解决了这个问题。这是一个非常残暴的解决方案，东西普鲁士的绝大多数德语人口，包括原始普鲁士人的绝大部分后裔，都被强行逐出。（作者注）

的面为自己的行动辩护。骑士团肯定是遵照法律文本行事的，这已经比很多力图扩张领土的统治者强多了。在那个时代，人们认为法律文本比其精神更重要，民族的问题一般被认为无关紧要，因为同一个家族可能在不同国家进行统治，很多省份不断因战争或交易转手，从没有人考虑居民的感受。当时的民族主义主要表现在骑士而不是其他群体身上。而在当时，西普鲁士骑士和士绅都认为“矮子”瓦迪斯瓦夫一世是压迫者。从所有得到普遍接受的标准来看，条顿骑士团的举动都是负责任的、高尚的，但过不了多久，被普遍接受的标准发生了变化，条顿骑士团的举动就显得不是那么正当了。波兰骑士和贵族没有像条顿骑士团设想的那样默许骑士团的统治，而是站在瓦迪斯瓦夫一世及其后人那边，要求骑士团“归还”西普鲁士，尽管这个省份在 13 世纪的大部分时间里与历史上的波兰王国的联系微乎其微。波兰民族感情让波美雷利亚成为考验波兰人爱国主义的试金石，条顿骑士团也成为当时普遍的反德情绪的核心目标。而在西普鲁士成为争夺焦点的同时，波兰王国和条顿骑士团都没有办法有效处置自己东部边境的问题。

波兰人的敌意使条顿骑士团无法在针对萨莫吉希亚人和立陶宛异教徒的十字军远征中获胜。但我们必须明白，即便条顿骑士团预见到了自己举动的长期后果，他们在当时面对瓦迪斯瓦夫一世的短期挑战也没有什么别的对策。另外，现在普鲁士变得比以往更加处于骑士团活动的中心。在阿卡被撒拉森人占领二十年后，条顿骑士团只得不情愿地承认重返圣地的希望十分渺茫，他们决定将资源集中用于支持针对波罗的海异教徒的长期十字军运动。

就是在这样的背景下，骑士团大团长西格弗里德·冯·福伊希特万格将他的官邸从威尼斯迁往玛利亚堡。首先，他承认，从普鲁士传出的长期怨言是有道理的。很多年里，在普鲁士的骑士感到身在远方的大团长忽视了他们的利益。在1303年埃尔宾的一次会议上，气氛一度十分紧张，骑士们表达了自己的愤怒；以普鲁士和立窝尼亚代表为一方，威尼斯和德意志代表为另一方，他们为了大团长戈特弗里德·冯·霍亨洛厄的辞职而争吵。骑士团几乎处于分裂状态，直到戈特弗里德于八年后去世。在那些年里，西格弗里德·冯·福伊希特万格甚至不敢越过阿尔卑斯山去视察或招募十字军战士，以免得罪那些期待去圣地的骑士。其次，意大利局势变得险象环生。1303年，法兰西国王派人绑架了教宗博尼法斯八世，下一任教宗则迁往他和法兰西国王都认为比较“安全”的阿维尼翁。在法兰西国王的部下虐待博尼法斯八世的四年之后，他们又逮捕了法兰西境内的所有圣殿骑士团成员，并以异端罪审判他们。那些骑士供认了几乎不可能属实的荒诞罪行，后来很多人被处以火刑，他们的财产也被没收。1308年初，英格兰国王如法炮制，也逮捕了英格兰境内的圣殿骑士团成员。

西格弗里德·冯·福伊希特万格从对这些事态的观察中得出的结论是，只有居住在更安全的地点才是谨慎之道。此时意大利和德意志都没有对条顿骑士团友好的统治者，而骑士团的财富对财政紧张的统治者们来说诱惑太大。另外，大团长与威尼斯没有历史联系。他居住在这里只是因为这样方便他观察地中海地区的政治。他觉得在今后的一些年里，基督教世界已没有希望组织规模足够大的十字军东征在圣地重新获得立足点，所以驻扎在波罗的海地区的骑士对任何人都没有用。如果发生了十字军重返圣地的奇迹，条顿骑士团就会加入他们，但在此之前，他们将集中力量对付波罗的海的异教徒。西格弗里德·冯·福伊希特万格于1309年在玛利亚堡设立了永久官邸，但直到下一任大团长卡尔·冯·特里尔任内，大团长才真正重新确立了对各个分支的掌控，再次成为全体条顿骑士的领导人。此时，条顿骑士团对自己的目标已经有了坚实的把握：消灭波罗的海地区敢于武装反抗的异教徒。

西格弗里德·冯·福伊希特万格任命了一些新军官，把之前在圣地用过的一些崇高头衔封给他们。他还向各个乡村地区指派地方长官，并在但泽建立了一家修道院。但泽恢复了繁荣，成为波罗的海沿岸的头号商业中心。显赫市民与手工匠人不再视条顿骑士团的统治为压迫性的暴政。

波兰国王瓦迪斯瓦夫一世

在1320年之前，条顿骑士团并不觉得瓦迪斯瓦夫一世是个严重的威胁，也没有理由认为他是一个军事天才或者特别优秀的行政管理者。他们知道，不管瓦迪斯瓦夫一世出现在何方都会引发冲突，他经常制造连自己也难以收拾的军事乱局。骑士团一定乐见瓦迪斯瓦夫一世对他亲戚的攻击，因为这样一来，马佐夫舍公爵们几乎一定会在政治和军事上支持骑士团。

起初，波兰教士对是否承认瓦迪斯瓦夫一世为国王存在分歧，但在敌对瓦迪斯瓦夫一世的克拉科夫主教被流放后，局面就改变了。后来瓦迪斯瓦夫一世得到了波兰最主要的高级教士格涅兹诺大主教的支持，但直到1320年1月20日他才被加冕为王，加冕礼也没有事先得到教宗的祝福。这是德意志皇帝与阿维尼翁教宗之纠纷的一个令人尴尬的副产品，在短期给波兰王室造成了问题，但从长期来看却让波兰王室得以独立于教廷政治。这还标志着波兰王国在子承父业而非兄终弟及的基础上获得了重生。另外，出身波兰北部的瓦迪斯瓦夫一世希望占据波美雷利亚，而最具竞争力的皮雅斯特王公们的兴趣仅仅在于西里西亚。而瓦迪斯瓦夫一世还是个固执而睚眦必报的人，他不会忘记条顿骑士团对他的怠慢。

到1320年时，瓦迪斯瓦夫一世已经从他的许多失败中汲取了教训。最重要的是，他终于明白了如果没有胜算就不要开启战端的道理。眼下他没有可能打败条顿骑士团，于是他集中力量用封建制度重组自己的国家。他向教宗发出的申诉也为他将来挑战条顿骑士团对西普鲁士、但泽和库尔姆的主权奠定了基础。

瓦迪斯瓦夫一世国王和异教徒

1323年，随着统治加利西亚和沃里尼亚的罗斯王公去世，瓦迪斯瓦夫一世打算让马佐夫舍公爵波列斯瓦夫二世继承其领土，但立陶宛大公格迪米纳斯明确表示，若没有他的许可，瓦迪斯瓦夫便不能将他的西部和南部边境沿线的大块土地转交给一位皮雅斯特公爵。波兰和立陶宛在谈判过程中发现双方有很多共同利益，而更重要的是，他们还有共同的敌人：草原上的鞑靼人，以及北方沿海的条顿骑士团。如果双方通力合作，就能更好地抵抗这些敌人。于是两国订立了盟约，格迪米纳斯把几个女儿许配给马佐夫舍公爵们，瓦迪斯瓦夫一世十五岁的儿子卡齐米日（1310～1370）则迎娶了美丽的立陶宛公主阿尔多娜。卡齐米日两个哥哥的去世让波兰宫廷陷入悲伤，而阿尔多娜让宫廷重新欢乐起来。她所到之处都带着一群美丽少女和乐师，她的年轻丈夫在一段时间里非常爱她。后来，当卡齐米日开始追求其他女人的时候，她就被抛在一边，在家中备受卡齐米日母亲的暴政压迫。

此时的瓦迪斯瓦夫一世已经成为一名狡黠的外交家。1326年初，他在与条顿骑士团签署的停战协定中似乎放弃了与立陶宛的盟约。大团长很可能不假思索地以为自己已成功地分化了骑士团的两个对手，并让波兰国王转移注意力去对付鞑靼人。瓦迪斯瓦夫一世前不久获得了教宗的许可，允许他“用战争保卫天主教信仰，无论在波兰王国境内，还是毗邻该王国的其他基督教土地，或邻近它的属于教会分裂者、鞑靼人或其他异教民族的土地”，但瓦迪斯瓦夫一世的真实目标是勃兰登堡，那里的统治者是十字军运动的坚定支持者。春季，瓦迪斯瓦夫一世允许立陶宛异教徒穿过波兰，向德意志人的村庄城镇发起突然袭击，蹂躏了那些即便在13世纪的苦战期间也不曾受到异教徒威胁的地区。

教堂遭破坏，圣餐遭亵渎，神父被杀害，修道院被烧毁，男女俘虏都遭到酷刑折磨。当时的一位编年史家表达了十字军的愤怒。他说，就连那些与异教徒沆瀣一气的波兰人也被这些景象吓坏了。他描述的一些事件听起来很像目击者的一手叙述：异教徒武士为了一个美丽少女激烈地争吵，这时一名领袖走上前来，将她砍作两截，说：“现在她一钱不值了。你们愿意怎么分都行。”一名修女为避免失去贞洁而拼命求死，在祷告之后被一个愿意帮忙的异教徒砍死。条顿骑士团用这些故事来煽动群众对异教徒及其波兰盟友的仇恨。还有一则传闻说，立陶宛领导人格罗德诺的大卫被一名波兰骑士谋杀了。很多人不禁想，波兰与立陶宛的盟约会不会因为这次败局而破裂。

条顿骑士团没有等停战协定到期就对瓦迪斯瓦夫一世对其盟友勃兰登堡的攻击展开了报复。条顿骑士团与威胁到瓦迪斯瓦夫一世国王之位的皮雅斯特王公们结盟，先是西里西亚公爵亨里克，然后是沃里尼亚-加利西亚公爵波列斯瓦夫。第一份条约里有很多愤怒的激烈言辞谴责瓦迪斯瓦夫一世背弃和约、帮助异教徒蹂躏基督徒的土地，还说他是毫无人性的暴君。后来亨里克公爵及其兄弟成了条顿骑士团的在俗成员。

此时的大团长是维尔纳·冯·奥尔森，他曾担任拉格尼特城堡长官和骑士团总司令。虽然他热烈支持讨伐异教徒的战争，但在之后的三年里几乎没有战事发生。这不是因为瓦迪斯瓦夫一世的行动，而是因为当选的皇帝和教宗之间正在进行着激烈的斗争，所以骑士团无法从德意志招募十字军战士。

在神圣罗马帝国的漫长历史上，皇帝和教宗之间经常发生冲突。但这个时期的皇帝—教宗斗争与之前不同，因为双方都没有足够的真实力量伤害对方。除了激烈詈骂和空洞的威胁之外，他们之间的宿怨很少诉诸实际行动。1326 年，教宗对德意志颁布禁止圣事的命令，停止了一切教会礼拜。大团长召集代表在玛利亚堡开会商议。骑士和神父们投票决定支持皇帝路德维希四世，他来自维特斯巴赫家族，原为巴伐利亚公爵。

这次会议上，代表们还投票表决通过了一些对骑士团规章制度的变更，其中主要的改动是修改了礼拜的形式，但后人对此次会议最重要的记忆是，后来的一封伪造文书让德意志团长获得授权，罢免了一位无能的大团长。

多线作战

大团长维尔纳的第一次军事行动发生在 1327 年，旨在沿维斯瓦河两岸向南进攻。瓦迪斯瓦夫一世国王控制这片土地，目的是对他的马佐夫舍亲戚实施王权统治。维尔纳首先肃清了多布任和普沃茨克的波兰军队，然后进军库亚维。在对布列斯特的进攻失败后，维尔纳提议停战。他可能觉得自己已经给了瓦迪斯瓦夫一世一个下马威，但如果是这样，他就错了。此次冲突仅仅是一场漫长战争的开端。瓦迪斯瓦夫一世接受了停战，但他只是在等待合适时机向对手发起猛烈反攻。

维尔纳没有意识到自己捅了马蜂窝，于是他继续执行自己的计划，即率军东进，攻入萨莫吉希亚。他用普鲁士骑士接替梅梅尔的立窝尼亚骑士驻军，于是立窝尼亚团长有了更多的兵力去攻打里加；这也让普鲁士总军务官更容易协调溯涅曼河而上的军事行动。维尔纳随后穿过荒野向格罗德诺推进，这座要塞控制着重要的水道（穿过沼泽地和湖泊向西延伸到纳雷夫河，然后通往布格河，这是从马佐夫舍和沃里尼亚去立陶宛的最便捷路线）。他运用聪明的策略诱骗敌人穷追不舍，然后出其不意地伏击异教徒。随后，条顿骑士团在格罗德诺周边方圆 30 英里的区域内纵火。一些相信格迪米纳斯再也无力保护他们，或者本身就与他敌对的立陶宛贵族带着妻儿来到普鲁士接受洗礼，并为十字军效力。

大约在这个时期，维尔纳丧失了在涅曼河上的前进基地克里斯特梅梅尔。据说一年前就有人观察到了灾祸临头的凶兆，有三名骑士看见水瓶座中有一颗星向东移动。当然，没有人能预想到克里斯特梅梅尔的防御工事会因山体滑坡而损毁。这座木制要塞的地基垮了，有些城墙坍塌了。大团长在视察克里斯特梅梅尔时认识到这座要塞短期内无法得到修复，于是在一次盛宴结束后，他下令烧毁克里斯特梅梅尔的残骸，暂时放弃了这个据点。

波希米亚国王约翰加入冲突

从任何角度看，波希米亚国王约翰（1296～1346）都是个非凡的人。他十四岁登基，游历甚广，南征北战，卷入的冲突不计其数，以至于同时代人说“没有一件事情没有约翰国王的参与”。他在三十出头的时候把波希米亚政府交给封臣管理，自己则集中力量用于海外冒险。他最坚持不懈的雄心是率领一支十字军去圣地。但对他来说不幸的是，他没有办法招募到一支足够强大的基督徒军队去挑战突厥人，于是他接受了远征萨莫吉希亚的冒险。1328～1329 年冬季，他率领一支由波希米亚、德意志与波兰贵族和骑士组成的大军来到普鲁士，随行的法兰西游吟诗人纪尧姆·德·马肖[①]后来创作了一首诗来记载约翰的功绩。大团长维尔纳召集了约 350 名条顿骑士和 18000 名步兵。骑士团与约翰国王的联军极其强大，参战者都期待他们能对萨莫吉希亚人造成致命打击，就像 13 世纪波希米亚国王奥托卡二世对异教徒的打击一样。约翰希望获得一场辉煌的胜利，让萨莫吉希亚的城市以他的名字命名，就像柯尼

① 纪尧姆·德·马肖（约 1300～1377）是中世纪法兰西的伟大诗人与作曲家，曾作为波希米亚国王约翰的秘书陪同他南征北战。马肖的作品以宫廷爱情主题的抒情诗为主，对乔叟、傅华萨等诗人有很大影响。

斯堡的名字是为了纪念奥托卡二世一样。*

十字军跨过冰封的沼泽与河流，来到内陆的一座异教徒城堡。十字军展示了自己的强大武力，令守军深受震慑，请求投降。这导致十字军内部产生了分歧。维尔纳主张把这些异教徒守军迁往普鲁士；他说异教徒就像狼一样，很快就会逃回森林继续自己的邪恶生活。但是，极具骑士精神的波希米亚国王坚持要求给予这些异教徒光荣体面的洗礼，然后允许他们继续占有这座城堡。最终约翰胜出，于是神父们为 6000 名男女和儿童施洗。

如果十字军此后占领了整个萨莫吉希亚，这种慷慨的政策或许是睿智的，但他们没有机会占领整个萨莫吉希亚。这时有消息传来，瓦迪斯瓦夫一世在十字军开入荒野的同一天入侵了库尔姆。信使骑马狂奔了五天，前来敦促大团长将军队调回去保卫普鲁士。维尔纳和约翰不情愿地返回库尔姆，但他们到得太晚，没能抓住瓦迪斯瓦夫一世。与此同时，新近受洗的萨莫吉希亚人也反叛了。

维尔纳和约翰相信，除非大团长先消灭瓦迪斯瓦夫一世国王对库尔姆的威胁，十字军将无法再次入侵萨莫吉希亚。另外，他们还为荣誉的问题担心，这和战略形势一样重要：他们必须先对瓦迪斯瓦夫一世违反停战协定的行为加以报复。他们还要惩罚马佐夫舍公爵瓦迪斯瓦夫（卒于 1343 年），因为他

---

* 第二次世界大战之后，征服柯尼斯堡的苏联人将它更名为加里宁格勒，以纪念一个斯大林主义政客。柯尼斯堡的德意志元素即便在战争中幸存，也大多在战后被消灭。于是伊曼努尔·康德（1724～1804）和约翰·戈特弗里德·赫尔德（1744～1803）的遗迹和条顿骑士团与普鲁士公爵们建造的纪念性建筑也全都销声匿迹。（作者注）

们视他为基督教事业的邪恶叛徒。1329 年 3 月，维尔纳和约翰签署了正式盟约。约翰通过继承与婚姻对波兰王位提出主张权①，他的王后则将自己对西普鲁士的世袭主张权转让给大团长，这让约翰对波兰王位的主张更显重要。随后他们入侵马佐夫舍和库亚维，蹂躏了维斯瓦河两岸的大片土地，强迫瓦迪斯瓦夫一世再次请求停战。

在战事平息之前，约翰强迫马佐夫舍公爵瓦迪斯瓦夫成为他的附庸，条顿骑士团则占领了多布任，这个省份能够保护从南面通往库尔姆的道路。一年后，约翰把自己那份新征服的土地卖给了维尔纳。

教宗的干预

条顿骑士团与教廷的一个重大矛盾就是“彼得税”——一种由波兰和英格兰直接向教廷支付的税金。近些年里，教宗约翰二十二世曾试图让其他国家也缴纳这种税，但因为遭到了抵制，所以教宗需要一个表率。条顿骑士团似乎就是完美的表率：它理应服从教宗，且骑士团在西普鲁士的臣民已经在缴纳彼得税；并且骑士团富得流油。但条顿骑士团拒绝纳税，理由是它的很多地产在德意志和意大利，因此享有豁免权；另外，如果骑士团交税，那么波兰自称普鲁士宗主的说法就得到了支撑。约翰二十二世对这种争吵没有耐心，他鼓励骑士团的敌人们对其提起诉讼，并明确表示，他会非常理解他的朋友和支持

① 约翰国王的第一任妻子波希米亚的伊丽莎白（1292～1330）是波希米亚国王瓦茨拉夫二世的女儿。

者的特殊需求。1330 年，教廷政策发生了变化，教宗提议，如果将来库尔姆和西普鲁士缴纳彼得税，他就免去骑士团在过去对教廷积欠的税负。骑士团在普鲁士的分支接受了这一提议，但大团长不肯接受。

随后，教宗命令大团长及其军官到阿维尼翁解释为什么抗命不遵，并警告说如果他们不来，就将取消他们的特权、并确认教宗特使对骑士团的绝罚，还要对条顿骑士团的军官进行缺席审判。然而军官们仍然不去阿维尼翁。教宗还命令条顿骑士团加入教廷对皇帝及其儿子勃兰登堡边疆伯爵路德维希一世①的军事进攻，骑士团对这个命令更是不予理睬。他们不愿冒险妥协：他们不仅相信皇帝及其儿子做得对，还害怕皇帝没收骑士团在德意志的财产，以及他的儿子路德维希二世边疆伯爵会在十字军战士经过勃兰登堡时骚扰他们。

如果骑士团对教宗愿意调停骑士团与波兰之争端的表态背后的诚意和善意怀有疑虑，那么现代历史学家也可以对教宗对条顿骑士团的批评产生怀疑。但是，教宗特使能够安然游走在各地家庭之间，而且各方都承认，不管教宗的动机是什么，教宗毕竟是教宗；教会是基督教世界唯一的国际秩序。或许更重要的是，波兰国王和大团长都需要暂时停战，而这需要有人从中安排。所以，教廷在 1330、1332 和 1334 年安排停战的努力都成功了；但永久和平暂时还没有希望，因为各方立场差异太

---

① 指的是“勃兰登堡人”路德维希（1315～1361），勃兰登堡边疆伯爵（1323～1351，称路德维希一世）和巴伐利亚公爵（1347～1361）。他是神圣罗马皇帝路德维希四世的长子。路德维希四世皇帝将绝嗣的勃兰登堡封给自己的儿子路德维希。后来“勃兰登堡人”路德维希的异母弟“罗马人”路德维希继承了勃兰登堡。

大，只有等时间流逝、主要人物去世之后，彼此之间的不信任才能消除。而停战只不过是暂时中止冲突而已。

在立窝尼亚的胜利

不过，波兰与条顿骑士团的停战确实让维尔纳·冯·奥尔森得以继续在萨莫吉希亚作战。1330 年冬季，他迎来了一大批来自莱茵兰的十字军战士，并领导他们进入充满敌意的荒野，但他找不到一座可供攻打的敌方要塞。原住民早就得知十字军要来，于是放弃了自己的村庄躲进森林，所以维尔纳的远征没有取得什么成绩。不过，十字军的此次攻势转移了立陶宛人的注意力，来自拉格尼特的骑士得以溜过敌人的前哨阵地，袭击位于立陶宛高地核心地带的维尔纽斯。他们发现哨兵在睡觉，于是洗劫并焚烧了这座城市的郊区。

这一年，立窝尼亚的战争结束了，里加向骑士团投降。市民们以为自己会遭到残暴的镇压，但出人意料的是骑士团给他们的条件很公平，于是双方冰释前嫌。随后几十年里，市民们不再干预外交政策，专注于贸易活动。立窝尼亚骑士前往维尔纽斯和考纳斯的立陶宛要塞的距离和普鲁士骑士一样近，还可以从杜纳堡出发去袭击之前从普鲁士去不了的地区。没过多久，立窝尼亚骑士就为萨莫吉希亚远征提供了一支重要的援军。

与瓦迪斯瓦夫一世的战争

在瓦迪斯瓦夫一世看来，局势已变得不堪忍受。十字军的进展太大了。马佐夫舍公爵瓦迪斯瓦夫催促瓦迪斯瓦夫一世收复多布任，于是他去向他的盟友、亦即立陶宛和匈牙利的统治者寻求帮助。格迪米纳斯急于重新打通前往波兰的交通线，于是他同意于夏末与瓦迪斯瓦夫一世共同发动一次作战；他将从维兹纳[①]穿过荒野，在多布任或库尔姆与瓦迪斯瓦夫一世的军队会合。瓦迪斯瓦夫一世手下有经验的骑士不多，为了弥补这个缺陷，他把卡齐米日王子送到匈牙利。卡齐米日的私人外交取得了胜利，他成功地说服了自己的姐夫查理·罗贝尔[②]于1331年春季派遣一些骑士去对抗共同的敌人——波希米亚国王约翰。

但在这些增援部队抵达之前，大团长派遣一支大军攻打了一座骚扰维斯瓦河航运的大型城堡。骑士团将投石机和攻城塔推到城堡前狂轰滥炸，三天后城堡几乎成了一片瓦砾堆。骑士团发动了一次又一次强攻，并最终发动火攻烧死了很多守军，迫使幸存的守军冲了出来。条顿骑士团随后攻克了拱卫库亚维北部的城堡布列斯特和纳克沃。没有足够兵力施以救援的波兰国王陷入了绝望。

就在这时，卡齐米日带着匈牙利援军赶到了。十九岁的卡

① 维兹纳在今天波兰的东北部。

② 即匈牙利和克罗地亚国王查理一世（1288～1342）。他出身于那不勒斯王国的安茹王朝（起源于法兰西），祖母是匈牙利公主，所以对匈牙利王位有主张权。1301年匈牙利国王安德拉希三世驾崩，阿尔帕德王朝绝嗣，匈牙利陷入诸侯割据和混战，查理来到匈牙利，获得加冕，但没有获得所有权贵的支持。经过多年内战，查理一世终于平定匈牙利。他实施改革，加强中央王权，削弱贵族，开发金矿，发展经济，为他的儿子和继承者拉约什大王的治世奠定了基础。另外，查理一世和自己的姻兄弟波兰国王卡齐米日大王签订一份重大协议。该协议规定，查理一世的长子拉约什（卡齐米日大王的外甥）将在无嗣的卡齐米日大王死后继承波兰王位。于是后来波兰和匈牙利一度成为共主联邦。

齐米日王子对匈牙利维谢格拉德宫[①]轻松随和而典雅的宫廷生活如痴如醉。在他姐姐的赞同和帮助下，这位金发王子与匈牙利王宫的女官克拉拉·扎奇结下了一段情缘。如果卡齐米日是个有资格求爱的单身汉，或者他对这段风流韵事低调保密，这个故事很可能会有个浪漫结局。但在4月17日，这位克罗地亚贵妇人的父亲挥舞着剑闯进了宫。他打伤了国王，砍掉了王后右手的四根手指，还差一点就杀掉了年轻的王子安德烈和拉约什[②]。王室迅速出手报复，行凶者被五尸，尸块被送到全国各地；他的儿子被拴在一匹马上活活拖死，尸体之后被扔去喂狗；克拉拉则被四处驱赶。扎奇家族被从匈牙利驱逐出去。即便如此，卡齐米日还是得到告诫称他应尽快离开匈牙利，免遭扎奇家族报复。

在卡齐米日带来匈牙利援军之后，瓦迪斯瓦夫一世做好了出击准备。他现在有了大批骑士和雇佣兵，决定不浪费兵力去围攻戒备森严的城堡，而是入侵库尔姆，与格迪米纳斯合兵一处，然后要么强迫大团长与他正面交锋，要么征服那里的城市。他的军事行动开始得很顺利。9月，他入侵了西普鲁士，

---

① 维谢格拉德位于布达佩斯以北、多瑙河右岸。匈牙利国王匈雅提·马加什一世的夏宫在此地。

② 安德烈（1327～1345）为匈牙利国王查理一世的次子、拉约什大王的弟弟。安德烈娶了那不勒斯女王让娜一世（也属于安茹家族），获得卡拉布里亚公爵的头衔。安德烈遭到谋杀，让娜一世可能是幕后指使。后来安德烈的哥哥匈牙利的拉约什大王多次入侵那不勒斯王国，不过失败了。后来他们的亲戚查理三世在匈牙利人帮助下打败并处死了让娜一世。

拉约什即后来的匈牙利、克罗地亚和波兰国王拉约什一世（大王）（1326～1382），匈牙利历史上最强大的君主，“其王国领土直达三片海洋”（亚得里亚海、波罗的海和黑海）。他没有儿子，将匈牙利和波兰分别传给两个女儿玛丽亚（及其丈夫西吉斯蒙德，神圣罗马皇帝查理四世的儿子，后来自己也成为皇帝）和雅德维加（及其丈夫立陶宛大公雅盖沃）。

这是为了误导大团长；然后他聪明地渡河来到维斯瓦河东岸，只可惜时机不好，他到的太晚，没能与立陶宛人会合。格迪米纳斯大公知道自己的军队正被一小群条顿骑士追踪，而当他的侦察兵在约定的时间和地点找不到波兰军队时，他便谨慎地选择班师回朝。这让身处东普鲁士的瓦迪斯瓦夫一世无法拥有绝对的兵力优势，不能随意攻打城市。另外，大团长的军队就在咫尺之遥，他也不能派遣很多人去搜刮粮草，这让他的军队缺乏给养。国王不想这样灰溜溜地撤退，但也不能无限期留在库尔姆。维尔纳虽然有德意志团长和立窝尼亚团长在自己身边，也不愿意交战，但他同样不想让波兰人和匈牙利人继续蹂躏他最宝贵的领地。所以，当有人提议停战的时候，瓦迪斯瓦夫一世和维尔纳都愿意接受。维尔纳提议将库亚维的城市归还国王（但事先摧毁了这些城市的防御工事和城堡），并承诺将多布任归还马佐夫舍公爵瓦迪斯瓦夫。

维尔纳遇刺

不久之后，大团长维尔纳遇刺身亡。此事为我们了解条顿骑士团的司法制度提供了罕见的机会。刺客是一名来自梅梅尔修道院的骑士，曾因凶暴而不可预测的行为（最严重的事例是持刀威胁城堡长官）受到训斥。他来到玛利亚堡希望获得赦免，但仅仅被命令返回梅梅尔。骑士大失所望，离开了大团长的觐见厅，却没有离开城堡。他面临的前景非常黯淡：骑士团对轻罪的处罚为期一年，犯人在这期间被禁止与其他骑士交往，不得穿骑士团的服装，每周有三天只能吃面包喝水。而他犯的是重罪，可能面临佩戴镣铐并监禁的惩罚。他潜伏在走廊里，等维尔纳去做晚祷时突然走出来刺了他两刀，致其死亡。他显然没有逃跑的计划，当场被一名书记员抓获。

审讯刺客的军官得出的结论是他精神失常，不能为自己的行为负责，但军官不能确定应如何量刑。根据骑士团的法规，叛教、临阵脱逃和鸡奸的惩罚是死刑，但没有提到谋杀。于是他们写信给教廷请求指示，后来服从了教宗的智慧，对他判处终身监禁。

路德·冯·不伦瑞克

维尔纳的继任者是路德·冯·不伦瑞克，此人是不伦瑞克公爵（伟大的）阿尔布雷希特一世的六个儿子中最小的一个。公爵另外两个最年轻的儿子分别加入了圣殿骑士团和医院骑士团。路德当过条顿骑士团的袍服总管，还曾负责把德意志农民安顿到普鲁士。他在这方面很成功，从他的兄弟们的领地（所谓的下萨克森）之中招募到很多移民（现在异教徒很少能深入袭击普鲁士心脏地带了，这对吸引移民也有帮助）。他仔细地维持自己的家族关系，后来他有两个侄子也加入了条顿骑士团。

路德是一位有才华的诗人，他大力赞助和鼓励与条顿骑士团有关的宗教与历史写作。路德本人的大部分作品没有保存下来，但他的《圣白芭蕾[①]传》留存至今，因为这位圣徒与骑士团征服普鲁士有很大关联，也因为路德的祖父参加了 1242 年

① 圣白芭蕾是基督教早期的圣徒和殉道者，可能生活在 3 世纪的黎巴嫩。她经常被刻画为带着锁链和一座塔，是军械匠、炮兵、工兵、数学家等的主保圣人。

的十字军东征，在那一次圣战中骑士们缴获了装有圣白芭蕾头颅的圣物盒，并将其安放在库尔姆。

路德把诗歌与在波兰和萨莫吉希亚的战争胜利联系起来，这在他的优雅与高尚品格之外又增添了一种特殊的光辉，而他的高贵出身又让这种光辉格外突出。他担任大团长仅四年，但在一个世纪之后仍然受人尊崇，尽管当时的大团长们既没有卓越的才华，也不怎么受人爱戴。

路德决心继续与瓦迪斯瓦夫一世对抗，哪怕这意味着要暂停十字军圣战。他打算狠狠打击波兰国王，让他再也不能对骑士团的后方构成威胁，所以他需要波希米亚国王约翰帮他把瓦迪斯瓦夫一世牵制在西里西亚。波希米亚国王约翰和瓦迪斯瓦夫一世都声称自己是西里西亚的宗主。虽然西里西亚被一些不重要的皮雅斯特小王公瓜分，瓦迪斯瓦夫一世也不会为了在北方作战而放弃西里西亚。如果他果真放弃西里西亚，那么约翰国王在西里西亚的胜利对条顿骑士团来说几乎就和条顿骑士团自己在库亚维或大波兰取胜一样有利。单靠普鲁士的资源不足以支持对波兰的战争：波兰人是优秀的战士，装备精良，并且处在保卫家园的立场上，所以路德从德意志和波希米亚招募雇佣兵来加强自己的实力，接受一些波兰叛乱贵族的服务，并准备打一场大国规格的大战。当 1331 年 7 月作战开始的时候，一些英格兰十字军战士也匆匆赶来参战。对他们来说，打波兰人和打异教徒也差不多，而且在波兰能比在萨莫吉希亚获得更多战利品。

指挥雇佣兵的是奥托·冯·贝尔高，他是波希米亚总军务官的女婿，也是约翰国王的密友。他率领的 500 名骑士不仅领取丰厚的军饷，还享有十字军战士的宗教特权，其中最重要的就是，凡是参加圣战的人，罪孽均可得到赦免。不过，他们的行为以及普鲁士军队的行为远远谈不上圣洁。烧杀抢掠、绑架奸淫都是家常便饭。萨莫吉希亚战争那些最糟糕的方面，再加上雇佣兵的普遍恶习，在马佐夫舍北部和库亚维造成了严重破坏，条顿骑士团把雇佣兵伪装为十字军战士，这对骑士团来说更是宣传上的灾难。后来在教廷的听证会上，波兰人巧妙地利用了骑士团的这招臭棋。

瓦迪斯瓦夫一世没有认真抵抗。他让卡齐米日负责统率一支小部队，自己则带领大部分骑士等待波希米亚国王来犯。他的计划取得了很好的效果。十字军在库亚维的攻势没有取得什么重大军事成果，波兰国王并不关心房屋、教堂、磨坊遭摧毁，也不关心平民受苦受难。在以劫掠为目的的战争中，暴行司空见惯。重要的是城堡不能失守，而卡齐米日把城堡防守得很好。

普沃夫采战役，1331 年

和当时所有的军事家一样，路德明白破坏财物是迫使固执的敌人出来迎战的有效手段。他命令部下尽可能多地对财物加以破坏，但他手下的雇佣兵、辅助士兵和骑士们将他的命令理解为可以随意威吓和抢劫波兰国王的纳税人。然而，他的军队没有取得什么拿得出手的战果。

约翰国王消灭敌人的企图也没有成功，他因此感到挫折，于是提议 9 月在卡卢什与大团长会面，并强迫波兰国王出来决战。路德同意了，并派遣总军务官迪特里希・冯・阿尔滕堡率领普鲁士军队与约翰国王会师。迪特里希穿过库亚维，分兵数路，沿途烧杀抢掠，但在卡卢什没能找到波希米亚人。这不是不寻常的事情。当时的通信条件很差，大多数联合行动都会失败，因为常有一方出乎意料地迟到，或者根本来不了。约翰其实刚刚从意大利远征归来，无法按时抵达。迪特里希看到波兰军队开始从四面八方赶来，而不知道约翰就在几天路程之外，于是开始缓慢撤退，沿途继续烧杀抢掠，结果距离约翰越来越远。而在得知迪特里希撤退后，约翰也调头回去了。迪特里希一撤，瓦迪斯瓦夫一世和卡齐米日便率领 4 万人追赶他。波兰王军人数众多，但装备不如十字军，所以国王不愿意正面对垒，但当迪特里希兵分三路的时候，瓦迪斯瓦夫一世就在普沃夫采①向其中最弱的一路人马扑去。

总军务官迪特里希不知道自己的兵力比敌人少那么多。过去几天里，他的波兰侦察兵向他提供的关于波兰王军兵力的情报是错误的，所以他以为自己面对的敌人不多，而现在浓雾也妨碍了侦察。迪特里希排兵布阵，将自己的兵马安排在五面军旗下，面对波兰王军。波兰国王也将自己的军队部署成五个单位。战斗非常激烈，这在那个大规模交战稀有且短暂的时代颇为罕见。随着承载总军务官军旗的马被长矛刺穿（系十字军当中一名毫无预兆突然变节的波兰骑士所为），战局迎来决定性时刻，德意志人和波希米亚人当中爆发了严重的混乱。旗手将军旗钉在自己的马鞍上，而战马倒地后，他就无法将军旗举起。十字军大吃一惊，因为他们看不见自己的指挥官，而波兰骑士似乎无处不在。战斗因此很快结束，瓦迪斯瓦夫一世的士兵击溃了十字军的三支骑兵部队，俘虏了五十六名条顿骑士，

① 普沃夫采在今天波兰的中北部。

将他们扔进一条壕沟里看押起来。国王抵达后，问他们是什么人。得知他们是条顿骑士之后，国王便命令将其中的普通骑士杀死，将军官留下换赎金。

瓦迪斯瓦夫一世这么做是因为他担心条顿骑士团的另外两路军要赶来支援了。事实上，库尔姆城堡长官确实在这天下午抵达，将精疲力竭的波兰骑士从战场赶走，并俘虏了600人。他看到总军务官迪特里希被锁在一辆大车上，就释放了他，然后骑马来到之前骑士团俘虏被杀的地点，只见赤身裸体的骑士尸体堆积得很高。他颤抖着下马，并哭泣着下令杀死全部俘虏。普鲁士原住民试图阻拦他，说他们想留着俘虏用来交换他们被俘的族民。迪特里希告诉他们不必担心，上帝在当天还会给他们很多俘虏，并亲眼观看部下将俘虏屠戮殆尽。他紧紧追击波兰王军，在夜色降临之前又俘虏了100人，但瓦迪斯瓦夫一世和卡齐米日走得比他快——他们知道如果在这个时候落入总军务官手中就惨了。瓦迪斯瓦夫一世和卡齐米日在这一天打得不错，他们的表现很勇敢，而他们的军队已经千疮百孔且疲惫不堪，继续战斗下去再无益处，所以在此时逃跑不算丢人。他们已经取胜，所以继续控制战场并不是很重要。

战斗结束后，唯一的工作就是掩埋死者。库亚维主教派人将尸体抛入集体墓穴，在这过程中他的工人清点出了4187具尸体。随后他命人在这里建造了一座小礼拜堂，访客可以在这里为死者的灵魂祷告。这处战场成了波兰爱国者的朝圣地，对德意志人来说则是可耻的地方。一位十字军诗人撰写的史书到了这里戛然而止，没有继续描述战斗过程。

直到1332年复活节，路德才做好了报仇雪恨的准备，此时他的力量极其强大。他不仅有大量雇佣兵，还招募了十字军战士，其中有些从英格兰赶来参战。在两周的围攻之后，他占领了布列斯特，然后是伊诺弗罗茨瓦夫，最终占领了整个库亚维北部。瓦迪斯瓦夫一世于 8 月发起了反击但没有成功，随后他请求停战到 1333 年年中，那时瓦迪斯瓦夫一世已经驾崩。

和谈

波兰人在格涅兹诺匆匆为卡齐米日加冕①，以免教宗提出反对意见。不过教宗本身倒不是问题所在，真正的麻烦在于卡齐米日大王的母亲，她不愿意将身为王后的荣誉让给卡齐米日大王深得民心的立陶宛妻子阿尔多娜。但卡齐米日大王坚定地认为这是国王的特权。阿尔多娜和他一起接受加冕，他的母亲则进入一家修道院隐居。

鉴于瓦迪斯瓦夫一世不在人世，卡齐米日大王愿意接受和谈。他和大团长同意请匈牙利的查理·罗贝尔和波希米亚国王约翰来调停。查理·罗贝尔偏向波兰一方，约翰则支持骑士团。在这次和谈期间，卡齐米日大王将他的外交天赋发挥得淋漓尽致，正是这种才华为他赢得了“大王”的美名。首先，他精明地利用勃兰登堡的维特斯巴赫家族和波希米亚的卢森堡家族之间的嫉妒之心，承诺将自己的幼女许配给勃兰登堡边疆伯爵路德维希二世②。然后，他粉碎了国内对他“亲德”政策

---

① 作为波兰国王，他的称号是卡齐米日三世，也称卡齐米日大王。以下就称他为卡齐米日大王。

② 即“罗马人路德维希”（1328～1365），他是神圣罗马皇帝（巴伐利亚的）路德维希四世第二次婚姻的长子，后成为巴伐利亚公爵，称路德维希六世（1347～1365）和勃兰登堡边疆伯爵，称路德维希二世（1351～1365）。他娶了波兰的卡齐米日大王与阿尔多娜的女儿。

的抵制。他轻松地说服反复无常的波希米亚国王约翰结束了对西里西亚的战争，以投身于新的冒险。

1335 年秋季，卡齐米日大王、约翰和查理·罗贝尔在匈牙利的维谢格拉德会晤，这是中世纪最著名的会议之一。维谢格拉德是一座俯瞰多瑙河的辉煌宫殿。一连几周，他们一边欣赏令人印象深刻的表演，一边讨价还价。11 月，条顿骑士的代表团来到这里，要求卡齐米日大王放弃对西普鲁士的主张。路德·冯·不伦瑞克在去柯尼斯堡参加新大教堂开放典礼的途中去世，所以这个代表团是新任大团长迪特里希·冯·阿尔滕堡派来的。迪特里希出身萨克森高级贵族，家世几乎和路德一样显赫。他是家里最小的儿子，不得不在教会的各种职业路径当中做出选择，他最终选择了军事修会。他曾任拉格尼特城堡长官，然后担任过桑比亚地方长官和总军务官。他是优秀的指挥官，在履历上只有一个污点，即普沃夫采战役。他想要为此复仇。

双方在谈判过程中的让步都不大。条顿骑士团的代表愿意做出较大妥协，甚至超出了大团长给他们划定的范围，但调停者缺乏想象力：他们提议回到战前状态。约翰国王放弃了对波兰王位的主张，所以他将西普鲁士授予条顿骑士团的法令就失去了效力。卡齐米日大王希望北方恢复和平，让他能集中力量处理其他边境上的问题，于是提出了一个重要的（也是绵里藏针的）让步：他提议将西普鲁士作为波兰王室的馈赠授予大团长，这暗示这块领土仍然是属于他的，所以他才有权将其馈赠出去。但这至少是往和解的方向走了一步。双方愿意停止战争，但成果仅仅是迪特里希承诺从库亚维撤军，且卡齐米日大王承诺让他的臣民同意放弃西普鲁士。

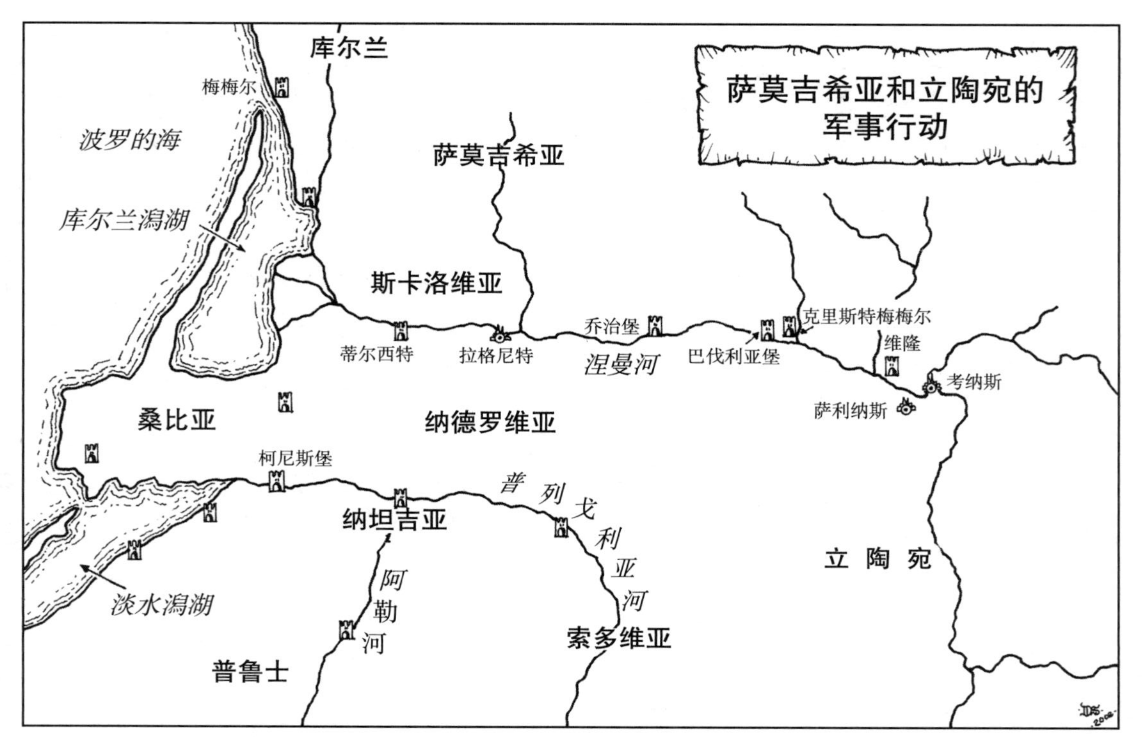
萨莫吉希亚和立陶宛的
军事行动
库尔兰
梅梅尔
波罗的海
库尔兰潟湖
萨莫吉希亚
斯卡洛维亚
蒂尔西特
拉格尼特
乔治堡
涅曼河
巴伐利亚堡
克里斯特梅梅尔
维隆
考纳斯
萨利纳斯
桑比亚
纳德罗维亚
柯尼斯堡
纳坦吉亚
普列戈利亚河
立陶宛
淡水潟湖
阿勒河
索多维亚
普鲁士

然而，卡齐米日大王发现自己无法兑现承诺。首先，马佐夫舍公爵们主张拒绝接受和谈方案。接着，卡齐米日大王手下的贵族也拒绝批准和约。最后，教宗坚持要求国王尊重教宗特使的裁决，即西普鲁士和库尔姆应当属于波兰。大团长怀疑这都是因为卡齐米日大王在暗地里施加影响的缘故，于是他联系了正在对之前没有解决的一些西里西亚问题旧事重提的约翰国王。与此同时，迪特里希向库亚维的各城堡派遣驻军，但没有干预波兰的行政机关，因为他没有计划永久性占领库亚维。相反，他在多布任和普沃茨克城堡留下了更稳健的驻军力量，因为这是阻止波兰人袭击库尔姆的最好办法。

尽管 1337 年 3 月从普鲁士返回的十字军领主得到了卡齐米日大王的款待（这让约翰国王有机会提议结束战争），但是要直到 1340 年之后，当卡齐米日大王率军开往东南方向的基辅的计划最终成熟之时，他与骑士团的和谈才真正走上正轨。

萨莫吉希亚的作战

与此同时，萨莫吉希亚异教徒在北、东、南三面受敌。立窝尼亚骑士从梅梅尔、戈尔丁根①、米陶②、里加和杜纳堡出兵，越过荒野的障碍发动进攻。这是一场残酷的战争，没有任何心慈手软。

从距离考纳斯不远的一座小城堡的战事中，我们可以了解

① 戈尔丁根是德语名字，即今天拉脱维亚西部的库尔迪加，曾为汉萨城市。

② 今天拉脱维亚的中部城市叶尔加瓦。

此次战役的残酷程度。1336 年 2 月，路德维希 · 冯 · 维特斯巴赫[①]带领一支十字军从勃兰登堡开来，其中包括很多奥地利和法兰西骑士。这支军队十分雄壮，需要超过 200 艘船为其运送装备。路德维希预计攻打这座土木要塞的战斗会很短暂，要塞内的 4000 难民和他们的牲口与财产很快将归他所有。但异教徒看到十字军很快就要强攻城墙，就点燃大火，将自己的全部财产投入火中，然后扼杀了自己的妻儿，将死尸也抛入大火。他们这么做是因为他们相信自己在去冥界（类似瓦尔哈拉）之后仍然能和自己的财产与家人在一起。基督徒起初不敢相信敌人居然会这么做，然后因得不到战利品而狂怒，没有事先在城墙上打洞就开始鲁莽地攻打防御工事。基督徒最后凭优势兵力获胜，但损失也很惨重。异教徒酋长是一个名叫马格尔的英雄人物，他杀死了很多十字军，在发现自己即将被俘的最后一刻逃进一处供妻子藏匿的地窖，挥剑将她砍成碎片，然后自尽。十字军抓到的能当农奴的俘虏极少。

路德维希 · 冯 · 维特斯巴赫随后开始在维隆附近的玛利亚堡岛上建造一座城堡，以为下一年更大规模的远征奠定基础。但他发现自己的给养不够，于是不等城堡竣工就烧毁了建筑工地，然后撤退。1337 年冬季，约翰国王和巴伐利亚公爵海因里希率军抵达，他们的兵员来自波希米亚、西里西亚、巴伐利亚、普法尔茨、图林根、莱茵兰、荷兰乃至勃艮第。条顿骑士团也带领他们的纳坦吉亚和桑比亚民兵赶来了。当时天气异常温暖，所以他们能在涅曼河上用船运送军队。在攻克维隆附近的两座要塞之后，他们在克里斯特梅梅尔废墟对面建造了一座

---

① 指的是“勃兰登堡人”路德维希。

土木城堡，将其命名为巴伐利亚堡，以纪念巴伐利亚公爵。巴伐利亚堡为袭掠行动和前往立陶宛中部或者北上去萨莫吉希亚的大规模远征充当了中转站。格迪米纳斯知道，他必须摧毁这座具有战略意义的城堡，否则十字军就能轻易袭击他。他于这年 6 月围攻巴伐利亚堡长达二十二天，但没能将其攻破。他蒙受了惨重损失，不得不撤退。这时守军冲杀出来，夺走了部分攻城武器，并将其安放在自己的城墙上。

约翰国王没有参加此次远征的收官阶段。他得了一场感冒，并进一步诱发了眼部感染。在回国途中他的眼病恶化。约翰在布雷斯劳（波兰语名为弗罗茨瓦夫）让一名法兰西医生为自己治病，但此人的操作很蹩脚，国王大怒之下命人将他溺死在奥得河里。在布拉格，他接受了一名阿拉伯医生的诊治，但也没能治好。感染蔓延到另一只眼，他从此双目失明，可他并没有因此垂头丧气，仍然野心勃勃地去参加新的大胆冒险。约翰的失明让他更加名声大噪。无论是在战争还是外交中，失明都没有阻碍他。他在离开柯尼斯堡之前借了 6000 弗罗林以作为他与卡齐米日大王谈判期间的开销，而在眼病最重的时期，他一直在致力于谈判。

卡齐米日大王准备好接受和平了。阿尔多娜在长期患病之后于这年 5 月去世，没有留下儿子。尽管卡齐米日大王有过很多露水情缘，但这些都不能给他的王国以必需的男性继承人。因为战争，他一直没有机会为自己缔结重要的婚姻，所以他接受了与条顿骑士团的停战。卡齐米日大王的婚姻生活特别不幸。他原本希望娶约翰的女儿玛格丽特，但她在于布拉格举行婚礼前夜突然去世了。卡齐米日大王随后赶紧与相貌平平的黑森女继承人阿德尔海德结婚，然后迅速将她送到乡下，拒绝再见她。他无法从教宗那里获得离婚的许可，所以显然不会有合法的儿子了。

这些年里卡齐米日大王忙于自己的事情，但条顿骑士团未能利用这个机会向萨莫吉希亚发动大规模远征。只有少量十字军战士来到普鲁士，而且他们的行动常受到恶劣天气影响。例如，在 1339 年冬季，普法尔茨的一位伯爵率军进攻维隆，但在忍受四天的苦寒之后就回到了柯尼斯堡。一些立陶宛人投降并接受了在普鲁士的封地；更多的人可能相信十字军很快就要结束了，基督教将赢得胜利。

教宗的更多干预

1340 年之后，大规模远征就变得罕见了，这既是因为神圣罗马帝国的局势，也是因为骑士团必须将大量兵力部署到波兰边境。大团长接受这种局面，觉得它虽然不愉快，但也不可避免。他不能对教宗让步，也不能向波兰君主妥协，尤其是当教宗和波兰国王似乎正在合作的时候。1338 年教宗特使在华沙召开听证会，过程一如既往：波兰人带来一大群证人，而条顿骑士团则抵制听证会。和过去一样，大团长请多明我会、方济各会和熙笃会的修士写信将条顿骑士团描述为“上帝之屋门前的壁垒”，并说条顿骑士团无比热忱地礼拜上帝、遵守良好习惯、友善待人且遵守纪律等等。但这些都没说到点子上，听证会讨论的内容才是正题。

大团长说，路德维希四世皇帝禁止他回复别人在教宗面前对骑士团的任何抱怨，但大团长的借口在德意志比在阿维尼翁更有力量：此时的阿维尼翁教宗曾是一名宗教裁判官。结果，

1339 年一名教宗特使命令条顿骑士团向波兰国王归还西普鲁士、库尔姆、库亚维、多布任和米歇劳，并赔偿波兰国王 194500 马克。这简直是天文数字。

教宗召唤大团长到阿维尼翁来对自己的行为做出解释，迪特里希则回信说自己必须待在东方抵挡鞑靼人迫在眉睫的进攻，这让教宗的态度有所松动。教宗敦促条顿骑士团继续致力于保卫基督教世界，赞扬了他们“保卫以色列之屋的功绩、宗教热忱、道德水准、严格执行规章制度和维护和平的努力”。此后教宗就能比较容易地做出更多让步了。与他的前任不同，现任教宗的目标在于改革各个修会，而不是消灭它们。他明白，如果执行之前教宗特使的裁决，条顿骑士团就会元气大伤；既然教宗致力于推动对异教徒的十字军圣战，他就不能让波罗的海最主要的十字军群体遭到这样沉重的打击。于是他指派了一个新的委员会去安排更多听证会，并敦促双方妥协。迪特里希·冯·阿尔滕堡于 1342 年去世后，骑士团和波兰国王就可以认真地展开谈判了。只有在所有参与者都死去之后，新的领导人才能为这场没有赢家的冲突寻求解决之道。

与卡齐米日大王议和

1342 年 6 月，鲁道夫·科尼希当选大团长。关于鲁道夫早年生涯的信息相对较少，我们知道他来自下萨克森，曾驻扎在普鲁士（这很罕见，因为来自低地德语区的骑士一般会被派往立窝尼亚），当过袍服总管和总司令。他的政策是寻求与卡齐米日大王议和，这在一年之内就取得了成功。

1343 年的《卡卢什条约》建立在三个提议的基础上：首先，马佐夫舍和库亚维的公爵们（如果卡齐米日大王生不出儿子，他们就有可能成为他的继承人）放弃对西普鲁士的全部主张权；其次，波美拉尼亚公爵博古斯瓦夫五世，即卡齐米日大王的女婿和另一个潜在的继承人，承诺捍卫和约，不管谁继承了王位；第三，卡齐米日大王让波兰各城市和大贵族宣誓守护和平，认可和约的有效性。鲁道夫则承诺归还马佐夫舍和库亚维。

一场隆重而华丽的仪式宣告了二十年战争的结束。不久之后，一位编年史家写道："教宗终于解除了对普鲁士的禁止圣事法令。"《卡卢什条约》结束了东北欧两大罗马天主教势力之间的武装冲突。尽管和平不可能永久维持，但这已经非常具有决定性了。双方之间已经没有能让他们再起冲突的根本性理由。条顿骑士团希望向东北方攻击立陶宛人，而卡齐米日大王打算去东南方对抗鞑靼人。位于两者之间的马佐夫舍和库亚维仍然在皮雅斯特诸侯的控制下，通常他们多多少少都是中立的。

战争年代终于结束了。很多历史学家以为这个战争年代涵盖了整个世纪，但实际上只有二十年。条顿骑士团得以再次开始针对萨莫吉希亚人的十字军圣战。这一次，就连对异端和非基督教思想最为同情的修会——方济各会也不会干预他们。这是因为大约在与格迪米纳斯去世差不多同时的 1340 ~ 1341 年，有两名方济各会修士在维尔纽斯殉教。从那时起直到 1387 年，方济各会似乎都没有去过立陶宛都城。

利用 1337 年巴伐利亚公爵参加十字军的机会，条顿骑士团向皇帝提出申请，获得了三块小的边境领地，这几乎没有引起人们的注意*。这些领地再加上 1257 年明道加斯国王的封授，似乎确认了骑士团有权征服萨莫吉希亚。现在，大团长只需要吸引足够数量的十字军战士来加强自己的兵力了。他发现，吸引人们前来参战的最好办法是利用人们对骑士精神的崇拜。

普鲁士的骑士崇拜

教宗克雷芒六世、英诺森四世和乌尔班五世在一定程度上恢复了公众对教会的尊重。他们放弃了关于皇帝选举问题的长期争端，大力整顿教会内部的裙带关系和腐败。他们还更加努力地支持十字军圣战，并停止在里加和但泽的问题上骚扰条顿骑士团。

没过多久，大量西方十字军战士便如潮水般涌入普鲁士，其人数比参加同时代其他地区十字军圣战的人数多得多。普鲁士的吸引力在于，十字军战士可以在这里参加盛大的宴饮和狩猎活动，同时打击基督之敌，并且开销合理，生活也相对舒适。1345 年，波希米亚国王约翰和他的儿子摩拉维亚的查理来到普鲁士，匈牙利国王拉约什一世、波旁公爵、荷兰伯爵、施瓦岑堡伯爵、荷尔斯泰因伯爵和纽伦堡伯爵（霍亨索伦家族）也来了。在欧洲其他任何地方都找不到这么多显贵齐聚一堂。虽然严格来说，认为普鲁士已成为百无聊赖的欧洲骑士炫耀武力的场所有点夸张，但在 1345～1390 年，这个评判不

---

* 有些历史学家对此文件的阐释是，皇帝将整个罗斯和立陶宛都赐给了条顿骑士团。这不大可能，因为条顿骑士团虽然野心勃勃，但也脚踏实地。（作者注）

算完全不公。

这些骑士代表了一群本质上与过去不同的人物。没过多久，荷兰伯爵威廉①和波希米亚国王约翰就去世了。摩拉维亚的查理于1346年成为波希米亚国王，次年成为神圣罗马皇帝查理四世，但他没有时间继续参加十字军，拉约什一世也不会再离开他的匈牙利土地。简而言之，下一任大团长不能再指望招募到大贵族参加十字军，而只能吸引数量众多的小贵族来参加每年小规模的战事。他用骑士精神吸引他们到东方。

骑士的时代

从1310年到1350年的四十年里，条顿骑士团发生了很大变化。名望、财富以及与祖国的更多联系对他们的生活方式造成了深刻影响。恰在此时，骑士文化进入了一个空前穷奢极欲的时代，而条顿骑士们有充足的金钱过上贵族领主般的生活。另外，与波兰君主卡齐米日大王的竞争促使条顿骑士拉拢欧洲大贵族，而对萨莫吉希亚的十字军远征需要他们广泛招募小贵族。最终他们相信，达成十字军目标的最好办法是不再过分强调僧侣的价值观，而是更多强调骑士的价值观。这个时期的大团长温里希·冯·克尼普罗德恰好就是一个有能力发展骑士文化的人。所以，1350~1400年的半个世纪成为波罗的海十字

① 即埃诺伯爵“勇敢的”威廉二世（1307~1345），作为荷兰伯爵的头衔是威廉四世。他是英王爱德华三世的姻亲，所以在百年战争中与英格兰结盟。他三次去普鲁士参加十字军东征，还去过圣地。为了给这些远征筹资，他授予荷兰诸城市许多特权，所以荷兰城市有了很大发展。他没有子嗣，把领地传给了自己的长姐及其丈夫路德维希四世皇帝。

军的宗教和道德巅峰，但它的表现形式却是世俗的夸耀。

与法兰西和英格兰的骑士排场不同，条顿骑士团的骑士活动专属于男性。条顿骑士团有一些女性成员，但那些修女都在医院工作，并且据我们所知都不是贵族。所以她们完全不适合参加宴饮娱乐。条顿骑士团的骑士活动颂扬的是与讨伐基督与圣母玛利亚之敌的圣战有关的美德。

对条顿骑士团而言，之前的几百年里发生了艰苦卓绝的斗争，他们也从中赢得了来之不易的胜利，而 14 世纪下半叶则是一个象征着胜利、获得公众赞许和在国际上威名大振的时代。这部分是由于其他十字军运动的失败（圣地陷落，突厥人占领保加利亚和塞尔维亚，以及西班牙的收复失地运动因为英法百年战争而放缓）而形成的对比：至少有一桩十字军圣战取得了成功，这一点至关重要，因为圣战是骑士崇拜的一种表达，而正是这种崇拜给 14 世纪贵族社会赋予了意义。骑士精神和十字军圣战不是良好治理或经济繁荣的必要条件，但它们对骑士很重要，因为骑士在政府、经济生活乃至战争中的重要性都在下降。骑士精神是代价昂贵且不切实际的，但这恰恰就是它的吸引力之一：新的职业阶层没有财力来追求骑士精神，他们必须抢在人到中年之前发财致富；小贵族没有财力做出奢华的姿态，市民则需要把金钱用于投资；教士则往往宣扬与骑士精神迥然不同的道德和社会价值观。但即便这些群体也受到强调慷慨、效劳、荣誉、礼貌和优雅生活的骑士准则的吸引。简而言之，所有人都相信社会需要理想，即便这理想不切实际。而且，即便批评骑士精神的人也认同保卫基督教世界并抵抗其敌人的必要性。他们相信，战争胜利能更好地保卫西方基督教世界。“立陶宛之旅”能够为人们提供发扬骑士精神的空间，也能带来胜利。对很多真正笃信宗教的人来说，教会还能提供丰富的精神报偿。

这也许都是对黑死病的回应。这种由跳蚤传播的恐怖瘟疫导致欧洲人口减少了三分之一。很多家族因瘟疫而灭绝，继承人有更多的钱可花，他们也不太倾向于储蓄。“吃喝玩乐”是人们的一种普遍反应，更加笃信宗教则是另一种反应，而去普鲁士参加十字军使将这两方面结合起来。

虽然此时十字军战士的数量再也比不上之前几个世纪，但在欧洲的道路上还是经常可以看到他们。乔叟的读者在《坎特伯雷故事集》的序言里读到下面的诗句的，不会感到意外：

> 有一位骑士，是一位高贵的人物，
> 自从他乘骑出行以来，
> 始终酷爱骑士精神，
> 以忠实为上，推崇正义，通晓礼仪。
> 为他的主子作战，他十分英勇，
> 参加过许多次战役，行迹比谁都辽远，
> 不论是在基督教国家境内或在异教区域，
> 到处受人尊敬。
> 亚历山大城被攻破之时他就在场；
> 在普鲁士，许多次他坐过首席，
> 位居他国武士之上；
> 他曾在立陶宛和俄罗斯参加战事，
> 与他同等级的基督徒都比不上他所参与的次数之多。

“荣誉之桌”是为时人所熟知的东西（毕竟英格兰是亚瑟

王的故乡)，而即使最强大的领主应邀前来，荣誉的尊位也并非仅按照出身来分配，而是取决于战斗中的勇气。英格兰人常常将十字军东征视为一种纪念圣母玛利亚和圣乔治的宗教朝圣。在法兰西和德意志也经常能看到朝圣的骑士。他们是一种特殊的朝圣者，因为他们不会赤足行走、严守清贫与谦卑，而是威风堂堂、大事张扬。他们不参加祈祷守夜和斋戒，而是享受宴饮与富丽堂皇的舞会。这轮十字军的参与者处于骑士精神、夸耀与盛大景观的巅峰。经验丰富的老兵前来参与宴饮与狩猎，并赢得宗教上的好处，洗去致命的罪孽。年轻的骑士侍从也蜂拥前往普鲁士，希望能被一位著名武士乃至国王或公爵册封为骑士。

普鲁士文学中的骑士精神

诗歌和散文中都有对这种骑士精神的赞颂。在普鲁士，它已经激发了丰富的文学创作活动，尤其是在 1320 ~ 1345 年，骑士和神父们创作出了质量较高、对当地意义重大的宗教与历史著作。在两位自己就是作家的大团长路德 · 冯 · 不伦瑞克和迪特里希 · 冯 · 阿尔滕堡的鼓励下，普鲁士作家撰写了圣徒传，翻译了《圣经》的部分章节，还编纂了北方十字军的史书。他们用自己的中古高地德语方言创作，虽然成果不一定优秀，但在文学上雄心勃勃。不过，没有受过正式修辞学训练的人有这样的缺点也不足为奇，他们的长处更多在于激情和勤奋，而不是高深的思考。我们也许可以对他们的诗歌成就不以为然，但在普鲁士这个地方能有文学活动存在就已经让人震惊了。战争通常与精致的文学品味不相容。照搬故乡的骑士文学和宗教文学肯定轻松得多，但条顿骑士团没有这么做，而是创造了符合自己需求的文学。

普鲁士的文学创作活动昙花一现。它在 13 世纪末集中爆发，在 14 世纪中叶之前成熟，然后迅速地衰败，于 1410 年的大事件之后消亡。从各家修道院和私人图书馆保存的图书清单来看，普鲁士文学的衰落是因为作者写作的目的是为了满足军事修会的有限需求，而不是出于对文学本身的兴趣而写作。在鲜有大型图书馆的 1394 年，玛利亚堡收藏了 41 册拉丁文书籍和 12 册德文书籍，这在北欧已经算是一笔规模不俗的图书收藏了。

这些作家的一般目的是用诗歌鼓励读者和听众效仿前人的壮举。在组织有序的骑士团修道院里，通常的习惯是，大家聚在一起沉默地就餐，由一名神父为大家朗读圣徒传、《圣经》故事或骑士团历史。朗读的重点是《旧约》某些章节（犹滴传、以斯帖记、以斯拉记、尼希米记、大卫传、约伯记、马加比书和历史部分）的译本，与《新约》相比，这些篇章与骑士团的军事传统更为吻合。事实上，我们可以不夸张地说，中世纪人经常更喜欢《旧约》而不是《新约》，条顿骑士团尤其如此。摩西、所罗门和大卫是骑士能理解的人物，士师[①]的规

① 士师，或称民长，是古代以色列的一种军事和政治领袖的称谓。士师时期为约前 1390 年至约前 1050 年。据《旧约》中的《士师记》记载，以色列人在摩西和约书亚之后再也没有出现强有力的领袖，因此以色列各部作为一个松散的联盟，在出现危机时会特设一名士师作为领袖。它是一种既非选举制也非世袭制的职位，担任士师者被《圣经》描述为由耶和华选中来拯救以色列人的人。士师平时掌管民事诉讼，战时统领军队。撒母耳年老时立了两个儿子当士师，但他们不守撒母耳的道，以色列人就请求撒母耳为他们立一位王，士师时代结束。

矩则很像他们每天遵从的制度。他们能轻松地理解上帝选民与其诸多敌人之间战争的核心要素。

相比之下骑士们对《新约》不是那么关心。虽然他们对基督的故事，尤其是神迹、耶稣受难和最后审判感兴趣，但他们更容易设想自己身处哈米吉多顿①之中。普鲁士最早的翻译文本之一是《启示录》的一个散文版，这就显得颇为恰如其分。圣徒传奇，尤其是那些为了信仰而牺牲的殉道者的故事特别受欢迎。他们还纪念本地圣徒多罗特娅②（1394 年卒于马林韦尔德），并记载她的神迹以教育后人。

在骑士团之外，几乎无人阅读和使用当地文学。教育是主教和教士的职责。神父们攻读神学硕士学位，是为了在教士的等级当中攀升，也许有朝一日能当上主教，骑士则聆听通俗的史诗和歌谣：人文主义教育还是未来的事情。人们学习文学是为了把它当作语法指南，然后便会尽快将其抛弃。即便如此，多年以来还是有成百上千雄心勃勃的年轻人从普鲁士和立窝尼亚前往国外深造，其中大多数人去了意大利，那里的大学最出色，也最有名。博洛尼亚大学吸引的人最多，不过后来也有很多人去 14 世纪后半期建立的那些德意志大学。条顿骑士团曾考虑在库尔姆创办他们自己的大学，并于 1386 年获得了教宗许可，但最后没有落实。

① 哈米吉多顿是基督教《新约·启示录》所预言的末世末期善恶对决的最终战场。

② 圣多罗特娅（1347～1394）是德意志的著名隐士和圣徒。她出生于普鲁士的玛利亚堡附近，父亲是来自荷兰的富农。她年轻时曾看到幻象。她的九个儿女只有一人存活并加入本笃会。后来多罗特娅在马林韦尔德大教堂附近隐居，终生没有离开自己的房间。君特·格拉斯的小说《鲽鱼》描写了她的生平，不过是从她丈夫的角度写的。

我们顶多可以说，普鲁士这个偏僻的小地方也曾有过自己的经院文艺复兴，其雄心壮志和成绩既令人印象深刻，但也十分有限。

圣母玛利亚

普鲁士文学当中值得注意的一点是完全没有爱情诗歌。骑士们年轻时成长的宫廷恰恰是被爱情诗歌主宰的。爱情诗歌竟然能被完全压制，这足以证明条顿骑士团宗教习俗的严峻。

历史上，骑士团认为圣母玛利亚是理想的女性，并专门尊崇她，毕竟骑士团的全名就是耶路撒冷圣玛利亚医院德意志兄弟骑士团，所以骑士们自认为是圣母玛利亚的战士。一位现代文学史学家发现这是非常突出的一个特点，因此评论道："似乎任何信奉玛利亚的骑士在设想宗教文学作品的时候，都一定会把圣母玛利亚拉进去。"

我们很难完整地评估骑士团对圣母和一小群女性圣徒（圣白芭蕾、圣多罗特娅）的尊崇，但这无疑部分是为了将性冲动升华为宗教体验。骑士们始终要努力坚守贞洁。这些手段能帮助他们：经常狩猎和习武，保持体力活动；饮食简朴；规律的生活；日夜参加教堂礼拜；斋戒；守夜；并鼓励对圣母和其他圣人的崇拜，这些人物代表家庭、爱和死后的未来生活。另外，对圣母玛利亚的崇拜也是传统浪漫诗歌自然而然的巅峰，这些诗歌把女性美德抬高到任何凡人都无法企及的高度。这种对女性的理想化很容易转移到终极的母亲形象，即圣母身上。最后，圣母还具有一种纯粹的宗教意义，即她保护和拯救受苦受难的人类。条顿骑士团的战士们认为自己是为了她的缘故而自愿受苦，他们的苦难既包括日常生活的严酷，也包括战死沙场的可能性。

1389 年，西方的十字军宣传作者菲利普·德·梅齐埃在对波罗的海地区圣战的描写中写到一场梦，梦中上帝指引他在真理女王和她的女官正义、和平与慈悲的陪同下游历世界。作为骑士文学，这部作品颇有可取之处，但它的灵感来源是法兰西，不是普鲁士。它只是间接反映了条顿骑士团的骑士价值观。

条顿骑士团喜欢世俗文学，但尤其喜欢描写战争、英勇壮举、幽默插曲和简短冥思的史书，比如思考上帝的公正，以及人类的能力有限，所以不足以理解上帝为什么有时给他们胜利、有时却让他们失败的题材。关于萨莫吉希亚边境战争的故事非常详细和直白，其所提供的教训可在将来的作战中作为参考。

条顿骑士团慷慨大方地赞助诗人。总财务官在玛利亚堡的账目（1399～1409）存有多次付钱给游吟诗人、弄臣、歌手、演说家、乐师和艺人的记录。这些年里的大团长康拉德·冯·容金根本人就是艺术赞助者，他还需要艺人来招待访客与十字军战士。但总财务官的账目可能更多反映的是骑士团晚期更世俗化的宫廷生活，而不是五十年前的那个时期。这样的开销水准不一定能代表 1350 年的情况。

不计其数的诗歌提到了音乐、歌曲和舞蹈。骑士团的娱乐活动里没有女性，不过一位时代较晚的历史学家的通俗著作里讲到温里希·冯·克尼普罗德引领一位贵妇去舞厅参加正式舞会。十字军战士在前往柯尼斯堡途中在各城市过夜的时候，世俗贵族和市民为其举办舞会作为娱乐。客人则经常带来游吟诗人。来自著名宫廷的十字军战士还会带来他们最优秀的乐师与歌手，在北方的漫长冬夜宴饮时让这些艺人歌颂他们的威望。驰名国际的法兰西诗人纪尧姆·德·马肖也去过普鲁士。条顿骑士团也有自己的鼓手、号手和笛手，他们在每一次作战时奏乐。每次军队开进荒野的时候都要演奏铜管音乐并击鼓，但这都是军乐，不是专业的娱乐项目。最后，在频繁的祈祷和弥撒期间也有音乐。在大修道院里有合唱队唱弥撒，骑士团的神父免费教市民的儿子们唱歌，条件是他们要参加宗教礼拜。

我们有必要记住，按照现代的标准，条顿骑士团是一个宗教组织。它将宗教虔诚与对政治谋划的热衷、好战与对狩猎、美食和娱乐的喜爱结合在一起，这表明了人性的复杂，而不是单纯。如果有的时候从文献证据看，这种复杂人性的某一部分显得比其他部分更突出，我们必须对其审慎以待，因为什么东西被写下来成为文献证据并且保存至今，往往是由一时的偏好和机缘决定的。不过，留存至今的文献表明，骑士团成员有着深切的宗教感情。

同时，也有证据表明，骑士团越来越喜爱世俗的夸耀。这更多表现在建筑而不是文学作品中。条顿骑士团让同时代人为之震撼的最主要方面就是他们在建筑领域的成就。

城堡与骑士

1320 年之后，普鲁士心脏地带遭到异教徒大规模袭击的危险几乎不复存在。在随后三十年里建造的城堡反映了军事需求的变化。早期那些简单的方形土木城堡被淘汰或得到了扩建（尤其是居住区），这令骑士团的修道院变得更舒适和方便，可供驻军和访客使用。中庭周围环绕着令人印象深刻的砖石建筑，包括宿舍、小礼拜堂、会议室、食堂，二层往往还有一个小的娱乐区。指挥官的私人住所一般也在二层。底层是工作区：啤酒作坊、面包房、办公室、装备仓库、修理作坊与火药库。地下室则有储藏区、厨房和中央供暖设施。

1320 年之前建造的城堡主要是为了应对战争，所以它们的特点是城墙厚而坚实，有坚固的高塔。1350 年之后，城堡的设计师（显然是学过建筑学的教士）开始强调舒适与美感。他们建造的塔楼高可达 55 米，柱顶有装饰，拱门有雕饰，窗户为哥特式，还有卫浴设施。

普鲁士建筑的巅峰之作是玛利亚堡。大约 1320 年，卡尔·冯·特里尔开始扩建这座方形小城堡，因为那里简朴的礼拜堂、食堂和宿舍不足以接待大批访客。他的建筑师参照的是最新的法兰西设计。后来的大团长们从阿维尼翁借鉴了一些设计，阿维尼翁教宗们建造的宫殿是当时的奇观。卡尔为玛利亚堡设计的格局是：一个中庭，周围是多层的红砖建筑。所谓“高城堡”边长 52 米，墙壁开有射孔，有哥特式窗户和门廊。北门十分雄伟，高 14 米，非常适合安排盛大的入城式，也依旧易守难攻。庭院周围是两层的走廊，有屋顶可抵挡风吹日晒，饰有石柱和哥特式的开口，审美效果颇为和谐。建筑高四层，屋顶铺瓦，间隔设计巧妙，远看去仿佛一座建筑摞在另一座上面，直冲云霄。城堡内外都成功地营造了宏伟的观感：一堵又一堵墙，一座又一座建筑，每一座都仿佛摞在前一座的顶端，全都用暗红色砖砌成，整体设计风格协调统一。

带有宽大拱顶的低矮地下室提供了一些大房间，可用来储藏物资，或当作手工作坊、关押少量犯人的牢房、金库、厨房，也可容纳火炉。公共办公室在底层，这样访客和骑士都能轻松找到。

修道院在二层，它的北翼包含一座规模可观的玛利亚礼拜堂和会议室。礼拜堂的入口是装饰华美的“金门”，直到15世纪才完工。为了透过大型哥特式窗户获得更良好的采光，礼拜堂从城堡方方正正的轮廓上突露出来。礼拜堂长38米，宽10米，高超过14米，有一种新型的拱顶：从浮凸饰处伸出8根弯梁，伸向墙壁一半高度处的托臂，在天花板构成一种复杂而美观的星形图案。圣玛利亚礼拜堂下方是圣安娜礼拜堂，那是大团长们的安息之地。

在商议大事的会议室有另一种效果惊人的创新型拱顶，它以三根狭窄的中央栋梁为基础，弯梁构成一系列三角形，制造出一种宽敞舒适的感觉。它美观的比例（2×2.5）也有助于营造气氛，适于进行和谐的商讨或举办令人难忘的招待会。

建筑师扩建了东翼和南翼的宿舍，建造了休息室，并修建了通往墙外厕所的走廊。神父塔雄踞于城堞之上，能够俯瞰周边的平坦乡野与河流，视野极其开阔。

温里希·冯·克尼普罗德开始了“中城堡”的建造，它的面积比“高城堡”大得多，但较低矮，有一个很大的庭院。访客走进主门便看到左侧的大食堂，还有大厨房、医院和客房。在右侧的河边是大团长的宫殿。径直向前则是“高城堡”的城墙和主门。大团长的宫殿高五层，是中世纪最壮观的宫殿之一。多座砖砌塔楼的窗户上有显眼的垂直线条，屋顶是尖的，塔楼上的哥特式装饰能一下子吸引每一位访客的注意力。城堡内部有美妙的拱顶，和城堡的外表一样美观。大房间优雅而舒适。朴素的砖块和装饰的严峻风格制造出了一种简朴的气氛，与门窗周围的哥特式细节的富丽堂皇形成鲜明对比。其他地方也凸显了一种清教徒般的克制，把错综复杂的弯梁衬托得更为突出。

“中城堡”竣工之后，立刻又修建了“低城堡”。之所以修建这个，是为了将所有附属建筑都纳入防御体系。“高城堡”和“中城堡”可以分别独立防御，但将它们联合起来，城堡就更加易守难攻。城堡后方的城镇有自己的城墙和塔楼，而且整座城堡得到河流与复杂的护城河体系的保护。三座城堡的总占地面积超过 18 公顷。从河上接近的访客可以看到坚固的城墙延伸到狭窄河滩，而且城墙距离河岸足够远，让船上的人无法从桅杆跳到城墙上。这里没有真正意义上的码头，但在船只靠岸的地点有一座坚固的设防水门。从陆路来的访客会经过连续多道防御工事，随着他们不断深入，工事的守备也越来越森严。

玛利亚堡的庞大规模和复杂程度令到访的十字军战士和外交官感到震撼。1410 年玛利亚堡首次遭到攻击的时候，整个防御体系的有效性得到了证明：数千守军击退了兵力远远超过他们的波兰和立陶宛军队。

玛利亚堡的设计考虑了舒适性。城堡内有至少五座独立的澡堂，可供这里的八十名骑士、大团长、医院、仆人和访客使用。每座澡堂都有热水浴室、蒸汽浴室和浴缸。澡堂配有专业的仆人，他们懂得无痛放血和热敷的技法。在潮湿的北方气候下人们容易感冒，所以热敷治疗很重要。城堡内还有十九口石砌的水井以及多处厕所。根据现代人的测试，玛利亚堡的中央供暖系统能把室温维持在 20 摄氏度。14 世纪的仆人也许还能把房间弄得更暖。所有建筑之间的走廊都有屋顶，所以骑士们不会淋雨，在站岗时也不会过于难受。

温里希·冯·克尼普罗德作为这座要塞的建造者，为玛利亚堡赋予了自己的个性。这让他声名远播，甚至传到了神圣罗马帝国的边界以外。他的继任者改进了玛利亚堡的装饰和舒适性，并紧跟潮流，时刻采用最新的改进手法。

骑士精神与装饰艺术

条顿骑士团宫殿、礼拜堂和大教堂的装饰没有亦步亦趋地照搬意大利和法兰西蓝本，而是根据普鲁士的气候条件和建材得到了调整。普鲁士缺乏石料，所以负责装饰祭坛、墙壁和门廊的雕刻师遇到了很大挑战。他们选择的解决方案五花八门：有的艺术家用粉饰灰泥，有的用赤陶；有的从哥得兰岛进口石灰岩；有的用椴木。遗憾的是，留存至今且状态良好的雕像不多。较高的湿度对木材和湿壁画的保存非常不利，粉饰灰泥和赤陶倒是能抵抗水汽的侵蚀。镶嵌画则是对墙壁和地板的有趣装饰。尽管严格的宗教限制不鼓励描绘动物、植物或任何现实物体，但砖铺地板仍既美观也易于清洁。

普鲁士各地的大教堂和普通修道院都强调壁画，骑士团的修道院里却没有这种装饰。这有点让人意外，因为普鲁士的四个主教区中的三个由骑士团提供神父，他们的艺术品位按理说应当与修道院礼拜堂的设计师相同。但这里存在一种重要的差别。大教堂的设计深受意大利、阿维尼翁和波希米亚的影响，主教和教士比骑士团的骑士与神父有更多机会去这些地方。他们显然在意大利、阿维尼翁和波希米亚对自己亲眼所见的奇观深感震撼，尤其是查理四世在位时期，曾有很多意大利艺术家在波希米亚活动。主教和教士想要的是对波希米亚三联画与湿壁画、祭坛与圣物箱的精妙复制。他们尽可能模仿了卡尔施泰因[①]的查理四世珠宝礼拜堂（以亚瑟王为主题）。他们还赞助来自科隆和其他德意志城市的艺术家。玛利亚堡的总财务官账目告诉我们，大团长乌尔里希·冯·容金根在雕塑、绘画和泥金装饰手稿上花费甚大。遗憾的是，这个时期的普鲁士艺术品只有少数能留存至今，但如果我们能以这少量的艺术品为基础进行推断，那么中世纪普鲁士修道院和教堂收藏的艺术品一定很了不起。如果作品的质量不是很高，如柯尼斯堡附近一座小教堂内描绘骑士的壁画，艺术家（或其恩主）便会写道："胆敢批评本画的人要受诅咒！"

条顿骑士团的绘画的重要性较低，其创新性也不如建筑，这有好几个原因。首先，条顿骑士团的军官不像他们的主教那样对宗教艺术感兴趣。其次，骑士团对装饰艺术有着清教徒一般的态度。清贫是骑士团成员的第一个誓言，普鲁士的另外两个主要修会方济各会和多明我会也宣誓守贫。波兰北部的主要修会熙笃会非常依赖在建筑中使用白石灰来赋予他们的教堂以一种朴素和严峻感。第三，大团长希望用"文化帝国主义"来震撼到访的十字军战士、邻国王公和敌方酋长，而实现这种目标的最好办法是通过宏伟的城堡，而不是精美的绘画或优雅的雕塑（更不要说诗歌和音乐了）。在修道院的文化生活中，绘画和雕塑只能居于次要位置。

如果骑士团的规矩允许比武，这种对军事艺术的强调可能会更突出。虽然大团长们经常无视规章制度的字面约束，但他

---

① 卡尔施泰因位于布拉格西南不远处，是一座大型哥特式城堡，1348 年由神圣罗马皇帝查理四世（同时是波希米亚国王）下令兴建，1365 年竣工。这里保管着帝国的皇室宝器、波希米亚王室珠宝、圣物等。

们不允许比武，因为比武是代价昂贵又费神费力的消遣。如果他们举行比武大会，就逃不过教宗的注意；他们也不能解释说比武是为了作战而训练；而且假如条顿骑士倒在法兰西、英格兰或波兰武士的长枪下，就会损害骑士团的声誉。

艺术与建筑的分期

普鲁士的艺术和建筑很容易分类。上文描述的是 1300 ~ 1350 年的作品。另一个显著的时代是 1400 ~ 1450 年，这对条顿骑士团来说是一个充斥着失败和经济困难的时代，这一时期对艺术的赞助主要来自城市。但泽成为整个普鲁士的文化中心，随后是托伦、玛利亚堡、埃尔宾和柯尼斯堡。第三个时代即 1500 ~ 1550 年则反映了接受人文主义教育的学者与宗教改革的主宰地位。在这个时期有很多哥特式艺术珍品被毁。放弃罗马天主教引发的暴乱导致 14 世纪的很多精美画作与雕塑毁于烈火。

三十年战争期间，瑞典人恣意掳掠，普鲁士有更多文化珍品被毁。在弗里德里希大王和拿破仑的时代，又有一些艺术品消失。疏于保护对艺术品的破坏可能比战乱更严重。19 世纪民族主义者对艺术品的修复往往很蹩脚，其结果反映的更多是他们自己的艺术品位，而不是中世纪的艺术品位。最后，第二次世界大战对很多城堡、教堂和城市造成了严重破坏。在战火中幸存的大批艺术品被从普鲁士运走，且始终没有归还。值得庆幸的是，波兰的艺术品修复工作者已经把现代的但泽（波兰语名为格但斯克）和玛利亚堡（波兰语名为马尔堡）变成了旅游中心。

表达骑士精神的钱币

温里希・冯・克尼普罗德就任大团长期间，铸币艺术经历了第一次重大发展。尽管条顿骑士团在一个多世纪里奉行审慎的货币政策，但政策仅限于确保各个民间铸币厂生产统一的货币，1 马克折合 720 芬尼。各城市流通很多外国钱币，骑士团则只是缓慢地开始自行生产大量薄片币（一种单薄的银币，由于压印图案的时候力度过猛，使图案都被压到了另一面）。尽管我们无法确定大部分薄片币的年代和产地，但我们知道在库尔姆、托伦、埃尔宾和其他一些城市有过铸币厂。图案为“盾牌上的条顿骑士团十字架”的薄片币可能是为了刻意宣传十字军运动而铸造的。这似乎是温里希・冯・克尼普罗德的货币改革的一部分，他在约 1350 年发行了先令。先令是一种较大的钱币，正面有大团长的盾牌和姓名，反面是十字军的十字架。这种钱币很美观，1 马克折合 20 先令。它成功地为骑士团提供了宣传效果，用视觉证据来宣扬国家的富庶。

奇怪的是，大团长们没有像立窝尼亚团长们那样将自己的私人纹章用作钱币图案。这可能是为了向回避炫耀与虚荣之罪孽的传统妥协，也有可能是为了强调钱币背面的箴言：每一枚钱币都是“普鲁士的条顿骑士团的货币”，因而是值得信赖的。

骑士精神的衰落

温里希・冯・克尼普罗德生活的时代非常适合他在国际上扬名立威。在他的时代，许多英雄人物得到颂扬，如黑太子、贝特朗·杜·盖克兰[①]和约翰·钱多斯爵士[②]，他们都参加了英法百年战争。也许当时的人们如此尊崇这些骑士，是因为英雄已经所剩无几。在百年战争期间开始使用的新战术让骑士很难扬名了，因为弓箭手和火枪手能在很远的距离之外射倒那些想当英雄的人。战争变得非常讲求实际，敌人会杀死骑士，而不是俘虏他们换赎金；出身低贱的士兵渴望的是战利品，而不是荣耀。就连经常参加比武大会的专业人士也告诫业余爱好者不要参加。意大利的形势发展同样令人担忧。城镇和王公招募雇佣兵替他们打仗，很多高贵的骑士变成了兜售武艺和服务的雇佣兵；因为雇佣兵的目标是活下去领到军饷，所以他们避免正面交锋，并拒绝在防御力量不足的城堡死守。一掷千金、沉溺于欢歌宴饮、不顾个人安危就快快活活地奔赴战场、只要能赢得荣誉就不管明天如何的那些英雄好汉，如今在哪里呢？

---

① 贝特朗·杜·盖克兰（约1320～1380），号称“布列塔尼之鹰”，是百年战争初期布列塔尼和法兰西的重要军事家，1370年至1380年担任法兰西总军务官。他对费边战略的灵活运用令法兰西在没有足够力量打败英格兰之前避免决战，并成功拖垮了英军，同时让法兰西人夺回在战争初期失去的多数领地。在1364年的欧赖战役中，法军被约翰·钱多斯指挥的英军击溃，盖克兰被俘，法王查理五世用10万法郎巨款赎回了他。在卡斯蒂利亚（西班牙的一部分）的内战中，特拉斯塔马拉的恩里克和残酷的佩德罗这对同父异母兄弟争夺王位，英法各自支持一方，令西班牙成为英法百年战争的一个重要战区，而盖克兰在那里也发挥了很大作用，扶植恩里克为王。盖克兰最后病逝。因为他身为布列塔尼人而忠于法兰西，20世纪的布列塔尼民族主义者认为他是民族叛徒。

② 约翰·钱多斯（约1320～1369），科唐坦的圣索弗子爵，是出身英格兰德比郡的骑士。他是黑太子爱德华的好友，也是嘉德骑士团的创始成员之一。他是当时著名的军事家。百年战争期间英格兰大败法军的几次著名胜利，如克雷西战役、普瓦捷战役和欧赖战役，都有钱多斯的很大功劳。最后他战死沙场，受到英法两国贵族的哀悼。钱多斯的传令官（姓名不详）写了一部《黑太子传》，是关于百年战争的重要史料。

快到1400年的时候，中世纪的骑士观念开始衰败。在骑士精神仍然繁盛的地方，它变得浮夸而不切实际，更多地反映了文学理想而不是真实生活。话又说回来，除了在少数国王和诗人的脑子里之外，骑士精神几乎从来没有真正存在过；但对尊重骑士精神之理想并对其寄予憧憬的贵族与平民来说，它就是真实的。那些人幻想着一次伟大的十字军圣战，他们的功业将消灭他们生活中一切粗陋和凡俗的东西，并让他们青史留名。

如今十字军战士能做的就是去西班牙或普鲁士武装朝圣，在那些地方至少还保存着十字军的精神。尽管这两个目标缺乏收复圣墓能够带来的情感冲击和宗教意义，但打击十字架之敌、保护遇险的基督徒使其免受陌生强敌的侵害，至少能给十字军战士带来一些满足感。西班牙的十字军圣战有一个好处，就是意大利、法兰西和不列颠群岛的骑士比较容易抵达那里。但北方人不喜欢西班牙那种打了就跑的战术。苏格兰人带着罗伯特・德・布鲁斯的心脏去讨伐摩尔人的悲剧命运人尽皆知[①]：苏格兰人稳步推进，却发现自己被友军抛下了，于是被排山倒海的穆斯林轻骑兵包围。因此，很多人更愿意去普鲁士作战。

条顿骑士团很幸运，因为普鲁士的财富和贸易欣欣向荣。鼓励移民和贸易的政策收获了丰厚成果，骑士团可以获得大笔税金和廉价农产品。温里希・冯・克尼普罗德有的是钱来建造

---

① 苏格兰国王罗伯特・布鲁斯（美国电影《勇敢的心》的主角之一）驾崩后，他的遗体接受了防腐处理，他的心脏被取出，装在一个银盒内。国王生前的忠实追随者和著名骑士詹姆斯・道格拉斯爵士（1289？～1330）将银盒拴上链子戴在自己的脖子上。道格拉斯等苏格兰骑士带着布鲁斯国王的心脏去伊比利亚半岛，参加卡斯蒂利亚对格拉纳达（伊斯兰国家）的十字军圣战，但在特瓦战役中遭到惨败，道格拉斯战死，不过布鲁斯国王的心脏被幸存者带回了苏格兰。

恢宏城堡、为宴会厅添置家具和美食，以及雇佣艺人。他的访客有机会见到欧洲各地的伟人，甚至包括公爵和王储。年轻的骑士在这里可能结交到有价值的朋友。最重要的是，他在回家时带去的那些关于伟人和伟业的激动人心的故事，可以在随后几十年的漫长冬夜得到生动的传颂。袭击萨莫吉希亚的行动很像追捕犯人，只不过十字军战士追捕的是武艺高超、坚忍不拔的武装之敌。与这些勇敢而可敬的敌人作战并打败他们，是颇具荣耀的事情。最后，温里希还给年轻贵族提供了一条侍奉上帝的路，让他们保护基督徒，抵抗用死亡和奴役威胁德意志人和原住民新皈依者的野蛮敌人。旧的世界正在渐渐消失，一个新的、更务实的社会正在崛起。

骑士传统并非只有光辉的一面。骑士们屈服于世俗生活的诱惑，大团长们不断发出训示，禁止骑士穿着时髦服装、留长发、骑马在乡村转悠打猎或者经常去酒馆。不过，尽管有大团长的训示，尽管骑士团禁止拥有私人财产和金钱，个别骑士还是给自己添置了皮毛大衣、时髦的尖顶帽和带饰扣的鞋子。有些骑士甚至给自己的剑鞘添加装饰，并涂画自己的盾牌。骑士们在外表上都不能遵守修会的传统规矩，这反映了他们内心的缺陷。

另外，阶级传统让条顿骑士觉得自己比他们的臣民优越。他们傲慢地对待自己的市民（贬低他们对十字军东征的贡献，向公民征收新税，就市民自治的程度与他们发生争执），渐渐地耗尽了自己的道德资本，在世人眼中留下了傲慢和野心勃勃的形象。但对信奉骑士传统的贵族来说，这些特点恰恰证明了他们的优越和价值。条顿骑士团更关心的是到访的贵族的意见，而不是臣民的意见，以及未来由市民阶层出身的历史学家会怎么描述他们。在他们眼里，勇气、力量和荣誉才是真正重要的东西。

国际十字军

从陆路和海路都很容易抵达普鲁士，但它又足够偏远，所以避开了西方权力斗争造成的动荡。英法百年战争、神圣罗马帝国的兴衰浮沉、突厥人的步步紧逼和教廷的麻烦都没有影响到普鲁士，它是和平之地，只在一条战线（萨莫吉希亚）上还有战事，而且在源源不断从西方赶来的十字军的帮助下，它正在打赢这场战争。

这不再像 13 世纪中叶波兰骑士停止参加十字军时那样，是一支属于德意志人的十字军。有很多英格兰人赶来从军，还有一位来自那不勒斯的奥尔西尼公爵和不计其数的法兰西王公。尽管波兰国王没有参加，但西里西亚和马佐夫舍的波兰人来了，还有波希米亚人、一些匈牙利人和少数苏格兰人。这是一场名副其实的国际十字军圣战。

这种十字军热情的核心是骑士的庆典仪式。每次进入萨莫吉希亚森林和沼泽的远征都给穷骑士侍从们一个机会，让他们能够光荣地、相对轻松地赢得骑士身份；富裕贵族则有机会展示自己的热情好客和勇气。奥地利诗人彼得·冯·苏痕维尔特[①]描述了自己 1377 年寻求获得骑士身份的远征。他在叙述的末尾告诫读者：“我给贵族们一条建议：想成为优秀骑士的人，请把荣誉和圣乔治当作自己的伴侣。‘当骑士比当侍从

① 彼得·冯·苏痕维尔特（约 1320～1395）是奥地利诗人和传令官，擅长写描绘贵族纹章的诗。1377 年，他陪同奥地利公爵阿尔布雷希特三世去普鲁士参加十字军东征。为了写诗，他到处寻访名人，并且擅长观察，所以他的诗歌有重要的史料价值。

好！’让他铭记这句话，凭借自己的意志和善行去奋斗；让他挑战别人的诽谤，他的威名就会与荣誉相伴。”

很多骑士侍从牢记这样的告诫。经验丰富的战士也是这样。14 世纪，普鲁士成为展示骑士精神的主要场所。苏格兰、英格兰、法兰西和意大利的骑士都来到这里，他们曾见过每一位君王和每一位比武大会冠军。这样的骑士还会第二次、第三次、第四次回到普鲁士参加十字军。

国际声誉

波兰人说条顿骑士团的图谋、行为和神学都是邪恶的，但这种指控最终于 14 世纪 50 年代中叶在主流教士和西方公众那里丧失了公信力。这部分是因为这个时代流行夸大其词，最轻微的错误也被放大成不可逾越的鸿沟。但更重要的是，波兰人的指控与很多目击者的亲身体验相悖。去过普鲁士和萨莫吉希亚的骑士与高级教士亲眼看过圣战，在穿过德意志和波兰的旅行途中与当地教士和贵族会过面，因此能做出自己的判断。他们的裁决几乎全都倾向于十字军。

到 15 世纪初，情况就不同了。首先，从 14 世纪 90 年代开始，十字军东征实际上已经停止了。立陶宛皈依了基督教，并与波兰王国关系紧密。条顿骑士团也占领了萨莫吉希亚。其次，突厥人在巴尔干半岛的进军使十字军的力量转移到那个方向；在抵抗突厥人的战争中，波兰有着潜在的重大意义。第三，力量平衡正在发生缓慢的变化，波兰虽然很难相信自己一盘散沙、羸弱不堪的漫长噩梦终于结束了，但还是在坦能堡战役（1410 年）之后成为该地区的主导势力。舆论总会尊重强者。

八　立陶宛的挑战

立陶宛的扩张

13世纪中叶，条顿骑士团说服他们的死敌明道加斯皈依基督教，并将他加冕为立陶宛的首任国王。条顿骑士团这么做是遵循在该地区的传统做法，力图让明道加斯相信，与十字军成为盟友而不是敌人对他有好处。在条顿骑士团的帮助下，或者更准确地说，在条顿骑士团停止从北方和西方袭击他的领土的情况下，明道加斯沿一条从东北到西南的弧线，将自己的国度扩张到受鞑靼人威胁的罗斯土地上。

对明道加斯来说，除了需要向自己的祭司和波雅尔解释为什么要这么做之外，皈依基督教的唯一不愉快之处，就是基督教神父要向他头上洒几滴水，以及他需要偶尔参加一些奇怪的仪式，听奇怪的音乐。他本身就奉行一夫一妻制，而且对任何宗教教义、不管是异教的还是基督教的都不感兴趣，所以他的行为方式与立场几乎没有变化。这对条顿骑士团不是好事，因为纯粹出于现实政治考虑的皈依没有扎实的根基。13世纪60年代初，明道加斯开始觉得当基督徒的坏处比好处多了，于是他就像当初接受天主教时那样轻易地重返异教，以安抚那些赞赏萨莫吉希亚异教徒打败十字军之行动的立陶宛贵族。然而这次回心转意仅仅在一小段时间内挽救了明道加斯，因为他的敌人将他刺杀了，不过他对罗马天主教的拒绝改变了波罗的海地区貌似注定要皈依天主教的历史进程。他的继任者在随后一个多世纪里仍然是异教徒，这主要因为他们的重要属臣相信原住民的神能给他们带来战争胜利，也因为他们的罗斯臣民更愿意容忍异教徒暂时统治他们，而不肯接受罗马天主教徒的帮助。格迪米纳斯（生于1257年；1316～1341年为大公）是一位特别讲求实际的统治者，他的很多后代也是这样。也许欧洲其他地方找不到第二个家族能像这些才华横溢而足智多谋的立陶宛人那样纯粹根据私利采取行动。他们不会皈依罗马天主教从而威胁到自己的罗斯政策，但他们很愿意操纵西方基督徒对立陶宛的认识，让后者相信唯一阻碍立陶宛皈依的便是条顿骑士团的咄咄逼人。

立陶宛统治者的头衔是大公，他们的罗斯臣民很熟悉这个词，但理论上的头衔没有多大意义。大多数追随者和效劳者之所以忠于格迪米纳斯家族，是因为家庭关系以及官职与封赏的保证，而不是因为古老传统或宗教。很多立陶宛贵族为了抚慰他们担任统治者或驻军指挥官的城镇的罗斯臣民，接受了东正教洗礼；很多立陶宛贵族娶了基督徒女人，既有东正教徒也有天主教徒。也有贵族仍然是异教徒。异教无疑很有吸引力，尤其是考虑到它保证了立陶宛始终由立陶宛人统治。并且，如果要确保独立性很强的萨莫吉希亚人继续认可来自立陶宛中央山区的统治者，坚守异教是唯一的办法。萨莫吉希亚人会拒绝接受软弱的基督徒统治者，就像他们曾经拒绝强大的明道加斯一样。在萨莫吉希亚，异教并非奄奄一息。恰恰相反，异教徒对其宗教的热忱不逊于今天任何一种宗教信仰之下目不识丁且没见过世面的原教旨主义者。

异教徒在重新掌权后烧毁了维尔纽斯的大教堂，用沙子覆盖其废墟，并在它上面建造了佩尔库纳斯神庙。这座雷神的神庙对异教徒的戏剧性震撼作用，可能和被它取代的基督教大教堂类似。按照传统，异教徒在圣林执行宗教仪式，这也许能解释为什么这座砖石神庙没有屋顶，而有十二级台阶通向巨大的祭坛。祭司可能在那里树立了木制神像，并维护着永恒圣火。这说明异教也在发展变化，它是一种动态的宗教，接受了竞争对手的一些比较受欢迎的元素。

格迪米纳斯大公们在当时算是比较世俗化且宽容的，他们也以此为豪。他们迷信，但并不想将自己的异教信仰强加于人，甚至也不愿和平传教。大公们允许方济各会修士在维尔纽斯维持一家礼拜堂供罗马天主教商人和使者之用，并且只有一次杀死了方济各会修士。大公们对东正教教士更宽容，原因很简单，他们的很多臣民是东正教徒。大公的一些鞑靼卫兵是穆斯林，他们居住在自己的社区并得到保护。因此大公们在名义上采取尊崇异教的政策，但对各种群体的传统很宽容。在东欧和中东欧，这种局面一直延续到第二次世界大战时期：政府与少数群体的领袖谈判，然后由这些领袖执行政府发布的法律与敕令。

但我们不要被这种务实精神误导。中世纪对群体的宽容和现代对个人选择的宽容不是一回事，和穆斯林的宽容也不同。穆斯林的宽容往往仅仅是允许其他宗教的信徒作为二等公民生活。这在当时已算慷慨，如此赞美当然恰如其分。

十字军重启圣战的努力

十字军内部的分歧导致13世纪末的一系列胜利戛然而止。

在普鲁士团长控制了荒野（普鲁士与立陶宛和马佐夫舍的边境）、立窝尼亚团长征服了斯米伽利亚人之后，两地骑士团各自转入了守势。这是对当地局势的回应：波兰在重新统一；里加和里加大主教蠢蠢欲动；博尼法斯八世被绑架和教廷迁往阿维尼翁之后，教廷陷入动荡。神圣罗马帝国不够稳定，大团长无法像当初大团长与波希米亚国王奥托卡二世那样与皇帝建立亲密的私人关系。聪明而强大的公爵和大主教们在领地之内静观其变，等待时局出现转机。

因此，条顿骑士团没办法像短短几年前那样构建足以取胜的联盟。里加人和大主教现在与骑士团为敌，立窝尼亚的德意志贵族和原住民部落更关注当地的内战。德意志和波兰的十字军战士已经多年不来普鲁士了。马佐夫舍和加利西亚－沃里尼亚公爵们曾在索多维亚战役中与条顿骑士同甘共苦，但如今他们已不愿意到涅曼河（梅梅尔河）以北作战。因为这些情况，条顿骑士团无法在萨莫吉希亚荒野展示武力，也无法压制那些支持普鲁士和立窝尼亚的反叛的异教徒。

萨莫吉希亚人最终投靠了立陶宛的维泰尼斯公爵（1295～1316年在位）。他们做出任何决策前都要请祭司占卜，以咨询神意。维泰尼斯此前在蹂躏立窝尼亚。现在，异教徒联军攻击了斯米伽利亚、库尔兰和桑比亚那些皈依了基督教的原住民，条顿骑士团领导人几乎没有办法阻止他们的行动。这个问题变得十分严重，以至于1300年之后的每一位大团长都到北方来实地考察。他们得出的结论都是，问题不在于军事，而在于政治。他们的解决方案是将里加大主教及其臣民从敌人的联盟中分化出来。大团长们知道这最好是通过阿维尼翁而不是玛利亚堡来实现，于是他们多次返回神圣罗马帝国，与政治和

1189 ~ 1191 年的阿卡围城战，条顿骑士团从这里起源。（上图）

神圣罗马皇帝弗里德里希二世（1194 ~ 1250），条顿骑士团的重要庇护者。（右图）

17世纪木刻画中的赫尔曼·冯·萨尔察（1165～1239），条顿骑士团第四任大团长。在他的任上，骑士团开启了将主要资源从圣地向中东欧转移的过程，但他本人最大的心力仍倾注在十字军传统的近东战线上。（左图）

格涅兹诺大教堂的青铜大门上刻画了布拉格的圣道博被普鲁士人杀死的殉道场面。向信奉多神教的东欧原住民传播福音的天主教教士经常面临生命危险，这一情况为条顿骑士团这样的军事修会的诞生提供了条件。（下图）

波希米亚国王奥托卡二世（1230 ~ 1278），柯尼斯堡的建立者。

邀请条顿骑士团到波兰的马佐夫舍公爵康拉德（1187 ~ 1247）。

今天的玛利亚堡，其波兰语的名字是马尔堡。

文登城堡的遗迹。这里曾是立窝尼亚团长的大本营。

立陶宛大公明道加斯（1200 ~ 1263）。他狡猾地周旋于天主教、东正教和多神教原住民势力之间，一度利用蒙古人入侵的机会染指罗斯，把松散弱小的立陶宛建设成东欧大国。

古代手稿中表现的 1242 年的冰湖战役。这是亚历山大·涅夫斯基的光辉时刻，但无论是战役的情节还是条顿骑士团的损失都没有后世传说得那么夸张。

波兰的伟大君主卡齐米日（三世）大王（1310 ~ 1370）。他用精明的外交手段经营与包括条顿骑士团在内的周边势力的关系，但他的婚姻生活远不如外交事业顺利。

波兰国王瓦迪斯瓦夫二世·雅盖沃（1348 ~ 1434），立陶宛大公、波兰的重要君主，曾在格伦瓦德之战后将条顿骑士团逼入绝境。

18 世纪画家 Marcello Bacciarelli 笔下的拉约什大王（1326 ~ 1382），匈牙利和波兰君主。

玛利亚堡的条顿骑士团第 22 任大团长（1351 ~ 1382 年在位）温里希·冯·克尼普罗德的雕像。条顿骑士团在他领导下成为骑士文化的典范，声望与影响力达到顶峰。

立陶宛的民族英雄维陶塔斯，曾在1401 ~ 1430年统治立陶宛大公国。他在格伦瓦德之战中与波兰人并肩对抗条顿骑士。

在坦能堡战役中战败身死的大团长乌尔里希·冯·容金根。

与条顿骑士团打过很多交道的恩尼亚·席维欧·皮可洛米尼，后来的教宗庇护二世。

扬·马泰伊科的油画《格伦瓦德之战》。画面中间穿红袍高举宝剑者为立陶宛大公维陶塔斯，左侧骑白马有胡须者为战死沙场的条顿骑士团大团长容金根。

现代乌克兰画家 Артур Орльонов 笔下的坦能堡战役（格伦瓦德之战）。

最后一位在普鲁士统治的大团长和第一任普鲁士公爵阿尔布雷希特·冯·霍亨索伦。他将条顿骑士团普鲁士分支世俗化，并于 1525 年成为波兰国王的封臣。

海因里希·冯·普劳恩，1410 ~ 1413 年任大团长。他英勇地从波兰和立陶宛军队手中挽救普鲁士，差一点就重振了骑士团的权力和威望。

1466年的《第二次托伦和约》。内忧外患的条顿骑士团接受了严苛的条件，成为波兰王国的封臣，彻底丧失了恢复曾经辉煌的可能性。

扬·马泰伊科的油画《普鲁士称臣》。画中表现的事件在波兰民族主义者的历史叙事中具有重大的象征意义。

立窝尼亚骑士团的最后一任团长和第一任库尔兰公爵戈特哈德·凯特勒。他在1561年将利窝尼亚骑士团世俗化，但无法阻止俄罗斯、波兰－立陶宛等周边强权争夺骑士团留下的袖珍帝国的残余部分。

宗教界的要人商谈。

与此同时，骑士团在普鲁士边境巡逻，抵抗异教徒的侵袭。骑士团还越过荒野向敌人发动小规模袭击，迫使一些异教徒待在家乡保卫自己的村庄和田地。骑士团在普鲁士巡逻的主要基地是拉格尼特，它位于涅曼河左岸，距离河口约60英里，差不多在柯尼斯堡（普列戈利亚河畔）和梅梅尔城堡之间的中点，守卫着库尔兰湾入海口和通往立窝尼亚的沿海道路。这三个点大致构成一个三角形，代表着基督徒在河谷地带的势力范围。河流下游的蒂尔西特还有另一座颇具实力的城堡，在它的支援下，拉格尼特守军承担了边境战争的主要压力。在需要越过荒野进攻时，拉格尼特的城堡长官会动员桑比亚和纳坦吉亚的地方长官及其原住民民兵。他们的作战手段是掳掠敌人的牛群，烧毁房屋和庄稼，并劫持所有没有藏起来或者没有死于拘捕的人。按照当时的标准，这种作战手段并无不道德之处。当时的防御工事几乎坚不可摧，而领导者必须用战利品支付部队的酬劳，所以用上述手段拖垮敌人是唯一务实的策略。另外，十字军对自己和自己的臣民犯下的暴行的辩解是，他们这么做是为了一个光辉的目标，即阻止异教徒袭击基督徒土地，并彻底消灭异教。

骑士团还以戈尔丁根、米陶、杜纳堡、雷泽克内、马林豪森和诺伊豪森为基地，发动类似的巡逻，监视立窝尼亚南部和东部边境。立窝尼亚团长曾将斯米伽利亚人安置在北方的米陶周边。他们原先的土地变成了森林和沼泽，非常荒凉，只有双方的侦察兵（他们都经验丰富、冷酷无情）会进入这个地区展开巡逻。立窝尼亚团长在冬季如果要与普鲁士联络，就必须派人穿过库尔兰，然后沿着海岸去梅梅尔。有很多船只从立窝尼亚各港口启航，但将书信交给这些船长的风险很大，因为里加此时正在反叛，而商人惯于抱团；此外，海路只有在夏天才会畅通。

多年来宣讲十字军圣战的人们告诉基督徒，十字架的敌人既是上帝之敌，也是人类之敌，所以异教徒、撒拉森人、教会分裂者和异端分子不配生存。他们对基督教世界是一种危险，所以必须将他们消灭，就像必须杀死患病的羊以免它们把疾病传染给健康的羊一样。人们也许对这种理念怀有疑虑，但教会很久以前就已将其打消。教士宣称，基督徒针对异教徒的任何战争都是正义的战争，是保护和扩张基督教世界的正当手段。他们引用圣奥古斯丁，宣称异教徒的整个人生不论行善还是作恶都是有罪的，因为他们在做任何事情的时候都没有懂得上帝的永恒真理。当然，基督徒也不能强迫异教徒接受基督教，而是应当像允许犹太人生存一样允许他们生存，并希望他们或他们的后代有朝一日能最终皈依并得救；但在此之前，不能允许异教徒在社会上做任何可能引起基督徒仰慕的事，所以基督徒应当剥夺异教徒的财产和权力，消除他们的骄傲和威望，因此萨莫吉希亚异教徒无权拥有自己的独立国家，尤其是考虑到他们还在自己的国度迫害基督徒、阻挠传教。就是在这种论调的基础上，弗里德里希二世皇帝于 1226 年颁布了《里米尼金玺诏书》，将普鲁士和其他异教徒土地封给条顿骑士团，亚历山大四世教宗（1254 ~ 1261 年在位）也将骑士团征服的一切土地都封给他们。另外，因为异教徒是基督教世界的危险敌人，经常袭掠波兰、普鲁士和立窝尼亚，教宗们还批准了永久性的十字军圣战，皇帝们也敦促贵族和骑士参加十字军。所有地方的基督徒都有义务协助十字军打败危险的异教徒。多明我会修士是每一次十字军圣战的宣讲者，隶属于也是当时威望最高的修会，他们向潜在的志愿者保证，一旦十字军战士砍倒了上帝之敌，基督本人会将异教徒的灵魂丢进地狱之火。*

不过，宣讲十字军运动和招募十字军战士要比实际去杀戮萨莫吉希亚人要容易得多。立陶宛人的萨莫吉希亚分支从东方迁移到涅曼河以北的低地，但没有发展到沿海。他们生活在排水良好的内陆山区谷地，避开蚊虫密布的沼泽和茂密森林，这些蛮荒之地是他们周围的天然屏障。这片蛮荒之地几乎从来没有受过人类影响，这既是因为当地的宗教信仰崇拜森林诸神和精灵，也是因为萨莫吉希亚人害怕遭到危险邻居的攻击，所以砍倒了庞大的树木以封锁潜在的道路。十字军抵达之后，这片野地上的林木变得更茂盛了。小规模的袭击队伍（往往由世代遭受立陶宛人袭击的原住民组成）会去消灭孤立的农庄，让当地的定居点锐减，等到十字军的大队兵马前来的时候，当地就没有多少能发出警报的异教徒定居者了。和中央高地的立陶宛人不同，萨莫吉希亚人缺乏有效的征税和兵役制度，所以无法维持零星的城堡作为侦察兵的基地。几年后，萨莫吉希亚西部的社区因为很容易遭到十字军从梅梅尔和库尔兰发起的攻击便被放弃了，部落民转而到更靠内陆的地方建立新的村庄。无人照料的田地很快变成了森林的一部分。后来，在普鲁士和立窝尼亚的基督徒土地与萨莫吉希亚和立陶宛之间的每一条边境上，都出现了纵深达 90 英里的无人野地，只有几条小径可供通行。

---

* Christoph Maier, *Preaching the Crusade: Mendicant Friars and the Cross in the thirteenth century* (Cambridge University Press, 1994). 因为主教们往往无法亲临现场支持自己在波罗的海的主教区，他们会从德意志的一个主教区旅行到另一个，协助高级教士的特殊庆祝活动，为十字军进行募捐和宣讲。(作者注)

立陶宛的维泰尼斯

到1309年，条顿骑士团再一次掌控了立窝尼亚的局势。他们未能打败里加人和维泰尼斯，但也不用担心吃败仗，普鲁士团长得以派兵到西普鲁士，首先驱逐了勃兰登堡边疆伯爵，然后赶走了波兰驻军。到1311年，普鲁士团长做好准备再次转向立陶宛并攻打格罗德诺，这是涅曼河上游的一个关键地点，守卫着通往沃里尼亚和马佐夫舍的最直接路线（无论水陆）和越过湖区去普鲁士的路线。

维泰尼斯现在是一位强大的领主。他的追随者和条顿骑士团的编年史家都称他为国王，但教宗和皇帝只承认他是大公，因为他们只承认基督徒君主为国王。维泰尼斯结束了立陶宛的暗杀和内战风波，凭借在立窝尼亚的胜利巩固了自己的权力。他是精明强干的统治者和狡黠的军事家，经常兵分几路，自己率领一支军队，然后用其他几路人马佯攻，让条顿骑士团难以弄清他的主攻方向；因为要防守的路线太多，骑士团经常猜错。维泰尼斯有一些基督徒盟友，如市民和里加大主教，他经常为了照顾与他们的关系假装寻求皈依。他在维尔纽斯和特拉凯[①]的宫廷里有一些方济各会修士，他们的说法让大家觉得维泰尼斯似乎真的对皈依天主教感兴趣。不过，尽管他给了自己的罗斯臣民和罗马天主教徒访客以信仰自由，他自己是虔诚的异教徒。他已经树敌很多，遭暗杀的风险也很大，一旦他表示要皈依，就更容易被暗杀，而萨莫吉希亚人也会坚决抵制他成

① 特拉凯位于立陶宛首都维尔纽斯以西28公里处。

为立陶宛全国领袖的企图。另外，他正是基督徒最害怕的那种异教徒：难以捉摸、危险、极其狡猾奸诈，这些品质在他身上肯定表现得淋漓尽致。若没有坚定的勇气和足以与他的死敌与挚友相匹敌的机智和残暴，他就不可能统治立陶宛。他是典型的异教徒野蛮人国王，既光辉又朴素，是十字军值得敬佩的对手。

条顿骑士团赞扬维泰尼斯的能力和勇气，但觉得自己比他更强，并对此引以为豪。1311 年，骑士团得到了一个展示实力的机会。2 月，维泰尼斯袭击桑比亚和纳坦吉亚，杀死许多普鲁士人，俘虏 500 人。十字军凭经验知道自己几乎无法事先阻止这样的进攻，他们顶多能组织一支警卫队专门提防此类袭击，向村民发出警报，让他们躲藏起来，并让民兵快速集中到预先约定的集结点。总军务官在得知袭击消息后就匆匆带领他的机动部队从柯尼斯堡赶来，集结民兵，追踪敌人。他知道，敌人的这种袭击队伍在分兵几路各自回家的时候最为脆弱。他趁着异教徒宴饮并瓜分战利品与俘虏的时候发起攻击他们，取得了这个时代最辉煌的胜利之一。

在大多数年份里，条顿骑士团每年都会发起至少一次冬季袭击。在冰封的河流与沼泽上，骑兵的效果很好，立陶宛人也不能像在夏天利用林木一样利用雪地来打埋伏。1311 ~ 1312 年冬季，6 名骑士率领 400 纳坦吉亚民兵穿过索多维亚荒野，来到格罗德诺，在号称无法通行的沼泽地绕路行进，迷路了两天。立陶宛人只是仔细地巡逻了所有的常规道路，于是他们对基督徒的突然袭击毫无防备。（骑士团领导下的）普鲁士人大开杀戒，烧杀抢掠、抓捕俘虏，杀死所有逃不掉的人，然后通过最快捷的道路撤退。他们为过去的苦难所做的恐怖报复让立陶宛人心中也燃起了刻骨仇恨。

现代的民族主义历史学家有时忘记了原住民诸部落之间的仇恨。这种报复的欲望与伤害传统敌人的渴望方便骑士团招兵买马、组织袭击并召集劳工来修建防御工事，但也直接导致了一些可怕的暴行。

骑士团袭击格罗德诺是对以军事胜利为威望来源、且以战神为主要神祇的维泰尼斯的直接挑衅。4 月，他毫无预兆地率军深入普鲁士，一位编年史家估计他的兵力有 8000 人，这是当时常见的夸张说法。他在解冻时期穿过湖区，避开了条顿骑士团和马佐夫舍公爵派出的巡逻队，穿过瓦尔米亚来到布劳恩斯贝格①城堡，辱骂站在城墙上的主教，并摧毁了沿海的每一个定居点。根据基督徒的记载，维泰尼斯特别敌视教堂，他亵渎祭坛、拆毁并践踏十字架，乱摸圣餐并对其吐唾沫，然后烧毁了教堂。一天之内他就掳走 1200 人，将他们披枷带锁地押走。当晚他嘲弄他们，问："你们的上帝在哪里？他为什么不帮助你们？我们的神在这一次和其他时候都是帮助我们的。"

如果维泰尼斯真的说过这话，那么他高兴太早了。他的军队实际上处于极大的危险之中。瓦尔米亚的位置太靠西了。维泰尼斯往西打得越远，骑士团的原住民民兵就越有时间集结起来，也越容易追赶因满载战利品而行动缓慢的异教徒军队——在雪地里，异教徒军队的踪迹很容易被人找到。此时骑士团总司令正在集结一支大军，地点就在维泰尼斯离开普鲁士的必经之路上。

---

① 布劳恩斯贝格是德语名字，即今天波兰北部的布拉涅沃，邻近俄罗斯边境。

这是海因里希·冯·普勒茨克几十年来做梦都想得到的机会。现在他拥有 80 名骑士和数千民兵，占据了可以追上立陶宛军队的有利位置。运气好的话，他就能歼灭这支入侵之敌，也许还能杀死或俘虏他们的国王。

维泰尼斯也相信命运，但他明白运气具有可塑性，勇敢的领袖能够巧妙地塑造运气。他看到基督徒逼近，就命令部下在一座山顶上用树篱和树木临时搭建的护墙后摆开阵势。他一定以为基督徒不敢轻易进攻这样巩固的阵地，而且即便他被基督徒包围，他的手下还有掳掠来的牛群可以食用，而基督徒不可能携带很多给养。

海因里希迅速判明了敌人的策略。他更想在平坦地带作战，以发挥骑兵的战斗力，但他也愿意徒步作战。他命令贡特尔·冯·阿恩施泰因（那一代人当中最英勇的骑士）试探异教徒的防线。贡特尔的试探性攻击失败了，有 40 到 60 人战死，但他摸清了敌军的位置和兵力。海因里希在得到贡特尔的报告后，便命令发动总攻。

一位十字军诗人描述了一幅特别动人的景象：基督徒战士在进入阵地的时候听到被俘妇孺的哭喊、民兵当中他们的亲人的回答，以及备战的绝望之人的呐喊。后来骑士团可能会在用餐时朗读叙述这个场景的编年史，教导骑士及武士在面对这种情形时正确的态度是什么。这些段落对骑士壮举、勇气、公平、怜悯不幸者和侍奉教会与圣母玛利亚的强调能帮助我们了解十字军骑士的心态。遗憾的是，我们没有立陶宛方面的类似的编年史。异教徒只有口传文学，没有书面文学，而口传文学大多已经消失。

基督徒全军摆开阵势准备进攻，维泰尼斯辨认出了对手的大小旗帜。直到这时他才知道对手是谁。他知道军事胜利不取决于人数，而取决于战斗力。骑士团城堡长官们的灰色军旗和总司令的白底黑十字大旗告诉那些知识丰富的异教徒，他们面对的是条顿骑士团的精锐。所以，当进攻者逼近时，那些没有那么勇敢（或者说最谨慎的）的立陶宛人开始寻找自己的坐骑，然后匆匆骑马逃跑。与此同时，被俘的女人挣脱了枷锁，在立陶宛军的后方制造混乱。维泰尼斯销声匿迹（逃跑）了，他的数千追随者战死。基督徒俘获了 2800 匹马、数千把长矛和剑，夺回了之前丢失的战利品和俘虏，并抓获了维泰尼斯的宫廷总管。一位编年史家写了一首胜利赞歌："哦，上帝的高贵骑士，上帝必在人间与天堂嘉许你们。"为了纪念此次大捷，海因里希在托伦建了一家女修院。

这貌似一场压倒性胜利，但对整体战局没有多大影响，既是因为条顿骑士团没有足够力量乘胜追击、扩大战果，也是因为维泰尼斯逃走了。大公重整旗鼓，鼓励臣民坚决地守住要塞，并命令大家不要冒险。过了一段时间，一位年轻的骑士团城堡长官格哈德·冯·曼斯菲尔德勇敢地率军进入立陶宛，异教徒追踪他的小小队伍越过了立陶宛边境。曼斯菲尔德希望与对方决战，但异教徒害怕埋伏，不肯接受。但他们询问他的姓名，并警告他，如果他再带这么少的人进入他们的领土，就活不了多久了。

事实上，只有占领了关键城堡，才能取得重大进展，而攻打城堡非常困难。这在立陶宛尤其如此，那里的要塞位于崎岖难行的荒野之上，所以进攻一方必须从远处长途运输兵员、给养和攻城武器。占领城堡最轻松的办法是赎买或者里应外合。

里应外合的效果最好。如上文所述，海因里希俘获了维泰尼斯的宫廷总管兼格罗德诺的城堡长官。如果海因里希用此人来换赎金，就可以换回一大笔钱，或者拿他交换俘虏。但此人承诺获得自由后就把格罗德诺交给骑士团，海因里希同意了。但他也必须尽快做出决断，让这个城堡长官能解释自己之所以迟归，是因为躲藏在树林里或者迷路。不过，即便如此骑士团也不一定能拿下城堡，因为维泰尼斯可能会觉得这是一个可以用来消灭潜在竞争对手，以给格罗德诺换一个新城堡长官的方便借口。海因里希释放了此人，条件是把十字军战士偷偷带进城，里应外合，将其占领。不足为奇的是，这个城堡长官食言了。他“出卖”了基督徒，把他与骑士团的安排告诉维泰尼斯，并在格罗德诺附近设下埋伏等待普鲁士军队到来。

海因里希也没有忽略这场行动的风险。他知道这个宫廷总管可能是个高明的骗子。我们不知道宫廷总管是如何说服总司令和他的议事会的，但我们知道在这个时代反水变节是常有的事，个人恩怨比对氏族的忠诚更重要，而野心又往往会压倒忠诚。并且，异教徒的荣誉法则强调遵守誓言，海因里希无疑迫使俘虏发了强有力的誓。海因里希也有权对宫廷总管的未来做出慷慨的承诺，甚至可以承认他为立陶宛的未来统治者之一。简而言之，海因里希有很好的理由信任这个异教徒领主，但也有很好的理由不对他全盘信任。

海因里希率军来到接近格罗德诺的地方，这时他的侦察兵遇见一个老人，对他严刑拷打，直到他供述称立陶宛人正在一条河附近埋伏，准备等基督徒军队半数过河之后发动进攻。海因里希遵守承诺释放了老人，然后率军撤退到安全地带。

海因里希夺取格罗德诺的下一次尝试在 5 月底，他召集了 140 名骑士、一支由原住民骑士和民兵骑兵组成的强大部队以及 2000 名步兵。这些步兵走的路线可能与骑兵略有不同，他们乘小船通过湖泊、河流和沼泽。骑兵在穿过茂密森林接近格罗德诺时，遇见四个异教徒侦察兵。他们杀死其中三人，俘获第四人，并得知异教徒不知道他们正在逼近。自以为高枕无忧的维泰尼斯对危险毫无察觉，他甚至派遣五十人（包括那四名侦察兵）去建立了一处狩猎营地。海因里希歼灭了敌人的先遣部队，然后渡过涅曼河。他留下 20 名骑士和所有步兵去守卫船只，然后穿过乡村，沿途烧杀抢掠，对老人和妇女也不留情。他俘获 700 人，至于杀了多少人，"只有上帝知道"。

这几次胜利让海因里希·冯·普勒茨克成为大团长职位的有力竞争者（前一任大团长西格弗里德·冯·福伊希特万格去世了），但他没有当选，部分因为他占领但泽和西普鲁士的举动引发了争议，部分因为他生性专横跋扈。不管怎么说，德意志的选举人们没有接受他，而是选举卡尔·冯·特里尔为新的领袖。海因里希·冯·普勒茨克得到的安慰奖是总司令职位，后来他还担任过总军务官。

卡尔·冯·特里尔准备进攻萨莫吉希亚

卡尔·冯·特里尔就任大团长时只有四十六岁，在骑士团最高领袖的位置上算是相当年轻的了。卡尔讲得一口流利的法语，据说拉丁语也极好，就连他的敌人也喜欢听他说拉丁语，所以他是与阿维尼翁的法兰西教宗打交道的理想人选。因为此时骑士团正在接受教廷官员的调查，这一点十分重要。为了集中力量应付教廷，卡尔打算暂缓对立陶宛的作战。他还想与波兰国王瓦迪斯瓦夫一世议和，并解决立窝尼亚的麻烦。在普鲁士的骑士不太欢迎他的这些政策，卡尔说服他们接受他的观点的唯一办法就是亲自去东方与他们面谈。

在巡视普鲁士、视察骑士团的资源并讨论了各种可能的策略之后，新任大团长叫停了对格罗德诺的攻击。他已决定集中全部兵力攻击萨莫吉希亚，希望能打通一条去里加的较短陆路，从而阻止异教徒对库尔兰和斯米伽利亚的毁灭性攻击。

1313 年 4 月，卡尔·冯·特里尔在柯尼斯堡安排将给养、武器装备和人员装载上船，让他们通过波罗的海和库尔兰湾去涅曼河。他还派遣其他部队从陆路去拉格尼特。虽然因为事故在海上损失了 4 名骑士、400 名士兵、大量给养和用来建造一座新城堡的建材，卡尔还是率军逆流而上 30 英里，在溪流上架设浮桥。在浮桥竣工后，神父们带领庞大的宗教游行队伍举行弥撒，然后工人赶来建造了一座大型土木城堡，卡尔将其命名为克里斯特梅梅尔。这将成为他进攻萨莫吉希亚心脏地带的基地。

不久之后，海因里希·冯·普勒茨克攻击了更上游的异教徒城堡。他亲自领兵攻打比森，用舟桥运来攻城武器，但这轮进攻失败了。同时，拉格尼特的城堡长官乘船去了上游更远处的维隆。他计划从一艘大型战船上直接强攻城墙，但在他接近城堡的时候，劲风将他的船吹到了岸边。既然没有了出其不意的奇袭效果，船员只好在一番鏖战之后把船弄回河中央，并返回拉格尼特。

这些攻击促使维泰尼斯行动起来。他特别担心骑士团的那艘大型战船，因为它能威胁涅曼河沿岸的每一座城堡。于是他命令自己的一名封臣尽快将其摧毁。

立陶宛指挥官命令 100 名骑兵赶往拉格尼特，另外派出

600 武士乘坐 100 艘小船顺流而下。骑士团的侦察兵和瞭望哨观察到了这些部队的运动，但立陶宛人行动极快，他们赶在侦察兵和瞭望哨向后方发出警报之前就抵达了拉格尼特，但作战计划的剩余部分就不是那么容易达成了。尽管异教徒发现骑士团的那艘大战船停在河中央，船上只有四名弓箭手，但这艘船实在太大，异教徒无法顶着弓箭手的射击攀爬其船舷。如果弓箭手得到增援，他们说不定能把来袭的异教徒杀光，因为后者很难逆流撤退。但在这个关键时刻，立陶宛骑兵阻止了拉格尼特守军，让他们不能冲杀出来。不久之后，立陶宛人砍断了大战船的锚索使其漂向下游，一大群异教徒小船紧随其后。在大船搁浅之后，立陶宛人才得以纵火将它焚毁。大团长没有造第二艘这样的大船。他的结论显然是，即便在夏天，这样的大船也没有取得预期的效果；在冬天这样的大船则会被冰封住，可能还会被浮冰撞碎。

残酷的战争

我们从其他史料中可以了解到这个时期的战争是多么残酷。在 1320 年和 1339 年，波兰目击证人告诉教宗特使，条顿骑士团军中的武士刑讯和屠杀俘虏，杀戮无辜平民，剥光女人的衣服，虐待教士，摧毁村庄、田地和教堂。如果在信仰基督教的波兰都会发生这些事情，那么我们可以想象条顿骑士团对萨莫吉希亚的异教徒是多么凶残了。

令历史学家颇为遗憾的是，教廷听证会上的这些证词有严重的问题：条顿骑士团抵制这些听证会。这让教宗特使很恼火，而大团长说骑士团在过去已经得到了教廷的豁免权，教宗特使对此无权压制，特使就更生气了。而且，听证会上的很多证词都是道听途说，有些证言夸张到了荒诞的地步。喜欢夸大其词是中世纪的一个特点，这对现代研究者来说简直是灾难。很多证人能从对骑士团不利的裁决中获利。但另一方面，有些证人是有身份、有经验的人，他们有机会去查明究竟发生了什么。因为教廷的调查者单独私下里听取每个证人的证词，向证人询问一系列具体问题，所以调查者也有办法查明真相。教宗们收到特使关于骑士团不端行为和暴行的报告，就传唤骑士团的高级官员去见他们。

条顿骑士团的官员为自己辩护，他们否认了部分指控，并解释说其他指控是夸大其词或阐释有误。例如，他们与波兰人的关系并非总是很坏。普沃茨克主教让他们掌管米歇劳城堡，骑士团每年向他交一笔钱。主教需要骑士团的驻军为他的主教区暴露在异教徒面前的边境提供保护。马佐夫舍公爵们也因为害怕立陶宛人攻击而对骑士团示好。另外，波美拉尼亚公爵和西里西亚公爵正在寻求盟友共同对付瓦迪斯瓦夫一世。而在争端当中，波兰人也不是无辜的。多年前维埃纳会议①命令波兰主教们缴纳一笔专门的十字军税来支持条顿骑士团，而主教们从来没有执行过这道命令。最后，波兰国王不准他的臣民参加萨莫吉希亚远征，所以干扰了正当合法的十字军圣战。教宗特使的调查没有如条顿骑士团的敌人期望的那样谴责条顿骑士团，却给现代历史学家提供了关于 14 世纪战争残酷性的大量

① 维埃纳会议是天主教会于 1311 至 1312 年在法国城市维埃纳举行的会议。亲法的教宗克雷芒五世命令圣殿骑士团解散。此前法王腓力四世（美男子）因为欠下圣殿骑士团的债务难以偿还，诬告圣殿骑士团大团长有异端罪，对其进行迫害，并镇压了骑士团。

证词。而且，即便赞颂十字军的历史学家也承认这种残酷性。在那些日子里，人们吹嘘自己的武功和战绩，甚至包括那些足以令心软的同时代人摇头的血腥暴行。

边境战争的原则

骑士团编年史家的工作不仅能证明战争非常可怕，他们对越过荒野的袭击行动的描述还能让我们分析其背后的战略。一般来讲，隆冬和盛夏是作战的最佳时节；其余时间里，道路泥泞是主要的问题。2 月、6 月和 11 月是基督徒最喜欢发动袭击的月份。2 月的冰封河流就像高速公路；6 月是收割庄稼之前天气温暖的时节；11 月，民兵无须干农活，积雪还不算深，步兵可以行军。编年史家对原住民骑士在这些年里的功绩不吝溢美之词。十字军战士当中很少有人来自德意志，而取代德意志十字军的普鲁士人和立窝尼亚人都是热情洋溢的战士，他们作战的理由是对战事的爱好，以及对荣耀和世俗晋升的追求。

远征的组织工作井井有条。因为在荒野无法就地取粮，袭击者必须携带给养。他们经常将物资留在计划好的返回路线沿途，有时派人守卫，有时将物资埋在地下，有时将其藏起来。城堡是补给站和休息地点。如果不需要出其不意，他们也可以用船运输粮食和装备。

条顿骑士团知道很多条进入萨莫吉希亚的道路。他们收集商人和袭击者对路线的描述，包括曾走过这些路线的人的姓名、旅途每一阶段需要多少天，以及其他有价值的信息。袭击者穿过荒野之后都清楚自己要做什么，他们一般是分兵数路，每个小单位袭掠一个指定区域，在忙完一天之后到预先约定的地点会合，并在那里扎营。会合地点一般比分兵的地点更靠前。然后他们在这个中央地点保留一支强大的部队以保护战利品和给养，并担当预备队，应对随时可能出现的威胁。一般来说，条顿骑士在一天之内足以蹂躏任何较小的地区，所以军队每天去一个新地点，沿之字形路线推进，有时改为径直向前，甚至还可以回到之前路过的地区再掳掠一轮。他们选择最有可能让守军措手不及的路线，要么抢在守军躲藏起来之前，要么在他们刚刚从藏身之处出来的时候发起攻击。有时他们让小股部队走在前面再匆忙撤退，把追击之敌引入主力部队设下的埋伏圈。这让守军不敢轻易追击，所以骑士团有时能以非常少的兵力大胆地深入敌人乡村腹地，并安然撤退。每次远征都经过细致的筹划，且袭击者还会见机行事，对整体计划进行临时调整。基督徒和异教徒运用的战术相同，因为只有这些战术在当前环境下有效。双方的策略都是破坏对方的农业生产和贸易，从而拖垮敌人。

维泰尼斯国王之死

维泰尼斯不会允许十字军恣意袭掠他的国家或萨莫吉希亚。他是一位本领高强且意志坚定的武士，麾下有很多能干的封臣，而且他们全都憎恨基督徒。其中一位封臣名为格罗德诺的大卫，他最早于1314年出现在十字军的编年史中。他是那一代异教徒当中顶尖的战士，是立陶宛国内第二重要的城堡格罗德诺（仅次于维尔纽斯）的长官。他的前任就是之前被俘的那个宫廷总管，我们不知道后者的结局是什么。大卫的第一项功绩是摧毁了海因里希·冯·普勒茨克在1314年9月大胆袭击立陶宛东南部距离维尔纽斯很远的地区时留下的给养。他杀死了守卫给养的士兵，烧毁了粮食，掳走500匹马，让骑士团总司令左右为难。海因里希在抵达已被扫荡一空的地下仓库时，认识到敌人肯定在他回师路线上的某个地方设下埋伏。他估计自己饥肠辘辘的士兵无力作战，于是多走了500英里以绕过危险地带。途中他的士兵有的挖树根吃，有的吃饿死的马，很多人死在途中。幸存者都因为可怕的磨难而精疲力竭，很多人身染重病，短期之内无法回到岗位。格罗德诺的大卫差点就兵不血刃地消灭了一整支军队。

后来的大团长们认识到，让十字军从涅曼河逆流而上比穿过荒野的诸多沼泽和溪流要容易。在大河上，骑士团可以有效地运用自己的技术优势：他们有船只可以运输兵员和给养，有城堡可以保护战略要地并担当袭掠和大规模攻势的基地，还可以使用投射武器。另外，涅曼河及其支流径直流入立陶宛腹地，而顺流而下的立陶宛人会被河水带到库尔兰湾沿岸的沼泽地带。历任大团长在宽阔大河的沿岸建造了雄伟的城堡，他们首先在拉格尼特（靠近大河的诸多出海口）筑城以保护桑比亚，然后把城堡修到了更上游的克里斯特梅梅尔和维隆。

1315年8月，萨莫吉希亚人偷偷溜到了拉格尼特而未被察觉。警报响起之前，他们已经爬上城墙了。受惊的守军赶紧跑到主楼，那是一座坚固的塔楼，体现了西方工程技术的优越。十字军的主楼足够高，能充当瞭望塔，且敌人几乎无法直接发动强攻。它的入口是一扇高于地面的门，只有通过狭窄的楼梯才能到门口，而门里面被结结实实地封堵起来。主楼底部没有入口也没有窗户，石墙可能厚达6米。任何企图接近主楼脚下或者破坏它的袭击者都将遭到20米高空（或更高）抛下的大石头劈头盖脸的轰击，或者陷入弩弓的箭雨。即便伤员和累垮的人也能坚守这样的阵地好几天。因为主楼的射界覆盖整个城堡，所以敌军如果不能占领主楼，就会始终遭到射击，如果再有解围部队赶来，敌军将很难抵挡。萨莫吉希亚人根本没有尝试攻击拉格尼特的主楼，只是满足于破坏和焚烧周围已经可以收割的庄稼。

六周后，维泰尼斯来到克里斯特梅梅尔。他搭建了两台投石机，还带来大量罗斯弓箭手。他让其余部下去砍树并将木头堆放到干燥的地方，准备搬到护城河那里。他的计划是在城堡周围堆放大量木柴和灌木，然后点火，让城墙在烘烤之下坍塌，并用浓烟呛死守军。

大团长得知消息立刻召集部队。他必须等待军队集结完毕才能出发，但他首先派遣 10 名骑士和 150 名士兵乘船驰援。维泰尼斯早有预料，于是阻止了这支先遣部队接近城堡，十字军战士能做的只有骚扰围城军队，用弓箭与他们对射，以求拖慢他们的进度。围城第十七天，解围部队接近了。维泰尼斯还没有做好总攻的准备，但既然在大团长杀到之前只有一次机会拿下克里斯特梅梅尔，他命令用木柴和干草填平护城河并点火。数千人抱着木柴冲向城堡，他的弓箭手向城头猛射，希望将守军赶走，或者至少阻止他们向下方的步兵射击，但守军在城堞之后得到很好的防护；他们用弩弓迅猛射击，杀死了很多立陶宛人。维泰尼斯下令停止进攻，烧毁了自己的攻城武器，然后率军撤走了。

这是十字军最后一次听说维泰尼斯的消息。没人知道他的结局。传说他被闪电击中而死，但这似乎是对他的后继者格迪米纳斯的名字的错误翻译所致。我们对立陶宛统治者的谱系知之甚少，以至于好几个世纪里历史学家相信格迪米纳斯是维泰尼斯的儿子，但他们其实可能是兄弟。维泰尼斯是被自己的兄弟杀了吗？或者说这个故事是后人在诽谤格迪米纳斯？维泰尼斯死于克里斯特梅梅尔围城战了吗？如果是这样，那么条顿骑士团既不知道这一情况，也没有记载下来。如果他们知道维泰尼斯死于克里斯特梅梅尔围城战，肯定会大书特书。维泰尼斯是一位伟人，是立陶宛人真正的民族英雄。立陶宛的第一种钱币的图案就是一个名叫维提斯的骑手，这或许不是巧合。这个形象的宗教意义很可能因为指涉那位伟大的君主而被增强了。

西方十字军抵达

卡尔·冯·特里尔为克里斯特梅梅尔解围之后舍不得解散手头的军队，想用它取得更大的战果。他遣返了很大一部分士兵，并大摆排场，让敌人的侦察兵以为他已经撤军回国；但他保留了一支6000人的部队，让他们趁夜色向河流上游的维隆进军。敌人对此毫无防备。原住民连忙从村庄赶往城堡，基督徒追击他们，杀死了很多逃跑的人。十字军没有试图攻击中央要塞，而是纵火烧屋，然后撤退。

维隆是萨莫吉希亚人防御体系中的主要壁垒。大团长还没有做好攻打它的准备，但他的部下几乎每年都会在维隆郊外纵火。他暂时还无法攻克维隆，但可以通过摧毁当地居民的房屋和田地一点一点把他们拖垮。他知道，立陶宛大公无法每年都为维隆提供粮食和更多驻军。

1316年，第一批西方十字军抵达普鲁士。这些来自莱茵兰的朝圣者（他们这样自称）是卡尔·冯·特里尔之前一次访问德意志时招募的。从这以后，十字军战士更加频繁地来到普鲁士，他们称之为“旅行”，这是中世纪对军事冒险的隐晦说法。这次远征的参与者后来说，他们杀死了200名异教徒，自己损失了50人。这个战绩还不算很重要，重要的是远征结束时有许多骑士侍从获得骑士身份。册封骑士的仪式成为每一次十字军远征中特别受欢迎的环节。每位候选人在完成了自己的英勇事迹之后，由到访的最显赫的领主授予他们骑士身份。大团长还会邀请最勇敢的战士围坐在荣誉之桌（参照亚瑟王的圆桌）前，并向表现最出色的骑士授予荣誉。

格迪米纳斯大公

在十字军战士在萨莫吉希亚森林沉浸于骑士仪式的同时，立陶宛的新大公正在向东方和南方扩张势力。和他的前任一样，格迪米纳斯明白，罗斯的王公、贵族和市民希望由东正教徒当他们的统治者，但也有些人愿意接受任何形式的基督徒统治者；说到底，他们所有人都愿意接受任何能够保护他们不受鞑靼可汗（统治着南俄草原）侵犯的宗主。超过七十五年以来，鞑靼可汗统治着罗斯，即便位于蒙古帝国边缘的王公，如北方的诺夫哥罗德和普斯科夫的王公以及西方的加利西亚和沃里尼亚王公也只享有微不足道的独立性。现在可汗的力量正在衰败，罗斯诸王公和城市觉得这是摆脱其可怕桎梏的良机。每一位王公在考虑反叛鞑靼人的时候都谨慎地寻求外界保护，因为鞑靼人的愤怒臭名昭著。如果判断失误，他们就会遭到鞑靼人的凶残报复，很少有波雅尔和市民在得罪了鞑靼人之后还能活下来讲述这段经历。得罪鞑靼人的人大多会生不如死。尽管有些邻近立陶宛的罗斯人臣服于维泰尼斯，其他罗斯人却没有寻求格迪米纳斯的保护，因为他是罗斯人的老对手，经常率军蹂躏罗斯土地。加利西亚和沃里尼亚的王公首先向教宗求助，然后向波兰和匈牙利求助。条顿骑士团是他们曾经的盟友，所以这些王公甚至联络了卡尔·冯·特里尔，但没有一位西方统治者愿意派遣大军去草原，条顿骑士团尤其如此。对罗斯人而言，格迪米纳斯差不多是迫不得已的最后选择。事实证明，这是一招妙棋，解决了一个复杂的问题：西方人距离罗斯太遥远，有其他的要务在身，或者要求东正教与天主教会联合，而拜占庭和巴尔干国家又太弱。格迪米纳斯位置相对较近，愿意集中力量应对罗斯的问题，而且在宗教方面比较宽容。

格迪米纳斯证明了自己有能力保护求助者，于是前来投奔他的人越来越多。格迪米纳斯经常允许罗斯的波雅尔保留其官职，并始终允许他们按照自己的法律和风俗来生活。他尤其尊重东正教会及其领袖；后者则敦促人民忠于他。格迪米纳斯利用自己逐渐增强的实力帮助萨莫吉希亚人更好地对抗骑士团。即便如此，格迪米纳斯抵抗十字军的能力也只是缓慢增长，他无法在突然之间向涅曼河沿岸战区投入大批罗斯武士。即便很久之后，他手下的绝大部分骑兵和步兵仍是立陶宛人，只是偶尔有大群罗斯人追随他去西方。更重要的是，他能为自己的贵族和波雅尔提供军职，所以即便他们的土地遭受十字军蹂躏，他们也不至于因为饥饿向十字军投降。现在他们能够以职业军人的身份（往往是作为官员或驻于罗斯城市）体面地服役，积攒经验和军事装备，以便将来与西方对手匹敌。

不久之后，格迪米纳斯就在书信里署名自称“立陶宛人和许多罗斯人的国王”。他让自己的兄弟费奥多尔（狄奥多里克）和瓦尔尼斯（沃伊尼）分别统治基辅和波洛茨克，他的儿子阿尔吉尔达斯（奥尔吉耶德）统治维捷布斯克。后来他把格罗德诺的大卫安排到普斯科夫，让他在那里骚扰立窝尼亚骑士团。格迪米纳斯通过联姻拉拢了一些罗斯王公：他娶了维捷布斯克的女继承人，把自己的女儿许配给特维尔王公。后来他把莫斯科、加利西亚、马佐夫舍和波兰王国都拉拢为盟友。*

格迪米纳斯认识到自己的军事技术不如十字军，于是努力吸引西方的商人和手工匠人，即懂得如何获取或制造他需要的装备的人。他与里加的德意志商人的联系特别重要。那些市民在与立窝尼亚骑士团相争，所以他们致力于扩大贸易并帮助条顿骑士团的敌人。唯一让他们感到踌躇的是，他们也想保卫和扩张基督教信仰。另外，如果他们与异教徒君主结盟反对十字军，就违背了应被严格遵守的宗教法则，不但让自己在教宗和皇帝面前不好交代，也会让其他汉萨城市的商人和那些有臣民购买立窝尼亚产品的贵族敌视他们。但里加大主教告诉商人们，他们与格迪米纳斯的合作不会损害基督教世界。格迪米纳斯在维尔纽斯的宫廷有方济各会修士，他们进一步向里加商人保证，只要十字军停止对立陶宛的攻击，立陶宛人已经做好了皈依的准备。方济各会是格迪米纳斯最热忱的拥护者，他们四处传播关于格迪米纳斯多么渴望成为基督徒的故事。不管这种前景多么渺茫，里加人都可以用它为自己和立陶宛大公的非正式盟约辩护。

事实上，格迪米纳斯几乎不可能皈依天主教，但他允许西方访客对此抱有幻想。他必须对东正教宽容，这样才能保证他

---

* 这方面的精彩叙述，见 S. C. Rowell, *Lithuania Ascending: A Pagan Empire within East - Central Europe* (Cambridge University Press, 1994)。（作者注）

的罗斯臣民的忠诚，而立陶宛人则希望他继续当异教徒。格迪米纳斯希望建立一个囊括天主教、东正教和异教的帝国。十字军理解不了任何形式的宗教宽容。在他们看来，宗教自由意味着纵容错误和诱人走入歧途的行为。条顿骑士团接受的教条是消灭作恶的人，他们不能接受其他宗教，因为它们会让不计其数的人陷入地狱之火。在他们眼中，这种宽容肯定是能想象得到的最大的恶。

十字军的回应

十字军本质上是推动基督教扩张的手段，很多民族都能理解和分享这种理想。它表达的宗教理念非常符合时人的思维。十字军也是扩张条顿骑士团领土的手段，他们代表教廷、教会和他们自己。他们对圣战的辩护是，这是平定异教徒并将其基督教化的唯一途径。圣战在普鲁士和立窝尼亚取得了成功，西班牙和葡萄牙也在对穆斯林展开圣战。波兰国王和匈牙利国王在与鞑靼人和突厥人作战时采用的也是相同的思维：对他们自己有好处，同时对基督教世界也有好处的事情，就是双重正确的，他们为之花费的鲜血和财富就是值得的。

中世纪晚期各种十字军运动的共同之处是，它们是西欧人与基督教世界边界的危险敌人之间的斗争，并且是受到民众欢迎的斗争。这些十字军运动带有一种浪漫的光环，19 世纪的公众还能理解它，但现代人就理解不了了。*

---

* 一个例外是哈佛大学的学者塞缪尔·亨廷顿，他于 1993 年发表的文章《文明的冲突?》载于《外交事务》，受到了广泛讨论。(作者注)

类似地，中世纪人对自己的边界上存在异教徒感到不安，即便这些非基督徒是和平且宽容的。基督徒害怕异教祭司的魔法和迷信，相信他们的符咒真的有效，所以相信针对魔鬼崇拜的战争是神圣的。东欧基督徒对自己的异教徒邻居也不满意。波罗的海异教徒和鞑靼人一样，不是爱好和平的民族。

立陶宛人袭击基督徒的土地，掳掠牲畜和人口（将其变卖为奴），并觉得这样的行为理所当然，无须辩护。通过大河通往拜占庭和穆斯林世界的奴隶贸易路线历史悠久。维京人开启了东欧的奴隶贸易，当地各民族也继续这种贸易，而鞑靼人将其维持到彼得大帝在位时期。另外，立陶宛的波雅尔们开始效仿他们的邻居，建立以粮食生产和农奴制为基础的大庄园。把本地劳动力当作农奴在政治上是不妥的事情，在经济上也无必要，因为他们能从波兰、普鲁士和立窝尼亚掳掠到有经验的劳工。基督徒原则上并不讨厌奴隶制，只是坚持要求奴隶只能是非基督徒。而立陶宛异教徒的做法恰恰相反！所以十字军决心阻止立陶宛人掳掠基督徒为奴的行为。

条顿骑士团的批评者，包括 15 世纪的波兰学者保卢斯·弗拉基米里[①]（他要求康斯坦茨会议宣布十字军不符合基督教精神），从来没有为异教本身辩护过。认为异教在道德和智识方面比基督教优越是现代人的理念，抱有这种理念的现代人往

① 保卢斯·弗拉基米里（约 1370～1435），波兰语名字是帕维乌·沃德科维茨。他是著名的学者、法学家和克拉科夫学院（后来的雅盖隆大学，即波兰第一所大学，由卡齐米日大王建立）的院长。他捍卫波兰的利益，捍卫原住民异教徒，反对条顿骑士团。他在布拉格大学和帕多瓦大学读书，在克拉科夫学院获得教会法博士学位。他代表波兰参加了 1414 年的康斯坦茨会议，主张基督徒与非基督徒民族和平共处，谴责条顿骑士团针对异教徒的战争，并为扬·胡斯辩护。

往还相信水晶球和传统草药能治病，相信激进女权主义和自然崇拜，但他们很少像中世纪人那样把异教与巫术和伏都教联系起来。东欧基督徒也并不比西欧基督徒对异教更友好、更心怀理解。事实上，东欧基督徒对异教的态度与西方著作（尤其是文艺复兴时代历史学家的著作）的态度相同：既憎恶，又饶有兴趣。

立陶宛人不是什么大自然之子。格迪米纳斯王公们及其波雅尔生活在一个政治化、社会化的环境里，这个环境太先进、太复杂，所以他们不是卢梭所谓的高贵野蛮人。即便在 14 世纪末好几位格迪米纳斯王公成为天主教徒之后，他们也只是新近受洗，他们的军队里还有许多穆斯林、东正教徒和异教徒。很少有人对西方教会表现出尊重。在 14 世纪的大部分时间里，格迪米纳斯王公们都是异教徒，他们对外国迷信往往只报以鄙夷态度。

十字军对立陶宛人袭击教堂，亵渎圣餐，谋杀神父、僧人与修女的故事极其愤怒。但大家不要忘记，这是黑死病的时代，是鞭笞、大规模歇斯底里、猎巫、迫害犹太人和秘密异端的时代。异教徒是基督徒能找得到的少数显而易见的敌人之一，基督徒可以把一切麻烦都怪罪到异教徒身上。异教徒是教会与国家显而易见的危险敌人。

所以，我们能在一定程度上将萨莫吉希亚十字军运动与条顿骑士团的领土野心区分开。这种区别似乎很难分辨，尤其是如果我们只读现代历史学家的作品的话，但当时的人们始终没有忘记十字军圣战的宗教意义。骑士团需要臣民为其提供粮食和劳动力，需要城堡作为修道院和补给站，需要边境据点让侦察兵安全地居住，而且部队在敌人袭击者侵犯时也可以在这些据点集结，在组织针对异教徒土地的袭掠时还能以这些据点为基地。另外，一些具有战略意义的土地，如萨莫吉希亚，是异教徒袭击普鲁士和立窝尼亚的基地。但如果我们只看骑士团顽强保卫自己领土的情境，就容易受误导。实际上条顿骑士团经常与异教徒签署停战协定，允许教宗使节影响骑士团的政策，并信赖立陶宛王公的承诺。当然，骑士团不是在所有时期都同等地慷慨。经验让人变得犬儒。有些外来者主张停止圣战，以便让理想主义者与异教徒对话，劝他们皈依。在听到这种言论的时候，条顿骑士团往往报以冷嘲热讽。立陶宛人通常只在条顿骑士团即将取得重大军事优势的时候才主动提出皈依。只有幼稚的新来者才会轻信他们的提议，骑士团当然不相信对方拥有诚意。类似地，波兰提出的骑士团应归还西普鲁士和库尔姆的要求（通常将其作为普遍和平计划的一部分）也不太可能让十字军的武僧们用和平手段取代武装传教。不过，在14世纪，希望和理想主义依然存在。

但在务实的人看来，要让格迪米纳斯王朝考虑皈依，武力肯定是主要的手段。异教徒很喜欢杀死神父和传教士，让他们成为殉道者。教廷希望用外交手段、加冕和派遣修士等和平手段争取格迪米纳斯王朝，而他们置之不理或拒绝接受。而且，他们是咄咄逼人的武士。不管是谁先动手，条顿骑士团都必须经常出兵保卫自己的边境，他们也经常出兵去袭击萨莫吉希亚和立陶宛，要么是威风堂堂、排场隆重地出征或起航，要么是偷偷溜过荒野，发动毁灭性的偷袭。还有大批十字军战士从西方赶来，大手大脚地花钱并甘冒死亡风险，因为他们相信自己在保卫基督教世界。

法兰西人、英格兰人、苏格兰人、捷克人、匈牙利人、波兰人和少量意大利人也会参加萨莫吉希亚十字军。这是一场国际冒险，吸引了那些在民族主义快速增长的时代感到不安的人。民族主义在政治、教会和文学中变得越是突出，硕果仅存的国际主义事业就越受欢迎。反对异教的十字军运动用丰富多彩的方式，将西方宗教生活与世俗生活的许多特点结合起来。十字军是一种体育运动，是战争，是骑士精神的展示，是对杰出成就的肯定。14 世纪是尊崇成就的时代。那些想用高尚行为证明自己的贵族普遍承认，参加对萨莫吉希亚的十字军是一种能让他们有机会展现自己的勇气、大胆和身为骑士之价值的行为。到 14 世纪中叶，十字军运动的这个方面变得比它的宗教义务更为突出。十字军变得越来越世俗化，更有骑士精神，直到它和所有地方的理想主义骑士精神一样，成为与时代格格不入的老古董。

当然，十字军也有民族认同的问题。条顿骑士团是德意志人的骑士团。所以他们必须代表神圣罗马帝国的德意志民族。大团长们很清楚自己的这份责任，也懂得如何运用德意志人对其家乡和语言的热爱，但他们不能让骑士团的德意志身份盖过其他身份。到了 15 世纪，这就变成一个严重问题。

在 14 世纪，十字军圣战的理想除了在东欧之外没有多少表达的机会。其他的机会即便有，也比从普鲁士出发的十字军更艰难、更危险，且更耗时。在圣地陷落二十年后，萨莫吉希亚远征流行起来。这是一个值得注意的巧合。二十年足以让大多数人相信，在地中海发动新的十字军东征是不切实际的。十字军的精神貌似因为圣地陷落而消亡了，但条顿骑士团懂得如何复苏这种精神：他们组织小规模的远征（若是在对付突厥人的战线上，这么小的规模不可能取得什么成绩），让参与者能带着激动人心的故事回家，讲述他们如何战胜了十字架之敌。波兰人、波希米亚人和德意志人的远征彼此之间原本没什么联系，但在 14 世纪却演变成一种泛欧冒险。

这样一来，德比伯爵亨利①于 1352 年 1 月来到普鲁士并向波兰统治者卡齐米日大王发出挑战，也就不足为奇了。亨利带了一支军队与异教徒作战，但他得知波兰国王在普鲁士与波兰边境制造事端令骑士团无法发动讨伐异教徒的远征，于是决定了结这一冲突。他的虚张声势也许能促使骑士团与波兰国王达成妥协，不过这位英格兰贵族在去往柯尼斯堡的途中有所耽搁所以迟到，但还是正好赶上了这年冬季的远征。

匈牙利国王拉约什一世于 1351 年参加了一次隆重的异教仪式，这也不算特别不寻常。这次仪式献祭了一头红色公牛，以庆祝匈牙利与立陶宛大公科斯图提斯（1297 ~ 1382）关于赎回科斯图提斯的兄弟（他在这年夏季被卡齐米日大王俘虏）的协议达成。不过波兰和匈牙利十字军战士很快就后悔自己天真地相信了立陶宛人，因为科斯图提斯带着他的兄弟溜走，然后猛烈袭击十字军营地，波兰国王和匈牙利国王险些丢掉性命，而马佐夫舍公爵波列斯瓦夫不幸死亡。

1352 年，拉约什一世在沃里尼亚的激战中负伤，卡齐米日大王为了攒钱去对抗鞑靼人，将多布任抵押给条顿骑士团。简而言之，中东欧的十字军错综复杂，不仅仅是条顿骑士团对抗萨莫吉希亚和立陶宛的异教徒，还有针对东正教王公与穆斯林鞑靼人的战争：所有人都知道，突厥人已经兵临君士坦丁堡

---

① 即格罗斯蒙特的亨利（约 1310 ~ 1361），第一代兰开斯特公爵、德比伯爵等。他是英格兰重要的军事家、外交家和政治家，在百年战争初期是爱德华三世的得力大将之一。他是嘉德骑士团的创始成员和第二名骑士。

城下。

条顿骑士团用尽当时的一切手段来宣传自己的神圣使命。例如，它的建筑强调了它的军事职责和宗教职责的互相交织；每一个细节都凸显了骑士团的稳固与强大。骑士团的宣传非常成功，以至于我们经常忘记波兰人和匈牙利人在加利西亚、沃里尼亚和乌克兰的那些更重要的远征。

立陶宛人皈依的希望

立陶宛大公们经常提议与西方人商讨接受天主教的事宜。这并非总是因为普鲁士和立窝尼亚的十字军对他们越来越大的压力，也肯定不是因为对十字军征服立陶宛的恐惧，但十字军施加的军事压力在大公们的算计当中肯定是重要的因素。他们的目的是消除十字军袭击带来的麻烦。长期以来，大团长的攻势对立陶宛大公构成了妨碍，让他们无力应对其他方向上的威胁，或利用南方的机遇。格迪米纳斯和他的儿子们，尤其是阿尔吉尔达斯（1296～1377）和科斯图提斯，对鞑靼人金帐汗国的衰落颇感兴趣，他们抓住一切机会扩大立陶宛对邻近罗斯各邦的影响。但是他们占领整个罗斯南部尤其是加利西亚的努力，在1370年之后受到匈牙利与波兰的君主拉约什大王的挑战。格迪米纳斯死后，阿尔吉尔达斯继承了大公头衔和处置绝大多数罗斯事务的责任，而科斯图提斯负责保卫立陶宛东部和北部边境。这两兄弟是中世纪最有才华也最富奇思妙想的外交家，他们充分利用了立陶宛的稀薄人口和经济基础。他们也是有才华的军事家，但过于精明，不肯冒大的风险。当战局对他们不利时，他们会毫不犹豫地撤退或寻求停战。这让大团长们倍感挫折，他们从惨痛的经验教训中知道，阿尔吉尔达斯和科斯图提斯只有在遵守协议显然对他们有利的时候才会遵守一项协议。

诚然，大多数政治领袖在食言能给自己带来充分好处的情况下都会违背条约或承诺，但很少有人能像阿尔吉尔达斯和科斯图提斯及其后代那样，在做出承诺的时候就已经在冷酷无情地盘算着要毁约的。让大团长们特别苦恼的是，经常有教士和其他用心良好的人为立陶宛哭诉，要求大团长停止对立陶宛的圣战，因为立陶宛统治者口口声声说自己真诚地打算皈依天主教，而十字军的攻击让他们无法做出这样的举动。立陶宛统治者非常擅长利用基督徒把敌人往好的方向想的意愿，这最终令条顿骑士团很难相信格迪米纳斯家族曾经说话当真过，尽管后来皈依基督教显然符合大公们的利益。不过，这是一个冗长而让人糊涂的故事，当时的人比现代历史学家更难理解它，而现代历史学家已经觉得这很费解了。

1361 年春的某个时刻，科斯图提斯很有可能接受了洗礼。阿尔吉尔达斯和科斯图提斯率领一支强大的袭掠队伍穿过加林迪亚进入普鲁士中部，当时英格兰和萨克森十字军正在桑比亚。条顿骑士团总军务官（基地设在柯尼斯堡）向英格兰十字军领袖托马斯·斯宾塞和萨克森公爵提议一起强行军穿过普鲁士，想抢在袭击者安全逃回荒野之间拦截他们。十字军热烈响应。他们取得的战果超过了自己最大的期望，十字军把立陶宛袭击者打得措手不及，他们杀死了 130 人，俘获了科斯图提斯。

大团长温里希·冯·克尼普罗德把科斯图提斯安顿在玛利亚堡，让立陶宛人不可能有机会营救他，并对他以礼相待。但在 11 月中旬，六十五岁的科斯图提斯大胆地越狱出逃。在城堡中一名立陶宛仆人的帮助下，他溜出牢房，爬上烟囱，偷了一件白披风，走过庭院，没被认出来。他发现大团长的坐骑备好了鞍具。于是他爬上马背，冲出城堡大门，未受阻拦。他后来在向东通往立陶宛的路上丢弃了这匹马，徒步南下去马佐夫舍。他的女儿是马佐夫舍的普沃茨克公爵夫人。他很快就回到了家，继续猛烈攻击骑士团并嘲笑他的敌人。这次成功逃亡让他在立陶宛西部和萨莫吉希亚深受爱戴。

与此同时，阿尔吉尔达斯向东扩张，于 1363 年在黑海附近的蓝水战役[①]中打败鞑靼人并占领了基辅。1368 年和 1370 年，他抵达莫斯科的克里姆林[②]。

1370 年 2 月，立陶宛人与骑士团的战争迎来了危急时刻。阿尔吉尔达斯和科斯图提斯率领他们的立陶宛和罗斯军队进入桑比亚，温里希·冯·克尼普罗德迅速做出反应，从远至库尔姆的地方集结军队，命令他们火速与总军务官的部队会合。科斯图提斯在鲁道[③]附近领兵纵火焚烧农场与村庄，这时十字军逼近了。他认出了对手的旗帜，立刻逃走。阿尔吉尔达斯则命令自己的部下匆匆赶到一座有树林的山上，在那里为保住战利品和俘虏而战。随后发生的战斗是人们记忆里最血腥的战斗之一。到夜幕降临时，条顿骑士团粉碎了异教徒的最后抵抗，杀

① 蓝水战役爆发的时间可能是 1363 年或 1362 年，地点在今天的乌克兰境内。此时金帐汗国陷入内乱，立陶宛大公阿尔吉尔达斯率军攻入鞑靼人土地，扩张立陶宛领土，最终征服了基辅大公国。蓝水是战场附近一座城镇的名字。

② 克里姆林这个词泛指古代罗斯城市中央的设防要塞或城堡，其中最有名的是莫斯科的克里姆林，即大克里姆林宫的所在地。

③ 鲁道村在柯尼斯堡附近，就是今天俄罗斯加里宁格勒州的梅利尼科沃村。

死了超过 1000 名敌人，自己损失了 26 名骑士和 100 名士兵。阿尔吉尔达斯和往常一样成功逃走。这是他最后一次派兵攻入普鲁士。

阿尔吉尔达斯于 1377 年死后，科斯图提斯坚持要求立陶宛的诸多割据势力服从他的领导，从而避免互相妨碍乃至内战。这反映了立陶宛的治理体制多么松散而复杂。在格迪米纳斯数量众多的后裔当中，有一部分人已经明白，他们手中的土地不足以满足所有王公的野心，而立陶宛王公们可没什么耐心与自我牺牲精神。另外，他们的部分罗斯领地已经在开始寻求独立，甚至向莫斯科求助。莫斯科王公自视为所有罗斯国家的天然领袖。格迪米纳斯家族一直非常推崇勇气、积极主动和狡黠，但从来没有教导过，也没有实践过所谓的“基督徒的美德”，就连那些皈依东正教的王公也没有。只有在所有人都受到外国势力威胁的时候，格迪米纳斯家族才能团结起来。如波兰编年史家德乌戈什所说：“不要信任异教徒。我们曾鼓励他们内讧，现在要收获成果了，除非科斯图提斯能控制住他众多的侄子和儿子们。”

科斯图提斯没有自立为大公，但他实际上享有大公的权力。不过他的政策激怒了阿尔吉尔达斯第二次婚姻的长子雅盖沃及其同母兄弟们。这几位已经在和他们的异母兄长，即阿尔吉尔达斯第一次婚姻所生的儿子们争斗。雅盖沃（1354? ~ 1434）比他最年长的异母哥哥安德烈（1342 ~ 1399）更有资格获得大公头衔，因为根据中世纪常见的一种习俗，儿子可以继承父亲在自己出生时拥有的头衔。所以安德烈虽然是长兄，但他只是公爵的儿子，而雅盖沃是大公的儿子。另外，阿尔吉尔达斯认可自己与第二任妻子乌里亚娜所生的儿子雅盖沃的才干，而乌里亚娜当了寡妇之后也很有权势。虽然她曾因自己的东正教徒身份被正式禁止参与对儿子们的教育，且阿尔吉尔达斯坚持要把儿子们培养成异教徒，但现在她愿意用一切手段来推进自己长子的利益，并与阿尔吉尔达斯第一任妻子的后代抗衡。为了增强罗斯人接受雅盖沃的可能性，她还劝他接受洗礼，成为东正教徒。

所以，一时之间，长期忠于异教传统的格迪米纳斯家族似乎要站到东正教那边了。如果这就是野心勃勃的格迪米纳斯王公们成为罗斯统治者的唯一途径，他们无疑会拼命争取，置任何宗教和道德顾虑于不顾。

但雅盖沃并不满足于统治父亲留给他的那部分土地（在立陶宛东部）。他决心首先控制整个东立陶宛，这意味着消灭占据立陶宛北部与立窝尼亚骑士团接壤之领土的安德烈。然后，雅盖沃还要获取属于科斯图提斯的立陶宛西部。等到整个立陶宛都成为他的囊中物（交给他可以信任的兄弟和同父异母兄弟们治理）之后，他就要继续执行在本世纪早些时候曾非常成功的扩张政策了。

九　立陶宛的皈依

立陶宛王公的内讧

1377 年阿尔吉尔达斯去世，他的诸多儿子之间爆发内战，其中好几个都自视为他的潜在继承人。最有资格统治立陶宛东部的是安德烈，即阿尔吉尔达斯与第一任妻子的长子，但最后获胜的是雅盖沃，即阿尔吉尔达斯与第二任妻子的长子。雅盖沃流放了竞争对手安德烈，然后挫败了他与立窝尼亚骑士团结盟并卷土重来的企图。雅盖沃在这场战争中获胜，但发现自己八十岁的叔父科斯图提斯现在要求家族的所有成员在一切事务上都对他言听计从，这令雅盖沃大怒。雅盖沃想要成为统治者但缺乏耐心，不肯等待科斯图提斯寿终正寝。

雅盖沃很快想出了办法去战胜科斯图提斯，并一劳永逸地消灭安德烈取得军事胜利的可能性。他通过弟弟斯科盖沃与立陶宛人憎恨的条顿骑士团秘密商谈结盟，承诺在未来某个时刻成为天主教徒，然后派斯科盖沃去见匈牙利的拉约什大王、波希米亚国王瓦茨拉夫四世（此时是德意志国王，称文策尔[①]），

---

① 文策尔（1361～1419），绰号“懒人”，是神圣罗马皇帝和波希米亚国王查理四世（卢森堡家族）的儿子，继承父亲的波希米亚王位（称瓦茨拉夫四世），1378 年成为德意志国王，但始终没有被加冕为皇帝。文策尔酗酒而缺乏政治才干，他在位时波希米亚的王权大大衰落。他与波希米亚和德意志贵族都冲突不断，两次被波希米亚贵族俘虏，被迫向贵族做出一系列让步。文策尔因为深陷波希米亚的斗争而无暇去德意志履行职责，也未寻求加冕为皇帝，引起德意志贵族的愤怒，于 1400 （转下页注）

甚至还有可能见了教宗乌尔班六世。在与斯科盖沃会谈之后，西方君主和高级教士都劝说年迈的大团长温里希·冯·克尼普罗德停止支持安德烈，并接受与雅盖沃的秘密盟约。

雅盖沃演技娴熟，擅长谋划，他把科斯图提斯的儿子维陶塔斯（1350～1430）拉拢为自己的好友。科斯图提斯发现十字军对他的军事计划简直了如指掌，而雅盖沃出兵时总是迟到，刚好抓不住德意志军队，不禁起了疑心。雅盖沃让维陶塔斯为自己辩护，科斯图提斯并没有信服，但儿子的狂野天性也让他担忧。维陶塔斯年纪已经不小了，按理说应当有自己的土地和职责，但他还很不成熟。科斯图提斯知道，如果在证据不足的情况下指控雅盖沃通敌，只会让维陶塔斯更加确信自己的堂兄和朋友遭到诬陷。于是科斯图提斯向雅盖沃让步，从而把维陶塔斯留在自己身边再久一点。他要教给维陶塔斯的东西太多了，除了军事事务之外还有为人处世之道。当然，雅盖沃那样翻天覆地的变节不可能永远掩人耳目，因为立陶宛社会里的贵族经常无所事事，他们对地位与衔级特别在意，又因为长期生活在一起所以几乎没有什么隐私，并且酷爱飞短流长和阴谋诡计。* 政策上的分歧也无法解决：雅盖沃希望集中力量于东方，继续向罗斯扩张，即便这样要把部分土地让给十字军，科斯图提斯对此完全不同意。

（接上页注①）年被废去德意志国王之位。普法尔茨伯爵鲁普雷希特被选为新的德意志国王，但文策尔拒绝承认，于是出现两位德意志国王并存的现象。后来文策尔的弟弟西吉斯蒙德（娶了拉约什大王的女儿玛丽亚，所以成为匈牙利国王）后来继承了波希米亚，并在鲁普雷希特死后成为德意志国王和神圣罗马皇帝。

* 现代人也喜欢搞阴谋诡计和背后暗箭伤人，但很少有现代国家因为世袭领袖改变立场而瓦解。（作者注）

雅盖沃认识到科斯图提斯不会试图教训他，于是更加独立自主。他没有征求科斯图提斯的许可就安排将自己的妹妹亚历山德拉嫁给一位马佐夫舍公爵，还与立窝尼亚骑士团联合行动，并流放了自己的兄弟安德烈和卡里布塔斯（1342？～1399）。1381 年，科斯图提斯逮捕了雅盖沃（可能还有雅盖沃的母亲），控制了他的土地并自立为大公。科斯图提斯以为这样就解决了问题，但维陶塔斯敦促他释放雅盖沃，并允许雅盖沃回到东部的领地。

1382 年，科斯图提斯率军前往诺夫哥罗德－谢韦尔斯克，打算处置在当地再次掀起叛乱的卡里布塔斯。雅盖沃抓住这个机会火速赶往维尔纽斯，召唤他的支持者到那里与他会合，然后送信给大团长，请他立刻开往立陶宛，接着开始攻打科斯图提斯位于一座小岛上的城堡特拉凯。科斯图提斯和维陶塔斯赶来为特拉凯解围时，发现自己被夹在雅盖沃军队和十字军之间。雅盖沃邀请科斯图提斯和维陶塔斯与自己商谈，并暗示此次会议将解决他们的分歧。在会议室，他抓住了科斯图提斯和维陶塔斯，将他们囚禁在克列瓦①的要塞，然后（可能是在母亲的敦促下）让斯科盖沃谋杀了科斯图提斯，并接管立陶宛西部的土地。接下来，他杀死了科斯图提斯的萨莫吉希亚妻子比露特，她很有权势，还是有名的美女。最后，他与新任大团长康拉德·策尔纳·冯·罗滕施泰因签订条约，承诺在四年内皈依基督教，并在十字军征服萨莫吉希亚西部之后把它让给条顿骑士团。

维陶塔斯设下计谋，越狱成功。这位矮小清瘦且没有胡须

① 克列瓦在今天白俄罗斯的西北部。

的王公在妻子安娜到狱中与他过夜之后换上她的衣服，溜出了城堡，没有引起注意。到 11 月初，他已经逃到了一个嫁给了马佐夫舍公爵雅努什的妹妹那里。但他没法在那里待下去，因为雅盖沃已经在追踪他了。没过多久，维陶塔斯来到玛利亚堡的大团长面前，表示想成为天主教徒，并与骑士团一起讨伐篡位者雅盖沃。在普鲁士，维陶塔斯虽然处于他父亲的敌人控制下，但至少还安全。维陶塔斯是否需要像多年前的科斯图提斯那样设法逃出大团长的要塞呢？如果他能逃出要塞，随后能去哪里呢？

康拉德·策尔纳不确定怎样才是最好的政策。他对外交几乎没有经验，也从来没有见过维陶塔斯或雅盖沃。他最终采纳的政策非常微妙，所以很难长期维持：他为维陶塔斯进行了洗礼（用的教名是他的介绍人的名字维甘德），还为他的妻子女儿施洗（雅盖沃大度地释放了她们），然后把他们安置到萨莫吉希亚西部，让他们统治那些投降的异教徒。但他严密监视维陶塔斯，并向雅盖沃保证，他不会允许维陶塔斯给立陶宛大公国制造麻烦。维陶塔斯和雅盖沃对此都不满意。

维陶塔斯来到萨莫吉希亚之后，不计其数的武士赶来投奔他。他们虽然憎恨他的基督徒盟友，但更恨谋杀科斯图提斯和比露特的凶手。为了让维陶塔斯能回来，他们主动配合了清除异教徒祭司以及破坏异教圣树的工作。他们还帮忙在涅曼河沿岸建造了设施原始的城堡。在雅盖沃和斯科盖沃向维陶塔斯宣战的时候，这些武士积极地进行抵抗。维陶塔斯拥有一位伟大异教王公的全部美德，所以异教徒武士不在乎他名义上的基督徒身份。借用波兰编年史家德乌戈什的话说，维陶塔斯是格迪米纳斯的所有后裔中最具男性美德的，他在大多数时候都诚实、礼貌、有人情味。

德乌戈什当然有偏见，因为他是雅盖沃的后代雅盖隆王朝的宫廷史官。德乌戈什是当时读者最多的编年史家，部分原因是他的文笔不错。他的拉丁文很扎实，讲述的逸闻很精练，他也懂得怎样把精彩的故事讲得引人入胜。但他的主题也很重要，即波兰如何从默默无闻和混乱不堪的状态中崛起为一个区域性霸权。他的叙述主线之一是雅盖沃皈依基督教，而另一个主题是条顿骑士团的邪恶。

立陶宛成为基督教国家

雅盖沃成为天主教徒不是因为他信仰天主教，而是一种交易的结果。对立陶宛王公们来说，几乎任何事情都是交易。就连雅盖沃最大的爱好狩猎也有生意的成分。

雅盖沃之所以皈依是为了迎娶波兰王位的女继承人。她是拉约什大王的幺女，其父从 1370 年至 1382 年统治匈牙利和波兰两个国家。波兰的贵族和教士不欢迎两国的联合，所以在拉约什大王驾崩后坚持要求将两国分割。拉约什大王的幼女雅德维加原本分得了匈牙利，但因为波兰爱国者拒绝接纳她那位嫁给刚刚成为勃兰登堡边疆伯爵的卢森堡的西吉斯蒙德（1368 ~ 1437）的长姐，雅德维加最终来到了克拉科夫。西吉斯蒙德是德意志国王文策尔（1361 ~ 1419）的弟弟，所以他太德意志化了，不为波兰人所接受。* 但雅德维加原先的未婚夫也有这个问题。他是哈布斯堡家族的小王公，没有很多土地，也没有得到更多土地的前景，但他仍然是个德意志人。波兰贵族和

* 匈牙利人也拒绝接受西吉斯蒙德当他们的国王，但他借用兄长的捷克和德意志军队镇压了匈牙利贵族的多次反叛。（作者注）

教士取消了雅德维加的婚约之后，发现潜在的新郎人选数量有限，于是他们去找雅盖沃，后者接受了这样的提议：如果他愿意让立陶宛成为基督教国家，他就可以成为波兰的真正统治者。他咨询了教宗乌尔班六世的意见，也得到了正面的回复。波兰贵族和教士选择雅盖沃的另一个理由是，两国有一个共同的敌人：条顿骑士团。

此时，条顿骑士团正在入侵立陶宛高地，并取得了很大进展。维陶塔斯和萨莫吉希亚人现在是骑士团的盟友，来自德意志、法兰西、英格兰和苏格兰的十字军如今可以长驱直入攻打立陶宛的心脏地带，不会像过去那样沿途受到警告和抵抗。

雅盖沃精明地审时度势。他急需议和，以便在克列瓦与波兰代表谈判。他明白，确保维陶塔斯配合他将立陶宛基督教化的唯一办法是与他和解。雅盖沃不能暗杀维陶塔斯，也没有多少把握能在战场上打败他。于是雅盖沃放下架子，否决了他的兄弟们对科斯图提斯遗产的主张，秘密与维陶塔斯联络，并提议把他祖先的土地还给他。1384 年 7 月，在维陶塔斯的指挥下，萨莫吉希亚人反叛条顿骑士团，一举占领了本部族土地上的绝大多数十字军城堡；随后，维陶塔斯和雅盖沃的军队联手攻打剩余几座要塞。但在胜利结束这一轮军事行动之后，雅盖沃就食言了，他任命斯科盖沃为立陶宛西部的统治者，只给大失所望的堂弟维陶塔斯留下马佐夫舍东南部的几块小领地。维陶塔斯无计可施，只能假装心满意足。

让基督教世界绝大部分人感到喜悦的是，1385 年《克列瓦条约》签署之后传来消息，立陶宛人很快将接受洗礼，神父将在曾经的异教神祇巢穴举行礼拜。1386 年 2 月，雅盖沃和他的几个兄弟以及维陶塔斯在克拉科夫接受天主教洗礼，接着迎娶了雅德维加。雅盖沃随后将一小群基督教神父带到维尔纽斯，开始让立陶宛人皈依。更令人肃然起敬的是陪伴他的数千名波兰高官和骑士。格涅兹诺大主教主持了雅盖沃的洗礼、婚礼和加冕仪式，他后来任命一名波兰方济各会修士为维尔纽斯主教，并在维尔纽斯早就被毁的第一座大教堂的原址上建造了新的大教堂。根据信息来源不甚可靠的《尼康编年史》，雅盖沃国王刑讯并处决了两名更想成为东正教徒的波雅尔。此事属实的可能性不大，但这一记载准确地表达了很多罗斯人对所谓“德意志人的信仰”的憎恨。

教会倾向于通过方济各会来与异教徒打交道。他们在立陶宛有丰富经验，此外他们对非基督徒的宽容态度很有名。他们有时甚至更喜欢异教徒，而不是那些拒绝遵照方济各会版本的福音（较为民主且热爱和平）的基督徒。他们的使命并不轻松。迟至1389年，萨莫吉希亚人还曾将俘虏的梅梅尔城堡长官捆在他的马背上，让他穿着全副甲胄，在他周围堆放柴火，然后将他活活烧死，向诸神献祭。

作为波兰国王，雅盖沃的正式称号是瓦迪斯瓦夫二世。大家一眼就能看出这是指涉“矮子”瓦迪斯瓦夫一世，不过雅盖沃本人身材魁梧。为了将他与皮雅斯特王朝的很多叫瓦迪斯瓦夫的王公区分开，波兰人仍叫他雅盖沃。他自己很少有时间去关注立陶宛的基督教化进程。他急需去王国的另一端，奔赴摩尔达维亚①

① 摩尔达维亚是东欧的一个历史地区，曾是一个公国，在东喀尔巴阡山和德涅斯特河之间。起初是独立国家，后成为没有独立性的自治地区，1859年与瓦拉几亚合并，成为现代罗马尼亚国家的基础。摩尔达维亚的西半部分今属罗马尼亚，东部属于摩尔多瓦共和国，北部和东南一部属于乌克兰。

和瓦拉几亚[①]。这些边疆地区曾属于匈牙利，但在拉约什大王在位时期，波兰对这些地区的影响越来越大。科斯图提斯对加利西亚的猛烈侵袭表明，匈牙利人若没有波兰的帮助，就无法防御自己的草原前哨阵地，而突厥人似乎是比鞑靼人和立陶宛人更危险的敌人，所以匈牙利人不得不将力量投到自己的南方边疆。拉约什大王去世后，匈牙利和波兰分道扬镳，摩尔达维亚人宣布独立，并开始对黑海与波兰之间新的贸易路线上的商品征收关税。雅盖沃的任务是稳定加利西亚局势（他很轻松地做到了，因为匈牙利正处于动荡中，而且他能控制立陶宛的政策），然后将波兰的势力范围扩张到摩尔达维亚和瓦拉几亚。他在 1387 年底之前完成了这些任务，尽管他靠教宗的调停才避免了在波兰与匈牙利之间爆发战争。对雅盖沃来说幸运的是，因为他对波兰人的掌控还很弱，而匈牙利国王西吉斯蒙德正忙着应付他那些犯上作乱的贵族和突厥人的攻击，所以报复波兰人暂时只能停留在构想阶段，但西吉斯蒙德是个睚眦必报的人。尴尬的是，雅盖沃的职责让他深入南方，没有办法处理斯科盖沃和维陶塔斯之间越来越激烈的冲突。他暂时只能警告他们，除非他们想办法和平相处，否则他将不得不除掉其中一个。

立陶宛内战

到 1389 年春，立陶宛王公们之间的冲突已经升级到了令

---

① 瓦拉几亚是东欧的一个历史地区，在今天罗马尼亚境内。从 15 世纪初到 19 世纪，瓦拉几亚是奥斯曼帝国的附庸。1859 年，瓦拉几亚和摩尔达维亚合并，组成现代的罗马尼亚国家。

人无法忍受的地步。有一次斯科盖沃对维陶塔斯说："你小心提防我吧，就像我提防你一样。"不久之后，维陶塔斯通过两名被俘的条顿骑士马夸德·冯·萨尔茨巴赫和莱茵艾克伯爵与康拉德·策尔纳联络，表示愿意交出人质（他的兄弟齐格芒塔斯及其儿子米哈乌；他的妹妹林加娃和他的妻子安娜与女儿索菲娅；另外还有约一百人），承诺让所有立陶宛人皈依天主教，并与骑士团结盟反对波兰。马夸德与大团长谈了话，大团长对维陶塔斯的诚意表示怀疑。维陶塔斯得知此事，就派了第二个代表团，在盖尔尚的伊凡[①]带领下前去向大团长告知，说斯科盖沃已经得知了上一次联络，维尔纽斯总督也得到了警报，雅盖沃最小的弟弟斯威特里盖拉（1370~1452）已经向维陶塔斯宣战。康拉德·策尔纳同意与维陶塔斯缔结新的盟约，并派遣一支军队帮助维陶塔斯去攻打维尔纽斯（这差不多是康拉德·策尔纳的最后一次行动）。此次进攻没有成功，但在之后三年里，十字军与维陶塔斯联手穿过立陶宛西部，屡战屡胜。新任大团长康拉德·冯·瓦伦罗德不准维陶塔斯与任何立陶宛人接触，除非有懂立陶宛语的条顿骑士同时在场。马夸德·冯·萨尔茨巴赫是其中最有名的，他和维陶塔斯关系很好。但马夸德是个才华横溢的骑士，冯·瓦伦罗德非常需要他的辅佐并让他为其他人树立榜样，所以不可能让他全职当维陶塔斯的跟班。

雅盖沃心急如焚。他的兄弟们要么无能，要么不值得

---

① 即伊凡·奥利尚斯基（？~1402?），他是维陶塔斯的左膀右臂，他俩的妻子是姐妹。伊凡的女儿后成为维陶塔斯的第三任妻子。伊凡曾护送维陶塔斯的唯一女儿索菲娅去莫斯科，嫁给莫斯科大公瓦西里一世。立陶宛的很多条约上都有伊凡的签名，足见他的地位之重要。

信赖；他们的臣民（甚至包括萨莫吉希亚人）也愿意原谅维陶塔斯与敌人第二次结盟。国王只能依赖波兰人帮助他统治立陶宛。他任命的 1390 ~ 1392 年的维尔纽斯总督是扬·奥莱希尼茨基，他是来自克拉科夫的军官，他的儿子兹比格涅夫[①]此时只有一岁，后来因为与新国王的长期友谊而成为波兰历史上最伟大的人物之一。国王用波兰人监管立陶宛的临时政策效果不错，但他知道立陶宛人对此心怀不满。他必须想办法解决维陶塔斯的问题。

更糟糕的是，匈牙利国王西吉斯蒙德正在帮助条顿骑士团巩固在马佐夫舍的势力。1391 年春季，他的宫相[②]奥波莱公爵瓦迪斯瓦夫二世将托伦附近一座城堡抵押给大团长。这是一座具有关键意义的要塞，保卫着瓦迪斯瓦夫二世公爵在多布任和库亚维的土地，是拉约什大王几年前为报偿他的贷款和效劳抵押给他的。雅盖沃大为光火，出兵攻击瓦迪斯瓦夫二世公爵的土地，但条顿骑士团大举出动，赶走了波兰军队。这时有人提出，条顿骑士团可以干脆把瓦迪斯瓦夫二世的土地买下来；1392 年 5 月，由于条顿骑士团希望从匈牙利国王

---

① 兹比格涅夫·奥莱希尼茨基（1389 ~ 1455）是波兰重要的教士、政治家和外交家，曾任克拉科夫主教，是第一位波兰籍枢机主教。他深度参与了波兰的统治，曾任雅盖沃国王的秘书，陪同他参加 1410 年的格伦瓦德战役，后来担任雅盖沃的儿子瓦迪斯瓦夫三世幼年时期的摄政者。奥莱希尼茨基高瞻远瞩，推动波兰王国彻底吸收立陶宛，从波希米亚王国那里征服西里西亚，与匈牙利结盟抵抗奥斯曼帝国。奥莱希尼茨基学识渊博，大力推动波兰的学术和教育。著名的编年史家扬·德乌戈什是他的秘书。

② 宫相是匈牙利王国从 11 世纪到 1848 年的最高级官职，是国王或副王的代表，也有重要的司法职能；起初由国王指定，17 世纪开始由议会选举产生。

西吉斯蒙德那里买下诺伊马克，其他谈判也开始了。康拉德·冯·瓦伦罗德不愿购买所有权含糊不清的地产，因为这不符合“信奉上帝、荣誉与正义”的信念，但他想尽可能地帮助匈牙利国王与王后以及奥波莱公爵。7 月底，他付了 5 万匈牙利古尔登给瓦迪斯瓦夫二世公爵，后者把多布任抵押给骑士团。在这之前，大团长刚刚花了 6632 古尔登买下了对诺伊马克附近兹拉托利亚的领主权。这些交易按照中世纪的标准完全合法，但对正在发展的波兰国家的主权构成了直接挑战。

我们有理由相信，西吉斯蒙德正试图肢解波兰王国，将其中最重要的南部占为己有，同时将北部那些价值略低的部分慷慨地（尽管或许只是暂时地）分给自己的同谋者。考虑到这种前景，以及西吉斯蒙德过于多嘴的个性，我们很容易理解波兰人为什么执着地为本民族的生存担忧。波兰需要的是一位和西吉斯蒙德一样狡猾而肆无忌惮的统治者。波兰人也终将慢慢地开始意识到，他们的统治者的确就是这样一个人，雅盖沃的狡猾和在外交方面的奸诈在那个时代罕有其匹。唯一的问题是，他是在为波兰的利益活动，还是在为立陶宛的利益活动，或者只是为了他自己？

雅盖沃告诉别人的东西都仅仅是他想让他们相信的。与大多数立陶宛人不同，他是个安静、喜欢沉思，甚至有些阴郁的人。他不饮酒，食量也少。他对音乐和艺术不感兴趣，不过在宫廷豢养了一些罗斯乐师。他的性欲也非常冷淡。他的一大爱好是狩猎，最喜欢做的事情是听森林里的夜莺唱歌，因此拥有世界上最大的森林之一对他而言无疑是幸运的，它面积广袤，令人生畏，甚至到今天还没有完全消失。那时这座森林里到处是鹿、欧洲野牛和逐渐灭绝的原牛。雅盖沃在最偏僻、最与世隔绝的森林深处独处时非常开心。

雅德维加也乐于让粗野的丈夫待在森林里。她是虔诚的基督徒，原本不肯放弃她年轻的哈布斯堡爱人。但在教士们劝她考虑那些可以成为她臣民的立陶宛人的失落灵魂之后，她才同意了这门亲事。她最喜欢教堂礼拜和做善事，最害怕的是宫廷娱乐活动和身为妻子的职责。她积极参与政治，尤其是在与大团长打交道的时候，她后来也很重视与他的友谊。她也不太清楚丈夫的计划是什么。她不懂立陶宛语和俄语，而雅盖沃的波兰语很差，且不爱说话。

立陶宛的更多内战

立陶宛人对雅盖沃怀有与波兰人一样的疑问。雅盖沃在波兰度过的时间越来越多，他的立陶宛臣民渐渐倒向他的竞争对手。维陶塔斯的头衔是大公，比国王低，但他曾主持过立陶宛人抵抗十字军的战争，所以有机会赢得英勇而直率的美名，这正是雅盖沃永远得不到的。雅盖沃和维陶塔斯互不信任，双方都还没有忘记科斯图提斯的死。维陶塔斯于 1389 年投奔条顿骑士团的时候，雅盖沃任命基辅公爵斯科盖沃为立陶宛西部、即原维陶塔斯领地的统治者，还派遣另一位兄弟去参加即将爆发的战争。雅盖沃及其兄弟都没法像维陶塔斯那样赢得臣民的爱戴，有些立陶宛人之所以投奔十字军那边，单纯是为了向维陶塔斯效力。

1390 年夏季，维陶塔斯率领来自普鲁士的十字军兵临维尔纽斯城下，立窝尼亚骑士团在那里与他们会合。未来的英格兰国王博林布罗克的亨利[1]借给他们的弓箭手展现了他们一贯的高超战斗力，杀死了大批立陶宛、罗斯和波兰敌人。维陶塔斯的一个兄弟死于此次战斗，雅盖沃也有一个兄弟在此阵亡。围城战最终变成了工兵之间的较量，直到五周之后天气变得恶劣。十字军不情愿地中断了白天的攻击和夜间的狂欢，撤回柯尼斯堡，在那里开始新一轮娱乐。

尽管波兰人参加了立陶宛内战，条顿骑士团与波兰王国仍处于和平状态。双方都不愿意挑起新的全面战争，雅德维加更是坚决禁止讨论对骑士团开战。条顿骑士团也有别的事情要忙，匈牙利国王西吉斯蒙德正在筹划一次针对突厥人的大规模十字军远征。波兰人担心这场战争会在他们的土地上进行（他们猜对了），并估计最后的最大输家是波兰。自波兰人上一次与条顿骑士团作战以来，骑士团的声誉一直增长，而目前很少有波兰人信任雅盖沃的动机或他的军事才干。

鞑靼人的因素

与此同时，从草原传来的消息让罗斯人和波兰宫廷兴致勃勃。自 1385 年以来，鞑靼可汗脱脱迷失[2]一直在竭尽全力抵挡帖木儿从突厥斯坦发起的进攻，但在 1391 年，脱脱迷失在

---

① 后来的英王亨利四世。

② 脱脱迷失（？ ~1406）是金帐汗国的重要君主，祖先为术赤第十三子秃花帖木儿。在帖木儿帮助下，脱脱迷失重新统一了分裂的金帐汗国，并与莫斯科大公国常年交战，一度占领莫斯科并屠城。但他后来与帖木儿决裂，遭到惨败。脱脱迷失逃往乌克兰，向立陶宛大公维陶塔斯求援。1399 年，在沃尔斯克拉战役中，立陶宛与脱脱迷失的联军被帖木儿打败。脱脱迷失后来遇害。他是最后一位发行蒙古文字钱币的可汗。

一场大战中惨败，险些丢了性命，只带了一小群追随者逃离战场。他逃到立陶宛，请求庇护和支援。立陶宛和波兰如果与脱脱迷失结盟，说不定能赶走帖木儿，并成为西部草原和更多罗斯国家的主人。要达成这个目标，雅盖沃及其兄弟需要与条顿骑士团议和，甚至需要他们的帮助。但如何才能与骑士团议和呢？雅盖沃知道自己要付出什么代价：立陶宛归属维陶塔斯，萨莫吉希亚归属条顿骑士团。但他愿意付出这样的代价。

雅盖沃明白，他在草原上作战的胜算比他的祖父大得多。对他来说，这不会是一场由剑士、长矛兵和弓箭手进行的传统作战。战争方式的革新正在改变传统战略和战术，大炮的发明让很多年代较老的要塞一下子就落伍了（这是近期普鲁士和立窝尼亚的许多城堡接受大规模翻修的原因之一），并让进攻方暂时享有相对于防守方的优势。大炮很笨重且时常很不可靠，但它们在适当的条件下能发挥巨大的威力。大炮的主要用途是攻城，因为它们能比投石机更有效地摧毁较单薄的城墙，而且大炮比沉重的投石机更容易架设和操作。而如果把大炮安置在防御工事内，它们也能对进攻者造成巨大杀伤。在野战中，大炮能比弓箭在更远距离杀伤敌人，而且大炮的巨响和浓烟也能吓坏人和马。

雅盖沃亲眼见识过这种新武器的惊人威力。他知道，不断涌向东欧的十字军战士向大团长介绍了这种新武器，导致条顿骑士团开始强调远程火力，除大炮之外还在部队里编入了更多的弓箭手。即便如此，大团长相对于立陶宛人的技术优势已没有过去那么大，且这种优势仅仅是暂时性的。现在立陶宛人能从波兰获取最新式武器（克拉科夫与欧洲的工业和技术中心意大利之间的距离其实比去立窝尼亚的距离更近），所以这些曾经的异教徒如今并不比十字军落后许多。

十字军攻打维尔纽斯

目前，雅盖沃的上述考虑都还只是梦想。他必须集中力量击退十字军溯涅曼河而上的进攻。雅盖沃的兄弟们想要用更重型的火炮来对付条顿骑士团的新武器，但当时还没有炮车，所以他们只能从水路运输这种沉重的武器。条顿骑士团控制着涅曼河的下游，所以从波兰到立陶宛的唯一水路是从维斯瓦河向上游航行到布格河，然后到纳雷夫河，再沿着它的支流直到接近在格罗德诺注入涅曼河的那些溪流，接着拖曳大炮走一小段陆路，或者通过马祖尔湖区[①]的诸多水道，全程走水路。可以预料的是，条顿骑士团在纳雷夫河以北的荒野建造了一些城堡来封锁这条路线。这给立陶宛人制造了一些困难，因为那片土地属于马佐夫舍诸公爵，但这没有阻止雅盖沃向他的兄弟们提供援助。自索多维亚人撤往东方以来，那片荒野就无人居住，只有来自普鲁士、立陶宛和马佐夫舍的袭击队伍往来其间。不过在严格意义上说，那里仍然是马佐夫舍领土。

与此同时，战争变得比以往更加残暴。条顿骑士团若是在立陶宛人的要塞内俘获了波兰人，就指控他们叛教并协助异教徒，将他们斩首。十字军在萨莫吉希亚的袭击很少遇到抵抗，所以战事简直如同搜捕。萨莫吉希亚人为了报复，有时将俘虏处死并献祭，让被俘的条顿骑士穿着全套盔甲，将他们捆在马背上，再放到巨大的柴堆上活活烧死，或者将他们捆在圣树上，用箭雨射死他们。即便如此，战争也是时断时续的。虽然

---

① 马祖尔湖区在今天波兰的北部，有两千多个湖泊。

战斗过程很凶残，但也有一些停战和突然的变节；而且各方都热爱狩猎，他们可以为了狩猎专门安排停战。

虽然维陶塔斯是十字军的盟友，但在看到自己祖先的土地遭到蹂躏之后，他就开始寻找别的途径来夺回自己在维尔纽斯的权力。从理性的角度看，他知道自己最好与堂兄雅盖沃联手，但维陶塔斯是个激情澎湃的人，不会始终服从于理性。何况，他还没有原谅雅盖沃在过去对他的多次背叛，而且他知道雅盖沃企图暗杀他，所以安排了很多鞑靼卫士在自己身边。维陶塔斯的情感波动极大，他被迫向某些人寻求帮助，但并不喜欢自己的所有盟友。条顿骑士团对他的行为抱着一种冷嘲热讽但很有哲学意味的立场，正如一位编年史家所说的："异教徒很少做正确的事情，维陶塔斯及其亲戚们撕毁的条约就可以证明。"

但当维陶塔斯理性地考虑自己的处境时，他认定自己目前与条顿骑士团结盟的策略注定失败。在条顿骑士团庇护下取得的胜利会让他成为贫穷的统治者，受到本国人民的憎恨，并让自己的命运完全取决于大团长的善意。他可能设法避开了骑士团对他一举一动的监视，给雅盖沃送了信；如果是这样，他的信一定含糊其词，即便被骑士团发现了也不会对他造成伤害。或许雅盖沃仅仅是感到时机成熟，可以向堂兄提条件了。我们明确知道的是，1392 年 8 月初，雅盖沃派遣普沃茨克主教亨里克作为使者到普鲁士。这位看上去不像神父的皮雅斯特主教诸侯是国王的妹妹马佐夫舍公爵夫人亚历山德拉的姻亲。亨里克利用听告解的机会把他的主公的提议传达给维陶塔斯。维陶塔斯以让自己妻子回家探亲为借口，让安娜与雅盖沃谈判。他还设法让骑士团释放了很多之前被囚禁在多座要塞但受到礼遇的人质。然后，他将自己的妹妹许配给亨里克主教①，并解散了一群刚刚抵达、打算参加下一次立陶宛远征的英格兰十字军。英格兰人是欧洲战斗力最强的弓箭手，曾在之前与雅盖沃臣民的战斗中杀得他们落花流水。维陶塔斯这么做就帮了雅盖沃大忙。

维陶塔斯仔细地谋划反叛，指示驻扎在十字军城堡里的萨莫吉希亚武士杀死或俘虏驻军当中的德意志人。此后，他把立陶宛军队派往各条相距甚远的战线上，进入普鲁士和立窝尼亚，击溃了萨莫吉希亚境内的条顿骑士团军队。维陶塔斯重返立陶宛，受到了热烈欢迎。每一个萨莫吉希亚人都赞赏他的勇气和狡黠，把他的和蔼可亲与雅盖沃的兄弟们的睚眦必报相比较。他们明白，萨莫吉希亚人的一系列军事失败很可能快要结束了。高地立陶宛人也很高兴看到外国人（波兰人）的统治结束。

过了一年，大团长瓦伦罗德才有办法报复维陶塔斯。1393年1月，他攻打格罗德诺，并投入了来自荷兰和法兰西的骑士。这威胁到了马佐夫舍与维尔纽斯之间的主要交通线，有效地孤立了立陶宛。维陶塔斯和雅盖沃向教宗特使求助，希望安排和谈。这年夏天，和谈在托伦举行。但十天后，瓦伦罗德因病退出了和谈。不久之后他就去世了。

新任大团长康拉德·冯·容金根是一位坚决果断的领袖，他擅长运筹帷幄，极具远见。他相信，如果骑士团在维尔纽斯取得一场决定性的胜利，就有助于实现地区和平。维陶塔斯和

① 亨里克于1390年成为普沃茨克主教时未行圣职按立礼，故不是得到正式承认的主教，他的婚事因此引发了来自条顿骑士团的非议。天主教会要求所有圣职保持独身。

雅盖沃肯定会竭尽全力保卫维尔纽斯。

1393 年末，一支强大的十字军部队在普鲁士集结，队伍里包括法兰西和德意志战士，还有一队勃艮第弓箭手（可能是英格兰雇佣兵），他们的集中射击能够对异教徒造成重大伤害，就像他们在近些年里令法兰西军队损失惨重一样。1394 年 1 月，十字军开始沿涅曼河进军，把冰封的河面当作进入立陶宛腹地的通衢大道。维陶塔斯企图在早期阻止十字军的进军，但在十字军的第一轮箭雨下险些丧命，他的军队也被击溃。立陶宛人无力抵抗步步紧逼的 400 名十字军骑士和他们率领的成千上万名军士与步兵，只得匆匆撤退。

维陶塔斯从波兰得到一支强大的骑士队伍的支援，但这支部队即便与他手下的 15000 名骑兵加起来也不足以抵挡此时已经威名远播的十字军弓箭手向立陶宛腹地的进攻。十字军穿过森林、沼泽和开阔的田野，避开埋伏，抵达了维尔纽斯。维陶塔斯在这里还得到了一支罗斯部队的支援。维陶塔斯大公在维尔纽斯展开了一场血战，双方都损失惨重，最终维陶塔斯一方由罗斯人组成的那一翼溃散，立陶宛部队也纷纷逃跑。维陶塔斯自己也不得不撤退，这一次又险些丧命。维陶塔斯企图在安全距离之外收拾残兵败将，重整旗鼓，与此同时条顿骑士团则开始攻打他的都城。他们从 1390 年起就很熟悉这里。他们制订了新计划，准备庆祝立陶宛人的皈依，这是在十字军武力保障下的货真价实的皈依，而不是雅盖沃和维陶塔斯那种模棱两可的假皈依——他们只在正式文件上才署自己受洗后的基督教名字。十字军战士问，这难道不足以证明雅盖沃和维陶塔斯对罗马的效忠是虚情假意吗？

围城战的第八天，立窝尼亚团长抵达，为十字军带来增援。他受到热烈欢迎，因为这样十字军就可以包围全城，遏制要塞守军的突击，并猛攻城墙上最薄弱的地段。立窝尼亚部队被部署到河边，他们在那里建了两座桥，然后过河去掳掠乡村。在这次搜粮行动中他们损失了50人（其中只有三人是德意志人，只有一人是骑士，说明他们的队伍中有大量原住民士兵），但杀死和俘虏了“不计其数”的立陶宛人。然而围城战并不顺利。又激战了一周后，守军冲杀出来，烧毁了十字军工兵为弓箭手建造的火力点、攻城塔和桥梁。不过，十字军还是取得了一些成功，他们的大炮轰塌了一座石塔，纵火烧毁了许多木制防御工事。但不久之后，立陶宛人烧毁了十字军营地的一座塔楼，不仅导致很多法兰西战士伤亡，还摧毁了他们的大部分给养，令十字军可以在维尔纽斯逗留的时间比原计划有所缩短。大团长让工兵继续坚持作战四天，但很显然，十字军刚建好新的攻城设施，立陶宛人就能冲出来将其摧毁。给养所剩无几，十字军已经没有时间来计划强攻。此外，维陶塔斯一直在重组他被打散的军队。十字军的侦察兵报告称，维陶塔斯很快会赶来救援维尔纽斯。那就意味着十字军将不得不两线作战，腹背受敌，这样的前景很不妙。

十字军领袖聚在一起商议，他们只得不情不愿地同意放弃围城。大团长让立窝尼亚部队先撤，然后自己向西撤退，沿途遭到立陶宛人的骚扰。立陶宛人砍伐树木封路，在渡口设防，并在森林里设伏。十字军时而与敌人谈判，时而且战且退，从维尔纽斯后撤，然后突然改变方向，穿过萨莫吉希亚，避开了维陶塔斯的军队和他设置的障碍。

此次远征是中世纪最值得纪念的军事行动之一，条顿骑士团调动了来自全欧洲的骑士和军事专业人员来攻打敌人的都城，这在任何国家都算得上值得称颂的骑士伟业。然而十字军还是无法占领这座立陶宛的最大城市。战争继续，条顿骑士团沿着涅曼河进攻，蹂躏萨莫吉希亚人定居点；但他们再也不能入侵立陶宛高地，更不能攻打雅盖沃的都城。立陶宛人仍然处于守势，等待时机。他们没有理由在一场正面对决中冒险赌上自己的全部力量，也没有理由深入普鲁士。至少现在还没有。

和平

1393 年底，维陶塔斯已成为立陶宛的主宰。他驱逐了雅盖沃所有的兄弟。1394 年，维陶塔斯的军队赢得了一场重要胜利，打垮了马佐夫舍、加利西亚和摩尔达维亚诸王公，于是雅盖沃彻底抛弃了自己的兄弟们：卡里布塔斯流亡到克拉科夫；摩尔达维亚统治者也逃到克拉科夫，在那里被囚禁；斯科盖沃于 1396 年死在基辅，可能是被毒死的；斯威特里盖拉短暂地为条顿骑士团效力，后来与雅盖沃和解。亨里克主教被毒死，无人为他落泪。

雅盖沃保留了立陶宛最高君主的头衔，而维陶塔斯则满足于较低的大公头衔，一直到他人生的最后时光。* 但随着时间流逝，维陶塔斯掌握了立陶宛的实权。

与此同时，十字军继续袭击立陶宛。不但普鲁士军队经常进入萨莫吉希亚，立窝尼亚团长的黑白两色大旗（中央是黑

---

* 1429 年，维陶塔斯企图自立为立陶宛国王。西吉斯蒙德聪明地表示愿意给他这个荣誉。但维陶塔斯的野心被雅盖沃挫败，他派人偷走了维陶塔斯准备的王冠和其他王室宝器。年迈的维陶塔斯在冬季骑马长途跋涉，企图阻止加冕礼被取消，途中马失前蹄，他负重伤而死。（作者注）

色条纹，两侧有水平的白色块，旗后有三角形小尾旗）也经常在那里飘扬。对萨莫吉希亚的最后一次袭击发生在 1398 年冬，十字军俘虏了 700 人和 650 匹马，杀了很多人；他们在天气易变的时节来到萨莫吉希亚，让守军措手不及。这种赌博在过去颇具风险，而一旦成功，收益就很大。维陶塔斯没有报复。他正在罗斯南部作战，希望早日结束讨厌的北方战争，因为这正妨碍他在草原取胜。但因为他向雅盖沃做过承诺，所以不能与骑士团议和。不过，承诺并不能约束维陶塔斯。

不久之后，维陶塔斯有了拒绝服从波兰命令的借口。雅德维加（她才是波兰的合法君主，而非雅盖沃）要求立陶宛人缴纳一笔税，维陶塔斯的波雅尔们不愿服从。波兰君主的要求不算过分。维陶塔斯保卫萨莫吉希亚时依赖于波兰的帮助，而波兰贵族和教士在问，他们为什么要承担萨莫吉希亚作战的花销，而立陶宛人不用纳税。波兰人的推断可能是，维陶塔斯已别无选择，不管怎样抗议，他最后肯定还是会迫使自己的臣民纳税。

这种推断低估了维陶塔斯。大公对萨莫吉希亚并没有执念，他正在研究草原上的形势。在将雅盖沃的兄弟们从罗斯南部驱逐的过程中，维陶塔斯确信鞑靼人对该地区的控制力已经衰弱了。而且，如果自己在臣民眼里只不过是波兰的傀儡，他就会失去臣民的爱戴。

维陶塔斯明白，如果拒不纳税，他就必须与至少一个敌人议和。他觉得自己最好与条顿骑士团而非鞑靼人议和，因为他觉得自己扩张领土的最大希望是攻击已经衰败的后者。他有机会征服草原，但在对条顿骑士团作战时却顶多能维持守势。可如果要与大团长议和，代价就是放弃萨莫吉希亚。对维陶塔斯来说幸运的是，雅盖沃也执着于将鞑靼人逐出草原，以彻底消除他们对波兰和立陶宛边疆的威胁。雅盖沃的波兰臣民历来畏惧鞑靼人，所以同意他的计划。雅德维加认识大团长并对他有好感，这也对议和有利。她一直希望与普鲁士和平相处，曾多次鼓励与大团长的代表谈判，尽管过去的会议没有取得什么成果。现在谈判终于有希望取得突破了。

1398 年 9 月，维陶塔斯与条顿骑士团的和谈取得成果，双方缔结了《萨利纳斯条约》。萨莫吉希亚从此归德意志人所有。维陶塔斯和雅盖沃率军去了考纳斯，萨莫吉希亚的最后一批异教徒在那里向条顿骑士团投降。萨莫吉希亚人愤怒地咆哮，但他们明白自己若没有立陶宛大公和波兰女王夫君的支持，就不可能抵抗下去。而且他们曾经被十字军控制过，当时的那种局面没有维持多久，因此将来也许还有自由的希望。

次年即 1399 年的夏季，一支由立陶宛人、罗斯人、鞑靼人、波兰人和条顿骑士团组成的大军来到草原，挑战帖木儿在那里的主宰地位。结果是又一场军事灾难。* 如果维陶塔斯打赢了这场战役，那么条顿骑士团的历史就会迎来一个出人意料且充满异国情调的新转向。不过，即便他们在草原吃了败仗，也不会因此重回旧的生活方式。在后来的岁月里，有些条顿骑士仍会陪同维陶塔斯讨伐罗斯敌人，范围远至莫斯科；还有一些骑士会乘船去摧毁哥得兰岛的海盗巢穴。

十字军圣战似乎结束了。条顿骑士团达成了目标，即令大多数异教徒皈依基督教，并征服剩余的异教徒。条顿骑士团每

---

* 帖木儿没有乘胜追击，而是转身去对付奥斯曼土耳其人，开始了一场为期两年的军事行动，最后于 1402 年在安卡拉击溃奥斯曼军队。于是他成为中亚、金帐汗国、波斯和印度与小亚细亚一部分地区的主人。（作者注）

年还会迎来一些新的十字军战士帮他们驻守在萨莫吉希亚的城堡，但到 1400 年，北方十字军就基本结束了。

有意思的是，条顿骑士团受到的最大抱怨来自一些教士。他们怨恨大团长没有立刻强迫他的新臣民接受洗礼。康拉德·冯·容金根奉行的是经济发展的政策，他将很多立陶宛小波雅尔打造成了一个较小的、可靠的统治阶级。他相信只要假以时日，这一阶级就会慢慢推动那些顽固的森林居民自愿皈依。他的推断可能是正确的。

维陶塔斯也如此相信。他秘密地鼓励萨莫吉希亚人坚持下去。他很快就会卷土重来，再次解放他们。

十　坦能堡战役

背景

14 世纪普鲁士历史的开端是一场冲突，结尾也是一场冲突。第一场冲突开始于该世纪初，骑士团获得了西普鲁士（原名波美雷利亚）。这片领土在多个层面上具有战略意义：它的东部边境是维斯瓦河，所以任何敌对势力若是占领了波美雷利亚，就可以切断维斯瓦河上的交通要道；西普鲁士的居民对普鲁士经济至关重要（尤其是但泽城），西普鲁士的武士则是骑士团的战争机器；法兰西、勃艮第和德意志十字军前往普鲁士时一般选择穿过大波兰的路线，但如果这条路线被切断，他们可以取道勃兰登堡、诺伊马克和波美雷利亚。但波兰国王和教会认为，骑士团通过战争和购买获得西普鲁士无异于偷窃。在他们看来，不管波美雷利亚的过去怎样，或者当地的族群构成如何，它都是波兰的土地，因为那里向教宗缴纳彼得税。德意志邦国不缴纳这种税，但波兰土地都缴纳。波兰爱国者无时不为丢失了这个重要的省份而哀叹。

与 14 世纪同时结束的第二场冲突就是争夺萨莫吉希亚的战争。条顿骑士团认为这块土地一方面是通往立窝尼亚的陆桥，能让他们一年四季都与立窝尼亚保持联系，另一方面又是异教徒抵制皈依的中心。萨莫吉希亚人很少承认立陶宛大公的权威，而立陶宛大公拼命奋战，企图将萨莫吉希亚变成自己的国土。

出人意料的是，条顿骑士团分别通过 1343 年的《卡卢什条约》和 1398 年的《萨利纳斯条约》与波兰和立陶宛达成了和平。两个立陶宛人，波兰国王雅盖沃和立陶宛大公维陶塔斯，甚至帮助骑士团结束萨莫吉希亚人的抵抗，以换取骑士团支持他们远征莫斯科和讨伐鞑靼人的行动。

1409 年，萨莫吉希亚爆发叛乱，骑士团与立陶宛的合作结束了。条顿骑士团有理由相信维陶塔斯怂恿了那些叛军，而维陶塔斯背后就是狡猾的雅盖沃。骑士团的外交一贯很谨慎，但如今的新任大团长乌尔里希·冯·容金根是个鲁莽的人。他不仅相对年轻，而且似乎相信他的军事修会忘记了自己的本来目标，即讨伐异教徒。他口中的异教徒指的是萨莫吉希亚人及其盟友，不是遥远的罗斯人、鞑靼人、海盗或突厥人。他认为敌人近在咫尺：波兰和立陶宛。

大团长傲慢地要求波兰人和立陶宛人停止支援萨莫吉希亚叛军，这在这两个国家引发了愤怒和要求战争的咆哮。不过，波兰的激进好战分子能否煽动更为谨慎、仍然敬畏条顿骑士团军事声誉的大部分贵族与教士，还有待观察。

力量对比的变化

条顿骑士团成员，尤其是大团长的议事会成员，都自信有能力威慑波兰贵族、立陶宛波雅尔和两国的高级教士，不管大团长乌尔里希 1409 年的举措在两国掀起了多么大的爱国怒潮。条顿骑士团相信波兰和立陶宛统治者有太多事情要处置，不可能联手对付骑士团；他们还相信维陶塔斯和雅盖沃互不信任，不可能在军事上合作（所有人都知道他俩宿怨的起源和之后的分分合合），而他们的贵族和教士就像西方的贵族和教士一样，是一群很难驾驭的人。而且，维陶塔斯和雅盖沃还从来没有试图率军进入普鲁士心脏地带，所以他们现在顶多会攻击一些相距遥远的地点，可能在萨莫吉希亚和西普鲁士，也可能在库尔姆。大团长可以动用当地资源抵御那些危险性较低的袭击，然后集中机动部队去打击敌人的主力（它可能会入侵西普鲁士）。

此外，所有人都知道维陶塔斯和雅盖沃在他们的东方还面临着一个永久性问题，即鞑靼人的长期威胁；在他们的南方，西吉斯蒙德可以快速集结他的匈牙利、波希米亚和西里西亚军队入侵波兰。最后，几乎每一位德意志骑士都相信，波兰贵族或许愿意为保卫自己家园而战，但他们不愿招募军队投入一场进攻性战争；波兰高级教士和骑士肯定只会在嘴上说说豪言壮语，但拒绝出资备战或授权招募封建军队。骑士团的误判基于一个屡经验证的事实：波兰人长期以来不信任雅盖沃，就像他们不信任维陶塔斯和条顿骑士团一样。但是时间会改变一切，在当波兰国王的十年里，雅盖沃与波兰臣民的关系有了很大改善。他们学会了更加信任他，也对他渐渐习惯了。他还没生出一个儿子，但已经有一个女儿，并取名为雅德维加，与她的母亲同名。这个小雅德维加有朝一日将会继承王位。在波兰人眼中，雅盖沃现在已经是他们的国王，而不仅仅是一个投机取巧的立陶宛王公。

波兰人对雅盖沃态度的改变在 1409 年 12 月表现出来了，当时尼古拉·特拉巴（后成为格涅兹诺大主教）在布列斯特参加了雅盖沃和维陶塔斯准备作战的秘密会议。他们后来通过外交手段把马佐夫舍公爵扬拉拢为盟友，但没能拉拢到马佐夫舍的西莫维特四世公爵（他保持中立）和波美拉尼亚诸公爵（他们成为条顿骑士团的盟友）。更重要的是，波兰和立陶宛人在心理上为即将开始的大战做好了准备。

即便少数相信雅盖沃可能对骑士团开战的德意志人也没有想到，最近一轮怒气冲冲的叫嚣、禁运和大团长对马佐夫舍和大波兰的袭击竟会引发一场大战。首先，大规模作战在当时很稀罕，因为这么做的风险太大，经济上的报偿太小，尤其是与袭掠敌人土地（往往只有半武装的农民防守）和向市民敲诈赎金相比。其次，除了1409年的那种零星冲突之外，波兰和普鲁士之间已经和平七十年了，而且1398年的《萨利纳斯条约》和1404年的《拉西扬茨条约》已经解决了萨莫吉希亚问题，为什么还会发生与立陶宛的战争呢？在世的德意志人和普鲁士人当中很少有人记得波兰人或立陶宛人的上一次大举入侵。敌人可能从大波兰发动边境袭击，或者攻击东普鲁士那些防御较弱的边疆地区，这样的袭击之后双方会签订新的停战协定。而在主要的萨莫吉希亚问题上，1410年的立陶宛人一定会像1409年的波兰人那样让步吧？

同理，大团长再度入侵波兰的可能性也极小。波兰人增援了他们的边境要塞之后，大团长若没有强大十字军的支援，就不能指望像过去那样轻松地赢得一系列胜利，何况不大可能有大群志愿者去普鲁士参加对一个基督教王国的入侵。不过如果在通常的骑士精神的吸引之外加上经济鼓励，仍会有不少德意志和波希米亚雇佣兵愿意去普鲁士。至于入侵立陶宛，根本是不可能的事情。过去大团长们派重兵东进的时候都会事先确定波兰人不会等骑士团进入荒野之后立刻袭击普鲁士。如今骑士团不大可能得到波兰人的配合了。最后，当前各方争夺的东西似乎并没有重要到让任何一位统治者愿意冒险打一场正面对垒的程度。所以，尽管罗马和阿维尼翁的两位教宗以及两位对立的皇帝——波希米亚的文策尔和普法尔茨的鲁普雷希特①——注意到了1409～1410年东欧日益紧张的气氛，他们都没有花力气去促成和解。在遥远国度因微不足道的土地和个人虚荣而起的冲突，不值得他们采取超出常规的行动。

西欧人几乎没有注意到普鲁士的情况，因为他们自己还有更重要的事情要处置：旨在结束基督教会大分裂*的比萨会议似乎反而让原本就十分棘手的局势愈发复杂化；突厥人不断北上，冲出了巴尔干半岛，进入施泰尔马克和克罗地亚，威胁到了采列家族②的土地（他们是雅盖沃国王和匈牙利国王西吉斯蒙德的姻亲），从而打通了越过阿尔卑斯山天险进入奥地

---

* 法兰西人支持阿维尼翁的教宗，英格兰人和很多德意志人支持罗马的教宗。比萨会议则提出了第三个教宗人选。普法尔茨的鲁普雷希特死后，德意志局势变得明朗了一些。德意志人对文策尔国王失望透顶，开始讨论他的弟弟匈牙利国王西吉斯蒙德会不会成为一位有才干的神圣罗马皇帝。西吉斯蒙德把竞选皇帝与解决教会问题的努力结合在一起。（作者注）

① 德意志国王鲁普雷希特（1352～1410）是维特斯巴赫家族成员，1398年起为普法尔茨伯爵和选帝侯。1400年，部分德意志诸侯宣布废黜德意志国王文策尔，推举鲁普雷希特为王。他试图去意大利加冕为皇帝，但失败了。文策尔虽然拒绝承认鲁普雷希特为国王，但也没有努力去推翻他。后来文策尔的弟弟，匈牙利国王西吉斯蒙德成为德意志国王和神圣罗马皇帝。

② 采列家族是今天斯洛伐克境内在中世纪晚期最显赫的家族。他们是哈布斯堡家族的封臣，1341年成为直属于神圣罗马帝国的采列伯爵，与波兰、匈牙利和波斯尼亚等国的统治者有亲戚关系。1396年的尼科波利斯战役中，一位采列伯爵救了西吉斯蒙德国王的命。西吉斯蒙德成为神圣罗马皇帝之后，授予采列家族帝国诸侯的地位。

利和意大利的道路；勃艮第和法兰西的战争让很多曾经派遣十字军去普鲁士的家族无法抽身。不过，1410 年 7 月 15 日，在坦能堡和格伦瓦德这两个村庄之间的田野上还是爆发了一场大战。

德意志人、波兰人和立陶宛人分别称之为坦能堡战役、格伦瓦德战役和加基里斯战役。它的历史地位远远超过了它的实际意义。这一场战役本身并没有一夜之间改变中北欧的历史，在战役打响之前，力量平衡早就发生了变化，而且那些变化是根本性的，所以假如坦能堡战役从来没有发生，世界的面貌也不会有大的不同。波兰王国在战前就已经在崛起，而军事修会的黄金时代已经结束了。条顿骑士团不大可能在政治和军事上与波兰这样一个人口稠密、善于创造、富庶而充满活力的民族平起平坐；而且，因为波兰当时是多民族国家，而且这是 15 世纪而不是 21 世纪，所以假如波兰王室迅速占据了普鲁士，那里的种族构成也不会发生大的变化。在坦能堡大战后的一年之内，条顿骑士团就恢复了元气，能够有效自卫并将波兰人和立陶宛人从他们的领土上驱逐出去。但此次战役给骑士团的人力和资源造成了极大损失，以至于之后的历任大团长再也不能重获他们的前任曾经享有的权力和威望。对条顿骑士团来说，下坡路是从那一天开始的，直到十三年战争（1453 ~ 1466）造成彻底的灾难。所以，尽管坦能堡战役可能不是中世纪普鲁士历史上最具决定性的时刻，快速而愈演愈烈的衰落却是由此开始的。

说到底，坦能堡战役之所以重要，还是因为它是一个极具戏剧性的事件，得到了不厌其烦的讲述，而且整个民族的命运也很容易和它联系起来，不管这种联系有没有道理。

政治谋划

就连战役的参与者事先也没有料到会发生那样的大战。尽管大团长和立陶宛统治者之间的敌意已经有几十年了，但始于 1409 年 8 月的军事冲突并非不能通过让步来解决。教宗们为求促成妥协与和平都施加了国际压力，他们想让基督教世界团结一心，恢复教会的统一，并在奥地利和匈牙利边境上打退突厥人，或者至少阻止他们掳掠人口、抢夺战利品。

试图阻止冲突发生的世俗统治者当中最显著的要数波希米亚国王文策尔。虽然他的德意志臣民普遍拒绝承认他是神圣罗马皇帝，他还是在 1409 年派遣代表前去调停。10 月 4 日，代表将乌尔里希·冯·容金根和雅盖沃国王请到一起，进行了长达五天的谈判，最后双方同意在来年的圣约翰瞻礼日（6 月 24 日）前暂时停战。这次和解的迹象让很多人对将来也能达成的妥协充满希望。停战协定中最重要的条款授权文策尔提出永久和平的公平条件。他将在大斋节之前提出方案，在此之前双方还可以继续和谈。大斋节之前的几个月最关键，乌尔里希·冯·容金根和雅盖沃都致力于把以反复无常而臭名昭著的文策尔拉拢到自己那边。*

大团长让人撰写了一部萨莫吉希亚十字军简史，将立陶宛

---

* 在历史学家眼里，文策尔主要是个酒鬼。英美人对他的印象主要是那首圣诞节歌曲《好国王文策尔》，它起源于他的女儿嫁给理查二世国王的时期。捷克人对他的主要印象是他把布拉格大主教从查理大桥扔下去淹死了。（作者注）

人描绘为不可信赖的叛徒，他们违背了1386年对波兰人的承诺和1398年对德意志人的承诺。这部书还说，那些皈依基督教的立陶宛人实际上是异端分子，是罗斯东正教徒；萨莫吉希亚人则是彻头彻尾的异教徒，在过去五年里没有做过一次洗礼。大团长不单依赖于文字，还派了一个令人肃然起敬的代表团去匈牙利。这些代表于12月和西吉斯蒙德国王签署盟约，同意付给他4万古尔登以换取他的帮助。西吉斯蒙德则对来客以礼相待，请客人当他的新生女儿伊丽莎白的教父。这些代表从匈牙利去波希米亚呈送了最后的证词，等待文策尔于1410年2月8日颁布自己的决定。

波希米亚国王提出的和平方案的核心是回到战前状态。维陶塔斯和雅盖沃不会满足于这样的条件，尤其是立陶宛人的抱怨被无视，波兰人则被告诫不要帮助萨莫吉希亚的“非基督徒”。文策尔警告道，任何一方若不遵守他提议的条约，都将遭到他的攻击。这是例行公事的套话，不能当真。条顿骑士团大获全胜，他们对西普鲁士和诺伊马克的占有权也得到确认。事实上他们的胜利过于彻底，过于一面倒了，因此根本不可能说服波兰国王接受调停者的条件。

骑士团没有得意多久。波兰外交官在布拉格待了一个月，徒劳地辩称和约不公平，最后文策尔大发脾气，威胁要亲自对波兰开战。波兰人走了，坚信他们与条顿骑士团的战争即将爆发；也许他们的所有西方邻国都会参加到一场规模浩大的冲突当中。雅盖沃对文策尔个性的判断更准确，所以并不怕他：雅盖沃拒绝了一切继续谈判的建议。文策尔召唤他于5月去布雷斯劳开会，他故意不派波兰代表前去，让皇帝和条顿骑士团白等了一遭。

集结军队

双方都开始集结军队。雅盖沃在做好准备后召唤维陶塔斯到马佐夫舍与他会合。曾几何时，从立陶宛到马佐夫舍还需要通过林木茂盛、沼泽遍布的荒野。但在纳雷夫河上的贸易路线开启之后，维陶塔斯就能比较方便地带领他的人马来到普沃茨克附近的指定地点了。波兰王军的主力还在维斯瓦河西岸，但雅盖沃派遣波兰骑士去东岸帮助维陶塔斯防守渡口，并且每天都有更多部队赶来。到 6 月中旬，国王手下已经有超过 3 万骑兵和步兵（包括 18000 名波兰骑士和骑士侍从，几千步兵；一些波希米亚和摩拉维亚雇佣兵；11000 名立陶宛、罗斯和鞑靼骑兵；一支强大的摩尔达维亚军队，由他们的王公好人亚历山大[①]率领；还有一些萨莫吉希亚人）。

大团长乌尔里希也集结了一支庞大军队，可能多达 2 万人。但容金根已经允许立窝尼亚团长与维陶塔斯签署停战协定，所以立窝尼亚骑士团的那些优秀骑士都不能参战；而且这些北方骑士对这场战争也没什么热情，尽管立窝尼亚团长立刻写信给维陶塔斯说停战将在宽限期结束时失效，但他没有派兵去普鲁士，也没有攻击立陶宛脆弱的北方土地。另外，

① 好人亚历山大于 1400 年至 1432 年统治摩尔达维亚，他改革和巩固了国家。为了抵抗强大的邻国匈牙利，他成为波兰国王雅盖沃的附庸。他追随雅盖沃参加了 1410 年的格伦瓦德战役和 1422 年的玛利亚堡战役。他还坚决抵抗奥斯曼帝国的入侵。由于波兰王国未能帮助他抵抗奥斯曼人，他与波兰国王决裂，在 1431 年至 1435 年的立陶宛内战期间攻击波兰。他是著名的瓦拉几亚王公弗拉德三世·采佩什（1431 ~ 1476，即后世传说中“吸血鬼德古拉伯爵”的原型）的外祖父。

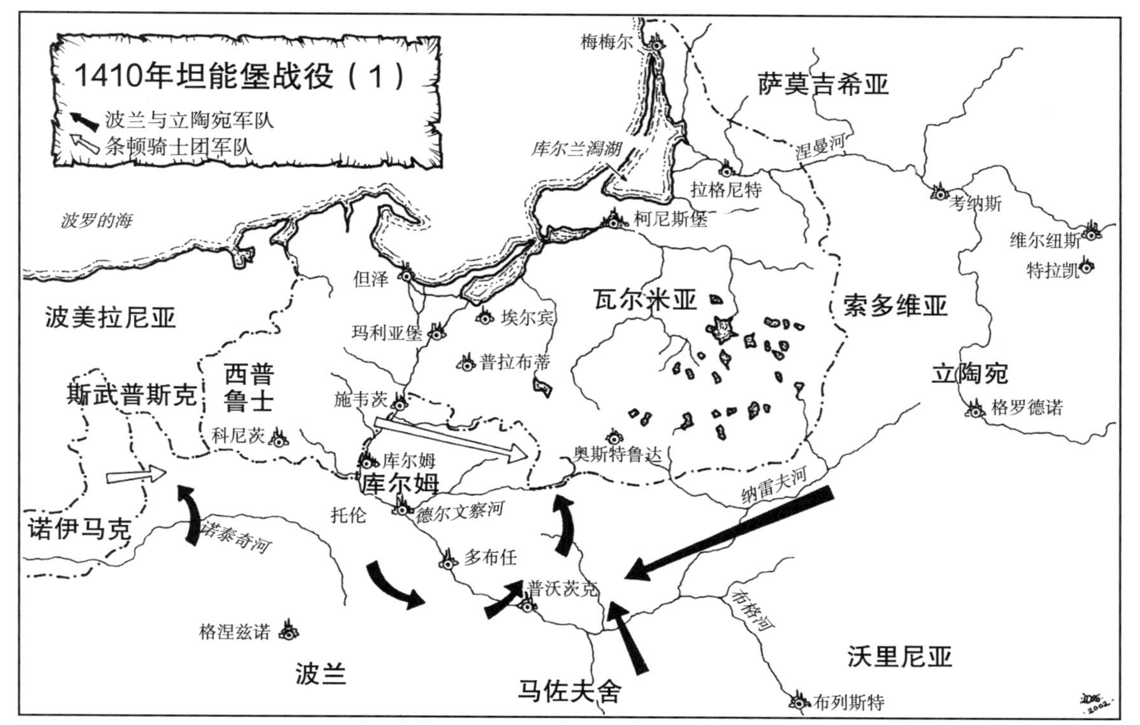
1410年坦能堡战役（1）
波兰与立陶宛军队
条顿骑士团军队
梅梅尔
萨莫吉希亚
库尔兰潟湖
涅曼河
拉格尼特
考纳斯
波罗的海
柯尼斯堡
维尔纽斯
特拉凯
但泽
瓦尔米亚
索多维亚
波美拉尼亚
埃尔宾
玛利亚堡
普拉布蒂
立陶宛
西普
鲁士
斯武普斯克
施韦茨
格罗德诺
科尼茨
库尔姆
奥斯特鲁达
库尔姆
纳雷夫河
托伦
德尔文察河
诺伊马克
诺泰奇河
多布任
普沃茨克
布格河
格涅兹诺
沃里尼亚
波兰
马佐夫舍
布列斯特

容金根在普鲁士只能招募到约 1 万名骑兵，所以他军中的其他战士都是“朝圣者”和雇佣兵。西吉斯蒙德派来两名显赫贵族和 200 名骑士，文策尔则允许大团长招募了大批赫赫有名的波希米亚战士。

我们对双方兵力的了解非常不精确，有的估计是上述数字的一半，有的简直是天文数字。但在各种版本的兵力对比里，两军的比例都是一样的：波兰国王和立陶宛大公相对于骑士团享有三比二的优势。但大团长在装备和组织上有优势，尤其是他在附近有几座要塞，可以提供补给和避难所。而且据他所知，敌人的军队还没有集结到一处，所以他相信自己可以将他们各个击破。雅盖沃和维陶塔斯麾下的一些指挥官曾在之前的军事行动里共同作战，有些人对抗过鞑靼人，有些人有过和十字军作战的经验。不过他们的军队成分混杂，很难维持凝聚力。容金根拥有更多纪律严明的骑士，他们惯于作为一个整体作战。但他手下也有一些世俗骑士和十字军战士，这些人容易受到热情和恐慌的影响。容金根处于守势，有能力撤往预设阵地，并且更熟悉道路、路线和哪些障碍可以通过。所以总的来讲，双方的胜算差不多。

骑士团的一位编年史家（是一个同时代的人，但我们不知道他的名字；他续写了杰日贡的扬[①]的著作）生动地描述了战前准备工作，帮助我们理解十字军对其对手的态度：

---

① 杰日贡的扬（约 1340 ~ 1405）是普鲁士的编年史家，他可能是古普鲁士人，是神父，在教会任职。他写的条顿骑士团史书覆盖 1360 年至 15 世纪初，后来有人续写。他的史书原本用拉丁文写就，但只有德文版传世。

> ［雅盖沃国王］集结了鞑靼人、罗斯人、立陶宛人和萨莫吉希亚人来对抗基督教世界……于是国王与非基督徒和维陶塔斯会合，后者从马佐夫舍赶来支援他，还带来了公爵夫人……军队之庞大难以描摹，它从普沃茨克出发，开往普鲁士。显赫的戈拉伯爵和斯蒂波尔琪伯爵在托伦，他们是匈牙利国王专门派到普鲁士谈判解决骑士团与波兰的争议的。但他们无计可施，最终离开了波兰国王。他则遵从自己邪恶的、惹是生非的意志，去伤害基督教世界。他不满足于拥有邪恶的异教徒和波兰人，还从波希米亚、摩拉维亚招募了大批雇佣兵，以及形形色色的骑士和武士。他们违背荣誉和正义，与异教徒同流合污，去反对基督徒，蹂躏普鲁士的土地。

我们当然不能指望这些编年史家不偏不倚，但现代读者一定会觉得指责波兰国王招募雇佣兵有点奇怪，因为条顿骑士团也在招募雇佣兵。中世纪的人和今天的很多人一样，一旦恨起来便咬牙切齿，常常行事冲动，思维缺乏理性。但中世纪的人在行事时也非常讲究逻辑。敌对双方的领导人将很快表现出自己作为中世纪人的一面，他们有时冷静而理智，有时急躁而鲁莽，但在战役初期，双方都还比较理性。

上面引文里提到的匈牙利宫相和特兰西瓦尼亚总督[①]匆匆南返，在波兰南部边境集结他们自己的军队。但他们对波兰国

---

① 特兰西瓦尼亚总督是 12 世纪至 16 世纪匈牙利王国框架内特兰西瓦尼亚领地的最高长官，由国王任命，权力极大。16 世纪匈牙利王国瓦解后，最后一位特兰西瓦尼亚总督臣服于奥斯曼帝国，成为特兰西瓦尼亚统治者。

王不能构成威胁，所以他们对战役没有什么影响。西吉斯蒙德和往常一样，许下承诺时豪气干云，事后却很难兑现。除了允许大团长招募雇佣兵之外，他什么也没做。不过，他当时在匈牙利北部完全可以快速集结一支大军。

入侵普鲁士

双方最高统帅的策略迥然不同。大团长按照传统习惯将他的军队分成东西普鲁士两路，在相距甚远的多个地点等待敌人入侵，并依靠侦察兵来判断最大的威胁何在。他打算迅速集中兵力到敌人的主攻方向，然后打退侵略者。雅盖沃则计划将立陶宛和波兰军队合兵一处，形成一支庞大的队伍。这是不寻常的战术，在英法百年战争期间不时有人采用，但在蒙古人和突厥人（也就是波兰人和立陶宛人经常面对的敌人）那里更常见。条顿骑士团在袭击萨莫吉希亚的时候也是集中兵力于一处，但那时候他们的部队规模都较小。

在战役的这个阶段，雅盖沃的高超将才表现得淋漓尽致。他在得知维陶塔斯已经渡过纳雷夫河之后，立刻命令部下在维斯瓦河上建造一座长 450 米的浮桥。三天之内，他就把波兰王军主力带到了东岸，然后拆除浮桥，以备将来使用。6 月 30 日，他与维陶塔斯会师。7 月 2 日，波兰 - 立陶宛全军开始北上。国王就这样聪明地避开了大团长封锁他北上道路的企图。大团长甚至不知道雅盖沃已经渡过了维斯瓦河，这个消息还是神圣罗马帝国的调停使者告诉他的。即便在这时，大团长还是对这一情况无法置信，因为他坚信敌人的主力将从维斯瓦河西岸发起进攻，且仅由波兰军队执行。

在通过别的渠道确认帝国使者的报告无误之后，容金根匆忙率军渡过大河，以在南方的森林和湖区寻找一个合适地点来拦截敌军，并且要抢在立陶宛和波兰搜粮队袭击河谷地带的富裕村庄之前完成。他的计划此时仍然是纯粹防御性的。他相信敌人虽然兵力强大，但给养需求也很大，所以对方的粮草消耗会比他手下给养充足的部队快得多。敌人此时还没有踏上普鲁士的土地。

大团长让海因里希·冯·普劳恩带领3000人留在维斯瓦河畔的施韦茨（希维切）保护西普鲁士免遭偷袭，防止波兰人避开大团长并趁他还没来得及再次渡河就沿河而下攻击普鲁士最富庶的地区。普劳恩是个受人尊重但地位不高的军官，他适合负责一个防御性的岗位，但不是出色的野战指挥官。容金根想把最好的军官留在自己身边，让他们辅佐自己，并为官兵做出智慧、勇气和骑士精神的表率。容金根相对年轻，有点鲁莽，但他训练有素，懂得在交锋之前要谨慎行事。表现自己大胆的合适时机是在面对敌人时，而非遇到敌人之前。

雅盖沃也是一个谨慎的军事家，一直竭力避免风险。我们没有听说过他将自己的生命置于危险境地或者亲自率领骑兵向强敌发动疯狂攻击的故事，但他也没有一丝一毫的怯懦。社会风气在变化：所有人都认可，指挥官应当尽量保护自己的生命，而不是带头冲杀；人们都承认，指挥官应当掌握全军的命运，而不是在单打独斗中追求个人的声誉。

所以，国王向敌境的进军速度之慢就不足为奇了。他的谨慎是可以理解的。毕竟他不能确定自己的计谋是否成功了，而且他对容金根的军事才干也很尊重。雅盖沃肯定担心自己会闯入埋伏圈，让十字军赢得他们最辉煌的一次胜利。当他的侦察兵报告称十字军在德尔文察河的一个渡口设置了防御阵地时，他一定松了一口气。至少现在他知道容金根的位置了：他正在马佐夫舍边境守候。但另一方面，大团长的阵地非常巩固，这对雅盖沃来说不是个好消息。

目前为止，双方统帅都谨慎地接近对方。雅盖沃和容金根都害怕犯下简单的战术错误，比如到天黑时还没有找到一片合适的宿营地，或者误入适合伏击或封锁的地点；另外，他们还要保护自己的辎重，预备马匹和牛群。尽管两位统帅对指挥作战都有丰富经验，但他们手中的军队规模比他们之前指挥过的大得多。军队规模越大，犯错误的风险就越大，发生误会和惊慌失措的危险也越大。

考虑到上述情况，两位统帅都能够将各自的军队带到接近敌人的地方而没有犯严重错误，的确是了不起的成就。两军都有充足给养，做好了战斗准备，并对胜利自信满怀。军官们很熟悉对手，也熟悉乡村的条件和天气，并对现有的技术有很好的把握。有些部队的状态就像武装的乌合之众，但双方都有很好的尚武传统，部分队伍训练有素，并且对本地的局部战争很有经验。两军都没有受到如下问题的严重妨碍：指挥层内部的分歧、各部队之间的争吵、不寻常的疫病流行或对于即将开始的战斗的过分焦虑。这些问题都存在过，但可能比较分散，且没有严重到值得被当时的史书记载下来的程度。简而言之，双方都没有失败的理由。

条顿骑士团的每一位指挥官、军官和骑士都做好了充分准备。不确定的因素只在于战斗如何开始，每个人如何反应，以及战局如何发展。这些不确定因素在战争中始终存在。很多人参加过袭掠作战和围城战，但很少有人对两支大军的正面对垒有经验。有些十字军战士在1396年的尼科波利斯战役中有过悲惨的体验*，他们的一些对手则有可能经历过1399年维陶塔斯在乌克兰的沃尔斯克拉河畔对抗鞑靼人的惨败。只有这样的少数人才会知道对于一场成千上万名士兵在短短几分钟激烈交战的场面应当期待什么。只有他们才能通过第一手经验知道，规模如此宏大的战争现场会混乱到超出人的想象：指挥官顶多只能控制少数几支部队；战场上因为人畜太多而难以运动；噪音、浓烟、大炮的硝烟和马蹄掀起的尘土令人的感官不堪重负；兴奋导致的干渴让人体正常的脱水反应变得更为严重；人会因为精神压力和体力消耗而精疲力竭。这都会让人产生一种非理性的逃避紧张状态的渴望，让人要么逃离战场，要么沉浸在战斗中。除了少数有经验的骑士，士兵们经历过的就只有操练场上的演练、萨莫吉希亚的小规模作战、在哥得兰岛的军事行动**和1409年对波兰的入侵。这些作战都提供了很好的军事经验，但条顿骑士团和立陶宛人之间已经有四十年没有过大规模正面较量了，条顿骑士团和波兰人之间则有将近八十年的时间没有发生过大战。事实上，在全欧洲范围内虽然有过很多军事行动，但真正的会战很少。老兵和新人在这么多年里的慰藉就是讲述战争故事、吹嘘、祈祷和饮酒。

立陶宛人的作战经验更丰富，但他们的经验仅限于在草原的广阔战场上和罗斯的森林里。立陶宛人骑着矮种马、穿戴罗

---

* 此役中，法兰西和匈牙利十字军因为缺乏战场纪律而惨遭突厥人屠杀。这种经验让匈牙利国王西吉斯蒙德在他漫长生涯的余下部分变得极其谨慎。（作者注）

** 条顿骑士团代表普鲁士商人和汉萨同盟摧毁了维斯比附近一座主要的海盗基地，然后据守这座岛屿好几年，抵抗丹麦人的进攻。（作者注）

斯的轻型铠甲，不适合与骑乘高头大马的西方骑士近距离对抗，但立陶宛人和他们的对手一样自豪，一样信任自己的指挥官。对维陶塔斯在沃尔斯克拉河上的惨败的记忆，已经被随后对斯摩棱斯克、普斯科夫、诺夫哥罗德和莫斯科的胜利抹去了。1406～1408 年，维陶塔斯三次率军攻打自己的女婿莫斯科大公瓦西里一世，其中一次打到了克里姆林宫，最后强迫瓦西里一世签署和约，恢复 1399 年的边界。维陶塔斯军队的优势在于，他的骑兵能够穿过敌方守军认为无法通行的地域。他的劣势在于骑兵的装备较轻，无法抵挡全身重甲、骑着高头大马的骑士的冲锋。他仰仗自己的鞑靼侦察兵来防止这种情况突然发生。

波兰骑兵数量更多，装备较好，更适合与德意志人正面对战，但他们缺乏自信，不敢与条顿骑士团对抗。波兰历史学家德乌戈什抱怨波兰骑兵不够可靠、贪恋战利品且容易惊慌失措。大多数波兰骑士（至少 75%）都牺牲了装甲来换取速度和耐力，但他们不像立陶宛人那样充满浓厚的“东方色彩”。在这方面波兰骑兵与骑士团的大部分部队差不多，他们都是适合当地条件的轻骑兵。也有很多波兰骑士穿板甲，并喜欢用弩弓而不是长矛，这和条顿骑士团的许多重骑兵一样。波兰骑兵的弱点是训练和经验不足：很多波兰骑士是业余军人，主要是地主和年轻人；他们不是专业军人，并且知道自己的对手是基督教世界训练最有素、装备最精良的军队。尽管有些波兰骑兵曾在国王麾下服役，但他此次作战似乎调用了更多来自北方而不是南方的部队，南方的骑士多在加利西亚和桑多梅日为他效力。雅盖沃本可以召唤更多骑士，但他的营地容纳不了那么多人，他也养活不了那么多骑士。大群几乎没有受过任何训练的农夫民兵更容易管理，贵族领主觉得民兵可以自己喂饱自己，而且不管天气如何都可以宿营。民兵在战斗中的作用很小，他们顶多能在短时间内转移敌人的注意力，让己方的骑兵有时间重组或撤退，但民兵擅长洗劫乡村，所以能为军队提供粮草。他们纵火烧村的浓烟也可以误导敌人，让他们无法准确判断波兰王军主力的位置。

雅盖沃和维陶塔斯军队的规模一定给他们的后续纵队制造了严重问题。成千上万的马匹踩过的道路上，低洼处的烂泥一定成了泥潭，这让后续部队的行军很困难，也令大车几乎完全无法拖曳；另外，人群越大、越疲惫，其成员就越是容易莫名其妙地慌乱起来。侦察兵的报告并不可靠；沿途有太多树林、溪流和敌人巡逻队。但是，不管国王的军事谋臣多么精疲力竭、紧张或犹豫不决，国王本人必须避免给人留下优柔寡断或怯懦的印象。他必须始终镇静自若。雅盖沃的阴郁性格在这方面发挥了作用。他不喝酒，所以能始终保持清醒，他的表情和仪态让人觉得他始终稳稳掌控着局势。他热爱狩猎，所以久经锻炼，能长时间骑马，在最幽深的树林里也可驾轻就熟，多布任和普沃茨克那些已有少数人类定居的森林在他眼里反倒显得过于温驯乏味了。而维陶塔斯则正好与雅盖沃构成了鲜明的对比。维陶塔斯精力充沛，感染力强，几乎无处不在，在战士当中轻松自如，对一般人眼中的艰辛不屑一顾。普通士兵没有理由抱怨他们的指挥官不懂得战士的生活或森林的危险，也不能抱怨指挥官在行军过程中不和普通士兵同甘共苦。

国王需要表现出对局势的掌控，但这本身会对国王造成危险，因为即便没有遭遇敌人，行军中的部队也可能在渡口或湖泊与沼泽之间的狭窄地域停顿。国王在这种时候必须发布命令，

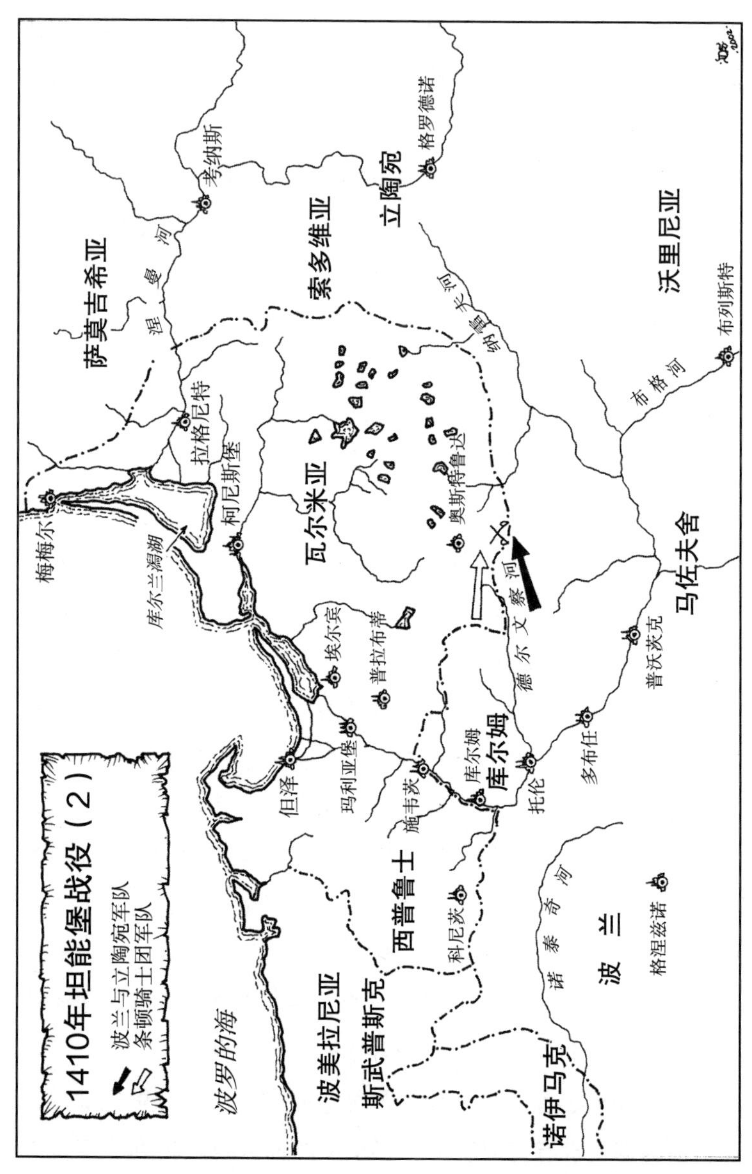
1410年坦能堡战役（2）
波兰与立陶宛军队
条顿骑士团军队
萨莫吉希亚
索多维亚
立陶宛
沃里尼亚
考纳斯
格罗德诺
涅曼河
纳雷夫河
布格河
布列斯特
马佐夫舍
瓦尔米亚
拉格尼特
柯尼斯堡
梅梅尔
库尔兰潟湖
奥斯特鲁达
德尔文察河
埃尔宾
普拉布蒂
玛利亚堡
但泽
施韦茨
库尔姆
库尔姆
托伦
多布任
普沃茨克
科尼茨
西普鲁士
波美拉尼亚
斯武普斯克
波罗的海
诺伊马克
波兰
诺泰奇河
格涅兹诺

任何命令都行，哪怕仅仅是“大家坐下”，而不能让人觉得他无法做出决定。这样的情况再加上疲劳、干渴或焦虑，往往会导致国王匆忙发出进攻或撤退的命令，而部队却无法有效地加以执行。简而言之，千变万化的状况可能束缚国王的手脚，让他只能做出糟糕的决定。而且为了赶时间，国王可能会选择最差的方案。雅盖沃很清楚这一点，因为他是经验丰富的军事家。但在很多年里，他的长处是迫使敌人因害怕己方的优势兵力而撤退，他也擅长攻打要塞；他的目标一直是用军事手段为外交铺路。而现在，他率领一支庞大的军队去对抗到目前为止都不可战胜的强敌，并且可能要在不利于己方的地域交战。

雅盖沃在进入普鲁士之前似乎在德尔文察河受到了遏制。敌人占据了坚固的阵地，他不愿意一边面对这股敌人，一边在附近唯一的渡口强行渡河。他也很难向东逆流而上，因为德尔文察河的上游源头虽然不会阻滞他的行军，但那里的乡间曾经是茂密森林，古代荒野的风貌很大程度上仍然存在。更重要的是，条顿骑士团虽然利用一个世纪的和平在当地连绵起伏的乡间建立了许多定居点，连接各村庄的道路却狭窄而蜿蜒曲折。那里有太多山丘和沼泽，道路不可能是笔直的，陌生人很容易在茂密的树林里迷失方向。村民正在逃往设防的避难所或森林。尽管那里的许多居民说波兰语（在那个时代，移民不会被强制要求参加语言测试），但他们忠于条顿骑士团，都不想落入维陶塔斯的机动部队（尤其是那些令人胆寒的鞑靼人）手中。这些机动部队正在试图寻找守军的位置，从而找到绕过他们的路线。让农民提供情报或担任向导是战争的一部分。熊熊燃烧的村庄标志着侦察兵的进展。在渡口对峙的两军不太容易看到火光，但他们也许看到了隆隆升起的烟柱。

然而，蹂躏乡村和烧杀抢掠早就不是波兰人习惯的战术。长期和平已经软化了这些业余战士的心肠，波兰骑士很快就开始向雅盖沃抱怨友军的暴行（鞑靼人把女人拖进帐篷轮奸，杀死说波兰语的农民，残酷虐待俘虏），最后国王终于命令释放俘虏，并告诫来自草原的骑兵在将来避免这样残酷的手段。克制其实不符合国王的利益。要让容金根削弱自己的力量，最好的办法就是大肆破坏附近的农村，让大团长不得不分兵保护农民。但雅盖沃和维陶塔斯很快就会认识到，容金根是一位优秀将领，不会在这样的关键时刻分散兵力。

国王肯定为此感到挫败，但他不愿让自己的军事行动因为缺乏粮草而失败，也不愿让自己的士兵死在默默无闻的河岸上。他唯一的希望是向东穿过树林和沼泽，绕过错综复杂的诸多湖泊，并寄希望于在途中不会被大团长阻拦，然后被迫在不利于己方的情况下作战。这里毕竟是大团长的地盘，条顿骑士团肯定修过一些路。那么他们为什么不利用那些道路去骚扰波兰军队的后方呢？

容金根似乎并不担心遭到波兰人的侧翼包抄。来自附近修道院的条顿骑士曾在这片树林狩猎取乐，所以熟悉这里的每一个村庄、每一片田野和森林。他们知道，数量众多、狭长而蜿蜒曲折的湖泊会限制侵略者的选项。为了寻找穿过附近树林的道路，波兰和立陶宛侦察兵已经忙碌了好几天，但他们一条都没找到。当地居民无疑同意担当条顿骑士团的向导和侦察兵，这些本地人保证说，此地的道路不适合任何大规模军队运动，这肯定让容金根对自己的优势战略位置自信过了头。

但他的自信落空了。立陶宛侦察兵报告说他们发现了一些通往奥斯特鲁达的道路可供部队利用，但大军必须抢在德意志人发现之前快速行动。于是国王和大公立刻开始行动。

雅盖沃在与自己的亲信谋臣商议之后，命令手下准备秘密而快速地向东前进，然后转向北方，绕过容金根的设防阵地。雅盖沃给每支部队都安排了在行军顺序中的位置，并指示所有人服从两名熟悉地形的向导。王室号手将在早晨发出信号，在那之前所有人都必须保持肃静，不得运动或发出噪音，以免泄露国王的计划。他的军队必须抢占很多个小时的先机，否则他的策略便毫无胜算。与此同时，他派遣一名传令官再次试图和平解决争端。这很可能是一种欺骗行动，企图让大团长相信国王已经无计可施，但也有可能是一种走过场的行为，让帝国的调停使者相信他有避免流血的诚意。我们很难想象容金根在这种情况下会觉得什么样的条件是可以接受的，但大团长还是召集军官们开会。除了一个人之外，所有人都主张战争，而不是继续谈判。

雅盖沃的行动可能让大团长更加相信自己占了上风。容金根的侦察兵看到波兰军营空荡荡的，推断国王在撤退。德意志人迅速架设浮桥过河追击波兰人，因为他们知道消灭正在撤退的敌人是最容易的。但随着侦察兵发现波兰人和立陶宛人正分成两个纵队向东北方进发，以一个很大的弧线绕过了骑士团的侧翼，容金根不得不重新考虑他的计划。如果他的部下继续追击敌军，就无法阻止维陶塔斯的鞑靼人烧毁村庄；更糟糕的是，他们在追击敌人时可能要穿过茂密的森林，或者在某个渡口遭到伏击，而自己的后方除了惨遭蹂躏的土地和荒野之外空无一物。于是大团长改变了前进方向，以便赶超敌军纵队。容金根一方的行进速度很快，几乎超过了波兰和立陶宛军的行军进度。与此同时，波兰侦察兵完全摸不清德意志人的位置，他们在发现容金根又一次堵住了北上的道路时不禁大吃一惊。

雅盖沃将德意志军队诱向东方，以使其远离他们位于库尔姆的坚固要塞，但波兰军队也远离了安全的避难所。他也分散了自己的兵力，让立陶宛人在波兰人路线的东方和北方行军。如果大团长能趁机突袭他的军队，尤其是在他的两路人马再次会合之前，雅盖沃就可能遭受不可挽回的灾难性损失。很多波兰人仍然认为他本质上是立陶宛人，所以雅盖沃在当前条件下求战就是拿自己的王位冒险。乌尔里希·冯·容金根肯定明白这一点。他如果能战胜波兰和立陶宛军队，就能一劳永逸地消灭这个骑士团的宿敌。

但大团长不懂得保持冷静和理智。侦察兵报告说入侵者来到了基尔根贝格并烧毁了那座城市，残忍地虐待市民，这让容金根怒不可遏。他不愿继续这场阵地战，而打算在夜间强行军，并于黎明时突袭敌人。大团长率领军队如此行动，是在进行无谓的冒险。消息最灵通的德意志编年史家杰日贡的扬如此描述两军近期的行动：

> 大团长带领军队、十字军和雇佣兵追击波兰国王，在德尔文察河和库任特尼克村附近抵达边境。两军安营对峙。波兰国王不敢渡过德尔文察河，就去了基尔根贝格，纵火焚烧那座城市，屠杀居民，不分老少。异教徒犯下累累罪行，奸淫妇女，毁坏教堂，割掉女人的乳房，折磨她们，将她们变卖为奴。异教徒还亵渎了圣餐，闯进教堂，捏碎圣饼，用脚践踏，如此侮辱基督教。大团长、整个骑士团和十字军当中的全体骑士与武士听到异教徒的亵渎和侮辱，无不义愤填膺，从鲁博夫赶往坦能堡，来到这座位

> 于奥斯特鲁达地区的村庄，出其不意地冲到波兰国王面前。骑士团行色匆匆，急行军十五里，于7月15日黎明抵达。他们看到敌人便部署阵列，与敌人对峙了三个多小时。与此同时，波兰国王派遣异教徒出来骚扰，但波兰人还没有做好战斗准备。如果骑士团立刻进攻，就能赢得荣耀和战利品。不幸的是，他们没有即刻进攻。他们想让国王出来，以符合骑士精神的形式与他们对战。总军务官派传令官给国王送去两柄出鞘的利剑。

两军的行动就是这样。容金根出其不意地冲到了波兰人和立陶宛人面前，这在任何时代都是了不起的成就。但他浪费了自己突然袭击的优势，让一夜没睡觉的士兵摆开阵势与敌人对峙，不吃不喝，干等着敌人做好准备。随后，他命令部下挖掘有伪装的坑，用来困住波兰骑兵，后来却命令部下后撤，让森林里的波兰王军有足够空间在开阔地摆成两条战线来对付他。于是，他挖的坑被拱手让给敌人，成了波兰人防线的一部分，他自己的强大炮兵也被部署在无法发挥火力的地方。此外，他手下步兵的位置也不好，很难为密集的骑士队伍提供适当的支援。虽然大团长应当能考虑到波兰骑士没有足够的空间展开队形所以无法冲锋，但他的指挥调度也太差了。容金根的士兵十分疲惫，早晨又淋了雨，浑身湿透，他们还饥肠辘辘，且无疑很紧张。这一天的气温也异常的高，令将士感到不适应。不过，容金根如果能让波兰国王先出动，经验丰富的条顿骑士就有机会实施他们练习过无数次的反击战术，那么骑士团还是有很大胜算。大团长虽然傲慢自负鲁莽，但他在战斗中勇气非凡，技术娴熟，且兵力雄厚。大群骑士组成的庞大阵列掩盖了他的支援部队（步兵和炮兵）的糟糕部署，让他相信自己能取得完胜。

大军排兵布阵的景象让每一位参与者永生难忘。大团长的精英骑士身穿白袍，围绕在他的白底黑十字大旗、城堡长官和主教们五颜六色的旗帜周围；雅盖沃的红底白鹰旗，鹰戴着王冠；格涅兹诺大主教的红底白色十字旗；克拉科夫城堡长官的旗帜上有戴着王冠的熊；波兰总军务官的旗帜是蓝底，上有喷火的狮头；立陶宛人的旗帜图案是一名骑白马的白色骑士（维提斯）；还有代表维尔纽斯的几何图形。一排排密集的步兵和弓箭手在军乐声中各自就位；大炮被拖曳到略微隆起的地点，以获得更好的射界。传令兵骑马来回奔波，命令各单位微调位置；军官们鼓舞部下勇敢战斗、奋勇杀敌。

当时的价值观在这场战役中发挥了不容忽视的作用。大团长浪费了自己出其不意抵达战场的优势，没有立刻发动攻击，然后又给敌人送去符合骑士精神的挑战象征物，即两把剑，从而耽搁了更多时间。据说与此同时波兰国王也在做弥撒，不理会请求指示的部下。在聪明地逃离渡口之后，雅盖沃行进很缓慢，但他毕竟成功地把军队带到了战场，表现出了高超的领导才华。现在，雅盖沃却任凭局势自行发展，不管不问。也许国王在利用宗教礼拜来推迟战役的开端，因为他知道德意志骑士和马匹会因为身披重甲等待而疲劳；也许他在等待援兵；也许他精疲力竭、犹豫不决所以没有任何举措。历史学家对波兰国王的耽搁有很多种解释，但这个疑问恐怕永远也得不到解答。也许他真的很虔诚，相信此时最重要的事情是祈祷。当时的人普遍认为传统的宗教礼拜比冷静的战略或战术决策更重要：正所谓“愿上帝的旨意行在地上”。他的对手容金根也花了不少时间祈祷。德意志军队开始唱他们的赞歌《基督复活了》。与此同时波兰和立陶宛士兵则吟唱他们的战歌《贞洁圣母》。

战斗过程

送来两把剑的条顿骑士傲慢地将其呈给波兰国王和维陶塔斯，以挑动他们出战。国王冷静地做出回应，他命令传令官退下，然后发出开始战斗的信号。波兰人以还算不错的纪律性向前推进，高唱赞歌，而立陶宛人则狂野地发起冲锋，击退了他们对面的轻装部队。然后两军厮杀了大约一个钟头。除此之外，各方对战斗过程的记述几乎没有什么共同点。波兰人显然没有投入他们的主力部队，因为德意志人在维持守势，他们正等待机会无情地冲向某支撤退的敌军部队的后方，或者冲向敌军战线上的缺口。

时至今日，历史学家还在为坦能堡战役争执不休。尽管战役过程的主要脉络很清楚，但德国、波兰和立陶宛的历史学家对于战役期间的多次行动没有一致意见，甚至对战斗发生的具体地点也众说纷纭。考古学家找到了纪念战役的礼拜堂和集体墓穴，但那里的部分死者可能是被屠杀的俘虏和在战役之后日子里死去的伤员，所以就连两军战线的位置也说不清。学界只在以下几点上有所共识：到访的十字军战士位于骑士团左翼，他们面对的是立陶宛人，这可能是因为十字军战士更有动力去攻击鞑靼异教徒而不是波兰基督徒，但也有可能只是因为这样部署最方便。条顿骑士团的部队部署在中路和右翼，面对波兰人及其雇佣兵。

对战役过程的最重要记述出自波兰历史学家扬·德乌戈

什笔下。他的作品很短，倾向于歌颂波兰人的贡献并贬低立陶宛人。大体上他的说法是，十字军的一翼在激战之后打败了维陶塔斯麾下的骑兵。维陶塔斯和来自斯摩棱斯克的部队留在战场，但鞑靼人抱头鼠窜，很多立陶宛人和罗斯人也跟着逃跑了。德意志十字军战士看到敌人乱哄哄地逃跑，以为自己已经取胜，便离开自己的阵地去追击敌人。这导致骑士团战线上出现一个缺口。与此同时，波兰人与条顿骑士团打得难解难分。现在波兰人看到机会来了，就更猛烈地发起攻击，突破了骑士团左翼的缺口，也就是十字军战士打乱阵型去追击鞑靼人的地方。没过多久，波兰骑士就对条顿骑士团的主力造成了极大压力。

以上是过去史学界普遍接受的说法。但前不久历史学家发现了一封 1413 年的书信，对德乌戈什的记述作了大幅度修正。写信人是一位消息灵通的贵族或雇佣兵指挥官，他在信中告诫收信人在战斗中要牢牢掌控骑士队伍。这条文献证据能支持一些名气较小的编年史家对坦能堡战役的描述：一小群为条顿骑士团效力的十字军战士中了立陶宛人的计谋；立陶宛人佯装撤退，诱骗对方追击，这些十字军落入了波兰骑士在侧翼设下的陷阱。随后立陶宛人和波兰人冲进了对方混乱的战线，卷击十字军的队伍。

眼看大难临头，容金根此时或许应当鸣号撤退。但他绝不会这么做。他热血沸腾，把身边的骑士集合成一个楔形阵列，然后从一个地势较高的地点径直冲向他估计波兰国王所在的位置。他能看见王旗在那里飘扬，还有一大群重甲骑士。容金根敢于豪赌，把全部希望寄托在此次冲锋上。他知道如果进攻失败，战马就会太过疲劳，无法载着他的部下离开战场。也许他希望这次角度出人意料的冲锋能让波兰军队措手不及，让他们因为缺乏足够的纪律而无法迅速改变阵型来抵抗他。但他的算计都错了。在马泰伊科[①]的油画上，维陶塔斯位于画面中央。他在自己那一翼的战场简直无处不在，建立英勇无敌的奇功。现在他带着部下匆匆奔向国王的位置，可能是想敦促国王投入预备队，加强主战线的兵力。无论如何，容金根的冲锋只来到距离国王卫队咫尺之遥的地方。他徒劳地呼喊“撤退!”，但已经被敌人团团围住。容金根精疲力竭，和他的许多最优秀的骑士一同阵亡。剩余的德意志骑兵见他战死，溃不成军。德意志军队很快惊慌失措。来自库尔姆的轻骑兵可能带头逃离了战场。波兰骑士在歼灭了骑士团的主力部队之后转而攻击那些陷入混乱、在狭窄小径上仓皇逃跑的残敌，将其逐个消灭。最后方的德意志骑士也想逃跑，但被他们前面乱作一团溃退的友军挤得无法迈步。他们无法绕过黑压压的一大片人马和大车，也无法有效抵抗从四面八方杀来的敌人，只能试图投降或者死战到底。之前得胜的左翼十字军战士满载战利品回来了，结果却落入了已经控制战场的敌人手里。这是德乌戈什对战役过程的描述，它很快成为被广泛接受的版本。就连德意志人也同意德乌戈什的说法，也许因为他认可条顿骑士团至少取得了部分胜利，即击溃了波兰大军中由异教徒组成的那一翼。

波兰历史学家强调了国王的英明领导。他们描写雅盖沃如何坚定地身先士卒；王旗一度被打落在地；来自迈森的骑士鲁

---

① 扬·马泰伊科（1838～1893）是波兰著名的历史和战争题材画家，最有名的作品包括《格伦瓦德之战》《普鲁士称臣》《卢布林联合》等，还创作了多位波兰国王的肖像。他就读和担任院长的克拉科夫美术学院后来更名为扬·马泰伊科美术学院。

波尔德·冯·科克里茨纵马冲向国王，国王险些负伤，但在最后关头被御前秘书兹比格涅夫·奥莱希尼茨基搭救。后来还出现了雅盖沃与容金根单挑的传说。简而言之，根据波兰爱国主义学者的说法，是波兰人用智慧、英勇和自我牺牲精神打赢了这场战役。

立陶宛历史学家坚决不同意上述的版本。他们坚持说维陶塔斯那一翼没有被击溃，而是主动实施战术撤退，这在草原上的作战当中司空见惯。这种计谋诱使来自德意志的十字军战士破坏了自己的队形，一头闯进伏击圈。立陶宛历史学家指出，维陶塔斯和来自斯摩棱斯克的部队在战役的关键时刻位于胜利者的队伍中，这可以证明立陶宛主力部队没有逃跑，他们只是诱骗德意志人打乱自己的阵型，从而为波兰人制造了进攻的缺口。胜利桂冠应当属于立陶宛大公，上述佯败诱敌的战术正是在他的启发下制定的。他不知疲倦地来回奔波，指挥调度骑兵单位，先是在右翼，然后在战役高潮时又来到中路。是他带来援兵打退了容金根的冲锋。胜利的功臣不是雅盖沃，因为他在整个战役期间几乎没有发挥任何作用，既不能发布命令，也不能以身作则激励官兵。

现代学者虽然掌握了一些新的考古证据和新发现的史料，还是不能就战役的过程达成一致。大家都同意，容金根在把军队带到战场的过程中犯了错误。大家也都同意，容金根和维陶塔斯都是勇敢的武士，在绝望的战斗中不惜冒生命危险。几乎所有人都同意，雅盖沃出于各种原因选择停留在所有人都看得见他的地方，即他在山顶上的营帐处，且战役在十字军对雅盖沃所在位置的冲锋失败时迎来了决定性时刻。除立陶宛历史学家以外，几乎所有人都同意让一整支军队执行佯败而诱敌深入的策略是非常困难的，这种战术风险太大，尽管在欧洲各地的小规模作战中颇为常见；而且，如果立陶宛军队的撤退是计谋，那么他们为什么没有伏击追兵？或者当时的确设有埋伏？立陶宛人那一翼的逃跑很可能不是预先筹划的计谋。雅盖沃作为统帅非常谨慎，他一定明白，他的军队的一整个侧翼一旦全部撤退，很容易酿成大祸。得胜追击而来的十字军如果能维持纪律，就能全力突破逃跑的立陶宛骑兵留下的缺口，然后猛击波兰王军的侧翼。但另一方面，波兰战线后方的森林可能会阻碍他们撤退，也可能让十字军看不见部署在那里的波兰中路部队，或者难以有效地从侧翼或后方攻击波兰中路部队。所有人都同意，条顿骑士团的战败是因为盲目追击立陶宛军队，破坏了自己的纪律。而立陶宛军队退却的原因就是一个很难让所有人都满意的谜题了：要不然维陶塔斯军队的很大一部分实施了战术撤退，要不然那些立陶宛人、罗斯人和鞑靼人是被十字军打败并逃离了战场的。

隔了差不多六个世纪以后，从我们的观察角度看，最重要的事实是：大团长的战线被打乱了，而维陶塔斯领导下的波兰和立陶宛部队充分利用了这个局面。那些相信立陶宛人佯败撤退的学者喜欢问维陶塔斯麾下有多少鞑靼人，仿佛只有这些草原武士懂得诱敌深入的策略。不过遗憾的是，关于两军的兵力数字，同时代的史料提供的信息并不比德乌戈什提供的更丰富，甚至在波兰和立陶宛军队的构成问题上，学者们也有分歧。但这并不重要。鞑靼人的比例不高，并且他们对十字军追兵没有造成多大杀伤。不论如何，结果是一样的：德意志战线左翼被打乱，随后波兰军队在中路取得了胜利。在此之前立陶宛人承担了大部分作战任务，伤亡数字就能证明这一点。后来立陶宛人也继续为此役做出贡献，对敌人正在瓦解的战线施加相当大的压力。

大团长一定考虑过下令撤退，但最后却没有这么做。容金根决定豪赌一把，将全部力量投入针对波兰国王营帐的大规模冲锋，这在当时一定是他最好的选择。如果乱糟糟地穿过森林撤退，骑士团军一定也会一败涂地；随后还会有人批评大团长错失良机，没有对同样疲惫、阵脚已乱、甚至说不定已濒临瓦解的敌人发动最后一击，从而大获全胜。此时已经有数千名波兰人和立陶宛人倒在战场上；他们的一些部队已经崩溃，还有一些正在动摇。如果波兰国王或立陶宛大公被长矛或利剑刺死，或者只是死于流矢，容金根都能打赢这一仗。

此役完整的伤亡数字几乎超出了当时人的计算能力：最古老也是最低的估计是双方各有 8000 人战死。这相当于条顿骑士团武装人员总数的一半以上。骑士团还有数千人被俘，其中大部分被处死，只有世俗骑士和军官被留下换赎金。后来，茫然的幸存者遍体鳞伤、精疲力竭，他们重新聚集到最近的城市和城堡，多已丢失了自己的武器装备。

雅盖沃和维陶塔斯没有办法催促他们的军队继续攻入普鲁士。他们虽然获胜，但也损失惨重。官兵十分疲劳，马匹也累垮了。立陶宛人连续作战许多钟头，波兰人也受尽睡眠缺乏和干渴以及长时间焦灼等待的折磨，而正面交锋的兴奋也特别消耗人的精力。德意志人逃走后，波兰人和立陶宛人追了 10 英里，杀死他们追得上的人，并将其他人驱赶到沼泽和森林里，任他们自生自灭。得胜的骑兵回营后需要休息。耐力最强的人去搜寻战利品，过了很长时间之后，这些人回来时已经和那些累得瘫倒在战场的人一样挪不开步子。与此同时，步兵忙于在战场上搜集武器、金钱、珠宝和衣服，杀死敌方伤员，屠杀出身低贱的俘虏，并将死者掩埋到集体墓穴里。波兰人和立陶宛人需要一段短暂的时间来休息和庆祝，也许还要祷告，并照料己方伤员和死去的战友。鞑靼人和非正规部队急匆匆赶去烧杀抢掠，散播恐慌，阻挠骑士团的臣民组织防御。

有组织的抵抗并不存在。条顿骑士团损失了太多城堡长官、地方长官、骑士和民兵部队，所以无兵可用。战役的幸存者尽其所能地寻找避难所，其位置往往远离自己的本职岗位。骑士团的最高层领导人几乎全部阵亡，包括大团长、总军务官、总司令、总财务官和200名骑士。骑士团的立陶宛问题专家和维陶塔斯曾经的朋友马夸德·冯·萨尔茨巴赫被雅盖沃俘虏。维陶塔斯大公命令将萨尔茨巴赫斩首，因为他拒绝表现出谦卑和臣服。他到死都傲慢而自豪，不肯为自己嘲讽维陶塔斯母亲的贞洁而悔过。他和他的伙伴期待得到礼遇，因为他们出身高贵。不过，他们在知道敌人要处死他们之后，也丝毫没有丧失勇气。他们从一开始就知道，身为雅盖沃和维陶塔斯“曾经的朋友”，自己不会有好下场。

当时有些人相信，对十字军事业来说，坦能堡战役是可以和尼科波利斯战役相提并论的灾难，但大多数人仅仅为骑士团损失了数量巨大的人员、马匹和装备而惊叹。杰日贡编年史的续篇写道：“骑士团的军队，包括骑兵和步兵，被彻底击溃，他们损失了大量生命、物资和荣誉，死者之多难以计数。愿上帝怜悯他们。”

当时的人们很难理解骑士团的此次战败竟如此彻底且具决定性。消息传到各国宫廷，那里的很多老人还记得自己年轻时在立陶宛的战绩。在德意志和法兰西，人们几乎不敢相信这一噩耗。立窝尼亚的主教和市民不知道自己该喜该忧；波兰和立陶宛的人们为自己君主的伟业兴高采烈，并为丈夫、兄弟和朋友安全回家而感恩；有些邻国的统治者希望的可能是别样的结局，也许最好让双方军队同归于尽。所有人都想要知道更多消息，尤其是那些想要理解条顿骑士团怎么可能输得如此出人意料的人。人们反应不一。条顿骑士团说自己遭到了背叛，说敌人兵力更强，说己方的战术不当；波兰人心满意足地说自己更勇敢，武艺更高强，指挥更出色，并且得到了上帝的佑助。

骑士团的宣传工作者拼命试图让同时代人相信，这次灾难其实没有那么糟糕；这是魔鬼在通过他的爪牙——异教徒和教会分裂者作恶，其罪魁祸首是撒拉森人。他们还说，现在普鲁士比以往更需要十字军战士来继续上帝的事业。波兰宣传工作者也在努力展示他们自己版本的诠释，但他们不像骑士团那样在长期的十字军运动中建立了许多长期的人脉。波兰人对雅盖沃及其骑士的赞扬往往反而会激起对深陷困境的骑士团的同情，这对波兰利益不利。欧洲各国宫廷经历了重大消息的第一轮冲击、而最初也最困难的几个月过去之后，骑士团支持的阐释开始成为主流意见。

坦能堡战役之后的将近六个世纪里发生了许多惊天动地的大事，让此役显得黯然失色，但人们并没有遗忘它。现代读者在回顾这六个世纪的历史时会很难理解，为什么骑士团遭到那么负面的评价。把条顿骑士团和 1914 年威廉二世治下的德国或希特勒相提并论是不值一驳的荒谬想法，尽管两次世界大战期间的德国人确实相信他们的行动是为 1410 年的坦能堡战役复仇。在 20 世纪的历史语境里，很多人会觉得与坦能堡战役同时代的人说得对：世间果真有上帝的正义。坦能堡战役时代的人得出的结论是，条顿骑士团以刀剑为生，又沉溺于骄傲，所以必须付出代价；《圣经》的教训是正确的，坦能堡战役是上帝对条顿骑士团恶行的惩罚。骄傲的人爬到了高峰（容金根代表了骑士团的傲慢与怒气，世人普遍承认这一点）必然会跌落。

这种为历史事件寻找合理性的做法（世界历史作为世界审判庭的）有着明显的缺陷：如果战场胜利反映了上帝的意志，那么鞑靼人主宰草原并骚扰波兰和立陶宛边境地带，难道也是上帝正义的体现？上帝惩罚帝王的办法难道就是牺牲成千上万的无辜百姓？这种理念符合《旧约》的神学，但很难匹配《新约》的框架。我们最好不要逗留在大众心理学或者黑暗的宗教民族主义这种玄乎其玄的领域，而是回到比较扎实可靠的由编年史和通信构成的史料领域。

现代历史学家对坦能堡战役及其后续事件的观点互相矛盾，这很有趣，也让人困惑。我们可以粗略地概括如下：在20世纪60年代之前，各种阐释更多的是反映了民族利益而不是事实。在那之后，历史学家变得更开明，也不像过去那样相信自己永无谬误。考古学开始帮助我们更好地理解战场，让文献留下的问题有可能得到更完整的解答。德国和波兰之间那些卷入了几乎一切历史资料的政治分歧以及支持这些争端的政党都已经消失了，所以学界终于可以心平气和地探讨过去。更重要的是，冷战结束以后，德国和波兰历史学家之间有了足够的尊重，能够真正重视对方的意见。也许有朝一日我们能更好地了解坦能堡战役的真相和它的真正意义，并达成较为普遍的一致意见。

十一　漫长的衰落和骑士团在波罗的海的末日

坦能堡战役的后续

雅盖沃的军队因为战斗和追击而十分疲劳，在休整了三天之后，国王率军北上，行动不紧不慢。国王永远不应显露出慌张的姿态。虽然他可以轻松占领很多城镇和城堡，但他不愿意为了这些事情转移注意力，而是以闲适的速度径直开往玛利亚堡。如果雅盖沃能占领那座强大的要塞，他就有条件占领普鲁士的其余地区。已经有一些世俗骑士和市民赶来投奔他，宣称如果自己现有的权益和特权得到保障，他们愿意当波兰的臣民。很多城堡的驻军因为没有接到抵抗的命令或者没有足以防守城墙的兵力而纷纷投降。奥斯特鲁达、基督堡、埃尔宾、托伦和库尔姆等地的城堡长官主张抵抗，却被市民驱逐，随后市民向波兰军队投降。抵抗似乎毫无意义。就连瓦尔米亚、库尔姆、波美萨尼亚和桑比亚的主教们也匆匆赶去向雅盖沃臣服。地位较低的人们因为失败主义情绪而陷入消沉，也纷纷效仿他们。雅盖沃的文官厅署匆忙发布了大量文书，规定每一位新封臣的权利和责任。

国王派人寻得乌尔里希·冯·容金根的尸体，将其带到奥斯特鲁达下葬。这位阵亡大团长的遗体后来被送到玛利亚堡，与他的前任们一起长眠在圣安娜礼拜堂。

海因里希·冯·普劳恩

雅盖沃和维陶塔斯在享受他们之前想都不敢想的辉煌胜利。他们的祖父曾宣称阿勒河是立陶宛边境，这条河大致是沿海定居地带和东南方的荒野之间的边界。而现在，维陶塔斯似乎有能力对维斯瓦河以东的全部土地提出主张权。雅盖沃则准备落实波兰对库尔姆和西普鲁士的古老宣称。但就在他们短暂欢庆的同时，条顿骑士团当中崛起了一位在领导力和顽强方面足以与他们媲美的领袖：海因里希·冯·普劳恩。普劳恩过去的履历很普通，只是个不起眼的城堡长官，但他属于那种在危机时刻能够如流星般崛起的人物。他现年四十岁，生于福格特兰，这是图林根和萨克森之间的一个小邦。他最初以十字军战士的身份来到普鲁士。骑士团的武僧给他留下了深刻印象，于是他接受了清贫、贞洁和服从的誓言，并与基督教之敌作战。他出身贵族，所以必然会得到较高的职位；长期服役让他的地位节节攀升，成为施韦茨城堡的指挥官。施韦茨是维斯瓦河西岸、库尔姆以北的一个有强大驻军的观察哨，是保卫西普鲁士边境、抵御袭击者的防御体系的一部分。

在得知骑士团惨败之后，所有幸存的城堡长官中只有普劳恩一人承担起了超出自己本职的责任：他命令手下的3000士兵前往玛利亚堡，抢在波兰军队抵达之前把守那里的要塞。这是头等大事。如果雅盖沃想去攻打并占领施韦茨，就让他去好了。普劳恩认为自己的职责是挽救整个普鲁士。所以他必须保卫玛利亚堡，而不必担心较小的城堡。

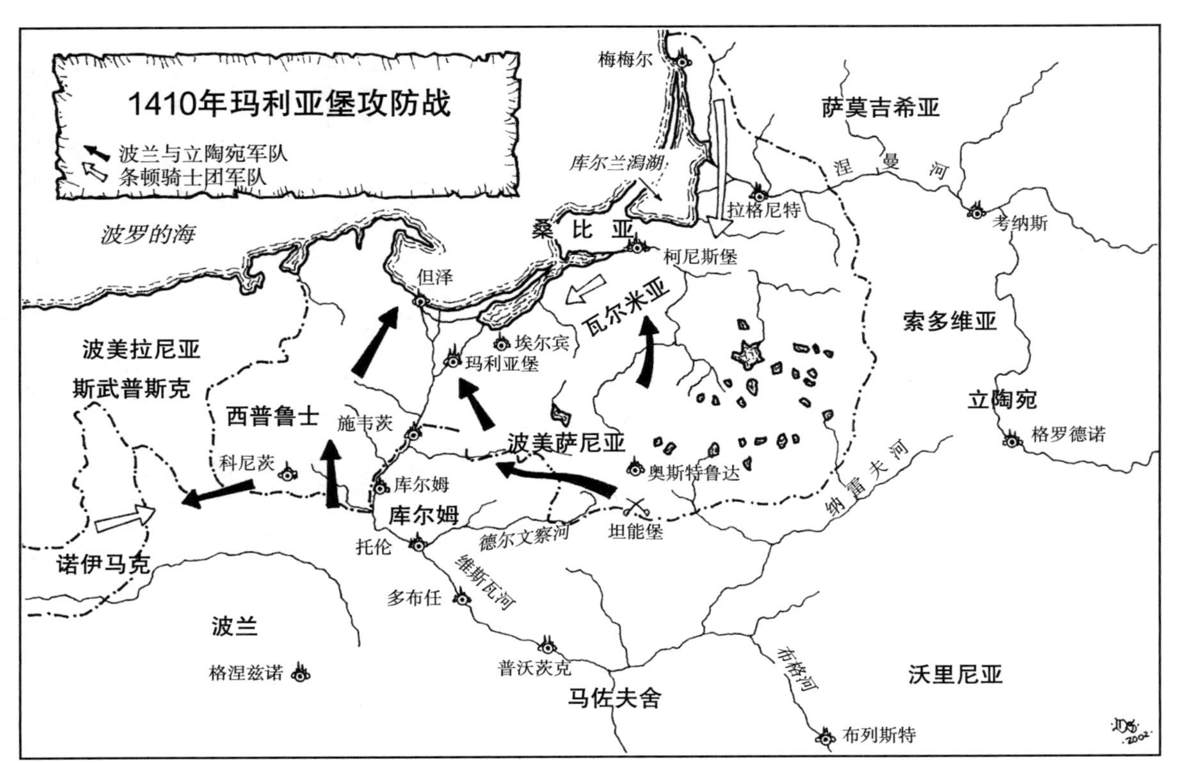
1410年玛利亚堡攻防战
波兰与立陶宛军队
条顿骑士团军队
梅梅尔
萨莫吉希亚
库尔兰潟湖
涅曼河
拉格尼特
考纳斯
波罗的海
桑比亚
柯尼斯堡
但泽
瓦尔米亚
索多维亚
埃尔宾
玛利亚堡
波美拉尼亚
斯武普斯克
立陶宛
西普鲁士
施韦茨
格罗德诺
波美萨尼亚
纳雷夫河
科尼茨
库尔姆
奥斯特鲁达
库尔姆
德尔文察河
坦能堡
托伦
诺伊马克
维斯瓦河
多布任
波兰
布格河
沃里尼亚
格涅兹诺
普沃茨克
马佐夫舍
布列斯特

普劳恩受过的训练和他的经验都让人觉得他不适合执掌权威。条顿骑士团以无条件服从上级而自豪，且此时尚不清楚有没有更高级的军官逃离了战场。但在当时的危急情况下，服从的原则已不合时宜：大多数军官要犹豫很长时间才敢逾越自己的本职，没人敢独立做决定。条顿骑士团的成员很少需要做出紧急决策，他们有的是时间来深思熟虑并开会研讨，咨询议事会或者咨询一群指挥官，最后达成共识。就连最自信的大团长也会为了军事决策咨询众人的意见。但现在已经没时间深思熟虑并召开会议了。条顿骑士团的服从传统让几乎所有军官都陷入瘫痪，只有一人敢于积极行动，而其他人都在等候命令，或者找机会与其他人探讨出一个行动计划。

海因里希·冯·普劳恩开始发号施令。他命令受威胁城堡的指挥官“坚决抵抗!”；命令但泽的水手“到玛利亚堡来!”；命令立窝尼亚团长“尽快派兵增援!”；命令德意志团长“招募雇佣兵，将其送到东方!”。服从命令的传统在普鲁士如此强大，以至于他的命令都得到了执行。这是一个原本不应当发生的奇迹。各地的抵抗都加强了；第一批波兰侦察兵抵达玛利亚堡时发现城墙上有许多守军，且已做好了防御准备。

普劳恩设法从各地集结兵力。他麾下有玛利亚堡的少量驻军、他自己从施韦茨带来的士兵、来自但泽的“船上的孩子们”、一些世俗骑士和玛利亚堡的民兵。这些民兵愿意抵抗，这一点足以证明普劳恩的人格魅力：他最早的命令之一就是纵火烧毁玛利亚堡的城市和郊区。这是为了坚壁清野，让波兰人和立陶宛人找不到遮风挡雨的地方也得不到给养，而普劳恩也无须分兵防守城市；这么做也肃清了城堡前方的区域。或许更重要的是，普劳恩借此表达了为保卫城堡破釜沉舟的决心。

幸存的条顿骑士、世俗骑士和市民走出了大战之后的震惊状态，开始忙碌起来。在第一批波兰侦察兵撤退后，普劳恩的部下往城堡的食品储藏室搬运了大量面包、奶酪和啤酒，把大群猪和牛赶进城堡，并从各处仓库和田野搬运粮食到城堡。他们把火炮部署到位，清除剩余的障碍物以为火炮提供开阔的射界，并讨论了抵御各种攻击手段的战术。波兰王军的主力部队于 7 月 25 日抵达时，城堡驻军已经准备好了可用八到十周的给养，而波兰人和立陶宛人一方则缺乏粮草。

海因里希·冯·普劳恩不屈不挠的精神对这场要塞防御战至关重要。他是随机应变的天才，渴望胜利和复仇。他的这些精神感染了所有驻军。这些品质可能在过去妨碍了他的晋升，因为火爆的脾气和对无能的人毫不宽容的态度在和平时期的军队里不可能得到赞赏。但在这个十万火急的关键时刻，需要的恰恰就是这些品质。

他在寄往德意志的信中写道：

> 致收到此信的君主、贵族、骑士和武士以及所有忠诚的基督徒。我，海因里希·冯·普劳恩，施韦茨城堡长官，在普鲁士代理条顿骑士团大团长之职，告知你们：波兰国王和维陶塔斯大公率领一支大军和撒拉森异教徒正在围攻玛利亚堡。骑士团的全部军队和力量都投入了此次守城战。因此，我请求诸位显赫与高贵的大人，请允许你们的臣民为了对基督的爱和整个基督教世界的利益，不管是为了救赎还是为了金钱，帮助和保卫我们，尽快支援我们将敌人赶走。

普劳恩呼吁大家帮助他抵抗“撒拉森人”的写法可能是

一种夸张（不过有些鞑靼人是穆斯林），但这触动了反波兰的神经，促使德意志团长开始行动。骑士们开始奔向诺伊马克，曾经的萨莫吉希亚地方长官米夏埃尔·屈希迈斯特在那里还掌握着一支相当强大且编制完整的部队。军官们匆匆发出消息，说条顿骑士团愿意招募任何立刻就能报到的雇佣兵。

雅盖沃原指望玛利亚堡会迅速投降。其他地方的骑士团军队士气低落，只要受到一丁点威胁就举手投降，他相信玛利亚堡守军也会乖乖献城。但那里的守军出人意料地拒绝投降，那么国王的选择就不多了，而且这些选项都不能令他满意。他不愿意尝试强攻高耸的城墙，但撤退就意味着认输。于是他命令部下开始围城，希望守军会感到绝望；对死的恐惧和求生欲结合起来，往往能让人寻求有条件投降。但雅盖沃很快发现，自己的兵力不足以在攻打玛利亚堡这样庞大且设计精巧的要塞的同时派兵要求其他城市投降；他也没有及时调遣自己的攻城大炮从维斯瓦河上过来，但现在已经来不及了。他的军队在玛利亚堡城下待得越久，条顿骑士团在其他地方就能有更多的时间用来组织防御。得胜的国王不应因眼下的算计失误受太多指责(如果他没有尝试乘胜追击、攻击敌人的最薄弱环节，历史学家会怎么评价他呢?)，但他的围城战术确实失败了。波兰军队用投石机和从附近城堡搬来的大炮轰击城墙八周之久。立陶宛人的搜粮队在乡村纵火肆虐，只有在当地贵族和市民匆忙向他们献上大炮、火药和饮食的时候才会放过那些地区。鞑靼人在普鲁士各地神出鬼没，让所有人都确信他们的残忍恶名不是没有来由。波兰军队进入西普鲁士，占领了很多没有驻军的小城堡：施韦茨、格涅夫、迪尔绍、图霍拉、比托和科尼茨。但普鲁士最关键的核心堡垒柯尼斯堡和玛利亚堡巍然屹立。立陶宛军中爆发了痢疾（他们吃了太多精细粮食），最后维陶塔斯宣布自己要带领部下回国。但雅盖沃坚持要留下来攻克玛利亚堡，并俘获其指挥官。他拒绝停战，并要求玛利亚堡投降。他坚信只要再坚持一小段时间，就能大获全胜。

与此同时，骑士团的援军开始赶往普鲁士。立窝尼亚军队来到柯尼斯堡，换下了那里的驻军，让他们可以到其他地方作战。这有助于驳斥所谓“立窝尼亚人背叛条顿骑士团”的指控。之前立窝尼亚骑士团遵守与维陶塔斯的停战协定没有骚扰他的土地，因而也没有迫使他分兵去保卫自己的边境，所以有人指责立窝尼亚骑士团背叛了条顿骑士团。匈牙利和德意志雇佣兵从西方匆忙赶到诺伊马克，在驻守当地的米夏埃尔·屈希迈斯特的领导下组成一支军队。这位军官到目前为止都没有动作，因为他非常担心当地贵族的忠诚度，不敢冒险与波兰军队交锋。但在 8 月，他命令自己的小部队袭击一群兵力相当的波兰人，将其击溃，并俘虏了对方指挥官。然后他挥师东进，收复了许多城市。到 9 月底，屈希迈斯特已经肃清了西普鲁士境内的敌人。

此时雅盖沃再也无力将围城战坚持下去了。只要守军不丧失战意，玛利亚堡就固若金汤。普劳恩让匆匆集结起来的部队保持斗志，立陶宛军队的撤退和骑士团在其他地方取胜的消息也鼓舞了玛利亚堡守军。所以，尽管给养逐渐消耗，他们还是为胜利的喜讯感到高兴，而且他们还深知骑士团的汉萨盟友控制着各条河流。与此同时，雅盖沃的骑士们开始敦促他回国，因为骑士们的义务服役期早已结束。国王的补给物资不多了，军中疫病流行。最终，雅盖沃别无选择，只能承认防守方相对于进攻方仍然有很大优势。拥有护城河的砖砌要塞非常坚固，只有通过长时间围困才能拿下，且即便如此可能也需要好运气或者城内变节者的协助。雅盖沃此时没有时间也没有足够的资源来维持更长的围城战，他在将来也不会有这样的时间和资源。

围城八周之后的 9 月 19 日，国王下令撤军。他已经在玛利亚堡以南不远处的什图姆建造了一座要塞并加固了那里的防御工事，派他最优秀的官兵在城中驻守，然后把从乡村搜罗的全部粮草都储藏在那里。随后他命令部下焚烧附近的所有田野和谷仓，让条顿骑士团更难搜集粮草来围攻什图姆。他希望通过在普鲁士心脏地带控制这样一座强大的要塞来对敌人持续施压，并鼓励和保护那些向他投降的当地贵族与市民。回国途中，他停在马林韦尔德的圣多罗特娅圣所祷告。雅盖沃现在已成为虔诚的基督徒。他在圣多罗特娅圣所逗留，一方面是因为他个人的虔诚（他不希望任何人因为他曾是异教徒和东正教徒而怀疑他如今的虔诚），一方面也是为了证明他手下有那么多东正教徒和穆斯林官兵纯粹只是为了打仗而已。

随着波兰军队撤退，历史重演了。将近两个世纪之前，来自波兰和德意志的十字军征服了普鲁士，当时大部分战斗是波兰人承担的，但条顿骑士团最终占据了这片土地，因为此时和当年一样，很少有波兰骑士愿意留在普鲁士，并为国王保卫它。条顿骑士团的忍耐力更强。如今他们以同样的方式熬过了坦能堡的灾难。

普劳恩下令追击撤退的敌人。立窝尼亚军队首先行动，攻打埃尔宾，迫使那里的市民投降，然后南下去库尔姆，收复了那里的绝大多数城市。拉格尼特城堡长官的部队在坦能堡战役期间负责监视萨莫吉希亚，现在他的部队穿过普鲁士中部来到奥斯特鲁达，逐个占领那里的城堡，将最后一群波兰人从骑士团领地上驱逐出去。到 10 月底，除边境上的托伦、涅沙瓦、雷登和斯特拉斯堡[①]以外，普劳恩已经收复了绝大多数城镇。就连什图姆在坚持三周后也投降了，守军放弃了城堡以换取带着全部财产安全返回波兰的通行权。最糟糕的时期已经过去。普劳恩在骑士团最绝望的时刻挽救了它。他的勇气和决心激励了其他人，他把一场军事灾难之后灰心丧气的幸存者重新打造成战士。他不相信一场战役就能决定骑士团的历史，他激励了其他很多人分享他对最终胜利的信念。

西方支援的到来快得出人意料。西吉斯蒙德向雅盖沃宣战，派遣更多军队去波兰南部边境，牵制了一批原本可能与雅盖沃会合的骑士。西吉斯蒙德希望条顿骑士团继续对波兰北部省份构成威胁，并在将来帮助他。就是本着这种精神，他之前与乌尔里希·冯·容金根约定，双方都不会单独与波兰议和。他有着想当皇帝的野心，所以希望让德意志诸侯觉得他是德意志机构和德意志土地的坚定捍卫者。他因此超越了自己的合法权限，像危急时刻的真正领袖一样，召唤选帝侯到美茵河畔法兰克福开会，并敦促他们立刻支援普鲁士。当然这在很大程度上只是作秀。西吉斯蒙德真正感兴趣的是当选德意志国王，这是他成为皇帝的第一步。

最有效的支援来自波希米亚。这有点出人意料，因为文策尔国王原先没有表现出对挽救条顿骑士团有兴趣：坦能堡战役的消息只用了不到一周就传到了布拉格，但他无动于衷。这是文策尔的典型作风，他经常在需要决策的时候喝得烂醉，即便头脑清醒的时候也对朝政缺乏兴趣。骑士团的代表狡黠地用重金贿赂国王的情妇们，还承诺给手头拮据的领主和雇佣兵付钱，最后向国王提议让普鲁士在将来从属于波希米亚，这时国

① 斯特拉斯堡是德语名字，即今天波兰的布罗德尼察。

王才开始行动。文策尔突然间不仅愿意允许他的臣民到普鲁士作战，还向骑士团的外交官贷出超过 8000 马克的军饷。

普鲁士得救了。除了失去一些生命和财产（这两样在长期来看都是可以补充和替代的）以外，条顿骑士团似乎没有太大的损失。当然他们的威望受损了，但海因里希·冯·普劳恩收复了绝大多数城堡，并将敌人驱赶到边境之外。后世的历史学家认为坦能堡战役是一个无法治愈的伤口，最终让骑士团失血过多而死。但在 1410 年 10 月，没有人认为条顿骑士团的结局会是这样。

坦能堡战役的意义

下一场战役在舆论场上打响了。海因里希·冯·普劳恩要向德意志和法兰西贵族、西吉斯蒙德、文策尔和三位对教宗头衔拥有主张权的高级教士解释在坦能堡究竟发生了什么[①]。他需要一个可信度足够高的故事，来反驳雅盖沃的外交官已经在以精明的手段向外传播的宣传信息。普劳恩的故事必须解释骑士团的战败，但不能损害骑士们的荣誉，也不能让人觉得骑士团将来不可能打胜仗了。所以他不能说波兰人是更强的战士、他们的指挥更优秀，或者他们的兵力太强。最终他的说法是，条顿骑士团遭到了阴险的背后暗算（1918 年之后德国人也是这么说的，不过逻辑性更差），罪人是一

---

① 1409 年 3 月，来自罗马和阿维尼翁双方的主教在比萨召开大公会议，旨在弥合 1378 年以来天主教会的大分裂。会议最终未能实现天主教会的再统一，但选举出了又一位对立教宗，是为亚历山大五世，他在 1410 年去世后为若望二十三世（1410 ~ 1415 年在位）所继承。因此当条顿骑士团从 1410 年坦能堡之战的惨败中恢复元气时，天主教会内部存在着罗马、阿维尼翁和比萨三个互相对立的系统，分别拥护一名教宗。

群波兰血统的世俗骑士。他指责蜥蜴同盟*的成员在战斗中降旗并逃跑，在十字军队伍里制造了混乱①。他说，容金根试图逆转这种背叛造成的后果，结果英勇战死。一种直到 1945 年都在毒害德国史学界的阴谋论就这样诞生了。

对一些重要的君主和教士来说，坦能堡战役的教训再清楚不过。他们早就在等待借这样的机会从骄傲的条顿骑士团那里敲诈金钱和好处。信奉机会主义的文策尔几十年来经常表现得反复无常，这一次他又成了墙头草；西吉斯蒙德也靠不住。当大团长向他们的钱箱塞钱的时候，他们就支持大团长。但普劳恩的金库并非取之不尽。于是他不得不向近期遭到入侵者蹂躏的土地和城市额外征税，这让他的处境变得十分艰难。起初他得到了相当积极的配合，部分原因是很多人希望避免被怀疑是叛徒，部分原因是人们理解普劳恩没有钱就无法从国外得到有效的帮助。但这种局面不能维持多久。饱受战争创伤的人民拿不出钱来。

普劳恩要做的工作很多。他现在已经把波兰和立陶宛军队逐出普鲁士，然后需要重振千疮百孔的经济，为损失惨重的骑士团补充人员，任命新的军官，并让欧洲的重要统治者们相信条顿骑士团仍然是一支不容小觑的力量。如果他能赢得一场军事胜利，就能达成全部这些目标，而无需用金钱购买友谊。但

---

* 库尔姆的一个类似兄弟会的骑士团。“蜥蜴”指的是龙。（作者注）

① 蜥蜴同盟于 1397 年在库尔姆建立，成员为普鲁士贵族和骑士，他们表面上的目的是维持治安，实际上希望将库尔姆从条顿骑士团统治下转移到波兰。1410 年的格伦瓦德战役中，蜥蜴同盟领导人尼古拉斯·冯·雷恩斯（1360？～1411）是库尔姆部队的旗手，后来有人指责他过早地放下旗帜，让很多士兵误以为要撤退，导致骑士团战败。不过这种说法没有证据。还有人说波兰军队围攻玛利亚堡的时候，蜥蜴同盟传消息给玛利亚堡守军劝降。雷恩斯被骑士团处死，蜥蜴同盟其他成员逃往波兰。蜥蜴同盟被神圣罗马皇帝西吉斯蒙德和教宗格里高利十二世宣布为非法组织。

打一场胜仗太难，因为他的下属都相信普鲁士现在需要一段和平时期以完成重组。

普劳恩命令他的部队集结到西普鲁士，准备入侵波兰，但他在一次患病期间被部下推翻并逮捕。密谋者匆匆召集代表大会，威胁参会代表选举屈希迈斯特为大团长，让他解散雇佣兵并与波兰国王谈判，以争取永久和平。这种政策是错误的。密谋者希望逃避战争，但战争很快淹没了他们。屈希迈斯特笨拙地试图用外交手段来欺骗敌人，但雅盖沃轻松识破他的意图，先是让骑士团解除武装，然后痛击他们，迫使他们屈服。《第一次托伦条约》（1411 年）的条件比雅盖沃给普劳恩的和平条件严酷得多。坦能堡战役并没有直接置条顿骑士团于死地，但维持大量雇佣兵并随时准备作战的需求最终耗尽了骑士团的经济资源。在之前的几十年里，骑士团的经济资源曾足以支撑它的战争机器。而如今，条顿骑士团就只有下坡路可走了。

衰落的世纪

坦能堡惨败之后，条顿骑士团怎么样了？他们的国家之所以衰败，肯定不只是因为被拥有压倒性优势的敌人打垮，也不只是领导人的个人失败，更不只是惰性法则的简单运作。骑士团国家内部有一些问题可以直接追溯到坦能堡的军事灾难。

第一，在混乱的关键时刻，很多原本可能永远不会有晋升机会的地方官员在形势逼迫之下掌管了一些在过去由中央领导的行政管理工作，上级则不再去视察和监督地方官员。渐渐地，地方官员习惯了独立自主，并对玛利亚堡方面约束他们自治权的命令心怀怨恨。在之后的一些关键岁月里，骑士团的军官要么过于年迈，要么过于年轻，要么刚刚抵达普鲁士，于是骑士团内部开始出现各种派系，同乡往往抱团取暖，比如巴伐利亚人和奥地利人会猜忌莱茵兰人，等等。成功的反叛破坏了大团长的权威，城堡长官和地方长官们觉得自己有理由抵制那些旨在恢复大团长控制力的改革，不管这些改革多么轻微。骑士们再也不能标榜自己对上级的无条件服从，因为那种一方面假装谦卑、一方面自吹自擂的做法再也没有存在的意义了。

第二，宗教方面的改革成为一种执念。当时的人们相信上帝会根据人们及其领袖的道德水准来评判人类的组织或国家，所以条顿骑士团得出的结论是，坦能堡战役和之后的失败是因为他们没能按照清贫、贞洁和服从的誓言来生活，因此受到上帝的惩罚。很多现代读者也许会觉得这种逻辑很荒谬，但骑士团的确相信，坦能堡战役之前的骑士团因为狩猎饮酒的享乐而干扰了自己的职责，忽视了作战训练，并且铁石心肠地对待臣民，以至于臣民急不可待地寻找机会投奔别的统治者。没有证据表明 1410 年之前的骑士团是这样的。当时的访客都认为普鲁士是一个模范国家。坦能堡战役之前的条顿骑士的致命罪孽是骄傲，对于管理不善的抱怨是后来才堆积起来的。受到巨大压力的城堡长官和地方长官年复一年地征收紧急税，用特殊劳役压榨领地居民，并傲慢地对呼吁公平和仁慈的声音充耳不闻。

第三，衰败中的国家很难治理，条顿骑士团也不例外，而宗教生活方面的改革无助于解决国家管理的问题。也许更多的祈祷和对贞洁的强调会让骑士们善待自己的臣民，但这种现象很少发生。如果我们把条顿骑士团和同时代的教士相比较，我们能说骑士团成员特别罪孽深重吗？我们能说他们比邻国的世俗统治者更傲慢、更残酷地压迫人民吗？

直到最后一位在普鲁士统治的大团长（阿尔布雷希特·冯·霍亨索伦）为止的历任大团长无一例外地遵守了修士的誓言，他们甚至是虔诚、热忱而严于律己的人。当然，只靠他们的榜样无法把官兵约束在骑士团制度规定的范围之内，但骑士团的大多数成员肯定赞同大团长严格执行规章制度；毕竟这些大团长是在骑士团大会上由骑士、神父和军士们选举出来的。条顿骑士团早就比典型的修道会更为突出地展现自己的骑士精神，而罗马天主教会从来不会觉得豪华排场和仪式与它的宗教功能完全不匹配；今天，即便最坚定的新教徒如果亲临梵蒂冈的教廷弥撒也会肃然起敬。中世纪比今天更强调宗教游行、庆祝活动和公共祷告的重要性。我们很难想象现代国家元首会命令全体公民为本国外交官取得的成功祈祷，然后日复一日地参加漫长的宗教礼拜，且公众会自愿效仿。

真正的症结在于，大团长们发布的命令得不到执行，或者无助于解决城堡长官和地方长官面临的实际问题。问题不在于骑士团的修道院里挤满了女人或者其他的世俗人等，而在于骑士团曾经引以为傲的同质性和纪律性一去不复返了。军事灾难接踵而至，所以军官很难管束士兵和雇佣兵。饮酒和较小的奢侈行为变得司空见惯，骑士团成员因为公众的嘲讽和批评而士气低落。宗教社群被迫处于守势，无法用武力或告诫来恢复自己的地位。解决纪律问题的办法是和平，恢复国家的财政，并找到新的军事目标，让骑士们为之忙碌并得到精神上的满足。

第四，骑士的数量正在下降。黑死病之后欧洲人口恢复速度缓慢，追求宗教使命的无业小贵族幼子也更少了。更重要的是，骑士团的威望一落千丈，吸引不到优秀的新人。虽然因为军事战术的变革，骑士的价值现在不如雇佣兵，所以招募不到很多新骑士不算是场灾难（如果在一个世纪前肯定就是灾难了），但这对士气的打击很大。15 世纪最成功的军队由雇佣兵组成，他们是正值盛年的专业军人，在一个较短时期内受雇，然后被解散。这样的军队已经在实战中证明了自己有能力打败由君主征召的骑兵、农民步兵的乌合之众和由曾经武艺高强但已经上了年纪的骑士组成的传统军队。另外，只要军饷一直发，雇佣兵就愿意继续作战。雇佣兵在普鲁士早就很常见了；现在他们变得不可或缺。数量很少的修士－骑士如今以纯粹的军官身份监管雇佣兵、招募来的民兵和军事专业人员，比如炮兵、工兵和军需官。骑士团财政紧张，所以大团长们更愿意把钱花在雇佣兵和装备上，而不是花在贵族骑士身上。骑士们察觉到自己的角色在变化，不是所有人都对此感到满意。他们当中很少有人能够轻松适应 250 年前设立的规矩，但也适应不了新时代的需求。

第五，骑士团比以往需要更多的钱。所以城市里的商人寡头和乡村的骑士明白，自己正变得越来越重要，他们怨恨骑士团强加给他们的义务，尤其是服兵役和纳税；但与此同时，骑士团又限制这些人在司法和外交政策上的权力。只要商业利益能得到保护、不必害怕竞争者和海盗，各城市的抱怨还不算太厉害；但在坦能堡战役之后，它们向骑士团奉献的金钱越来越多，得到的保护却越来越少。它们想要至少在外交方面有发言权。贵族也是这么想的。大团长们接二连三向这些抗议者让步，最后只剩两个选择：要么通过某种形式的议事会赋予普鲁士联盟[①]完整的参政权，要么武力镇压各城市和世俗贵族。1454年，大团长埃里希斯豪森决定动武，这造成了灾难性后果。

上述内部衰败的主要原因还不能完全解释普鲁士为什么会沦落至如此悲惨的地步。要理解这一点，就需要把目光从波罗的海的狭窄空间伸展出去，审视当时全欧洲遇到的那些更大的问题。

第一个问题在于，大团长权威的丧失不是当地独有的问题。神圣罗马帝国、罗马天主教会、波兰王国、立陶宛大公国和斯堪的纳维亚联合王国[②]都出现了国家元首无法行使执政权的现象。欧洲各地的较低阶层都在挑战上层集团发号施令的权利；在欧洲各地，各阶层的个人和群体都在尝试剥夺领导者的权力，将其攫为己有。命运之轮形象地呈现了每一位统治者所遇到的难题：君主坐在结构松散的圆轮的顶端，手持圣球和权杖，头戴高高的冠冕，身披昂贵的长袍；但这个平衡很脆弱，空气稍微流动就会打破平衡；统治者一夜之间就可能从高峰跌落，摔得头破血流。

第二个问题在于，十字军的目标已经改变了。只要立陶宛

---

① 1440年，普鲁士的53名贵族、教士和19座城市（包括但泽、柯尼斯堡、埃尔宾、托伦等）在马林韦尔德集会，反对条顿骑士团的专横统治。这些人组成了普鲁士联盟。它建立在1397年由库尔姆贵族组建的蜥蜴同盟的基础上。1454年，普鲁士联盟领导人约翰·冯·拜森正式请求波兰国王卡齐米日四世·雅盖沃将普鲁士接纳为波兰的一部分，这标志着条顿骑士团与波兰的“十三年战争”开始，普鲁士联盟在战争中支持波兰。

② 1397至1523年（有短暂中断），北欧的丹麦、瑞典（包括今天芬兰的大部分地区）和挪威（包括冰岛、格陵兰等）三个王国通过“卡尔马联合”形成了共主邦联。三国在法律上仍然是独立主权国家，但遵奉同一位君主。三国之所以联合，主要是为了对抗德意志人的汉萨同盟向北欧的扩张，但最后因为国王希望三国联合而贵族希望独立而导致“卡尔马联合”分崩离析。

人乃至萨莫吉希亚人还是异教徒，条顿骑士团领导十字军就有宗教上的理由。但在雅盖沃成为波兰国王瓦迪斯瓦夫二世·雅盖沃、维陶塔斯受洗并派代表去康斯坦茨宣布全体萨莫吉希亚人都是基督徒之后，大团长的代表越来越难以令欧洲的骑士们相信在立陶宛的作战是十字军圣战、针对波兰的战争是正义的，且骑士们应当主动向条顿骑士团奉献金钱与服务，至于用传统的论点说服教宗就更加困难了。

眼下基督教世界面临的主要危险显然是在巴尔干半岛。土耳其人步步紧逼，或者貌似如此，他们也许更喜欢俘虏人口和牛群，而不是获取新的省份。不过，这对落入他们手中的俘虏提供不了安慰。伊斯兰世界在 14 世纪末的进展让十字军运动的传统支持者胆战心惊，他们保不住自己在希腊的领地，并且已经预见到匈牙利以南的几个古老的基督教王国将会陷落。1396 年的大规模十字军圣战原本要逆转这种局势，结果却在尼科波利斯以灾难而告终。法兰西十字军战士对敌人的轻蔑是这场败仗的祸根，而这种轻蔑在多大程度上源自他们在萨莫吉希亚的经验，对此我们就只能去猜测了，因为立陶宛人也享有优秀武士的盛名，他们在自己的森林和沼泽里足以与任何欧洲人匹敌，也差不多能和鞑靼人平起平坐。然而，十字军多次打败过立陶宛人。十字军或许由此推断自己有能力打败土耳其人和他们在当地的斯拉夫盟友。遗憾的是，事实并非如此。尼科波利斯战役之后，法兰西人不再派遣大批十字军到普鲁士，把北方十字军留给了德意志人。而现在德意志人的君主是在尼科波利斯吃败仗的匈牙利国王西吉斯蒙德，即后来的神圣罗马皇帝。他对十字军运动唯一的兴趣（当然前提是他能集中注意力于某一件事）是防备土耳其人的威胁和镇压波希米亚的胡斯派叛军。* 他对条顿骑士团的边境战争几乎毫无兴趣，除非这能对雅盖沃施加压力，因为西吉斯蒙德在和雅盖沃争夺西里西亚和波希米亚。

第三个问题来自异端。波希米亚的胡斯派不仅武力抵抗西吉斯蒙德的军队，即由德意志人和匈牙利人组成的“十字军”，还主动发起进攻。条顿骑士团在德意志和普鲁士的一些财产因此蒙受了损失，而他们帮助西吉斯蒙德镇压胡斯派的努力没有带来丝毫补偿。在土耳其人和胡斯派异端的双重威胁之下，中欧的十字军热情枯竭了。中欧人不再愿意攻击立陶宛和波兰的基督徒民族。

第四个问题在于，社会上有一种普遍的抑郁情绪，很多人觉得努力只会造成失败，即便最好的成功也是转瞬即逝和徒劳无益的。约翰·赫伊津哈①把这个时代称为“中世纪的衰落”，将它比作人的衰老。的确，在这个时期，较少有贵族愿意为了宗教使命而放弃舒适的生活，较少有人愿意长途跋涉去寒冷的萨莫吉希亚荒野。夸夸其谈和作秀取代了实际行动。很多人问，努力有什么用呢？真的有希望取得什么成绩吗？世人满腹怀疑、猜忌和玩世不恭。即便要做什么，也是去抵抗土耳其

---

* 我们可以把胡斯派理解为早期的新教徒，因为他们强调两种圣餐（面包和酒都给信众）以及用本地语言唱赞美诗和布道。但他们也是捷克民族主义者，怨恨德意志人对波希米亚的主宰。条顿骑士团为西吉斯蒙德提供了很多骑士，帮助他镇压胡斯派，但这些骑士几乎总是被胡斯派打得落花流水。（作者注）

① 约翰·赫伊津哈（1872～1945）是荷兰历史学家和现代文化史的奠基者之一。二战期间荷兰被德国占领，他因为反纳粹言论而一度入狱。他的代表作有《中世纪的衰落》《游戏的人》《伊拉斯谟传》等。

人。但即便在那条战线上，上帝似乎也站在敌人那边。

骑士精神当然还没有消亡。骑士精神是萨莫吉希亚十字军运动长期以来的发动机，但它也因过热而丧失了活力。依然幸存的骑士精神仅仅是一种昂贵的表演，只有最强大的诸侯才玩得起。那些曾陪同诸侯去普鲁士的小贵族如今已经无法负担骑士精神了，而且没有一位诸侯愿意与奥地利公爵阿尔布雷希特三世竞争，他在 1377 年的花费简直到了不可思议的地步[①]。更何况条顿骑士团没有钱用新的奢华标准来招待贵宾。在 14 世纪还算富裕的人，到了 15 世纪就只能算穷人了，而大团长们现在连 14 世纪标准的财富都不具备。想去普鲁士参加十字军的人都不愿意灰头土脸地去，但很少有人能承担得起体面远征的开销。

简而言之，十字军已经不好玩了。14 世纪骑士精神的那些标志，比如奢华、喜好冒险而追求名望，都已经消失了。萨莫吉希亚十字军东征曾经把狩猎的惊险刺激、战争的危险、奢华的旅行和精彩的娱乐结合在一起，当时没有比这更有意思的活动。现在十字军不能袭击立陶宛并砍杀那里的农民，也不敢向立陶宛公开挑战了。他们甚至无法呈现出那种风靡勃艮第与意大利的骑士精神奇观，而其他地方的十字军也不能取而代之。所以潜在的十字军战士如今只能待在家里，清谈往昔的光荣。

大团长无法遏制普鲁士国家的衰败。就连骑士团在德意志

① 奥地利公爵阿尔布雷希特三世，绰号“扎辫子的”（1349～1395），属于哈布斯堡家族，与他的三个兄弟（包括著名的“奠基者”鲁道夫四世）分享奥地利的统治权。他们兄弟四人一起签署了创办维也纳大学的文书。1377 年，阿尔布雷希特三世去普鲁士参加十字军东征。他学识渊博，是数学家和星相学家，在统治期间大力支持艺术及科学，扩建和美化维也纳城。他建立了一个“辫子骑士团”，但在他死后就解散了。他曾支持匈牙利国王西吉斯蒙德反对无能的德意志国王文策尔。

的那些修道院也对普鲁士漠不关心。在德意志的骑士团成员大肆鼓吹远征并且经常提出建议，却不能提供武士、十字军战士或金钱。没有这些的话，建议有什么用呢？骑士团新的努力方向是支持皇帝的冒险。事实上，从普鲁士出发的十字军已经结束了。条顿骑士团在那里的使命和价值已经不存在了。接下来要做的，就是让这个事实显现出来。

十三年战争

1449 年，骑士团代表大会选举路德维希·冯·埃里希斯豪森为大团长。埃里希斯豪森急于将普鲁士统一的问题提上议程，他相信骑士团的问题不在于缺乏手段，而在于缺乏意志。他正确地判断出自己目前面对的主要挑战来自普鲁士联盟，于是他遵照当时最成功的德意志诸侯的榜样，试图遏制普鲁士联盟最有影响力的成员，如果顺利的话再将其消灭。骑士团的重要军官们不仅支持他，还敦促他做出更果断的决策。埃里希斯豪森对来自普鲁士联盟之抗议者的放肆语调非常恼火，这些人要求他停止对商贸征收紧急税，并坚持要求他赶走议事会里那些在意大利受过训练的律师，从而让他无法得到律师的辅佐。埃里希斯豪森知道普鲁士联盟的弱点在于缺乏法律地位，于是他派遣年轻的律师劳伦丘斯·布鲁梅瑙（出生于但泽的城市显贵，曾在意大利学习）去拜见弗里德里希三世皇帝（1440 ~ 1493 年在位）和教宗尼古拉五世（1447 ~ 1455 年在位），探讨当前的危机。瓦尔米亚主教是此事中的决定性人物，他是大团长的谋士当中最坚决主张镇压普鲁士联盟的人之一，但前任大团长、路德维希的堂兄弟康拉德·冯·埃里希斯豪森多次否决了瓦尔米亚主教的提议。现在，主教的建议促使三位枢机主教派遣葡萄牙的路易斯·德·西尔韦斯主教作为教宗特使于1450年末前往普鲁士。

布里克森主教尼古劳斯·冯·库斯[1]枢机也深度参与了这场争端。他作为外交官和学者享有盛誉，在德意志政治当中是非常有影响力的人物。他在与大团长的大量通信中包含的建议得到了骑士团的重视。

大团长在教廷的代表、精明强干的律师约多库斯·冯·霍亨施泰因提出，普鲁士联盟是一个旨在摧毁条顿骑士团的“阴谋”。他的这种策略即便在骑士团内部也没有赢得普遍的支持。他的论点拥有扎实的法律基础，但他提出这个论点的时机太差。大团长本可以等敌人虚弱或出现内部分歧的时候再行动，但埃里希斯豪森不是有耐心的人。他自信满满地采取快速行动，也许是希望仅凭自己的人格力量就威慑对方。显然，布鲁梅瑙的影响加强了他本身就有的倾向：蔑视出身不如他高贵、没有像他那样受过良好教育的人。

大团长及其谋士也很清楚，此时但泽与吕贝克之间的关系已经因英格兰人的竞争和海盗活动（在这个时代，商业竞争和海盗这两种事情本质上很难区分）而疏远了：但泽愿意向英格兰人妥协，但吕贝克不肯这么做。这是大团长挑战但泽商人集团的良机。

路德维希·冯·埃里希斯豪森无疑受到局势的鼓舞，自信能吓倒对手。他刚刚在立窝尼亚赢得一场大胜：海登莱希·芬

---

① 尼古劳斯·冯·库斯（1401～1464）是德意志哲学家、神学家、法学家和天文学家。他是最早推行文艺复兴人文主义的德意志学者之一，著有《有知识的无知》等。

克·冯·奥弗贝格于1450年6月去世，结束了骑士团历史上最有争议的一个时代，即威斯特法伦骑士与莱茵兰骑士这两个派系之间的内战。多年前，芬克曾率领威斯特法伦骑士兵不血刃便战胜对手，随后与立陶宛议和。大团长命令芬克对敌人持续施压，立窝尼亚团长就与骑士团在德意志的各个修道院联手，约束大团长的权威。这在实质上便意味着骑士团趋于去中心化，各个地区都集中力量于自己的事务。现在芬克死了，埃里希斯豪森得以让莱茵兰骑士恢复与威斯特法伦骑士更为平等的地位。新任立窝尼亚团长约翰·冯·门登是威斯特法伦人，但他同意大团长的看法，认为必须镇压普鲁士联盟。立窝尼亚骑士团憎恨立窝尼亚联盟，而立窝尼亚联盟与普鲁士联盟相似，这是明眼人都看得出来的。

埃里希斯豪森和布鲁梅瑙很快就吓坏了普鲁士联盟成员，他们相信布鲁梅瑙的浮夸宣言当真预示了大团长将对他们的财产和自由出手。世俗贵族、士绅和市民开始制订计划，准备自保。

埃里希斯豪森以为他的对手会接受教宗或皇帝对争端的裁决，但他想错了。他让布鲁梅瑙向教宗和皇帝询问“普鲁士联盟有无合法性”只是自作聪明的做法。教宗和皇帝当然会指派律师来查阅骑士团的特许状。律师给出了浮夸而明确的答复：普鲁士联盟不合法，必须解散。但这一结果产生的唯一效应就是让各城市和贵族们对律师保持警惕，尤其是布鲁梅瑙那样有能力让教宗和皇帝的官员相信普鲁士联盟花费很大代价获得的授权文件为伪的聪明律师。普鲁士联盟的那些高级律师不是大团长手下律师的对手。布鲁梅瑙可以浏览骑士团的大量档案，并从中找出专家需要的任何文件，而普鲁士联盟的律师做不到这一点。

没过多久，这起争端引起了派驻皇帝宫廷的教宗特使恩尼亚·席维欧·皮可洛米尼的注意。皮可洛米尼记得多年前的一个晚上，在巴塞尔大公会议期间，自己曾入神地聆听一位传教士讲述在立陶宛生活的故事和条顿骑士团的活动造成的问题。而在最近，他还在和教宗特使路易斯·德·西尔韦斯密切合作。皮可洛米尼是个非常复杂的人。他无疑是教会里最卓越的学者，他的优美修辞和高雅文风影响了每一位雄心勃勃的律师的讲话方式和每一位文书官员拉丁文写作的风格。作为“向德意志人传播人文主义的使徒”，他让“野蛮人”对自己肃然起敬的坚定决心为他吸引来很多朋友，也招来不少敌人。他要么是不知道自己写有对政治家水平和对手弱点之恶评的书信会在暗中被人拆封阅读，要么对此根本不在乎。他根据当前需要而转换立场的能力让“淳朴诚实”的德意志人大怒，他们很快得出结论，认定皮可洛米尼是个狡猾奸诈的意大利人，不值得信赖（对不同民族的刻板印象可不是现代人的专利）。

皮可洛米尼的任务很困难。他认为自己的头等大事是阻止新的教会会议召开，因为教廷现在已经够虚弱了，不能再承受另一场巴塞尔会议的重演。* 基督教世界需要的是领导力而不是宿怨，所以皮可洛米尼认为，召开新的教会会议对所有人都没有好处。他承认教会需要改革，但应当是尊重传统的改革，比如将教堂和修道院从一些豪门世家的控制中解放出来；但德意志的小诸侯不会欢迎这样的改革。他主张，教廷如果想要在国际事务中成为有影响力的一方，就必须有自己的收入。而

* 巴塞尔会议上，教宗不肯把教会变成更民主的机构，教士们对此很不高兴。教宗命令他们解散会议并回家，他们拒绝。他们宣布废黜教宗，并选举了一位对立教宗。多年之后，教会才重新团结起来。（作者注）

且，一般来讲，教会的收入越多，它就应越有能力支持十字军运动，从而不必害怕世俗统治者的威慑，并给社会带来更多公平正义。

他的第二项任务是保全一些诸侯的权力，而恰恰是这些诸侯正在夺走教会和帝国最重要的资源。皮可洛米尼担心城市联盟和骑士联盟（比如普鲁士联盟）的势力会变得比任何一位诸侯都更强大。如果诸侯软弱无力，神圣罗马帝国就完全无用了。而没有了强大的诸侯，基督教世界就会过于虚弱，无法自卫。皮可洛米尼认为一个议会制政府无法有效运转，也看不出有什么办法能让窝囊的哈布斯堡皇帝弗里德里希三世坚强起来。

他的第三个任务是说服皇帝、匈牙利国王、波兰国王和诸侯支持一场反对土耳其人的十字军。贝尔格莱德于 1451 年遭到攻击，但卡佩斯特拉诺的约翰①挽救了它。君士坦丁堡显然是土耳其人的目标，这座大城市于 1453 年遭到攻打时，皮可洛米尼的职责就是在中东欧促成全面和平，从而让德意志人、匈牙利人和波兰人一同去救援君士坦丁堡。所以解决普鲁士争端突然变成了皮可洛米尼需要优先处理的大事。

但正义经常迟到。当皇帝的宫廷开始讨论普鲁士问题时，君士坦丁堡已经陷落。之前有人伏击了普鲁士联盟的代表，偷走了他们的文件；波兰大使威胁说，如果任何“外部势力”

---

① 卡佩斯特拉诺的圣约翰（1386～1456）是来自意大利的方济各会修士和神父，主要在中欧和北欧布道，长期担任教廷的外交官。1456 年，他七十岁的时候，与匈牙利军事家匈雅提·亚诺什一道，领导一支十字军成功救援了遭到奥斯曼军队围攻的贝尔格莱德。约翰甚至亲自率领士兵上战场，但在此役胜利后死于瘟疫。他后来被封圣，是法学家和随军教士的主保圣人。

干预普鲁士问题，他的君主卡齐米日四世[①]就不会参加十字军，这引发了德意志诸侯又一轮咆哮和威胁。这些都耽误了问题的讨论。皮可洛米尼顶多只能寻求延迟做出决策。他虽然讨厌城市联盟，但不希望战争立刻爆发。

皮可洛米尼于1453年10月写给奥莱希尼茨基枢机（他是波兰国王背后的实权人物）的信很能体现他哄骗、劝说和威慑他的听众或读者，引导他们遵照他的意愿行事的手法。皮可洛米尼的书信是一篇了不起的杰作，雄辩、引经据典、睿智、奉承且自我吹嘘，它批评了波兰人夺取匈牙利和波希米亚王位的企图。下面是他溜须拍马的一个例子："我很清楚，阁下肩负教会的诸多职责，不仅涉及阁下本人，还涉及国王；在他之后，阁下贵为枢机主教，自然是波兰一人之下万人之上的人物。我还知道，若没有阁下的批准，国王的旨意就不能通过；朝廷征询阁下的意见；战争或和平的计划都需要事先征求阁下的意见。"如皮可洛米尼自己所说，他这封信的最终篇幅堪比一本书。他的文字拥有强大的力量，读到它的人肯定很多。威严的克拉科夫主教奥莱希尼茨基不会喜欢这一点。

皮可洛米尼在帝国议会的演讲是他最精彩的表演之一。根据他自己写的史书《普鲁士的起源》，他在演讲中说："最崇高的皇帝陛下，依臣愚见，此次争吵既非微不足道，亦非不值一提……争夺的不是阿尔皮纳斯或图斯库拉努斯的田野，而是一位强大国王渴求的几个伟大省份。"在演讲末尾，他泛泛地谴责战争，引用了"帝王发言时，法律噤声"的谚语。他的建议当然照例被否决了。1454年1月，皇帝做出了对普鲁士

---

① 他是雅盖沃的次子，接替战死的兄长瓦迪斯瓦夫三世成为波兰国王。

联盟不利的裁决。现在大团长需要想办法来执行皇帝的裁决，但同时又不能承认皇帝裁决的第二点，即条顿骑士团的普鲁士领地是神圣罗马帝国的一部分。骑士团在德意志的各个修道院为了挽救骑士团，愿意对皇帝做任何让步，尤其是当这种让步会增强德意志团长影响力的时候。但大团长不愿意放弃自己的主权或权威。弗里德里希三世也不会做出任何可能把自己卷入战争的事。他取得成功的手段是婚姻（“让其他人打仗吧，你，幸福的奥地利，去结婚吧”），而且他刚刚娶了妻。

至于皮可洛米尼组织十字军收复君士坦丁堡的想法，在教宗尼古拉五世去世时已接近成功。但随着教宗去世，他什么都做不了，只能等待教宗选举完毕，因为新教宗可能采纳不同的政策，或者有别的事务要优先考虑。虽然新教宗卡利克斯特三世（1455～1458 年在位）决心重振十字军东征的精神，所以任命皮可洛米尼为枢机主教，让他有足够的衔级来战胜各种抵制，但基督教世界已经浪费了一年时间。

战争

普鲁士联盟的成员知道，如果大团长有时间招兵买马，自己就无力与他对抗，于是他们在 2 月结束了诉讼，向他送去一封分离文书：他们不再对普鲁士效忠，改为向波兰国王效忠。他们的书面声明附和了波兰对普鲁士的最极端的主权声明。卡齐米日四世国王（1447～1492 年在位）当然欢迎他们的举动，尽管他此时还没有做好为普鲁士联盟一方参战的准备，也不愿意开战。

普鲁士社会各阶层发出的挑战让所有人大吃一惊。大团长之前就已经在备战，但还没有做好准备，他发现自己不可能同时与所有敌人对抗。埃尔宾、但泽和托伦的城堡迅速陷落，然后被全部或部分摧毁。

埃尔宾和但泽的城墙和建筑均被摧毁，托伦只剩下雄伟的“但茨克”①，这座卫生设施是唯一能让人想起骑士团曾经统治过这里的东西。很快，西普鲁士除玛利亚堡、什图姆和科尼茨以外的所有重要据点都被叛军占领。大团长的军官缓慢地从萨克森、迈森、奥地利、波希米亚和西里西亚（这几个都是帝国东部的邦国）招募雇佣兵，最后集结了 15000 人。

这种状况若是发生在六十年前，异教徒萨莫吉希亚人就会趁机杀入乡村；若是发生在五十年前，信奉伊斯兰教的鞑靼人就会乘虚而入。但现在立陶宛是基督教国家，并且与波兰联合。没有一位睚眦必报的君主受到疯狂反德的贵族与教士的煽动，急于惩罚骄傲的敌人。恰恰相反。波兰国王卡齐米日四世是个性格平和的人，他的主要麻烦在于自己很难说服那些独立性很强的贵族和教士，让他们采纳任何一种外交政策，即便其目的是保卫国家、抵抗土耳其人的威胁。波兰贵族和教士没有为自己南部和东部的边疆担忧，却担心如果国王征服了普鲁士，他不仅会获得大量资源去击退信奉伊斯兰教的敌人，还会有更强的力量来主宰他们自己。这些人担心，如果国王的权威增强、王军的战斗力提高，那么国王在和平时期就会滥用武力。因此波兰议会并不乐见王军在普鲁士取得胜利。

尽管议会对此没有热情，国王还是选择支持普鲁士叛军。

---

① 但茨克是条顿骑士团城堡里常见的一种厕所设施，一般是一座塔楼，它坐落于小河或溪水之上。这个词可能源自“但泽”这个地名。

令他惊喜的是，波兰军队节节胜利，似乎表明自己能够以低廉的代价迅速而彻底地消灭条顿骑士团。卡齐米日四世匆匆赶往北方揽功，以威风堂堂的胜利者之姿穿过普鲁士，在城乡居民的欢呼声中受到市长和贵族的欢迎。条顿骑士团作为一个国家似乎注定要灭亡了，其末日的到来已不是一个论月而是论日计算的问题。

普鲁士联盟开始攻打玛利亚堡，而波兰王军则监视科尼茨。唯一的危险是从西方来的援军，因为德意志团长招募了波希米亚雇佣兵。他们是当时欧洲最精锐的部队，在胡斯战争中赢得的威望还没有衰减——当时他们曾与神圣罗马帝国和教会打成平手。即便如此，卡齐米日四世仍相信自己从大波兰带来的封建军队能够在这些雇佣兵进入普鲁士时战胜他们。科尼茨的城堡长官也姓普劳恩，名叫海因里希·罗伊斯·冯·普劳恩，他后来成为大团长。普劳恩看到两支军队在他城下交锋，于是冲杀出去，从后方攻击波兰军队。波兰骑士腹背受敌，一败涂地，国王险些被俘。假如卡齐米日四世被俘，我们可以想象路德维希·冯·埃里希斯豪森会向波兰提出什么样的和平条件。这种梦想已经激励条顿骑士团坚持了数十年，这一次差一点就成真了。

但这场战役没有产生决定性结果。它原本可能是一场无谓冲突的末尾，结果却变成了恐怖的十三年战争的开端。波兰国王财政拮据，无法招募新的军队，议会不肯投票批准足够的资金去招募雇佣兵，他的贵族也拒绝参加长期远征，所以很难对敌人造成致命打击。普鲁士联盟在但泽领导下征收重税（比大团长敢于征收的税率高得多）以弥补波兰人的亏空，但普鲁士联盟的努力似乎也只是徒劳。他们无法在战场上取得胜利。

这场战争最终分裂为一连串地区性冲突，其中很多敌对关系都不能用两大阵营对抗的模式来理解。骑士团在一些小规模冲突中取胜，丢掉了好几座边境城堡，在城堞之后眼睁睁看着形形色色的雇佣兵劫掠乡村而不考虑农民忠于何方，并在不计其数的微不足道的战斗中不断失血至死。普鲁士联盟的海军（来自但泽的三艘战船）于1457年8月在博恩霍尔姆岛①附近的一次夜战中打败了比它强得多的立窝尼亚－丹麦舰队。丹麦退出了战争，而但泽商人无法从此次胜利中获得什么好处。

尽管普鲁士联盟的苛捐杂税让一些人重新投奔条顿骑士团，并促使好几座城市中地位较低的行会反叛，路德维希·冯·埃里希斯豪森还是无法充分利用这种局面。他没钱向自己的雇佣兵支付佣金，所以无法有效指挥他们；而且他的财政状况很糟糕，无法用减税来吸引对手倒戈。作为临时措施，他把一些城市和要塞（甚至包括玛利亚堡）抵押给雇佣兵，同时压榨剩余的臣民，索取更多金钱。

埃里希斯豪森把玛利亚堡抵押出去的决定是一个弥天大错，其严重程度仅次于挑起这场战争。雇佣兵对局势并不感兴趣，只关心军饷。他们被拖欠军饷的时间越久，就越关心金钱。大团长只能偿付部分军饷，而他后来的成功（收复玛利亚堡的城镇部分，让普鲁士联盟的若干城市投诚）并不能为他赢得雇佣兵的尊重和服从。他们反而相信普鲁士联盟会赢。在来自但泽的军队的支持下，普鲁士较小城镇的商人寡头血腥镇压了对寡头政权构成短暂威胁的下层运动，波兰国王也在库尔姆和其他边境省份帮助他们镇压叛乱。所以雇佣兵放心大胆

---

① 博恩霍尔姆岛在波罗的海上，今天属于丹麦（历史上曾属于德意志的吕贝克和瑞典），北望瑞典，南望波兰，是丹麦领土地理上的极东点。

地催促大团长，向他索要更多金钱。1457 年 2 月，埃里希斯豪森不得不屈服于他们的要求，再次偿付一部分军饷，并规定如果大团长不能按期交出巨额军饷的剩余部分，雇佣兵就有权将抵押给他们的城堡卖给出价最高的人。他当然无法按期筹集应付的钱。

就在这时，但泽商人表现出了自己的财政实力。此时卡齐米日四世没钱支付雇佣兵的军饷，普鲁士联盟的大部分成员都因为贸易被扰乱而损失惨重，也没钱招募军队。而但泽商人还有能力筹资，且确实筹集到了所需的资金。尽管丹麦出于国王希望削弱汉萨同盟的想法与但泽开战，但泽的贸易依旧欣欣向荣。当然，筹集军费并不轻松，但泽商人为此需要付出很多牺牲，但最后他们还是筹到了钱。但泽的努力彻底毁掉了埃里希斯豪森的计划，也保证了自己在骑士团国家的废墟之上能拥有一个胜利者的位置。卡齐米日四世向但泽授予一些特权，让它主宰当地政治和贸易；作为回报，商人寡头把一些坚不可摧的要塞的城门钥匙献给国王。雇佣兵将路德维希·冯·埃里希斯豪森从玛利亚堡逐出并将他掳至科尼茨，然后告诉他说他们准备把他交给波兰国王。布鲁梅瑙曾试图劝阻雇佣兵，说他们的行为是“与上帝、正义和《圣经》为敌”，但反而遭到抢劫，然后被赶出城堡。大团长在最后关头逃走并来到了柯尼斯堡，这座远离普鲁士联盟及其舰队攻击范围的要塞从此成为大团长的官邸所在地。战争仍在继续。

在这个时候，皮可洛米尼枢机的再度登场似乎正当其时。他手头最要紧的事务来自是即将去世的瓦尔米亚主教，此人是大团长的忠实支持者。如果普鲁士联盟能安排一个对其友好的人接任瓦尔米亚主教，那么权力平衡就有可能发生变化。在有资格参选主教的教士当中，有三人居住在但泽，六人流亡到西里西亚，七人被大团长扣押（他因此遭到教宗绝罚）。大团长得知西里西亚的六位教士提议瓦尔米亚主教从他已经破产的教区退休并领取年金，从而让一位波兰教士当选，于是派遣瓦尔米亚的唱诗班领唱人巴托洛梅乌斯·利本瓦尔德去罗马与皮可洛米尼商谈。利本瓦尔德回来的时候还没走到西里西亚，就得知瓦尔米亚主教去世了。枢机主教的建议是选举一位足够强大且教宗和皇帝都认识的人物为主教，而不是普鲁士联盟和大团长提议的那些小人物。立本瓦尔德同意这个建议，主张干脆选举皮可洛米尼本人。六位教士表示赞同，并派立本瓦尔德回罗马，向教宗卡利克斯特三世宣布他们的选举结果。

没过几天，教宗确认皮可洛米尼当选为瓦尔米亚主教，并授予他在当地处置一切事务的全权。只要能恢复和平，教宗承诺将尽力配合皮可洛米尼。当然，皮可洛米尼无法亲自去普鲁士。他在罗马有太多事务要处理，而且教宗的健康状况不佳。于是皮可洛米尼给利本瓦尔德留下了详细的指示，并任命他为自己的代理人，授予他谈判、征兵和征税的全权。他还写信给波兰国王，敦促卡齐米日四世派代表到罗马议和。卡齐米日四世对此不甚高兴，也不予配合。于是皮可洛米尼提高了赌注。

库尔姆主教的去世给了皮可洛米尼一个机会。库尔姆主教曾是普鲁士联盟的可靠支持者，实际上是联盟领导层的核心成员。波兰国王支持的库尔姆新主教人选和大团长支持的候选人都来到罗马，皮可洛米尼支持前者，但教宗将这个问题交给一位法学家裁决。法学家让皮可洛米尼在这两人当中选择。这造成了困惑。这个狡猾的意大利人究竟有什么企图？皮可洛米尼拒绝接受高额贿赂，这就让大家更摸不着头脑了。一个意大利人，还是个教士，可他居然不受贿！这个世界怎么了？

各种猜测众说纷纭。皮可洛米尼会要求西普鲁士缴纳彼得税吗？直到他把各方都拉到布拉格来的努力失败之后，上述猜测才消停下去。1458 年 8 月，皮可洛米尼成为教宗庇护二世。他再也没有时间，也没有精力把两位主教候选人、波兰王室代表、普鲁士联盟的律师和大团长的法律顾问都拉到一起进行和谈了。庇护二世保留了名义上的瓦尔米亚主教头衔，再度拒绝接受贿赂，然后派了一位行政管理者北上去管理瓦尔米亚教区，并努力促成和解。这位行政管理者起初是大团长的盟友，后来保持中立，最后成为普鲁士联盟的支持者。他在冲突中没有起到什么重要的军事作用，但从那以后瓦尔米亚就成了独立领土，不受大团长或波兰国王的直接管辖。他安排各方在 1458 年 10 月到 1459 年 7 月间停战，但这没有达成具体结果，不过参战各方直到 1461 年底之前都没有大规模武装冲突。

皮可洛米尼是个非同寻常的文人。他起初是改革家，后来成为外交官和作家。最后他成为十字军战士。他致力于把欧洲各国组织起来抵抗土耳其人的进攻，但这一事业就像他在普鲁士的和平努力一样失败了。神圣罗马皇帝弗里德里希三世更感兴趣的是从匈雅提·马加什一世①手中夺取匈牙利，而不是到

① 匈雅提·马加什一世（1443～1490），绰号“乌鸦”，为匈牙利和克罗地亚国王（1458～1490 年在位），1469 年当选为波希米亚国王。他是著名的匈牙利摄政王和军事家匈雅提·亚诺什的儿子。匈雅提·亚诺什死后，匈牙利爆发了贵族反对哈布斯堡家族的国王拉斯洛五世的叛乱，匈雅提·马加什被推举为王。他改革司法，削弱贵族，提拔有才干的平民，赞助科学和艺术。他与哈布斯堡家族的弗里德里希三世皇帝作战，一度占领奥地利的部分地区；他抵抗奥斯曼帝国，取得了一些辉煌胜利；他讨伐捷克的胡斯派，占领了摩拉维亚和西里西亚等地。他是匈牙利历史上颇受爱戴的强大君主。

巴尔干半岛打仗，所以1456年贝尔格莱德防御战的成功只给基督教世界带来些许喘息之机，而没有彻底打退奥斯曼人。匈雅提·亚诺什[1]在围城战中死亡之后，基督徒失去了一位不可或缺的将领。而且，教宗的意大利政策惹恼了法兰西；意大利各城邦沉浸于自己的事务，不肯关心海外；就连罗马本身也动荡不断。经过四年筹备，庇护二世于1464年终于组建了一支规模不大、纪律涣散的军队，并打算亲自挂帅前去与威尼斯舰队会合，然后渡过亚得里亚海前往巴尔干半岛。但在那些不服管教的士兵登船之前，患有痛风等疾病的教宗就去世了。他的继任者保罗二世（1464～1471年在位）的拉丁文很差，但他很懂政治。他决心消灭胡斯派异端，所以对格雷戈尔·冯·海姆堡非常不满。海姆堡是波杰布拉德的伊日的律师，而波杰布拉德的伊日身为波希米亚国王，竟然支持胡斯派。海姆堡同时还是条顿骑士团的律师，所以教宗自然而然地选择支持大团长的敌人。于是，代表文艺复兴时代人文主义巅峰的充满自豪感的庇护二世教廷开始陷入宗教改革之前的龌龊。从此教廷对北方的兴趣仅限于金钱。而金钱总是来之不易。

现在就连但泽也没钱支付雇佣兵了，普鲁士联盟不得不解散名下的很多佣兵部队。但这并不意味着这些雇佣兵会离开。他们变成了武装匪徒，袭击和压榨农民。衣衫褴褛的士兵在乡村肆虐，有时说自己为一方或另一方效力，有时什么都不说。

---

① 匈雅提·亚诺什（约1406～1456），绰号“白骑士”，是匈牙利卓越的政治家、军事家和民族英雄。他作为特兰西瓦尼亚总督长期与奥斯曼帝国作战，保卫匈牙利的边疆。国王拉斯洛五世幼年时期，匈雅提·亚诺什担任他的摄政王。他在1456年成功援救贝尔格莱德之后死于瘟疫。他的崇高声望是他的儿子匈雅提·马加什能够被推举为王的一个重要原因。

成群结队的贫苦农民加入他们，这些农民原本集结起来是为了保卫自己的庄稼和村庄，但现在他们也奔走于各地，寻找粮食和遮风挡雨之处。但他们不是乞丐，而是武装土匪，他们会用威胁或暴力夺取自己需要的东西。这是一场所有人对所有人的战争，人们早就忘记了仁慈、忠诚和道德。

由于一名波希米亚雇佣兵指挥官变节，玛利亚堡的城镇部分短暂回到骑士团手中。但它被敌人围攻一年之久，最后因为饥饿而再次屈服。大团长没钱招募解围部队，也没有足够的船只从立窝尼亚运粮食救济被围的守军。胜利者的报复非常残酷：骑士团麾下雇佣兵的军官全被处死。

虽然遇到这些挫折，皇帝和教宗仍鼓励骑士团继续作战。庇护二世甚至向普鲁士联盟和波兰国王动用了宗教武器，对其实施停止圣事的禁令，但没有奏效。波兰国王对教宗的要求不予理会，其态度之高傲非任何一位大团长敢于设想；反叛的德意志贵族和市民同样不理睬教宗的敕令。战火蔓延到整个斯堪的纳维亚和多座汉萨城市，波兰、胡斯派的波希米亚和皇帝的野心都卷入其中。但在普鲁士，这本质上是一场内战，波兰军队往往只发挥了很小的作用。卡齐米日四世得不到议会批准就不能征税，也不能在全国范围内征兵，而波兰贵族也不愿看到国王在普鲁士取胜。奥莱希尼茨基 1451 年从巴塞尔大公会议回来之后便谴责了国王的政策。奥莱希尼茨基于 1455 年去世，但波兰教士仍然反对王室，因为卡齐米日四世决心要控制教会职位的任命权，而教士们认为自己有权任命国王。

立陶宛人对战争的贡献在于他们对立窝尼亚骑士团军队的牵制。1454 年，立陶宛贵族议会与条顿骑士团签订了盟约，迫使卡齐米日四世在搪塞耽搁很久之后终于宣誓保卫立陶宛的权益，然后将沃里尼亚归还立陶宛大公国。随后，立陶宛贵族让卡齐米日自己和骑士团交战，不向他提供支持。卡齐米日四世只得通过向波兰议会让步换取议会批准，以筹钱招募雇佣兵。这是波兰众议院发展为与元老院（御前会议）平起平坐之机构的重要一步。

1461 年底，大团长在德意志招募了一队雇佣兵，虽然人数不多，但似乎足以驱逐精疲力竭的敌人。于是，本次战争中唯一的大战役于 1462 年 9 月打响，但双方的兵力都不强。大团长的军队从库尔姆出发，他们之前曾在那里花费很大力气建立了一处基地。普鲁士联盟的军队则从但泽出发，那里是反叛联盟的脊梁骨，也是唯一有钱招募雇佣兵的城市。双方军队事实上都是大杂烩，有从城市招募的民兵、丧失土地的农民、桀骜不驯的雇佣兵和少数骑士。普鲁士联盟的军队在这两群互啄的弱鸡当中显得略强一点。他们运用一种很难操作的战术（在大车构成的防御工事后作战）歼灭了大团长的军队，占领了一些城堡和城镇，将埃里希斯豪森驱赶到他最后的避难所。1463 年秋季，普鲁士联盟海军歼灭了骑士团的舰队。

现在是和谈的时候了，不过双方暂时还不够精疲力竭，因此不能达成协议。几乎每一个有头有脸的人物都主动来调停，其中教宗保罗二世和汉萨同盟的努力最坚决。终于，1466 年，一位教宗特使安排了和约。连续遭到挫折、并且再也无钱招募雇佣兵的埃里希斯豪森终于接受了严苛的和平条件。

1466 年的《第二次托伦和约》

1466 年最终达成的和约要求骑士团将西普鲁士和库尔姆“归还”波兰国王，并赋予瓦尔米亚独立地位。玛利亚堡、埃尔宾和基督堡都被割让给波兰，这些土地从此被称为王室普鲁士。另外，骑士团承诺放弃与神圣罗马帝国的联系，成为波兰君主的封臣，并接受波兰臣民进入骑士团，数量可达总人数的一半。对于那些希望彻底铲除条顿骑士团国的人来说，这样不算一场完全的胜利，但这份和约是一个比较务实的方案，新的边界也是双方在多年相持不下的战事中无法显著改变的结果。波兰人终于获得了争议多年的领土，可以为此欢欣鼓舞。他们也期待普鲁士的分割能让这个宿敌从此衰弱下去，再也无力惹是生非。但普鲁士联盟对法律形势的理解与此不同：即便处于波兰主权之下，普鲁士人仍觉得自己属于同一个国家。

正式的仪式掩盖了这一切。埃里希斯豪森去见卡齐米日四世，宣誓维护和平，但他当然不打算遵守和约的全部条款。他没有遵照和约的要求向卡齐米日四世宣誓效忠，声称自己之前曾向教宗和皇帝宣誓效忠，而这两位不会允许自己的权利受到侵犯。教廷迅速在这方面表态支持他，宣布条约无效，因其违反了教廷法规并损害了教会的利益。条顿骑士团与教廷的纽带再一次压倒了世俗的关系，这给波兰国王带来了似乎无法解决的难题：尽管他在军事上几乎大获全胜，却还是很难处置这个棘手的邻居。波兰骑士也没有兴趣加入条顿骑士团。条约的这个条款从一开始就是一纸空文。

虽然教宗拒绝接受和约，但这份和约还是在后来得到了执行（大团长终于在 1478 年向波兰国王宣誓效忠，但只是以个人名义，不代表骑士团或其领地），所以重新开战的理由不复存在。和约最重要的条款，即割让领土给波兰和普鲁士联盟获得独立，早就是既成事实。其他条款则相对没那么重要。卡齐米日四世已经迫使大团长臣服了，大家不会忘记这一点：先例已经立下。

大团长将官邸搬到柯尼斯堡，占用了原先属于总军务官的寓所。这不会有什么问题，因为总军务官此时已是波兰人的俘虏。但要成为大团长及其宫廷的基地，柯尼斯堡还得接受一些昂贵的改建。柯尼斯堡的规格不比玛利亚堡，不过仍令人肃然起敬。改换官邸也许象征着大团长丧失了从前的地位和权威。他手下的城堡长官和地方长官们霸占了最重要的地产与收入来源，导致大团长缺乏足够收入来执行自己的法定职责。权力落到了总军务官海因里希·罗伊斯·冯·普劳恩手里，他于1469 当选为大团长。普劳恩继续重组骑士团的行政管理，但他仅在任一年就去世了。他的继任者是一位谨慎但更传统的大团长海因里希·赖夫勒·冯·利希滕贝格，他希望恢复国土的繁荣并结束错综复杂的内讧。但他手里的资源太少，无法达成那些目标。城堡长官和地方长官们的自私自利阻挠了此时和后来的每一次改革努力。

十三年战争在普鲁士造成了天翻地覆的变化。到 1466 年，普鲁士的社会各阶层已经不再抱怨骑士团在税收或货币贬值等方面的恶政。现在回顾来看，那些恶政指控显得滑稽可笑。贵族和市民斗争了那么久，只获得了一样比较重要的优势：控制地方政府。他们运用地方政府来压迫手工业行会和劳工，从而增加自己的利润，并更轻松地支付他们自己规定的少量赋税。在东普鲁士出现了一个新的地主阶层，他们由曾经的雇佣兵组成，得到土地以充作军饷，而这些土地来自死去的世俗骑士的遗产以及条顿骑士团的地产。这些雇佣兵取代了原先的许多原住民骑士，成为后来普鲁士很多容克家族的祖先。后来的大团长们再也不敢参加支持立窝尼亚的事业或皇帝在巴尔干半岛的冒险，也不敢挑战普鲁士各阶层或波兰国王，甚至不敢挑战自己的下属。条顿骑士团在争取时间，但对未来没有计划，不知道假如机遇来临的话自己要做什么。

相比之下，波兰取得了很大进展。现在波兰拥有了自己的出海口。波兰王室早在 13 世纪就宣示主权的那些土地，包括库尔姆、波美雷利亚、但泽，现在终于到手了。波兰王室还将影响力拓展到更遥远的地方：斯武普斯克和波美拉尼亚。在很短时间内，卡齐米日四世依托城市和士绅为自己的王权奠定了一个新的基础。这种政策帮助他在普鲁士取得了军事和政治胜利，但他没有把这种根基拓展到整个波兰的城市和士绅阶层，是一个影响深远的错误。他加入十三年战争的决定违背了波兰权贵与教会的意志（1454 年，奥莱希尼茨基建议他接受大团长当时愿意做出的让步，因为奥莱希尼茨基预见到势力仍相当可观的大团长会顽强地抵抗波兰人）。在普鲁士获得和平之后，国王将注意力转向王朝政治。为了这个目标，他牺牲了内政改革的机遇和相对于贵族和教会的短期优势，而正是贵族和教会试图限制王权。

在随后五十年的大部分时间里，大团长们成了波兰国王的贫穷附庸。严格来说，他们的主子不只波兰国王一人，但他们实际上别无他策。大团长们若是试图改变这种局面，各城市和封臣就会迅速发出怨言，重要的军官就会抵制大团长，而大团长的主子之一会训斥他。但随着 15 世纪即将结束，条顿骑士们发现，一些德意志诸侯似乎找到了新的办法来增进自己对臣民的权威，培养和鼓励工商业，然后对其征税。骑士们开始讨论，该用什么办法让他们的骑士团在普鲁士也能做同样的事情。值得注意的是，那些世俗改革家恰恰也擅长迅速利用人民对教会改革的要求，而这些改革措施最终引发了宗教改革。

解体和重生

宗教改革的风暴相继席卷普鲁士、立陶宛和波兰。波兰的罗马天主教会四面受敌：德意志人要求改革，立陶宛人怨恨来自波兰的支配，东仪天主教会①渴望更多自治权，东正教仇恨天主教会，波兰天主教徒害怕上述的这些外族。波兰的天主教会几乎束手无策，难以应对。另外，教廷认为中东欧是不重要的穷乡僻壤，在这个教会需要集中力量保卫教宗在罗马的自由（免受当地豪门贵族控制），阻止西班牙人或法兰西人主宰意大利，以及协助神圣罗马皇帝在德意志镇压路德宗信徒从而重新确立教会权威的时期，教廷可以对中东欧置之不理。教廷如何帮助年轻的皇帝查理五世（1519～1556年在位）镇压他的各路敌人（此时包括越来越咄咄逼人的奥斯曼土耳其苏丹），并避免让皇帝变得太强大以至于威胁教宗自己的独立性？这是一个棘手的难题，始终没有得到让人满意的解答。同理，教廷也找不到什么办法来帮助波兰国王，直到反宗教改革时期耶稣会士来到克拉科夫和维尔纽斯。

但我们不能把故事讲得太快。宗教改革不是一夜之间在所有地方同时发生的，当时的人们在它刚开始的时候也预料不到

---

① 东仪天主教会是起源于中东、埃及、东欧以及印度的二十三个服从罗马教宗的教会，分别保有自身的悠久传统。与西方天主教不同，但与东正教相似的是，东仪天主教会允许有婚姻伴侣的男性担任神父。但如果离婚或是成了鳏夫，神父和执事不能再婚，除非他们不再当神父和执事。

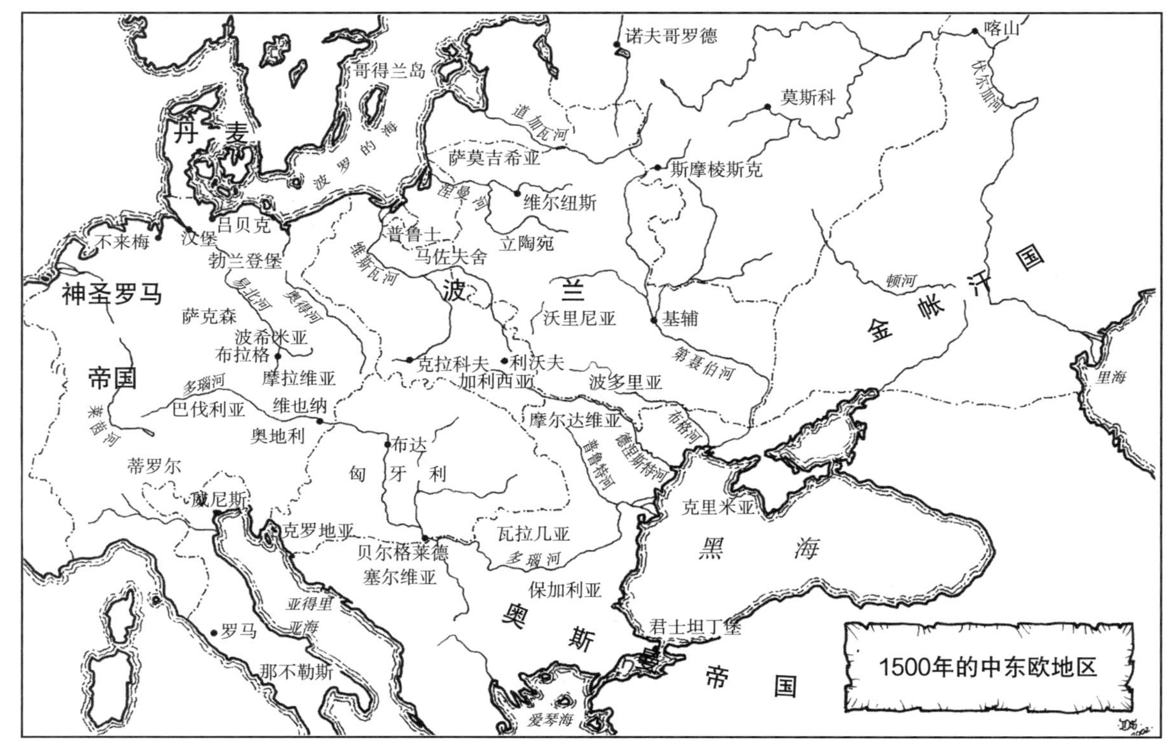
1500年的中东欧地区
诺夫哥罗德
喀山
伏尔加河
莫斯科
斯摩棱斯克
哥得兰岛
丹麦
波罗的海
道加瓦河
萨莫吉希亚
涅曼河
维尔纽斯
立陶宛
普鲁士
马佐夫舍
吕贝克
汉堡
不来梅
勃兰登堡
神圣罗马帝国
萨克森
易北河
奥得河
维斯瓦河
波兰
沃里尼亚
基辅
顿河
金帐汗国
里海
第聂伯河
波希米亚
布拉格
摩拉维亚
克拉科夫
利沃夫
加利西亚
波多里亚
多瑙河
巴伐利亚
维也纳
莱茵河
奥地利
布达
匈牙利
摩尔达维亚
布格河
普鲁特河
德涅斯特河
蒂罗尔
威尼斯
克罗地亚
克里米亚
黑海
瓦拉几亚
多瑙河
贝尔格莱德
塞尔维亚
保加利亚
亚得里亚海
罗马
那不勒斯
奥斯曼帝国
君士坦丁堡
爱琴海

它后来会变成什么样子。中东欧和其他地方一样，宗教改革的先驱是在贵族和知识分子当中传播的文艺复兴文化。新拉丁文[①]标志着采纳文艺复兴思想和立场，而新拉丁文的中心始终是各级文书官衙，首先是国王们的文书官衙，然后是主教们的，而最高的榜样是教廷的文书官衙。在德意志，诸侯、骄傲的城市和雄心勃勃的高级教士竞相赞助新的艺术、文学和文艺复兴时代的礼仪。这个时代的欧洲人或许比历史上任何其他时代的欧洲人都更欣赏光鲜的外表，所以创办和赞助大学在这个时代是表明自己具有智识上更优越性的明确证据。

萨克森率先把兼具丰富想象力与缜密逻辑性的文艺复兴思想应用于政府管理。受过人文主义教育的学者鄙视出身高贵的官员及其效率低下的办事方法，向愿意倾听的君主提出加强中央集权、征收更多赋税和鼓励商贸的措施。萨克森统治者非常成功，以至于条顿骑士团选举身体羸弱的萨克森的弗里德里希[②]为大团长，这正是因为他们希望他能给普鲁士的经济和政府管理带来同样的奇效。

弗里德里希在任上尽力而为，这虽不足以逆转骑士团的衰败进程，但他为后来的改革铺平了道路，比如几年后萨克森的维滕贝格大学的教授马丁·路德提出的那种改革。但总体而

---

① 新拉丁文也称现代拉丁文，是约 14 世纪末以来在创作、学术和科学著作中使用的拉丁文。文艺复兴时期的拉丁文作家因不满中古拉丁文脱离古典拉丁语的发展，以古典拉丁文为范式发展出较规范和纯洁的新拉丁文。现代动物学、植物学和其他科学的术语大量使用新拉丁文。

② 萨克森的弗里德里希（1473～1510）是萨克森公爵“勇敢的”阿尔布雷希特三世与波希米亚国王杰布拉德的伊日之女的儿子。他的哥哥娶了波兰国王扬·阿尔布雷赫特的女儿。所以条顿骑士团选举他为大团长，部分原因是为了借助姻亲关系缓和骑士团与波兰国王的关系。

言，弗里德里希大团长的作用是间接的：他鼓励主教们向大教堂管理机关引进人文主义学者，并尽可能地赋予他们重组行政机构的自由，从而改善各教区的经济和道德生活；他还聘请人文主义学者参照萨克森的蓝本建立有效的官僚机构，从而建设更得力、更公正的政府。

弗里德里希聘请的人文主义学者首先包括他曾经的教师、莱比锡大学教授保罗·瓦特，然后是律师迪特里希·冯·韦特恩。他们设立了新的官职，把年迈的骑士从重要的行政岗位上撤下；巩固了各修道院的财政，剥夺其部分收入给大团长调用；废除了某些社会阶层对立法的否决权；重新订立宫廷礼仪和规程；还在残酷无情的官僚斗争中将他们的保守派敌人从普鲁士驱逐出去。在德意志团长去世后，弗里德里希的兄弟萨克森公爵格奥尔格设计出了一个计划，打算废除德意志团长的职位，从而消灭继任德意志团长的人阻挠大团长的可能性。大家都可以猜到，这种计划在神圣罗马帝国很难得到支持。新任德意志团长组织了很多人反对这一对传统习俗的变更，而弗里德里希在 1504 年和 1507 年访问德意志时只是澄清而非解决了这个问题。

骑士团的外交政策同样火药味十足。战争阴云不散，各方磨刀霍霍，互相指责对方煽动战争。条顿骑士团并不刻意隐瞒自己的雄心壮志：他们希望摆脱对波兰王室的附庸关系，收复失地，甚至再次成为强国。而波兰国王及其谋臣则开始商讨彻底消灭可恶的条顿骑士团的办法，或者至少煞掉它那臭名昭著的傲气。但国王很清楚，格奥尔格公爵的军队能轻松穿过西里西亚进入波兰腹地，以保护自己的兄弟。（很久以后，萨克森选帝侯“强壮的奥古斯特”会证明萨克森和波兰之间能有多么近。）另外，波兰北部发生的战争一定会引起邻国的注意。但真正阻止骑士团和波兰王国间的冲突上升到超过焚烧村庄和偷窃牛群这种程度的，是战争的高昂开销。国王和大团长都没钱组建新的军队。国王无法说服议会批准征收战争税，因为议会代表不希望看到王权增长，否则国王便有可能去效仿条顿骑士团非常仰慕的那些德意志诸侯。

弗里德里希大团长于 1510 年末去世，这让骑士团又一次有机会在“全国”层面考虑新的治国想法。有人提议选举波兰国王为大团长，这个主意的始作俑者主要是波兰贵族和教士。他们欢迎君主保持独身，因为那样就能保证波兰的选王制延续下去。国王愿意让他的后代考虑这种路线，但条件是教宗给他豁免权，允许他自己结婚！但条顿骑士团早就选好了自己的候选人：阿尔布雷希特 · 冯 · 霍亨索伦 - 安斯巴赫（1490 ~ 1568）。他出身于德意志最重要的家族之一，但他的家族不够富裕，无法为全部八个儿子提供合适的生计。骑士团的利益和霍亨索伦家族的利益正好吻合。

尽管这个年轻人与波兰国王、波希米亚和匈牙利国王都是亲戚，与神圣罗马帝国和教会也有极好的关系，但要让骑士团的人选得到普遍接受并非易事。骑士团在德意志和立窝尼亚的修道院都赞同让他当大团长（没有正式举行选举），于是阿尔布雷希特于 1511 年加入骑士团，并于同一天就任大团长。马克西米利安一世皇帝当即表示在道义和政治上支持他，敦促他参加帝国议会和帝国的其他重要会议，并更多关注皇帝的意愿。1512 年初，阿尔布雷希特在纽伦堡与皇帝会面，他向后者解释说自己在向皇帝宣誓效忠之前必须先摆脱对波兰国王的附庸关系。皇帝不准他向波兰国王宣誓效忠，于是阿尔布雷希特立刻采取了和自己的前任一样的内政外交政策：想尽一切办法推翻两次托伦条约。但他寻求这个目标的手段与他的前任迥然不同。

阿尔布雷希特直言不讳地表示自己对禁欲生活没有兴趣。骑士团成员匆忙向他解释，普通骑士和神父必须认真遵守禁欲的规矩，但大团长是出身大贵族的高级官员，不必拘泥于这些细枝末节。他们说，他只需要牺牲婚姻的可能性即可，因为他的誓言只要求独身而不是贞洁。如果教宗们可以公开与女人一起生活，枢机主教和大主教们也可以公开炫耀自己的情妇，那么年仅二十一岁、受过世俗教养的德意志大诸侯凭什么要理睬卑微修士的职责呢？

阿尔布雷希特比他的很多同时代人都更清楚地认识到，未来属于这样的君主：他们能控制自己的领土，压制性喜争斗的贵族和不肯配合的议会，鼓励贸易和工业，让臣民越来越富裕并向他们征税，然后雇佣专业的军队，执行理性但大胆的外交政策，充分利用各种机会。简而言之，他是最早的专制君主之一，而且比其他很多君主都更有能力利用这一机遇，因为条顿骑士团的国家传统就是纪律和秩序（至少他们尊崇纪律和秩序，尽管这些理想在 14 世纪的光荣时代之后就没落了）。尽管最近几位大团长减少了骑士团内部的纷争，并重新确立了对军官们的控制，但他们仍然缺少足够的资源以建设一个专制国家，顶多只能上演一些令人印象深刻的阅兵式和公开典礼（这些典礼既有宗教色彩也有骑士精神）。毫无疑问，军官和骑士、主教及其教士、修道院院长及其修士和僧侣、市民及其行会，以及骑士与其部队，能创造一流的隆重排场，但有排场不一定代表有实权。阿尔布雷希特和很多同时代人不同的地方在于，他渐渐学会了辨识这两者的区别。

年轻的阿尔布雷希特的谋划需要莫大的耐心。他首先要执行必要的改革，增强自己的权力，然后再等待机会以行使这一权力。起初他依赖波美萨尼亚的“铁主教”希奥布，他是当时最伟大的人文主义学者之一，他对传统和中庸之道的尊重引起了波兰君主及其高级教士的注意。但在1515年，阿尔布雷希特开始受到迪特里希·冯·舍恩贝格的影响。他是一个魅力十足的年轻江湖术士，专攻数学、天文学和占星术。年轻的大团长始终关注最新的文化潮流，他开始热情洋溢地倾听舍恩贝格的占卜。他还和舍恩贝格一起在夜间搞一些不道德的厮混。阿尔布雷希特终于摆脱了神父和年长的虔诚骑士的陪伴，过上了放荡不羁的生活，至少是在柯尼斯堡的条件允许的范围之内。舍恩贝格还让他相信，现在是时候插手外交事务了；既然波兰国王齐格蒙特一世①（1506～1548年在位）即将与莫斯科大公国的瓦西里三世（1505～1533年在位）交战，阿尔布雷希特可以对普鲁士位于立陶宛后方的战略位置加以利用。舍恩贝格去了一趟莫斯科，带回了与瓦西里三世的条约，后者承诺给骑士团一笔金钱，条件是骑士团出动足够强大的军队牵制波兰军队，甚至打败和重创他们。随后，舍恩贝格运用自己的三寸不烂之舌诱骗普鲁士议会，煽动了代表们的好战情绪。他生动而详细地描绘了波兰的计划（大部分是他捏造的，少部分是夸大其词，但包含一定的真实信息，所以能让人信服），说波兰政府要求骑士团的一半骑士必须是波兰人，还要向骑士团施加波兰式的暴政，其结果必然是令贫困和农奴制扩展到相对

① 他是卡齐米日四世的儿子，继其兄约翰一世（1492～1501年在位）之后成为波兰国王。

繁荣的几个普鲁士省份。普鲁士的市民和骑士并不傻，但他们知道波兰贵族和高级教士对波兰造成了多大损害，所以他们很容易接受最粗陋的宣传和种族偏见。

这些活动自然瞒不过齐格蒙特一世，阿尔布雷希特也不想瞒着他。只有在大家普遍承认他是可以改变各大势力之间平衡的人物时，阿尔布雷希特才会提出要求，收复骑士团在 110 年前享有的土地和权威。这当然需要一种崭新的统治者，而不是过去的那些虔诚而忠诚的大团长，他们只服从神圣罗马皇帝的命令，结果却将骑士团带入一场又一场灾难。阿尔布雷希特或许并不比他的前任更聪明，甚至可能也不如他们更狡猾，且肯定不比他们更勤奋（至少他年轻的时候并不勤政），但他拥有一种气场，他明白自己凌驾于传统和通常的规矩之上。骑士们敬畏他的高贵出身和教养。他有一种精巧的权威气质，相信自己有权做出判断并号令他人。他有一种姿态和腔调，能让地位较低的人不由自主地感到他的优越。没有一个前任大团长会考虑组织比武大会，更不会想要参加比武，而阿尔布雷希特于 1518 年在柯尼斯堡组织了一次比武大会，不仅参加骑士长枪比武，还参加了团队混战比武。

新任大团长的冒险政策引起了外交界高层的重视，但他的计划不切实际。只要处于和平时期，阿尔布雷希特就可以摆出威风凛凛的大人物姿态，用各种计策与计划让德意志团长惊叹不已；但在 1519 年波兰 - 立陶宛和莫斯科大公国之间的战争爆发后，他得知俄国人承诺的资助不能到位，所以他没钱支付军饷，而帝国也不愿出手帮他。马克西米利安一世更希望波兰支持他自己的冒险，因此不愿救援大团长。由于阿尔布雷希特的政治误判，他越是努力逃避自己的问题，他的处境就越岌岌可危。柯尼斯堡的防御工事的确在最后关头迫使波兰军队退却，战争初期丢失的大部分土地也收复了，但他的全部希望在于德意志团长招募并带到边境的一支大军。1800 骑兵和 8000 步兵穿过勃兰登堡，前往但泽。雇佣兵在那里等候大团长和他的军饷，但他们的希望还是落空了。阿尔布雷希特无法赶到，因为波兰军队封锁了维斯瓦河上的渡口，但泽的战舰在海上巡逻，而且他也无力支付军饷。在回家途中，这些雇佣兵肯定逢人就说大团长是个不靠谱的雇主。

如果齐格蒙特一世没有因在南方忙碌而抽身不得，阿尔布雷希特现在就该穷途末路了。但波兰国王只能抽调很少的兵力对付普鲁士，这些兵力不足以长时间遏制骑士团的军队。大团长的军队蹂躏王室普鲁士，收复诺伊马克，并担心波兰军队的出现。当波兰人终于赶来的时候，他们还带来了鞑靼人、波希米亚雇佣兵和优秀的炮兵，但他们兵力不足，无法攻克阿尔布雷希特的要塞。不过大团长知道如果波兰人派出强大的军队北上自己就完了，而且他也看到在自己新征服的土地上，臣民早已陷于赤贫，无法为他的军队提供粮草也无力纳税，于是主动在 1520 年末签订停战协定。舍恩贝格前往德意志为查理五世作战，并死在帕维亚战役（1525 年）中。舍恩贝格没办法像迷惑阿尔布雷希特那样迷倒皇帝：查理五世要处理的问题实在太多了，他需要对付土耳其、法兰西和新教徒，他没有时间也没有精力为遥远而微不足道的普鲁士与波兰君主起冲突。

罗马天主教在东普鲁士的消亡一点都不让人意外。阿尔布雷希特于 1522 年访问纽伦堡，向神圣罗马帝国诸侯请求金钱支援，却白跑了一趟，但他显然在那里受到了路德教义的很大影响。1523 年初，马丁·路德专门向条顿骑士团发表声明，“请求条顿骑士团的领主们停止虚假的守贞”。新教对骑士团成员施加影响并不困难。条顿骑士们（现在数量比以前少了）长大成人时目睹的那个德意志经常因为教会的腐败而发生动荡。他们理解路德的抗议所涉及的问题，对教廷的道德败坏也感到不满。而且，他们也懂得腐败是怎么回事。教宗克雷芒七世任命一位主教到波美雷利亚任职，后者却不亲自到任；教宗还提名自己的亲戚就任这一圣职。这些都让骑士团成员深切感受到教廷的腐败。阿尔布雷希特或许认识到了舆论风向，也肯定关心教会腐败的问题，于是采取措施，让骑士团成员为宗教改革做准备。1523 年圣诞节期间，当大团长还在德意志的时候，他允许路德宗的传道者到他位于柯尼斯堡的宫廷布道。

这不是虚伪之举。这个年轻的统治者曾经行事莽撞，但他在残酷的经历之后懂得了虔诚。他年轻时的罪孽不仅给他自己，还给他的无辜臣民带来了灾难。阿尔布雷希特显然决定将余生用于为自己早先的愚蠢和鲁莽赎罪。但和更早年代的悔罪者不同，他从来没有考虑过遁入修道院进行祈祷和忏悔。这位文艺复兴时代的统治者斟酌了自己可以走的路线，选择了一条艰难的道路：纠正骑士团地位的根本缺陷，正是这种缺陷让普鲁士遭受了一个世纪的外敌入侵和内乱，其症结在于骑士团的世俗职责和宗教职责被笨拙地混合在一起，让它的角色比一个宗教修会更大，却不足以发挥一个主权国家的功能。

大团长悄悄地试探，假如他像北德的很多主教一样追随路德的教导、并将他的普鲁士土地世俗化，他的邻国君主会做何反应。他在德意志期间，新教牧师已经在普鲁士执行了新教改革的基本工作：他们在礼拜中使用德语，开始唱赞美诗，并废除了朝圣和圣徒崇拜。这是非常务实的改革措施，迎合了公众对当前教会状况的普遍不满，但没有涉及方法论或神学。针对那些领域的改革是后来的事情。随着普鲁士的僧侣、修女和神父放弃独身的誓言，难免有传闻说大团长自己也打算放弃誓言，结婚成家，并成为一个世俗国家的统治者，关于大团长已放弃教士生活并与人结婚的丑闻构成了这些传言的核心。

出人意料的是，几乎无人为此感到愤怒。教宗和皇帝当然警告他不要这么做，他的勃兰登堡亲戚对此也不赞同，但普鲁士的骑士、各城市和贵族决定性地支持他改信新教、结婚并将骑士团国世俗化，波兰国王也表示同意。骑士团国家的世俗化是一石二鸟，解决了两个问题：没收剩余的教会财产能让大团长偿清债务；而东普鲁士可以被纳入波兰王国，与波兰国王建立和平的、互不威胁的关系。1525 年 4 月 10 日，阿尔布雷希特公爵在克拉科夫向波兰国王宣誓效忠。19 世纪波兰民族主义画家扬·马泰伊科的油画让这个场景永垂不朽。这也是最伟大的波兰油画之一。

西普鲁士当初被吸纳进波兰国家的时候就保存了很强的独立性，而如今东普鲁士融入波兰国家的程度更低。公爵保有自己的军队、货币和议会，并拥有相对独立的外交政策。东普鲁士的行政体系几乎没有任何变化，之前的法律仍然有效。一些头衔得到修改。路德宗改革对东普鲁士的影响最深远。

1526 年，阿尔布雷希特与丹麦国王弗雷德里克一世（1523 ~ 1533 年在位）的长女多罗特娅结婚。丹麦人惯于为波罗的海沿岸的各个德意志邦国的君主提供配偶，东普鲁士是丹麦人在该地区联姻政策的最后一环，这让阿尔布雷希特有了一位强大的保护者和一些身居高位的姻亲。弗雷德里克一世也是当时最重要的路德宗统治者。

德意志的天主教诸邦对此发出愤怒的抗议和谴责，新教邦国则高声喝彩，但普鲁士国内却很平静。少数年纪太大或者不愿意承担世俗骑士职责的条顿骑士以及那些坚守天主教信仰的骑士去了梅尔根泰姆①，投奔德意志团长，后者将他们分配到自己名下的各处修道院和医院。留在普鲁士的骑士得到封地或官职。其中一些人结婚成家，成为后来勃兰登堡－普鲁士著名的容克阶层的一部分。但总的来讲，贵族阶层的构成变化很小。一个大的变化发生在贵族对农奴的权威之上。东普鲁士成为世俗国家之后，贵族对农奴的权力增强了很多。但贵族和市民没有获得他们期待从《克拉科夫条约》中得到的那种政治影响力。1525 年的农民大起义因自由农民听到宣称新领主要把他们变成农奴的谣言而起，虽然阿尔布雷希特轻松镇压了这次起义，但此事严重撼动了贵族和士绅的自信，于是他们在此事和其他所有事务中都仰仗公爵的领导。

普鲁士公爵阿尔布雷希特很快放弃了成为神圣罗马帝国诸侯的努力，于是获得了皇帝的原谅。而且在将来，如果波兰国王对普鲁士公国提出过分要求，公爵可以得到神圣罗马帝国的保护。但此时查理五世不是远在西班牙，就是忙于对付路德和土耳其人，所以他不可能有时间仔细斟酌普鲁士这种小地方的小事。但在 1526 年，皇帝看到因为自己没有采取行动导致东普鲁士改信了新教，于是向立窝尼亚团长及其领地授予帝国诸侯的地位。1530 年，查理五世任命德意志团长为新的大团长；

---

① 梅尔根泰姆在今天德国南部的巴登－符腾堡州，1526～1809 年为条顿骑士团总部所在地。

从此条顿骑士团要为哈布斯堡皇朝的政治蓝图服务。

除了新教思想可以更轻松地在各城镇传播以外，王室普鲁士没有受到东普鲁士政府世俗化的影响。王室普鲁士的人民已经自认为波兰王国的一部分，只不过有自治权并且说德语，他们有权在宗教方面独立地做决定。市民欢迎和平，也欢迎路德改革的传播。这样一来，不仅普鲁士在宗教和文化上的统一成为可能，而且商人和士绅阶层也有机会确认自己相对于宗教领袖的权威，后者是很多城市和大部分乡村的名义上的统治者。

很多原本可能反对路德宗改革的人因为农民起义这一更可怕的前景而陷入沉默。1525 年，普鲁士多个地方效仿德意志的农民战争爆发了农民起义，这让很多人清醒地认识到，扫清地方教会和修道院的长期弊端还不是最糟糕的变局。1526 年的但泽起义进一步证明骚乱已经蔓延到城镇的下层阶级。在这种时候，上层阶级没有必要为了宗教而争吵。相安无事是唯一务实的政策。

阿尔布雷希特并不认为自己是教会的叛徒或是教会团结的扰乱者。很多年后他还继续与罗马通信，并尊崇教宗为教会领袖。普鲁士教会与罗马正式分道扬镳是后来的事情，也是诸多不可避免的步骤之一。我们很容易夸大普鲁士之变革的性质；在 1525 年，新教的确立是一种受很多虔诚的罗马天主教徒赞同并欢迎的改革，因为他们觉得除此之外别无他法。普鲁士称臣不到一年以后，齐格蒙特一世就可以为自己的高瞻远瞩而庆幸了。匈牙利国王拉约什二世（1516 ~ 1526 年在位）在摩哈赤战役中阵亡，土耳其人占领了匈牙利的大部分地区。随着这位年轻的国王战死，哈布斯堡家族的斐迪南继承了匈牙利的剩余部分和拉约什二世对其他几个王国的主张权。斐迪南后来成为皇帝。波兰人现在三面都有强敌，东面是莫斯科大公国，南面是土耳其人，西面是哈布斯堡家族，但齐格蒙特一世至少不用为北方担忧，这已经算是一种幸运。

与此同时，皇帝在对抗土耳其人的战争中也可以调用条顿骑士团在德意志的大量资源。他不会为了北方的事务干扰对土耳其人的战争。简而言之，普鲁士土地的世俗化似乎对所有人都有利。当然不是所有人都这么认为。谁要是提议在立窝尼亚进行效仿普鲁士的世俗化改革，就必然陷入激烈的争吵。[①]

---

① 普鲁士后来的演变：

1466 年的《第二次托伦和约》之后，骑士团国家分裂为两个部分，西半部分（包括波美雷利亚、埃尔宾、库尔姆、瓦尔米亚、玛利亚堡等）归属波兰王室，称为“王室普鲁士”或“西普鲁士”或“波属普鲁士”，享有很高的自治权；东半部分仍然属于骑士团，成为波兰国王的附庸。

1525 年，骑士团国家在大团长阿尔布雷希特·冯·霍亨索伦－安斯巴赫领导下完成世俗化，建立普鲁士公国（常称为东普鲁士，以柯尼斯堡为首府），为波兰国王的附庸。1618 年起，普鲁士公爵因为没有子嗣，让霍亨索伦家族的另外一支，即勃兰登堡选帝侯继承了普鲁士公国。于是勃兰登堡和普鲁士的命运联系在一起。此时普鲁士公国仍为波兰国王的附庸。1657 年，勃兰登堡选帝侯（兼普鲁士公爵）与波兰国王达成协议，让普鲁士公国脱离波兰王国。此后的勃兰登堡－普鲁士发展成普鲁士王国，后来成为统一的德国的核心。而普鲁士王国的两个主要部分（勃兰登堡和普鲁士公国）之间隔着波兰土地（王室普鲁士等），这对波兰来说是个灾难。

王室普鲁士，即波属普鲁士或西普鲁士，于 1772 年第一次瓜分波兰后，大部分归属普鲁士王国，于是东西普鲁士被连成一片。

第一次世界大战之后，西普鲁士的中央部分成为波兰共和国的波美雷利亚省，也叫波兰走廊；但泽成为国际共管的自由市。东普鲁士仍然属于德国，但与德国本土之间隔着波兰走廊。这也是一个灾难。1939 年，希特勒与斯大林瓜分波兰。

第二次世界大战之后，西普鲁士全部归属波兰。东普鲁士则分别属于俄罗斯的加里宁格勒州、波兰和立陶宛。

另外，历史上普鲁士王国和德国有过“普鲁士省”“西普鲁士省”等行政区划，与上述的概念（历史地区）不完全重合。

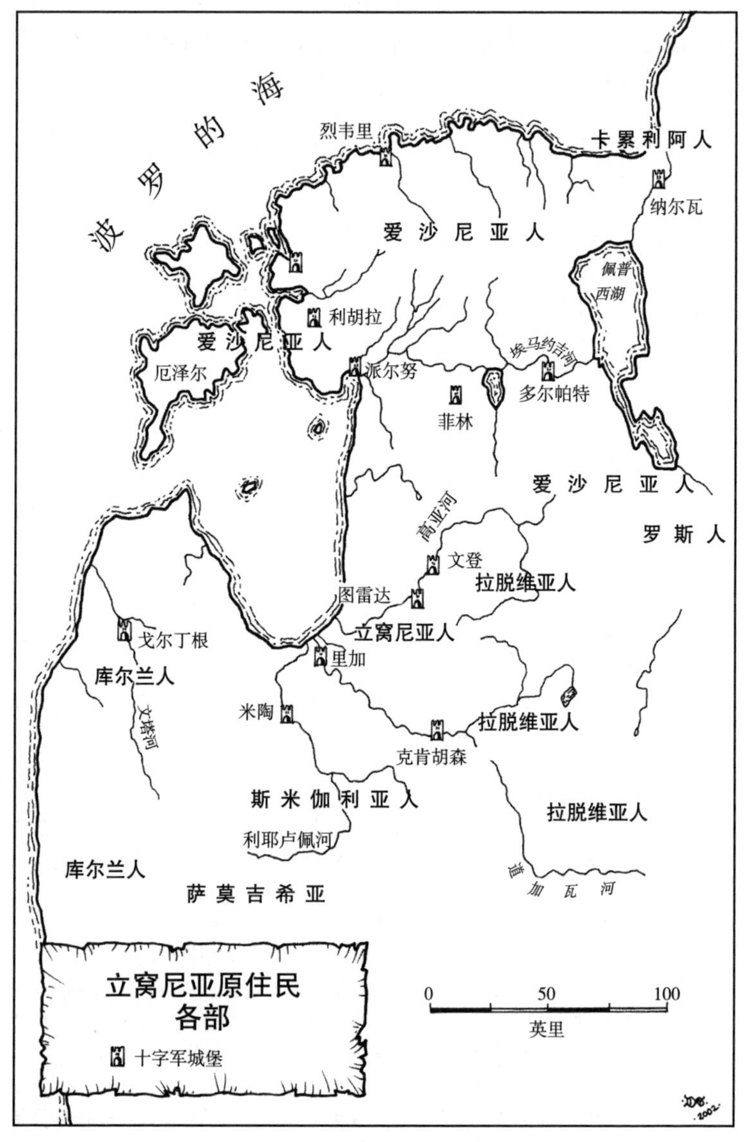
波罗的海
烈韦里
卡累利阿人
纳尔瓦
爱沙尼亚人
佩普西湖
利胡拉
爱沙尼亚人
厄泽尔
派尔努
埃马约吉河
多尔帕特
菲林
爱沙尼亚人
罗斯人
高亚河
文登
拉脱维亚人
图雷达
立窝尼亚人
戈尔丁根
里加
库尔兰人
文塔河
米陶
拉脱维亚人
克肯胡森
斯米伽利亚人
拉脱维亚人
利耶卢佩河
库尔兰人
道加瓦河
萨莫吉希亚
立窝尼亚原住民各部
十字军城堡
0
50
100
英里

十二　骑士团在立窝尼亚的末日

十三年战争期间，立窝尼亚和普鲁士渐行渐远。埃里希斯豪森囊中羞涩，于是向北方求助，但这反而刺激了立窝尼亚骑士团，令他们想尽办法限制大团长对他们和立窝尼亚领地的权威。到 1473 年，条顿骑士团包括三个自治的分支：普鲁士、德意志和立窝尼亚。把它们联系在一起的只有共同的传统和偶尔一致的利益，这意味着当立窝尼亚陷入战争的时候，立窝尼亚骑士团孤立无援。

沃尔特·冯·普莱腾贝格（1494～1535 年任立窝尼亚团长）在 16 世纪初曾多次战胜莫斯科大公伊凡三世（伊凡大帝，1462～1505 年在位），为立窝尼亚带来五十年的和平——这里说的是对外和平。立窝尼亚内部的问题很多，但沃尔特能够把国内问题控制在可以接受的范围内，在他于 1535 年以高寿去世之后，他的影响力还维持了很长一段时间。但对他的继任者来说不幸的是，历史大潮不利于他们。首先，立窝尼亚骑士团再也不能独自统治这片土地，他们必须与立窝尼亚联盟分享权力。这个联盟有权控制铸币、颁布商业法律和刑法、商讨国家大事和统一舆论，但没有行政机构来制定有效的外交政策，也不能统一指挥立窝尼亚的军事力量。其次，在新教势力极大的波罗的海地区，立窝尼亚骑士团仍然是一个很小的罗马天主教组织。此时不仅斯堪的纳维亚诸王国和普鲁士公国信奉路德宗，立窝尼亚各城市的绝大部分市民和乡村的部分贵族也是新教徒。新教甚至在立陶宛也很有影响力，波兰国王也乐于看到新教在与他竞争的国家发展壮大。他的判断相当正确：敢于在宗教问题上独立思考的公民，也会给他们的世俗统治者制造麻烦。最后，骑士团招募新人的几个传统地区，尤其是下萨克森和荷尔斯泰因，现在已成为新教地区。只有威斯特法伦还信罗马天主教，能提供一些骑士到波罗的海服务。而在立窝尼亚本地根本招募不到很多骑士。骑士团可以招募雇佣兵来平衡新骑士匮乏的问题，但要给雇佣兵支付军饷就需要金钱，而挣钱的最好办法是增加粮食出口。那么问题就是，如何增加粮食出口？解决办法就是把当地居民变成农奴，强迫他们在骑士团的庄园劳作。*

有一种常见的错误观点是，十字军在 13 世纪征服立窝尼亚之后立即将原住民居民变成农奴。实际上，一直到 15 世纪，绝大部分原住民都是自由的纳税人。而在 15 世纪，好几种事态的发展开启了将他们变成农奴的过程。这种社会变革当中最重要的因素可能是原住民在战争中的作用不断减小。13 世纪和 14 世纪，敌军经常深入立窝尼亚，所以立窝尼亚团长不得不依赖当地民兵来协助驻防城堡并参加正面对垒。等到立窝尼亚骑士团建立了有效的防御体系之后，民兵的功能就变成了修建要塞和搬运给养。第二重要的因素是货币经济的发展。原住民一直没有多少钱，他们的生活水平极低，非常凄惨。即便如此，他们缴纳的粮食都会被换算成现金，而一旦收成不好，他们就得借钱来纳粮。在陷入负债状态之后，他们先前受保护的

---

* 中欧的大多数农民都很贫穷。当然贫穷也有不同程度，但它反映的不只是奴役条件。气候、天气、战争、疾病和物价波动也都是重要因素。立窝尼亚位于北欧，土地贫瘠，作物种植季节短暂。并且，在这一地区，在波兰、立陶宛和俄国，普遍出现了农民丧失人身自由的情况。而与此同时，农奴制在西欧正在消失。（作者注）

法律地位也渐渐丧失了。另外，战俘经常被安置在庄园内，成为农奴。随着自由农民的数量减少，骑士团没办法把他们吸引到边疆地区定居，因为罗斯或立陶宛军队经常到那里掳掠人口，而庄园主倾向于用农奴来替代被掳走的自由农民。可能还有一些自由农民的儿子因为没有分到土地，不得不按照农奴的条件打工，同时保留自己的自由人地位，这样的人要么渐渐与农奴通婚，要么“滑落”到农奴的层次。

到 16 世纪 50 年代初，立窝尼亚骑士团的成员已经在公开讨论他们可以选择的路线。他们说得最多的是皈依新教，由军官和骑士们瓜分骑士团的土地，然后开展经济和教育改革，从而获得足够的收入用于国防。这种提议让坚定的天主教徒骑士火冒三丈，他们发出严正警告，说这样会毁掉他们与神圣罗马帝国和选帝侯们的关系。最终，里加教士决定让一位新教徒成为年迈的大主教的助手和继承人，这导致了一场短暂而几乎没有流血的内战。罗马天主教派系获胜，不久之后威廉·冯·菲斯滕贝格成为立窝尼亚骑士团的团长。大多数观察者对此的理解是罗马天主教获胜了，但因为所有邻国都清楚地看到立窝尼亚联盟在军事上缺乏准备，所以这种胜利没什么意义。*

对西方和南方的统治者来说，立窝尼亚的问题无足轻重。丹麦和瑞典正忙于厮杀，不会向东方调用军事资源；波兰国王永远没办法说服他的贵族和教士批准军费以向北扩张。波兰贵族和教士毫无根据地相信国王是潜在的暴君，所以希望把国王

* 就连偏向罗马天主教的骑士也明白，必须尽快对教会实施改革。因为特伦托会议还没有召开，大家普遍感到绝望，不知何时教廷才会开始处置教会那些最紧迫的问题。更糟糕的是，即便德意志发生了保守的教会改革，这对立窝尼亚也没有什么政治上的帮助。（作者注）

保持在尽可能虚弱的状态，只能满足基本的国防需求。

然而，东方的新统治者并不这么认为。俄国的伊凡四世（1533 ~ 1584 年在位）此时还没有获得“伊凡雷帝”的绰号，但他已经享有冷酷无情、贪图土地的名声。他本是莫斯科大公，在打败了他南面和东面的鞑靼可汗之后自立为沙皇。他将自己的帝国扩张到了黑海之滨，此后很多鞑靼人不情愿地在他的军队里服役，而那些处于他控制之外的鞑靼人（主要是克里米亚半岛的鞑靼人）梦想打败他，并复苏早已衰败的金帐汗国。伊凡四世还从波兰那里拉拢到一些立陶宛领主，并尽一切手段购置新式军事装备，网罗技术人才。后来的历史学家说他想要征服波罗的海沿海地带，从而开通与西方的贸易。但也许更现实的解释是，他就是爱好攫取邻国的土地，正如他喜欢用各种奇思妙想的手段羞辱自己的国内敌人然后将其谋杀一样。

伊凡四世用恫吓与和平提议分化立窝尼亚的统治者。在沃尔特·冯·普莱腾贝格谈成的停战协定到期后，伊凡四世提出续约条件，要求立窝尼亚人向他缴纳古老的赋税和贡金。没人听说过什么古老的赋税和贡金，立窝尼亚骑士团肯定从来没有向别人缴纳过。但多尔帕特的情况就没那么清白了。那里的主教和市民一直与立窝尼亚团长乃至里加大主教保持一定的距离和独立性。多尔帕特的主教和市民承认，他们在过去曾向诺夫哥罗德和普斯科夫缴纳过一些租金，让养蜂人和猎人使用一些沼泽地；如果价钱合适的话，他们可能还会愿意缴下去。

伊凡四世抓住了这个求之不得的机会。他提出了一个方案，向立窝尼亚索要每年 1000 塔勒的贡赋，以及过去拖欠的 4 万塔勒税金。这一数额相当于 1 万头公牛的价值，所以立窝尼亚使者与他讨价还价，最后他厌烦了这种游戏，派人袭击了立窝尼亚使者的住处，去抢劫他们自称带来的钱。结果，伊凡发现立窝尼亚人并未带来分文，于是等着数钱的喜悦变成了勃然怒火。

双方都不是完全诚实的。沙皇索要的贡金源自 12 世纪，那时十字军还没到立窝尼亚；而且从来没有一位罗斯君主实际向当地征收过赋税或贡金。另一方面，立窝尼亚人根本不想付钱，他们期待神圣罗马皇帝宣布他们与伊凡四世签的任何条约都无效。而且，波兰国王齐格蒙特二世·奥古斯特[①]（1548～1572 年在位）可能会来支援立窝尼亚人。沙皇决定先发制人，趁波兰国王还在南方忙碌的时候占领立窝尼亚。

1557 年底，沙皇命令他的部队和民兵集结起来，并向海岸进发。这次冬季行军既漫长又危险。立窝尼亚联盟得知，俄军已经离开莫斯科、顶着风雪向西北方推进，于是下令动员。

此次作战与半个世纪之前大不相同。立窝尼亚各城市筹集了 6 万塔勒用来支持一场短暂的战争，但团长威廉·冯·菲斯滕贝格决定不像沃尔特·冯·普莱腾贝格当年那样到野地里与敌人正面对垒。俄国军队和炮兵颇有威名，他们在近期与鞑靼人的战争中屡战屡胜，而菲斯滕贝格的军队准备不足。前不久的短暂内战期间，立窝尼亚军队和军官的拙劣表现以及随后的财政危机都表明，立窝尼亚远远没有做好应对严峻挑战的准备。团长不愿意寻求决定性战斗，所以这场战争会拖很久。

---

① 他是齐格蒙特一世的儿子，雅盖隆王朝的最后一位君主。

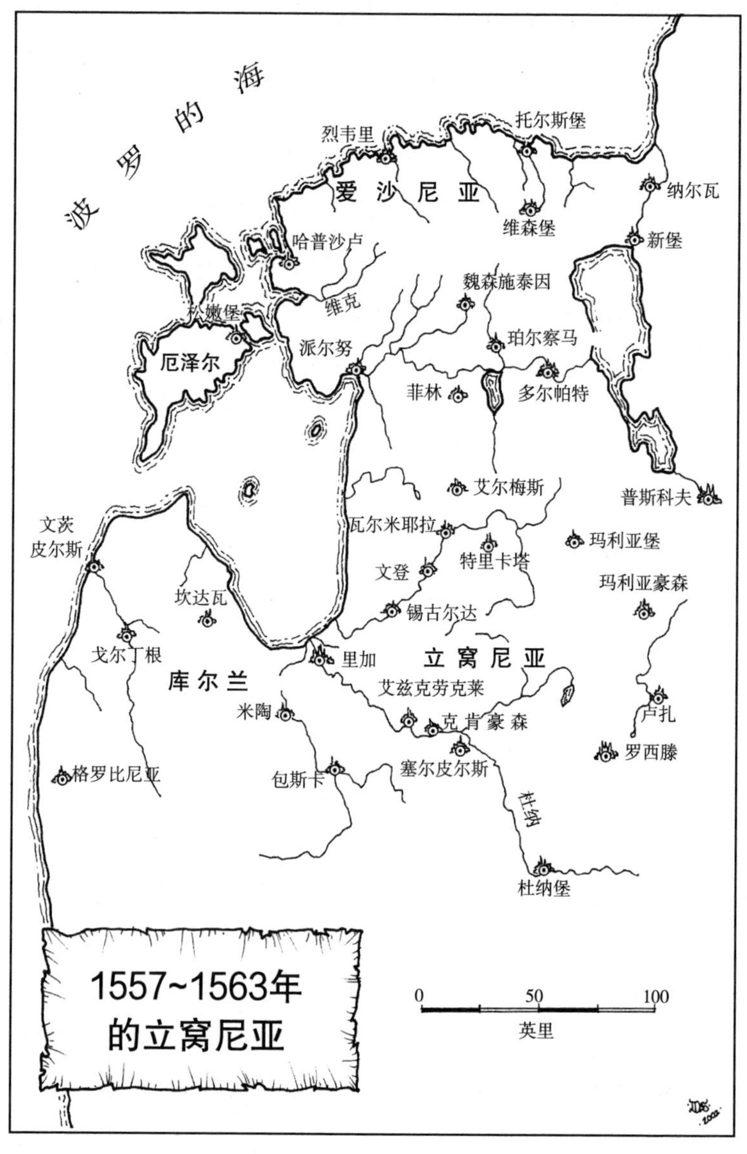
波罗的海
烈韦里
托尔斯堡
爱沙尼亚
纳尔瓦
维森堡
新堡
哈普沙卢
魏森施泰因
维克
松嫩堡
珀尔察马
厄泽尔
派尔努
多尔帕特
菲林
艾尔梅斯
普斯科夫
文茨
皮尔斯
瓦尔米耶拉
玛利亚堡
特里卡塔
文登
玛利亚豪森
坎达瓦
锡古尔达
戈尔丁根
里加
立窝尼亚
库尔兰
艾兹克劳克莱
米陶
克肯豪森
卢扎
罗西滕
格罗比尼亚
包斯卡
塞尔皮尔斯
杜纳
杜纳堡
1557~1563年
的立窝尼亚
0
50
100
英里

德意志人数量不少，如果他们能集结成一支军队并得到有效指挥的话，也会有相当强的战斗力。但防御性的战略导致他们的兵力过于分散了，所以不管俄军进攻何处，德意志人的兵力都不如敌人。组成立窝尼亚骑兵部队的贵族不愿意与敌人正面交锋，因为他们会蒙受惨重损失，他们的家庭和采邑会失去保护。市民组成的民兵则没有受过野战训练。雇佣兵更是贪生怕死，也没有人愿意把农民武装起来。一言以蔽之，立窝尼亚一方没有什么斗志，菲斯滕贝格无法强迫立窝尼亚联盟的成员作战。他们最后采用的计划是保卫有防御设施的城市和城堡，用兵力很弱的部队骚扰入侵者，并寄希望于俄军的补给体系因为恶劣天气而崩溃，从而迫使沙皇下令撤军。1558 年初，伊凡四世的军队未遇抵抗便穿过多尔帕特的土地，他们沿途烧杀抢掠，然后在纳尔瓦城下集结，开始围城。鞑靼人的将领率部挡住了试图接近的德意志援军。俄军大炮于 5 月 12 日开始轰击城市，但纳尔瓦城防巩固，若不是偶然发生火灾，立窝尼亚人完全守得住。很快，城市陷入熊熊大火，市民带着妻儿老小躲进要塞，俄军强攻城墙得手。俄军洗劫全城，在沙皇的俄国人和鞑靼人军队发泄完贪欲之后，伊凡四世的将军接受要塞的投降，允许守军和躲在那里的人民安全撤走。就这样，伊凡四世夺取了通往爱沙尼亚的关键枢纽，控制了纳尔瓦河上通往普斯科夫和多尔帕特的贸易路线。伊凡四世对此可以心满意足了，因为立窝尼亚人愿意接受除投降之外的几乎任何条件。但他的胃口只是刚刚被调动起来。

威廉团长召集城堡长官和地方长官商讨局势。最后大家做出了怯懦的决定：给沙皇送去他要的 4 万塔勒贡金。但伊凡四世的胃口比这大得多：他把贡金送回，然后下令向多尔帕特进发。

立窝尼亚人现在才开始真正准备作战，但为时已晚。1558年6月，立窝尼亚联盟的各阶层在多尔帕特开会，商议下一步如何是好。他们向丹麦求援，尽管丹麦国王克里斯蒂安三世已经表示他无法出兵；立窝尼亚联盟授权烈韦里人封锁纳尔瓦，阻止任何船只到那里做买卖；他们还从瑞典借款20万塔勒并请求瑞典提供雇佣兵。虽然焦头烂额，但立窝尼亚联盟还是拒绝了波兰国王的要求，后者提出以将里加割让给波兰为条件换取波兰的支援。在7月，多尔帕特仅作了象征性的抵抗之后便向攻城的俄军投降。多尔帕特原本可以坚持很长时间却没能固守下来，这让立窝尼亚人士气大跌。立窝尼亚联盟的代表写信给波兰，实际上接受了国王出兵的条件。与此同时，立窝尼亚骑士团选择让菲林的城堡长官戈特哈德·凯特勒“分担”菲斯滕贝格的职责。

凯特勒是新教思想的追随者。他原本是天主教徒，不过和骑士团的所有新人一样，他在德意志驻扎过几年。在那里，他看到了改革军事修会的可能性，并渴望将其付诸实施。他回到立窝尼亚之后立刻加入了希望效仿骑士团普鲁士分支（将国家世俗化、把土地分给骑士们，让他们成为地主贵族）的那个派系。威廉·冯·菲斯滕贝格曾短暂地镇压了这个少数派，但它现在复苏了，其人数还因团长政策的失败而猛增。立窝尼亚骑士团显然不能正常扮演自己的军事角色，于是改革呼声越来越高；而戈特哈德·凯特勒支持他们呼吁的改革。在骑士团的所有城堡长官当中，几乎只有他一人在与来犯之俄国骑兵的交战中取得了一些小规模胜利。他在战场上表现出勇气和主动性，同时他还是个懂得节制的人，在达成共识之前愿意继续在旧体制内工作。

绝大多数立窝尼亚人放弃了独自进行防御作战的想法。贵族和城堡长官们在俄军对手无寸铁的平民犯下的暴行面前束手无策。市民对汉萨同盟的行为感到震惊和愤怒，后者不仅不来援助，还利用烈韦里的麻烦绕过了它的港口，而不是按规矩把货物卸在烈韦里，随后再运往俄国。教士们向德意志和斯堪的纳维亚各个统治王朝兜售自己的教区，希望能逃避危局并捞笔油水。立窝尼亚骑士团成员的所作所为也好不到哪里去。魏森贝格城堡长官追逐女人的本领比驱赶俄国人的能耐强得多；他抛弃了爱沙尼亚最坚固、补给最充足的要塞，逃往烈韦里。这座城堡没有落入俄国人之手，单纯是因为一位年轻武士的积极主动精神。他带领少数愿意追随他的人驻防这座城堡。烈韦里城堡长官向丹麦国王求救，请他赶紧来占领这个省份，仅仅因为克里斯蒂安三世国王突然驾崩，爱沙尼亚才没有回到丹麦统治之下。鉴于没有援兵抵达，烈韦里市民决心自卫，于是他们开始修建新的防御工事，抵抗敌人强大的攻城武器。他们的旧城墙抵挡不住一轮真正的炮击，但伊凡四世给守军留下的空隙足以让他们做好准备。沙皇的部下已经精疲力竭并且耗尽了给养，于是他留下一些兵马驻防纳尔瓦和多尔帕特，然后率领主力部队和大量俘虏以及数量惊人的战利品班师回朝。多尔帕特教区再也没能恢复元气，最后一位多尔帕特主教死在俄国狱中，后来就没有人接替了。

俄军于 1559 年 1 月再度进军，这一次他们从多尔帕特通过立窝尼亚丘陵密布的乡村前往里加，然后绕过这座防御巩固的城市，进入斯米伽利亚和库尔兰。俄军在那里连续占领许多座防备不足的要塞。鞑靼人残酷无情的传统名声的确不虚，但在打败了鞑靼人之后强迫他们为沙皇效力的俄国军队几乎同样令人胆寒。

阅读编年史的人可能会怀疑，俄国人在这些年里是否和后来一样残忍，或者真的像大众记忆里那样恐怖。无疑，因为立窝尼亚承平已久，所以突然发生的暴行显得格外残酷，但此时伊凡四世还在真诚地（尽管是笨拙地）试图拉拢德意志领主和原住民农民。然而后来就不一样了，伊凡四世不时发疯，还提拔了一些野心勃勃但对他无比畏惧的新人。这些暴发户明白，沙皇不会接受任何为失败找来的借口。伊凡四世的"秘密警察"用恐怖统治来对付沙皇的国内外敌人。

而且，威胁人民生命和财产的不只是俄国人。领不到军饷的雇佣兵和不法之徒在乡村恣意游荡。很快，立窝尼亚人便学会了保护自己，防备所有军人。他们在森林里挖掘藏身之处，把妇女和儿童藏起来，男人们死守每一座设防的教堂和庄园直到最后一息。他们特别需要阻止四处袭掠的非正规军队恣意胡来，因为散兵游勇往往比组织严密的军队更为凶残。后来，当全欧洲的恶棍都加入在立窝尼亚作战的这一支或那一支军队时，人们渐渐学会如何躲避或熬过德意志人、立陶宛人、波兰人、瑞典人、丹麦人、英格兰人、苏格兰人、荷兰人甚至更稀罕的冒险家对平民的洗劫、掳掠和虐待。即便如此，战争最初几年的恐怖记忆还是没法抹去。俄国人的残暴特别臭名昭著，这对双方都是绝佳的战争宣传。俄国人用自己的恶名来震慑敌人，立窝尼亚人则用它来争取外援，并鼓励自己的臣民坚决抵抗莫斯科大公国的军队，死战到底。

俄国人谨慎地管理他们征服的地区，并确认地主和商人可以继续保有过去的权益和财产。由此可以看出，俄国人绝非毫无人性。而在 1559 年 3 月，伊凡四世在形势最为喜人的时候出人意料地表示愿意与敌人停战。他希望借此促使对方和平投降，并获得有利于治理立窝尼亚的条件。

莫斯科大公国军队之所以停止前进，似乎是因为丹麦人、瑞典人、波兰人和立陶宛人即将干预立窝尼亚战争，但最重要的原因是克里米亚鞑靼人入侵了莫斯科大公国。沙皇显然希望通过谈判来巩固自己在北方获得的利益，在干预立窝尼亚战争的各股势力之间挑拨离间，阻挠他们，同时派遣自己的军队南下抵挡鞑靼人。他的算计落空了。北方各国的确互相嫉妒，但没有一位君主愿意从摆在自己面前的战利品那里收手，他们争先恐后地前来争夺。伊凡四世的和平姿态让他浪费了六个月时间，在这么长时间里他原本可以占领立窝尼亚的绝大部分地区，但现在他的各个敌人已在立窝尼亚站稳了脚跟，并招募军队到立窝尼亚作战。

1559 年 9 月，立窝尼亚骑士团强迫威廉・冯・菲斯滕贝格辞职。凯特勒现在独掌大权，但军事危机耽搁了他将骑士团世俗化的工作。他已经在维尔纽斯与齐格蒙特二世・奥古斯特国王签订条约，让立窝尼亚在道加瓦河以南的部分成为波兰的保护领。与此同时，厄泽尔主教把自己的土地卖给了丹麦国王的弟弟荷尔斯泰因公爵马格努斯。马格努斯很快赶到了莫斯科并执行自己的政策，包括与沙皇联姻，并建立一个臣服于俄国的傀儡国家。瑞典人于 1561 年 6 月参战，烈韦里、哈尔尤①、维鲁和耶尔瓦的贵族向瑞典国王埃里克十四世宣誓效忠。德意志人统治立窝尼亚的时代快结束了，但没人能预测谁将取而代之。就连干预战争的外国势力起初也做不了什么，因为 1560 年夏季俄军发动了一场攻势，席卷立窝尼亚。

① 哈尔尤是今天爱沙尼亚北部的一个县，北临芬兰湾，与芬兰相望。哈尔尤县的首府塔林也是该国首都。

立窝尼亚骑士团其实已经定下了对付俄国人侵者的有效策略。起初他们试图用步兵和炮兵对付俄军的袭掠队伍，但无法追击敏捷的鞑靼骑兵。当遇到数量较多的步兵和骑兵的时候，骑士团就撤入坚固的要塞。这种战术让乡村非常脆弱，很容易遭到袭掠队伍的蹂躏。凯特勒现在不得不随机应变地改革骑兵战术，从而减少俄国骑兵造成的破坏。骑士团更熟悉地形地貌，并且能撤回城堡，所以他们利用这些优势积极地骚扰敌人。这样就能阻止俄国人分散出击烧杀抢掠，也就限制了他们就地取粮的能力，从而为立窝尼亚农民提供了一定程度的保护。而且，凯特勒还说服立陶宛人去保卫立窝尼亚南方的土地，并允许瑞典人占据北方。凯特勒将自己的剩余兵力集中起来，提拔那些为军队注入新活力的年轻大胆的指挥官。但遗憾的是，他的运气太差了，如同时代的一部编年史所述：

> 8月2日，30名骑兵离开营地约17里，去搜寻粮食。他们看见一条小溪另一侧有500名俄国人。双方距离极近，都开始射击。一名俄国人死亡，其他人穿过干草地撤退，与主力部队会合。18名德意志人返回，另外12人追击敌人。这12人看见敌军的主力部队后也立即回营，但损失了一些人。他们报告了上述情况，总军务官……带领300骑兵出发，打算与那500俄军交战。（他们不知道敌人的兵力不止这些，实际上有4万人。）他们首先攻击敌人的警戒哨兵，将其打退到敌人主力那里。德意志人穷追不舍，结果被敌人包围，插翅难逃。双方在近战中动用了火枪和军刀，但俄军力量远胜于德意志人，将其拖垮，杀死了很多德意志人。留在营地没有参战的德意志人逃过了

沼泽和森林，各自拼命逃跑。这次战败发生在……距离艾尔梅斯 10 里的地方。俄国人死了很多，用 14 辆大车才把死尸全都运到一座庄园，在那里火化。德意志人死亡和被俘 261 人。

艾尔梅斯战役是立窝尼亚骑士团的一次致命惨败。骑士团在此战中损失的人数不多，但阵亡的骑士都是立窝尼亚骑士团的精英。此后所有人都认识到，传统的政府和生活方式的末日即将来临。尽管局势混乱、屡战屡败并感到抵抗毫无希望，立窝尼亚骑士团还是坚持战斗，他们骚扰敌人的搜粮队伍，保卫自己最重要的城堡。团长和他的城堡长官与地方长官之间的大量通信表明，高效的组织并没有完全瓦解。部队仍然在受威胁的地点间奔波驰援；补给物资仍然能有效集结并顺利地得到分配；但现在骑士太少，他们的年纪也太大；雇佣兵的人数让收入有限的骑士团无力支付军饷，却又不足以在正面交锋中获胜；而且骑士团的财政状况非常凄凉。骑士团与外国君主的通信数量颇为惊人。戈特哈德·凯特勒绝望地试图从神圣罗马帝国筹措军费与兵马，并阻止邻国君主瓜分立窝尼亚，但他的努力大多只是徒劳。尽管凯特勒可能从一开始就阴谋颠覆骑士团的统治并自立为一方诸侯，但我们必须认可他做了很大努力去挽救立窝尼亚骑士团及其财产，并将这些财产完整地传给一位统治者。

不过，凯特勒已经没有什么办法让骑士团苟延残喘下去了。野战军被击溃之后，凯特勒就无法有效地保卫各处城堡。很多骑士团成员在战斗中被俘，最后被押解到莫斯科街头，他们在俄国人的胜利游行中一旦因体力不支而倒下就会被砸碎脑袋或斩首。雄伟的菲林要塞及其全部物资、武器和金库都丧失了，因为那里的雇佣兵要求要塞指挥官接受沙皇的投降要求。菲斯滕贝格想死战到底，但被掳到莫斯科，在那里过着舒适的囚徒生活直至死去。伊凡四世希望菲斯滕贝格能说服其他立窝尼亚人接受沙皇为君主，这样一来地主封臣仍能按照自己的古老传统来统治立窝尼亚，对沙皇只有纳税和服兵役的义务；沙皇还承诺允许立窝尼亚商人到俄国市场做生意。有一些贵族和市民的确投奔了沙皇，但他们大多数是在被俘且别无选择的情况下投降的。更多人相信关于伊凡四世暴行的那些耸人听闻的故事（所以他获得了“伊凡雷帝”的绰号）而非沙皇的承诺，因为他们已经了解到沙皇的暴政是什么样的。他们相信更好的办法是用尽所有有望帮他们度过危机的权宜手段。不久之后，凯特勒开始秘密与骑士团成员商谈以寻求解散骑士团，让他自己成为能从俄国人血盆大口下保住的立窝尼亚那部分地区的公爵。

一些骑士团成员反对将城堡逐个交给波兰军队，但他们也提不出什么办法让立窝尼亚骑士团独力守住这些要塞。仅为守住库尔兰就需要他们集中剩余的兵力并大量举债来招募雇佣兵。凯特勒发现借钱也越来越难，因为他的恩主波兰国王再也不肯借钱给他了。

严格来说，此时立窝尼亚骑士团仍然存在，不过大多数骑士要么已经死亡，要么下落不明。他们虽然找到了对付俄军优势兵力的有效战术，但为时已晚。现在骑士的数量太少，优秀的指挥官都已经战死沙场。胜败乃兵家常事，如果需要执行大胆的战术的话，失败的次数肯定更多。艾尔梅斯的那一次战败就消灭了骑士团最优秀的骑兵部队，大多数幸存者现在都愿意把战斗任务交给别人。于是立窝尼亚出现了权力真空，外国势力纷纷涌入这一地区。

艾尔梅斯的惨败和立窝尼亚心脏地带的庞大要塞菲林的陷落，被爱沙尼亚人小心地看在眼里。这个坚忍不拔的民族从来没有屈服于十字军的主宰。爱沙尼亚人曾经发动的叛乱以惨败告终，这让他们学会了审慎，但现在，那些仍然有勇气和积极主动精神的爱沙尼亚人认为，赶走压迫者的时机终于到了。在很多代人的时间里，他们被剥夺了使用武器的权利，所以不精通武艺。但在 1559 年，立窝尼亚骑士团组建了一些装备剑、矛和盾牌的原住民步兵部队，并用他们支援小股雇佣兵和封建骑兵，去遏制为围攻烈韦里的俄军提供给养的搜粮队。最终俄军放弃围城并撤退了。后来这些吃苦耐劳的爱沙尼亚农民认识到，如果他们为俄国人作战而不是与其敌对，就能再度获得独立，至少能够摆脱德意志人的统治。沙皇鼓励他们起兵造反，提醒他们说自己欢迎所有人（哪怕是德意志贵族）加入他的队伍，并会奖励他们的效劳和忠诚。他聆听爱沙尼亚人的建议，让他们充当侦察兵和间谍，派他们去德意志人占领的地区传播他的宣传消息。在俄军已经占领的地区，他命令官员为农民提供作物种子，帮助他们重建家园，并阻止部队骚扰和掳掠农民。与此相对，德意志人正在向爱沙尼亚农民征收特别税作为军费，并强征了几乎所有男子当兵、搬运给养与装备，或者修建防御工事。

到 1560 年秋季，爱沙尼亚人认为德意志人的统治已经羸弱不堪，如果爱沙尼亚人起来反叛、夺取要塞与城堡并向沙皇求援，德意志人将无计可施。爱沙尼亚人为此不需要做什么准备工作，如果做了计划反而会让德意志贵族察觉，他们只需要使用原始武器，凭借自己的勇气坚持抵抗，等待训练有素的俄军抵达。编年史家吕索夫[①]记载道：

> 秋季，乡村局势极为紧张，警报传来，哈尔尤和维克的农民造反了，因为贵族对他们征收重税并强迫他们从事困难的劳役，然而在敌人入侵时却没有办法保护农民，而是毫无抵抗地任凭农民被莫斯科大公国军队蹂躏。所以，这些农民觉得自己无须再服从贵族，也无须从事劳役，而是想摆脱他们，或干脆彻底消灭和铲除他们。于是他们恣意行动，摧毁了一些庄园，抓到贵族就把他们杀掉。

反叛的爱沙尼亚叛军人数不多，只存约 4000 人，而且装备很差，他们没有补给来源，也没有要塞可供躲避。但星星之火可以燎原，他们有可能让社会革命在整个立窝尼亚传播，从而让德意志人长达三个半世纪的霸权骤然崩溃。戈特哈德·凯特勒非常重视这一形势，写信给波兰国王求助，并将国家的剩余部分彻底交给波兰王室，以至于立窝尼亚骑士团在那里的统治实际上已经结束。

农民的反叛没有持续多久。他们缺少优秀的领导人、合适的武器和恰当的训练，也缺乏经验和纪律。他们赶走了德意志

---

① 巴尔塔扎·吕索夫（1536～1600）是立窝尼亚和爱沙尼亚历史上最重要的编年史家之一。他出生于塔林，在什切青受教育，1566 年至去世是塔林的路德宗牧师。他用低地德语撰写了《立窝尼亚编年史》，记载立窝尼亚历史，尤其是立窝尼亚骑士团衰亡的历史。在本书中，他谴责立窝尼亚统治阶级的奢靡和道德败坏，抱怨立窝尼亚农民的迷信和异教传统，抨击战争期间各支雇佣军的凶残贪婪，赞颂波罗的海地区的新霸权瑞典。

军官，自己选举领导人，有时遵照古老的部落传统来选举，并为领导人佩戴传统的异教官职信物。但他们敌不过来自西方的职业军人。

镇压此次叛乱的功劳属于维克的丹麦裔指挥官克里斯托弗·冯·明希豪森。他手下只有一小群雇佣兵，但他命令主教的少量封臣作为骑兵作战，并征召附近的爱沙尼亚农民当步兵去讨伐他们那些造反的同胞。他诱使叛军头目相信正在接近的军队是另一群前来投奔的叛军，接着出其不意将其击溃并俘虏了他们。然后他迅速去攻击其他地方的叛军，也将其击溃。少数幸存的叛军前去投奔俄国人，德意志贵族则开始血腥地报复有罪或被怀疑有罪的农民和社区。

德意志贵族不满足于回到战前状态，而是坚持要求将所有的农民都变为农奴。他们这么想已经有几十年了，但他们之前不敢如此放肆地违反法律和传统。不过，现在已无人阻止他们了。在后来的岁月里，波兰、丹麦和瑞典君主同意取消农民所剩无几的权利，从而保住当地贵族的忠诚。尽管战争初期征召的封建骑兵的军事价值十分可疑，波罗的海贵族最终还是变成了勇敢强悍的武士，而且他们熟悉当地情况、传统和语言，所以任何想要控制和管理这些地区的人都离不开波罗的海贵族的合作。

对农民而言，反叛的失败造成了彻头彻尾的灾难。就连许多自由农民也沦于接近奴隶的状态，受到武士和骑士阶层的恣意剥削与残酷压迫，这个统治阶层不像他们的祖先那样需要谨慎对待自己的臣民。此外，在这么多年的战争中，农民是损失财产和生命最多的一个群体。首先是俄军杀到，然后是瑞典或波兰军队，最后是那些趁乱兴风作浪的强盗。农民被迫缴税，房子被焚烧；他们被谋杀，被强暴，被从祖先的家园驱逐出去，被剥夺一切自卫手段，不得不忍受兵匪的蹂躏、饥荒和疾病。二十年战争结束后还幸存的人都是幸运儿。随后，贵族（现在包括很多新到的瑞典和波兰雇佣兵统领与王室宠臣）组织了新的行政机关，比以往更有效、更残暴的方式征税并剥削农民。

到 1561 年秋季，库尔兰之外基本上没有一个地方仍然在立窝尼亚骑士团控制下。厄泽尔河畔的城堡松嫩堡正遭受马格努斯公爵围攻，凯特勒能奉献给波兰国王的只剩下这座城堡了。如果他等待更久，等到松嫩堡失陷之后，他就不大可能有筹码与国王讨价还价，在库尔兰得到一个公国了。他已经将立窝尼亚南部土地全部许诺给了国王，所以如果他还能给自己以及少数幸存并且愿意当地主封臣的骑士与行政管理者保留一些土地，就已经非常幸运了。9 月，他派里加的城堡长官代表他和里加大主教去柯尼斯堡谈判。

这位使节留下了一份回忆录，描述了这场为立窝尼亚骑士团画上句号的短暂谈判。他在一个星期六的下午抵达柯尼斯堡，找到寓所并休息。次日上午他参加了礼拜，与普鲁士公爵阿尔布雷希特派来的两位学者一起用早餐，然后被传唤去拜见波兰国王。但齐格蒙特二世·奥古斯特此时并不想谈正事，只是想找更多的人陪他用午餐。于是大使陪国王在一张圆桌旁坐下，同桌的还有一些贵族与一位来自瑞典的观察员。菜肴不错，葡萄酒的品质也值得赞扬。饭后闲聊之间，阿尔布雷希特公爵安排大使与将参加谈判的主要波兰官员会谈。这次会谈纯粹关乎正事，参与者知识丰富，对关键细节进行了严肃讨论，一直进行到凌晨 3 点。次日一名波兰官员来到大使的寓所与他共进午餐，并私密地讨论一些更重要的细节。他们对继承问题、德语的使用、保留传统权益和特权、宗教自由和立窝尼亚在神圣罗马帝国的地位等问题达成了初步的一致。次日上午，大使会见公爵的代表，这位代表除了表达美好祝愿之外其实无话可说，因为阿尔布雷希特希望凯特勒无嗣而终，好让他（阿尔布雷希特）继承库尔兰公国，所以不许自己的代表多嘴，免得损害自己的机会。午餐时，所有的主要谈判者再次会面，波兰代表给大使送来一张便签，请求开展一次紧急的秘密会谈。不久之后，他和大使就对所有基本要点达成了共识，包括向全世界宣布他们的协议的方式。

谈判的细节过于沉闷无聊，因此这里不再赘述，但这些细节足以表明双方谈判和达成协议是非常认真的。1561 年 11 月 28 日，立窝尼亚骑士团被世俗化；1562 年 3 月 5 日，凯特勒团长将此事公布于众。从此他就是库尔兰公爵戈特哈德了，立窝尼亚骑士团不复存在。

随后的二十年战争可以分成三个阶段。第一阶段是七年战争（1563～1570），主要是丹麦和瑞典之间的冲突，最后瑞典贵族废黜了他们疯癫的国王，采用了对波兰较为有利的政策，此后丹麦在波罗的海的影响力减弱，剩余的两个西方强国瑞典和波兰联手对付沙皇。第二阶段的时长差不多（1570～1578），伊凡四世差一点就将所有对手都从波罗的海逐出，最后所有势力联合起来反抗他。伊凡四世最危险的敌人是他自己，他处决了很多将军，用恐怖手段震慑自己的贵族和公民，所以俄国和鞑靼将军们取得的战果不是因为沙皇的英明领导，而是在沙皇这一负担之下赢得的。当然，伊凡的兵力不足以让他在对立窝尼亚作战的同时打退克里米亚鞑靼人的袭击；他正确地选择优先对付鞑靼人的威胁，并消灭了他们的军事力量，为俄国后来向南方的扩张打通了道路。第三阶段是 1578 年之后的三年，新当选的波兰国王斯特凡·巴托里[①]解决了他与土耳其人的问题，之前他一直为此在波兰南部边境忙碌。这位伟大的军事家和国王率领自己经验丰富的军队北上，击溃俄军并将其逐出立窝尼亚，收复了曾属于立陶宛的部分罗斯土地。瑞典人参加了这轮攻势，占领了爱沙尼亚和一直到涅瓦河口的俄国沿海地带。1582 年，财政破产、精疲力竭并且患有精神病的伊凡四世终于认输并签署和约，让西方人控制立窝尼亚一个世纪之久。

然而，这对瑞典和波兰来说不是好事。战争把它们拖进一个遥远地区，消耗了大量人力和金钱，并为两国未来的冲突埋下种子。

对俄国来说，这意味着又一个世纪的虚弱和孤立。俄国没有机会与欧洲接触，于是亚洲对它的文化与政治的影响越来越大。备感挫折的沙皇在不久后驾崩，他的国家陷入混乱。对立窝尼亚来说，数百年的冲突开始了。在这期间，它从西欧的一个虽然孤立但重要的部分变成了东欧的一个不起眼的小省份。很快立窝尼亚就会被人们遗忘，沦为伟人们恢宏事业的一个小注脚。

---

① 斯特凡·巴托里（1533～1586）是匈牙利贵族，起初是特兰西瓦尼亚总督和王公，1576 年娶了波兰女王和立陶宛女大公安娜·雅盖沃卡（齐格蒙特一世之女），后来当选为波兰国王和立陶宛大公。他是波兰选举产生的第三位国王。他在位时间只有十年，但确立了自己作为伟大军事家和统治者的声誉。他曾在立窝尼亚抵抗伊凡雷帝对波兰边境地带的入侵。

土耳其战争

钱币收藏家都知道条顿骑士团一直生存到 17 世纪，因为这个时期精美的塔勒钱币在今天价值很高。但在大团长的军事使命缩小为向哈布斯堡家族提供少量部队以去遥远的巴尔干前线作战之后，历史学家就对条顿骑士团失去了兴趣。

这可以理解，但令人遗憾。土耳其人于 1529 年首次攻击维也纳，此后几乎每年都沿着边境发动袭掠作战，直到 1683 年最后一次大举进攻维也纳。土耳其人北上的过程中无法推进太远的主要原因是天气：当草长得足够高，可以供养从伊斯坦布尔出征的大军的马匹时，土耳其将领已经在计算需要多少天穿过巴尔干半岛然后逆多瑙河而上了；当土耳其人抵达奥地利或波兰边境时，他们只有几个星期的时间可以作战，然后就将因天气变坏而不得不返回。如果基督徒能够阻滞敌人的前进势头，就能挫败土耳其人掳掠牛群、马匹和奴隶的行动。所以，争夺边境城堡的战斗看似不足道，其实非常关键。

条顿骑士团在德意志、波希米亚和奥地利的各修道院招募的部队参加了很多次这样的作战。这些部队里只有指挥官是条顿骑士团成员，参战的士兵都是雇佣兵。条顿骑士团历史的这个篇章鲜有人知，但值得研究，因为这些作战反映了哈布斯堡皇朝面临的军事问题，以及塞尔维亚人（东正教基督徒，是土耳其的臣民）和克罗地亚人（罗马天主教徒，忠于哈布斯堡家族）之间的对抗。

随着拿破仑将包括条顿骑士团在内的许多宗教修会在德意志的产业世俗化，这个时代也宣告结束。

十三　总结

在十字军的年代结束之后，条顿骑士团仍有属于自己的未来。也可以说它曾有好几种不同的未来，因为骑士团于1525年分裂成三个相互独立的部分。但这种命运不是上天注定，而是自然发生的。

在普鲁士，条顿骑士团的世俗化成员放弃了继续进行十字军圣战的努力和自己的宗教职能。阿尔布雷希特·冯·霍亨索伦－安斯巴赫皈依路德宗，将国家世俗化。希望继续当修士和骑士的人撤回德意志，讨论一些异想天开的计划，幻想征服普鲁士并在那里恢复天主教。条顿骑士团继续十字军传统的最大希望或许是按照波兰人的建议定居到奥斯曼帝国边境，运用骑士团在德意志的资源去维持一支小而高效的军队。但出于傲慢和固执、对波兰国王的仇恨、对他的动机的不信任（这种不信任不无道理）和对在巴尔干半岛战败的担忧，骑士团拒绝了这些提议。更何况波兰人的提议并不十分公平和诚实：波兰人是在要求骑士团交出普鲁士，迁往一个动荡不安、危机四伏的新地方。条顿骑士觉得这是个陷阱，波兰人显然想把他们害死以攫取他们的土地。所以他们只为针对土耳其人的十字军提供了少许支持。把条顿骑士团迁往巴尔干半岛的虚假谈判或许最能体现条顿骑士团传统在道德上的破产，以及他们的敌人如何没有良心。

大团长约翰·冯·蒂芬指挥一支普鲁士部队最后参加了一次十字军，这场1497年由波兰国王对摩尔达维亚发起的入侵以惨败告终。在人心惶惶的撤退过程中，年迈的大团长死于疾病和体力衰竭。

立窝尼亚骑士团的存续时间比他们的普鲁士兄弟长一些，其状况也更顺利一些。很多人指责骑士们是懒惰、酗酒、寻花问柳的懦夫，这种指责是无稽之谈。更准确的评价是，这个信奉罗马天主教的军事修会无法从传统的北德意志家园招募骑士和武士，因为当地现在信奉新教。而立窝尼亚本身也没有足够多的贵族子弟来补充骑士团。* 骑士团没钱在和平时期维持大规模的雇佣军，也没有办法说服立窝尼亚联盟那些独立性很强的阶层交税，在战时也不能有效地领导各阶层执行共同的计划。最后，在危机时期，立窝尼亚骑士团再也不能指望从普鲁士得到增援。立窝尼亚骑士团无力抵挡伊凡雷帝麾下数量众多、训练有素且经验丰富的军队，终于在鏖战中被拖垮。骑士们一直努力保护路德宗和天主教臣民抵抗那位疯癫的俄国东正教沙皇。

波兰-立陶宛、瑞典和俄国闯入了立窝尼亚的权力真空。这几个国家对波罗的海沿海地带都不是特别感兴趣，但都决心阻止别人得到它。所以，尽管这几个大国都有更重要的问题要解决（瑞典和丹麦有冲突，波兰-立陶宛要抵抗土耳其人，俄国要对付鞑靼人），它们还是为争夺立窝尼亚骑士团这个袖珍帝国可怜兮兮的残余部分而展开战争。

---

* 骑士团几乎从来不在普鲁士或立窝尼亚招募骑士，因为担心这样的人会想方设法推动自己的世俗亲戚的利益。15 世纪，上述政策在立窝尼亚有所放松，但即便那时，新的骑士也主要来自前不久从威斯特法伦到东欧的家族，那些家族有成员在骑士团占据高位，可以保证自己的亲戚得到快速提携。（作者注）

德意志骑士团（这个名字比条顿骑士团更准确）在神圣罗马帝国框架内继续执行自己的军事和宗教使命长达近三个世纪，在帝国军队里与土耳其苏丹、法兰西国王和新教诸侯作战。骑士团的绝大部分成员是罗马天主教徒，但根据 1555 年的《奥格斯堡条约》，在德意志的新教和改革宗地区，他们必须接受当地统治者的信仰。所以也有一些骑士团成员是新教徒。骑士团在这段历史中的角色充满了荣耀和兴衰浮沉。这个时代的条顿骑士团是一个巴洛克风格的组织，与中世纪普鲁士的哥特风格迥然不同。南德几乎每个地区都有一座宫殿曾是骑士团在当地的城堡长官的官邸。不过由于拿破仑废除了德意志骑士团和其他许多旧时代的遗物，他们的时代还是结束了。

拿破仑倒台之后，德意志骑士团复苏了两次，第一次是作为哈布斯堡家族的私人骑士团，1929 年之后则成为一个宗教修会。今天仍然有一些小教堂和医院属于德意志骑士团。照料病人、老人和有精神障碍的人是骑士团于 1189 年在阿卡成立时的最初使命，在整个中世纪，这一角色对骑士团而言一直很重要。德意志几乎每一座中等规模的城镇都有一座曾属于骑士团的医院、教堂或修道院，骑士团的存在体现在很多街道名字里。骑士团为各地居民服务，从而保存了过去的记忆与传统。

今天的德意志骑士团为非德语国家（尤其是意大利和斯洛文尼亚）的德语社区提供神父。在这方面，它也重新拾起自己最初使命的另一部分：为被其他修会忽视的德意志人提供精神慰藉。

这段晚近历史表明，普鲁士的条顿骑士团不一定只将自己视为一个国家。他们这么做是可以理解的，毕竟他们有过这样的经历：被从特兰西瓦尼亚驱逐，失去圣地，圣殿骑士团被消灭，以及来自矮子瓦迪斯瓦夫一世的嫉妒。但他们竟然忘记了自己的主要使命是担当十字军战士，就不是那么容易理解了。十字军曾是与普鲁士国家单独分开的另一项事业，所以他们能讨论让明道加斯的立陶宛人皈依，而无须先征服他的土地。只要参加他的加冕礼就足够了。遗憾的是，骑士团对西普鲁士和但泽的占有使得波兰人从传统盟友变成了不共戴天之敌，这让条顿骑士团相信继续扩张领土才是自保的最好办法。当他们相信自己必须控制整个普鲁士和萨莫吉希亚以及通往立窝尼亚的陆路才能安全时，他们就注定灭亡了。时代已经变了，他们却固守僵化的旧思想。

1410 年的坦能堡战役让骑士团失去了萨莫吉希亚。骑士团在 1422 年的《梅乌诺条约》[①] 中多少算是接受了这个事实。但骑士们在随后很多年里自欺欺人，相信自己还能复苏十字军传统。更糟糕的是，他们认定自己只有在为坦能堡战役及其后的失败复仇之后，才能做别的事情。以成为别人的附庸为耻的古老观念一直咬啮着他们的心灵，让他们不得安宁。上述几种自我欺骗的思想变成了纠缠骑士团的恶灵，让骑士团无法与过去做一个干干净净的了断。

总而言之，坦能堡战役之后发生的一切，就是条顿骑士团从过时的十字军定位向别的事业转型的过程。这个过程很漫长，事先往往没有计划。这个过程也很痛苦，让骑士团付出了惨重代价。骑士团的未来部分取决于当时的统治者，部分取决

① 1422 年的《梅乌诺条约》划定了普鲁士与立陶宛的边界，结束了条顿骑士团与立陶宛的战争，但没有解决骑士团与波兰的冲突。骑士团试图拆散波兰与立陶宛的联合，甚至向维陶塔斯献上王冠。

于他们控制不了的局势。历史制定自己的规则，人类必须在历史的限制之内进行博弈。条顿骑士团把握住了 14 世纪的可能性，所以欣欣向荣。而当历史给出新的挑战时，骑士团未能很好地应对，于是分裂成三块。其中两块——普鲁士和立窝尼亚——在 16 世纪消亡。第三块则继续演化，最终在现代罗马天主教的修会与活动构成的庞大体系中为自己找到了一个小而有价值的位置。

骑士团的政治遗产还剩下什么？或许是一种强大的象征意义。立陶宛人和波兰人记住了被归咎于十字军的恶行，而德意志人倾向于只记得十字军的光荣胜利。

对于这一点我们不能有任何误解，因为它更多地关系到现代历史，而不是中世纪。波兰和立陶宛在 18 世纪从欧洲版图消失，不再是一个国家，而德意志成为一个更加向东看的强国，把自己的传统与希冀和中世纪普鲁士联系起来。这种情况导致后来的人们把中世纪东欧的十字军运动（以及德意志人、犹太人和波兰人的其他向东方的移民运动，即所谓东进运动）理解为德意志帝国主义的第一阶段，后来又视其为纳粹的前身。这是对历史过于简化的误读，历史学家对这种误读负有相当大的责任，甚至比制造历史的人的责任更大，因为历史学家原本应当更好地理解自己的行为会造成怎样的后果。中世纪历史满是暴行和残忍，但继续传播仇恨是不对的。正如英格兰和法兰西大体上已经互相原谅百年战争期间双方的很多暴行，东欧的侵略者和受害者的后代也应当如此，这样做一个重要原因在于，我们没办法说这段历史的其中一方是纯粹的侵略者，而另一方是完全无辜的受害者。

我们第一步要做的是，历史学家不应当把十字军运动描述为一群人出于私利夺取本属于无辜民族的土地。十字军运动实际上是更广泛也更局部的事件的一个方面。更广泛的因素包括不同宗教信仰的互动，各民族、王朝和贸易的扩张，还有伟人的作用；更局部的因素包括地理条件，各民族在过去的互动，他们对荣耀、复仇和战利品的渴望，以及重要的政治人物和貌似不重要的政治人物的生死及其中的偶然性。当然还有误解，不过我们不能对其夸大其词：当时的基督徒可能对金帐汗国了解不多，但他们不理解鞑靼人想要什么并不是问题所在。历史不只是对受害者的认定，也不只是对英雄的表彰。历史远远超过历史学家所能书写的范围，但历史学家必须尽其所能。最重要的是，我们要记住，历史学家如果把复杂的往昔过度简单化，就会伤害未来的人们，因为他们会受到历史学家作品的深刻影响。*

* 欢迎读者参考：William Urban，'Rethinking the Crusades'，*Perspectives*（the newsletter of the American Historical Association）36/7，October 1998，pp. 25 – 29；and 'Victims of the Baltic Crusade'，*Journal of Baltic Studies* 29/3，Autumn 1998，pp. 195 – 212。后者获得了 AABS 的 Vitols Prize，被评为 *JBS* 年度最佳论文。（作者注）

附录一　条顿骑士团历史上的重要人物

赫尔曼·冯·萨尔察：1210~1239年任大团长。他是多位皇帝和教宗的至交好友，领导骑士团在圣地崛起，并派遣骑士去特兰西瓦尼亚、普鲁士和立窝尼亚。

图林根方伯康拉德：尽管他担任大团长仅一年（1239~1240），却是第一个加入骑士团的重要贵族。此后骑士团招募骑士和募捐就变得更容易了。

赫尔曼·巴尔克：1230~1239年为首任普鲁士团长，1237~1239年任立窝尼亚团长。可能原本是来自希尔德斯海姆教堂的教士，可能于1189年在阿卡加入条顿骑士团。卒于1239或1240年。

博波·冯·奥斯特纳：1237年和1241~1244年任普鲁士团长，1253~1257年任大团长。他出身纽伦堡地区的豪门世家，却选择离开妻子并加入军事修会，令人惊讶。（他的妻子进了女修院。）博波领导骑士团度过了最严重的危机，即针对波美雷利亚的希维托佩尔克二世和普鲁士异教徒的战争。

安诺·冯·桑格斯豪森：1254~1256年任立窝尼亚团长，1257~1274年任大团长。他领导骑士团度过了1259~1260年的关键时期，其间萨莫吉希亚人打败了骑士团，随后普鲁士与立窝尼亚发生了叛乱。

西格弗里德·冯·福伊希特万格：1303~1311年任大团

长。他将官邸从威尼斯迁往玛利亚堡，于是将普鲁士十字军东征确定为骑士团的主要使命。

温里希·冯·克尼普罗德：1352～1382年任大团长。他和蔼可亲，精通礼节，为骑士团在德意志、法兰西和英格兰的最高层贵族当中赢得许多朋友。在他领导下，条顿骑士团的骑士精神和彬彬有礼闻名遐迩。

康拉德·冯·容金根：1393～1407年任大团长。他的军事和外交才干让骑士团胜利结束了萨莫吉希亚战争。1398年的《萨利纳斯条约》让骑士团与波兰和立陶宛议和，并保障骑士团占有萨莫吉希亚，从而保障了通往立窝尼亚的陆上道路。

乌尔里希·冯·容金根：1408～1410年任大团长。他在坦能堡战役中战败身死，标志着骑士团的辉煌时代的结束。

海因里希·冯·普劳恩：1410～1413年任大团长。他英勇地从波兰和立陶宛军队手中挽救普鲁士，差一点就重振了骑士团的权力和威望。

米夏埃尔·屈希迈斯特：萨莫吉希亚的地方长官，1414～1422年任大团长。他害怕海因里希·冯·普劳恩的政策会导致又一场军事灾难，于是领导一群高级军官发动政变，此后骑士团霉运不断。1422年的《第一次托伦条约》是骑士团衰败的真正开始。

路德维希·冯·埃里希斯豪森：1450～1467年任大团长。他试图镇压普鲁士的市民、封臣和士绅，导致十三年战争。1466年的《第二次托伦条约》使得骑士团彻底丧失了恢复曾经的辉煌地位的可能性。

阿尔布雷希特·冯·霍亨索伦－安斯巴赫：最后一位在普鲁士的大团长，1511～1525 年在位。他向普鲁士引进路德宗改革，将骑士团的领地世俗化，结婚并成为普鲁士公爵（1525～1568 年在位）。

附录二　1525 年之前的历任大团长（年份为任期）

海因里希·瓦尔波特，1198～1200

奥托·冯·科尔彭，1200～1208

海因里希·巴特，1209～1210?

赫尔曼·冯·萨尔察，1210～1239

图林根方伯康拉德，1239～1240

格哈德·冯·马尔贝格，1241～1244

海因里希·冯·霍亨洛厄，1244～1249

贡特尔·冯·乌勒斯立本，1249～1253

博波·冯·奥斯特纳，1253～1257

安诺·冯·桑格斯豪森，1257～1274

哈特曼·冯·黑尔德隆根，1274～1283

布尔夏德·冯·施万登，1283～1290

康拉德·冯·福伊希特万格，1291～1297

戈特弗里德·冯·霍亨洛厄，1297～1303

西格弗里德·冯·福伊希特万格，1303～1311

卡尔·冯·特里尔，1311～1324

维尔纳·冯·奥尔森，1324～1331

路德·冯·不伦瑞克，1331～1335

迪特里希·冯·阿尔滕堡，1335～1341

鲁道夫·科尼希，1341～1345

海因里希·杜泽莫尔，1345～1351

温里希·冯·克尼普罗德，1352～1382

康拉德·策尔纳·冯·罗滕施泰因，1382～1390

康拉德·冯·瓦伦罗德，1390～1393

康拉德·冯·容金根，1393～1407

乌尔里希·冯·容金根，1408～1410

海因里希·冯·普劳恩，1410～1413

米夏埃尔·屈希迈斯特，1414～1422

保罗·冯·鲁斯多夫，1422～1441

康拉德·冯·埃里希斯豪森，1441～1449

路德维希·冯·埃里希斯豪森，1450～1467

海因里希·罗伊斯·冯·普劳恩，1469～1470

海因里希·冯·利希滕贝格，1470～1477

马丁·特鲁克泽斯·冯·维茨豪森，1477～1489

约翰·冯·蒂芬，1489～1497

萨克森的弗里德里希，1498～1510

阿尔布雷希特·冯·霍亨索伦，1511～1525

参考书目

关于条顿骑士的文献颇为浩繁。由于骑士团的十字军运动跨越了多个时代与地区，其历史在后来也曾多次为政治宣传所利用，关于骑士团的文献如今大多带有拼凑的属性。大多数相关书籍与文章是用德文或波兰文写成的，但幸运的是，近年来这一领域的英文书籍也有所增加。

一手资料翻译版

The Chronicle of Henry of Livonia, translated by James A. Brundage. University of Wisconsin Press, Madison, 1961. The *Chronicle* is a lively, intelligent account of the period 1180–1227. Apparently written for the benefit of William of Modena, the papal legate who arrived in Riga in 1225, it is more thorough and more reflective than all but a very few mediaeval chronicles.

Chronicle of Novgorod, translated by Robert Michell and Nevil Forbes. Camden third series vol.25, London, 1914. Much less useful than the foregoing, and uneven in quality. Unfortunately, the editors mix together the texts of several editions of this indispensable account of the early history of an important Russian state.

The Hypatian Codex, Part Two: The Galician-Volhynian Chronicle, annotated translation by George A. Perfecky. Fink, München, 1973 (Harvard Series in Ukrainian Studies, 16, III). A somewhat dense and frustrating text with fascinating anecdotes. Essential for thirteenth-century Lithuania and Poland.

The Livonian Rhymed Chronicle, translated by Jerry C. Smith and William Urban. New and expanded 2nd edition, Lithuanian Research and Studies Center (LRSC), Chicago, 2001. An indispensable narrative for the second half of the thirteenth century: naïve, lively, informative.

The Annals of Jan Długosz, English abridgement by Maurice Michael. IM Publications, Chichester, 1997. Fails to catch the spirit of the prose of this knowledgeable Polish Renaissance author, but provides the basic story.

Johannes Renner's Livonian History 1556–1561, translated by Jerry C. Smith and William Urban, with Ward Jones. Edwin Mellen, Lewiston, Queenston, Lampeter, 1997. A well-informed chronicle of the last days of the Livonian Order.

The Chronicle of Balthasar Russow & Forthright Rebuttal by Elert Kruse & Errors and Mistakes of Balthasar Russow by Heinrich Tisenhausen, translated by Jerry

二手英文资料

这些是最好的英文资料。不过，有一些更有名的作品没有列在其中，因为它们不是在一些早已磨灭于历史记忆的争端中充作政治宣传材料之用，就是由作者为获取收入写成的。

Barber, Malcolm, ed. *The Military Orders, vol.1: Fighting for the Faith and Caring for the Sick*. Variorum (Ashgate), Brookfield, 1994.

Burleigh, Michael. *Prussian Society and the German Order: An Aristocratic Corporation in Crisis c.1410–1460*. Cambridge University Press, Cambridge, 1984.

Christiansen, Eric, *The Northern Crusades: The Baltic and the Catholic Frontier, 1100–1525*. Cambridge, 1998.

Davies, Norman. *God's Playground: A History of Poland in two volumes*. Columbia, New York, 1982.

Evans, Geoffrey. *Tannenberg 1410:1914*. Hamish Hamilton, London, 1970.

Jasienica, Pawel (translated by Alexander Jordan). *Jagiellonian Poland*. American Institute of Polish Culture, Miami, 1978.

Knoll, Paul. *The Rise of the Polish Monarchy: Piast Poland in East Central Europe, 1320–1370*. University of Chicago Press, Chicago and London, 1972.

Murray, Alan V., ed. *Crusade and Conversion on the Baltic Frontier 1150–1500*. Ashgate, Aldershot, 2001.

Nicholson, Helen, ed. *The Military Orders, vol.2: Welfare and Warfare*. Ashgate, Aldershot, Brookfield, Singapore and Sidney, 1998.

— *Templars, Hospitallers and Teutonic Knights: Images of the Military Orders, 1128–1291*. Leicester University Press and St Martin's, Leicester, London and New York, 1993.

Nicolle, David. *Lake Peipus 1242: The Battle on the Ice*. Osprey, London, 1996.

Rowell, Stephen C. *Lithuania Ascending: A Pagan Empire within East-Central Europe, 1294–1345*. Cambridge University Press, Cambridge, 1994.

Turnbull, Stephen. *Crusader Castles of the Teutonic Knights, vol.1: The Red Brick Castles of Prussia*; and *vol.2: The Stone Castles of Livonia*. Reed, London, forthcoming 2003/2004.

— *Tannenberg 1410*. Reed, London, forthcoming 2003/2004.

Urban, William. *The Baltic Crusade*. 2nd edition, LRSC, Chicago, 1994.

— *The Prussian Crusade*. 2nd edition, LRSC, Chicago, 2000.

— *The Samogitian Crusade*. LRSC, Chicago, 1989.

— *Tannenberg and After: Poland, Lithuania and the Teutonic Order in Search of Immortality*. Revised edition, LRSC, Chicago, 2002.

四本配图值得关注的书

Arnold, Udo, ed. *800 Jahre Deutscher Orden*. Bertelsman, Gütersloh/Munich, 1990. (Catalogue of the exhibition in the German National Museum in Nürnberg in co-operation with the Internationale Historische Kommission zur Erforschung des Deutschen Ordens.)

Benninghoven, Friedrich, ed. *Unter Kreuz und Adler: der Deutsche Orden im Mittelalter*. Hase & Koehler, Mainz, 1990. (Catalogue of the exhibition of the Geheimes Staatsarchiv Preussischer Kulturbesitz, Berlin.)

Kulnyt, Birut, ed. *Lietuvos Istorijos Paminklai* (Monuments of Lithuanian History). Mintis, Vilnius, 1990.

Roesdahl, Else, and Wilson, David, eds. *From Viking to Crusader: Scandinavia and Europe 800–1200*. Rizzoli, New York, 1992.

一手资料

19世纪的德国和波兰学者提供了一些非常重要的资料评注与汇编。我在下面列出了其中最重要的一些作品。可参见http://www.rrz.uni-hamburg.de/Landesforschung/Quellen.htm。

Scriptores Rerum Livonicarum. Sammlung der Wichtigsten Chroniken und Geschichtsdenkmale von Liv-, Ehst-, und Kurland, edited by A. Hansen. 2 vols. E. Frantzen, Riga and Leipzig, 1853. Carefully edited chronicles which are available elsewhere in more modern editions.

Scriptores Rerum Prussicarum, edited by Theodore Hirsch and others. 6 vols. S. Hirzel, Leipzig, 1861–74; Frankfurt, 1965. Contains the chronicles of the Teutonic Order.

Heinrici Chronicon Livoniae, edited by Leonid Arbusow and Albert Bauer. 2nd edition, Hahnsche, Hannover, 1955. The standard scholarly edition.

Livländische Reimchronik, edited by Leo Mayer. Georg Olms, Hildesheim, 1963 (reprint of 1876 edition). The principal account of the period 1227–90.

Preussische Urkundenbuch. Hartung, Königsberg, 1882–; Elwert, Marburg/Lahn, 1955–. Also: http://www.phil.uni-erlangen.de/~plges/quellen/pub/4frame.html. The collected documents of the Teutonic Order.

Liv-, Est-. und Kurländische Urkundenbuch, edited by Friedrich Georg von Bunge. 12 vols. H. Laakman, Reval, 1853–9; Riga and Moscow, 1867–1910. The collected documents of the Livonian Order.

Das Zeugenverhör des Franciscus de Moliano (1312), edited by August Seraphim. Thomas Oppermann, Königsberg, 1912. A transcript of the inquiry by the papal legate into the feud between Riga and the Teutonic Knights. Often incautiously mined for snappy quotes.

Lites ac Res gestae inter Polonos Ordineque Cruciferorum. 3 vols. Kónicke, Poznań, 1892. The papal legates' hearings into the Teutonic Knights' misdeeds in Poland. Also often used naively.

Monumenta Poloniae Historica. 6 vols. Gravenhagen, 1893; Państwowe Wydawnictwo Naukowe, Warsaw, 1961. Contains the minor chronicles.

Johannis Długossi, Historiae Polonicae in Opera Omnia, edited by Alexander Przezdziecki. CZAS, Cracow, 1876–8. The most important source for mediaeval Polish history.

二手资料

关于条顿十字军的德文和波兰文书籍所在多有，这个领域的文章亦数不胜数。其中最重要的一些是：

Arnold, Udo, ed. *Die Hochmeister des Deutschen Ordens 1190–1994*. Elwert, Marburg, 1998. (*Quellen und Studien zur Geschichte des Deutschen Ordens*, 6.)

Benninghoven, Friedrich. *Der Orden der Schwertbrüder*. Böhlau, Köln-Graz, 1965.

Biskup, Marian, and Labuda, Gerard. *Dzieje Zakonu Krzyżackiego w Prusach: Gospodarka–Społeczeństwo–Panstwo–Idelogia*. Morskie, Gdańsk, 1986.

Boockmann, Harmut. *Der Deutsche Orden: Zwölf Kapitel aus seiner Geschichte*. Beck, München, 1981. The most easily read overview.

Ekdahl, Sven. *Die Schlacht bei Tannenberg 1410, Quellenkritische Untersuchungen, vol.1: Einführung und Quellenunterlage*. Duncker und Humblot, Berlin, 1982. Highly recommended.

Górski, Karol. *L'Ordine Teutonico, alle Origini dello Stato Prussiano*. Einaudi, Turin, 1971.

Jučas, Mečislovas. *Žalgiro mūšis*. 2nd edition, Baltos Lankos, Vilnius, 1999.

Kuczyński, Stefan. *Spór o Grunwald*. MON, Warsaw, 1972.

Labuda, Gerard, ed. *Historia Pomorza, vol.1* (in two parts): *do roku 1466*. Wydawnictwo Poznańskie, Poznań, 1972.

Lowmiański, Henryk. *Studia nad Dziejami Wielkiego Ksi stwa Litewskiego*. UaM, Poznań, 1983.

Murawski, Klaus Eberhard. *Zwischen Tannenberg und Thorn: Die Geschichte des Deutschen Ordens unter dem Hochmeister Konrad von Erlichshausen 1441–1449*. Wissenschaftlicher Verlag, Göttingen, 1953. (*Göttinger Bausteine zur Geschichtswissenschaft*, 10–11.)

Schumacher, Bruno. *Geschichte Ost- und Westpreussens*. 6th edition, Holner, Würzburg, 1977.

Tumler, P. Martin. *Der Deutsche Orden: Werden, Wachsen und Wirkung bis 1400*. Panorama, Wien, 1955.

译名对照表

Acre 阿卡

Adalbert of Prague 布拉格的圣道博

Advocates 地方长官

Aeneas Silvius Piccolomini 恩尼亚·席维欧·皮可洛米尼

Albert von Buxhoevden 阿尔伯特·冯·布克斯赫夫登

Albert Suerbeer 阿尔伯特·聚尔比尔

Albrecht of Hohenzollern-Ansbach 阿尔布雷希特·冯·霍亨索伦-安斯巴赫

Albrecht von Habsburg 哈布斯堡的阿尔布雷希特

Aldona 阿尔多娜

Alexander of Moldavia 摩尔达维亚的亚历山大

Alexander IV 亚历山大四世

Alexander, Bishop 亚历山大主教

Alexander Nevsky 亚历山大·涅夫斯基

Alexandra 亚历山德拉

Algirdas 阿尔吉尔达斯

Alle River 阿勒河

Andreas von Felben 安德烈亚斯·冯·菲尔本

Andrew of Hungary 匈牙利国王安德拉什二世

Anna, wife of Vytautas 安娜，维陶塔斯之妻

Anno von Sangerhausen 安诺·冯·桑格斯豪森

Archbishop of Gniezno 格涅兹诺大主教

Archbishop of Hamburg-Bremen 汉堡-不来梅大主教

Archbishop of Riga 里加大主教

Aurochs 原牛

Avignon, Avignon popes 阿维尼翁教宗

Balkans 巴尔干半岛

Bad Mergentheim 巴德梅尔根泰姆

Bartia 巴尔蒂亚

Bartenstein 巴尔滕施泰因

Basil of Moscow 莫斯科的瓦西里

Batu 拔都

Christiansen, Eric 埃里克·克里斯琴森
Christmemel 克里斯特梅梅尔
Christopher von Munchhausen 克里斯托弗·冯·明希豪森
Cistercians 熙笃会
Clara of Zac 克拉拉·扎奇
Clement VII 克雷芒七世
Conrad of Masovia 马佐夫舍公爵康拉德
Conrad of Masovia-Czerski 马佐夫舍-切尔斯基的康拉德
Conrad of Thuringia 图林根方伯康拉德
Conrad von Feuchtwangen 康拉德·冯·福伊希特万格
Conrad von Jungingen 康拉德·冯·容金根
Conrad von Landsberg 康拉德·冯·兰茨贝格
Conrad von Thierberg 康拉德·冯·提尔贝格
Conrad von Thierberg the younger 小康拉德·冯·提尔贝格
Conrad von Wallenrode 康拉德·冯·瓦伦罗德
Conrad Zollner 康拉德·策尔纳
Constantinople 君士坦丁堡
Council of Basel 巴塞尔会议
Council of Constance 康斯坦茨会议
Council of Pisa 比萨会议
Council of Vienne 维埃纳会议
Cracow 克拉科夫
Crimean Tatars 克里米亚鞑靼人
Cumans 库曼人

Damietta 达米埃塔
Danzig 但泽
Daugava River 道加瓦河
Daumantas 道曼塔斯
David of Gardinas 格罗德诺的大卫
Dietrich von Altenburg 迪特里希·冯·阿尔滕堡
Dietrich von Gruningen 迪特里希·冯·格吕宁根
Dietrich von Schonberg 迪特里希·冯·舍恩贝格
Dietrich von Werthern 迪特里希·冯·韦特恩
Dirschau 迪尔绍
Dlugosz 德乌戈什
Dmitri of Perejslavl 佩列亚斯拉夫公爵德米特里
Dobrin 多布任
Dobriner Order 多布任骑士团
Dominicans 多明我会

Gotthard Kettler 戈特哈德·凯特勒
Grand Chapter 骑士团大会
Grand Commander 总司令
Grand Master 大团长
Great Poland 大波兰
Great Prince 大公
Great Schism 教会大分裂
Gregory IX 格列高利九世
Gregory X 格列高利十世
Guillaume de Machaut 纪尧姆·德·马肖
Grunwald 格伦瓦德
Gunzelin of Schwerin 什未林伯爵贡策林三世
Gunther von Arnstein 贡特尔·冯·阿恩施泰因

Habsburg dynasty 哈布斯堡皇朝
Hanseatic League 汉萨同盟
Hartmann von Heldrungen 哈特曼·冯·黑尔德隆根
Heidenreich Vincke von Overberg 海登莱希·芬克·冯·奥弗贝格
Heilsberg 海尔斯贝格
Heinrich VI 亨利六世
Heinrich von Plauen 海因里希·冯·普劳恩
Heinrich von Plotzke 海因里希·冯·普勒茨克
Heinrich of Bavaria, 133
Heinrich Reuss von Plauen 海因里希·罗伊斯·冯·普劳恩
Heinrich Reffle von Richtenberg 海因里希·赖夫勒·冯·利希滕贝格
Heinrich von Schwerin 什未林伯爵海因里希
Henry of Derby 德比伯爵亨利
Henry of Lancaster 兰开斯特公爵亨利
Henry of Livonia 立窝尼亚的海因里希
Henryk of Plock 普沃茨克主教亨里克
Henryk of Silesia 西里西亚公爵亨里克四世
Herkus Monte 赫尔库斯·蒙特
Hermann Balk 赫尔曼·巴尔克
Hermann von Buxhoevden 赫尔曼·冯·布克斯赫夫登
Hermann von Salza 赫尔曼·冯·萨尔察
Hermann von Thuringia 图林根方伯赫尔曼一世
Hiob, bishop of Pomesania 希奥布,

波美萨尼亚主教
Hohenstaufen dynasty 霍亨施陶芬皇朝
Hohenzollern dynasty 霍亨索伦皇朝
Holland, Netherlands 荷兰，尼德兰
Holstein 荷尔斯泰因
Honorius III 霍诺里乌斯三世
Hospitaller Order 医院骑士团
Hussites 胡斯派

Ivan III 伊凡三世
Ivan IV 伊凡三世
Ivan of Galschan 盖尔尚的伊凡

Jadwiga 雅德维加
Jagiello 雅盖沃
Jaroslaw 雅罗斯拉夫
Jerusalem 耶路撒冷
Jesuits 耶稣会
Jodokus von Hohenstein 约多库斯·冯·霍亨施泰因
Jogaila 雅盖沃
Johann von Posilge 杰日贡的扬
Johann von Tiefen 约翰·冯·蒂芬
John of Bohemia 波希米亚国王约翰
John XXII 约翰二十二世
Juliana 乌里亚娜
Junker class 容克阶级

Kalish 卡卢什
Karabutas 卡里布塔斯
Karl Birger 卡尔·比耶
Karl von Trier 卡尔·冯·特里尔
Karlstejn 卡尔施泰因
Kaunas 考纳斯
Kestutis 科斯图提斯
Khans 可汗
Kiev 基辅
Konigsberg 柯尼斯堡
Konitz 科尼茨
Kremlin 克里姆林
Kujavia 库亚维
Kurland Bay 库尔兰湾
Kurland, Kurs 库尔兰

Labiau 拉比奥
Ladislas of Oppeln 奥波莱公爵瓦迪斯瓦夫
Ladilas the Short 矮子瓦迪斯瓦夫
Ladislas of Masvoia 马佐夫舍的瓦迪斯瓦夫
Ladoga, Lake 拉多加湖
Lady Mary 圣母玛利亚

Leal 利胡拉

Lekno 温克诺

Leopold of Austria 奥地利的利奥波德

Lev of Galicia 加利西亚的列夫一世

Leszek the Black "黑色" 的莱谢克二世

Liegnitz 列格尼卡

Lithuania 立陶宛

Livonia 立窝尼亚

Livonian Confederation 立窝尼亚同盟

Livonian master 立窝尼亚团长

Livonian Orde 立窝尼亚骑士团

Louis IV 路德维希四世

Louis the Great 拉约什大王

Louis Jagiellon 匈牙利国王拉约什二世

Louis of Brandenburg 勃兰登堡边疆伯爵路德维希六世

Louis of Thuringia 图林根方伯路德维希四世

Louis von Erlichshausen 路德维希·冯·埃里希斯豪森

Louis von Leibenzelle 路易斯·冯·莱本蔡勒

Louis von Wittelsbach 路德维希·冯·维特斯巴赫

Louis de Silves 路易斯·德·西尔韦斯

Lubeck 吕贝克

Ludolf Konig 鲁道夫·科尼希

Luther von Braunschweig 路德·冯·不伦瑞克

Magnus of Holstein 荷尔斯泰因公爵马格努斯

Mangold von Sternberg 曼戈尔德·冯·施特恩贝格

Marburg 马尔堡

Marger 马格尔

Marienburg 玛利亚堡

Marienwerder 马林韦尔德

Marco Polo 马可·波罗

Marquard von Salzbach 马夸德·冯·萨尔茨巴赫

Marshal 总军务官

Martin von Golen 马丁·冯·葛林

Masovia 马佐夫舍

Master of the Robes 袍服总管

Matejko, Jan 扬·马泰伊科

Matthias Corvinus 匈雅提·马加什一世

Maximilian 马克西米利安一世

Mecklenburg 梅克伦堡

Meinhard 迈因哈德
Meissen 迈森
Memel 梅梅尔
Men-at-arms 披甲战士
Mestwin 梅斯特温
Mewe 格涅夫
Michael Kuchmeister 米夏埃尔·屈希迈斯特
Mindaugas 明道加斯
Ministeriales 家臣
Mitau 米陶
Moldavia 摩尔达维亚
Mongols 蒙古人
Moravia 摩拉维亚
Moscow 莫斯科

Napoleon 拿破仑
Narew River 纳雷夫河
Narva 纳尔瓦
Nattangia 纳坦吉亚
Nemunas River 涅曼河
Neumark 诺伊马克
Neva River 涅瓦河
Nicholas von Jeroschin 尼古拉斯·冯·叶罗欣
Nicholas Traba 尼古拉·特拉巴
Nicholas V 尼古拉五世
Nicopolis 尼科波利斯
Novgorod 诺夫哥罗德
Nuremberg 纽伦堡

Oleśnicki 奥莱希尼茨基
Oesel 厄泽尔
Ossa River 奥萨河
Osterode 奥斯特鲁达
Otto 奥托
Ottokar II 奥托卡二世

Papal legate 教宗特使
Paul II 保罗二世
Paul Watt 保罗·瓦特
Paulus Vladimiri 保卢斯·弗拉基米里
Peipus, Lake 佩普西湖
Peter von Dusburg 彼得·冯·杜斯堡
Peter von Suchenwirt 彼得·冯·苏痕维尔特
Peter's Pence 彼得税
Philipp de Mezieres 菲利普·德·梅齐埃
Piast dynasty 皮雅斯特王朝
Piccolomini (Aeneas Silvius, Pius II) 恩尼亚·席维欧·皮可洛米尼（庇护二世）
Plock 普沃茨克

Plowce 普沃夫采

Pogesania 波格萨尼亚

Poland 波兰

Polotsk 波洛茨克

Pomerania 波美拉尼亚

Pomerellia 波美雷利亚

Pomesania 波美萨尼亚

Poppo 博波

Pregel River 普列戈利亚河

Prussia 普鲁士

Przemysl 普热梅斯瓦夫二世

Pskov 普斯科夫

Racibor 拉契波尔

Ragnit 拉格尼特

Racianz 拉西扬茨

Reval 烈韦里

Rhinelanders 莱茵兰人

Riga 里加

Ringaile 林加娃

Royal Prussia 王室普鲁士

Rudau 鲁道

Rudolf von Habsburg 哈布斯堡的鲁道夫一世

Ruprecht 鲁普雷希特

Russia, Rus' 俄罗斯，罗斯

Sallinwerder 萨利纳斯

Sambor 桑博尔

Samland 桑比亚

Samogitia 萨莫吉希亚

Sandomir 桑多梅日

Saracens 撒拉森人

Saule 苏勒河

Scalovia 斯卡洛维亚

Schwerin 什未林

Schwetz 施韦茨

Scumand 斯克芒塔斯

Second Peace of Thorn《第二次托伦和约》

Semgallia 斯米伽利亚

Serbia, Serbs 塞尔维亚

Sieghard von Schwarzburg 西格哈德·冯·施瓦茨堡

Siegfried von Feuchtwangen 西格弗里德·冯·福伊希特万格

Sigismund of Hungary 匈牙利国王西吉斯蒙德

Sigismund, king of Poland 波兰国王齐格蒙特一世

Sigismund Augustus 齐格蒙特·奥古斯特

Silesia, Silesians 西里西亚

Skirgaila 斯科盖沃

Smolensk 斯摩棱斯克

St. Augustine 圣奥古斯丁

St. Barbara 圣白芭蕾

St. Dorothea 圣多罗特娅

St. George 圣乔治

St. Wenceslas 圣瓦茨拉夫

Stefan Batory 斯特凡·巴托里

Stensby 斯坦斯比

Stuhm 什图姆

Sudovia 索多维亚

Sventopelk 希维托佩尔克

Svidrigailo 斯威特里盖拉

Sweden 瑞典

Swordbrothers 宝剑骑士团

Tannenberg 坦能堡

Tapiau 塔皮奥

Tatars 鞑靼人

Templars 圣殿骑士团

Teutonic Order 条顿骑士团

Theodoric, missionary 狄奥多里克，传教士

Theodoric of Samland 桑比亚的狄奥多里克

Thorn 托伦

Thuringia 图林根

Tilsit 蒂尔西特

Timur 帖木儿

Tokhtamysh 脱脱迷失

Traidenis 特莱德尼斯

Trakai 特拉凯

Transylvania 特兰西瓦尼亚

Turks 突厥人/土耳其人

Ukraine 乌克兰

Ulrich von Jungingen 乌尔里希·冯·容金根

Urban II 乌尔班二世

Urban VI 乌尔班六世

Venice 威尼斯

Vienna 维也纳

Vikings 维京人

Vilnius 维尔纽斯

Visegrad 维谢格拉德

Vistula River 维斯瓦河

Vogelsang 鸟鸣堡

Volhynia 沃里尼亚

Volquin 福尔克温

Vorskla River 沃尔斯克拉河

Vytautas 维陶塔斯

Vytenis 维泰尼斯

Waldemar II 瓦尔德马二世

Wallachia 瓦拉几亚

Warmia 瓦尔米亚

Weissenstein 魏森施泰因

Welf 韦尔夫

Welun 维隆

Wenceslas II 瓦茨拉夫二世
Wenceslas IV 瓦茨拉夫四世
Wendish Crusade 文德十字军
Werner von Orseln 维尔纳·冯·奥尔森
Wesenberg 魏森贝格
West Prussia 西普鲁士
Westphalia 威斯特法伦
Wilhelm von Furstenburg 威廉·冯·菲斯滕贝格
William of Modena 摩德纳的古列尔莫
Winrich von Kniprode 温里希·冯·克尼普罗德
Wizna 维兹纳
Wolter von Plettenberg 沃尔特·冯·普莱腾贝格

Zantir 苍蒂尔
Zygimantas 齐格芒塔斯

图书在版编目(CIP)数据

条顿骑士团：一部军事史 / (美)威廉·厄本(William Urban)著；陆大鹏，刘晓晖译. --北京：社会科学文献出版社，2020.5(2020.12 重印)

书名原文：The Teutonic Knights：A Military History

ISBN 978-7-5201-5307-2

Ⅰ.①条… Ⅱ.①威… ②陆… ③刘… Ⅲ.①军事史-欧洲-中世纪 Ⅳ.①E193

中国版本图书馆 CIP 数据核字(2020)第 043063 号

条顿骑士团：一部军事史

著　　者 / [美]威廉·厄本(William Urban)
译　　者 / 陆大鹏　刘晓晖

出 版 人 / 王利民
组稿编辑 / 董风云
责任编辑 / 张金勇　徐一彤

出　　版 / 社会科学文献出版社·甲骨文工作室(分社)(010)59366527
地址：北京市北三环中路甲 29 号院华龙大厦　邮编：100029
网址：www.ssap.com.cn
发　　行 / 市场营销中心(010)59367081　59367083
印　　装 / 北京盛通印刷股份有限公司

规　　格 / 开 本：889mm×1194mm　1/32
印 张：13.625　插 页：0.5　字 数：310 千字
版　　次 / 2020 年 5 月第 1 版　2020 年 12 月第 2 次印刷
书　　号 / ISBN 978-7-5201-5307-2
著作权合同登记号 / 图字 01-2017-8392 号
定　　价 / 72.00 元

本书如有印装质量问题，请与读者服务中心(010-59367028)联系